**权威·前沿·原创**

皮书系列为

“十二五”“十三五”国家重点图书出版规划项目

智库成果出版与传播平台

# 洛阳文化发展报告（2020）

ANNUAL REPORT ON DEVELOPMENT OF LUOYANG'S CULTURE (2020)

主　编／刘福兴
副主编／张红涛　时丽茹　张亚飞

社会科学文献出版社
SOCIAL SCIENCES ACADEMIC PRESS (CHINA)

图书在版编目(CIP)数据

洛阳文化发展报告. 2020 / 刘福兴主编. -- 北京：
社会科学文献出版社，2020. 10
（洛阳蓝皮书）
ISBN 978 - 7 - 5201 - 7203 - 5

Ⅰ. ①洛… Ⅱ. ①刘… Ⅲ. ①地方文化 - 文化发展 -
研究报告 - 洛阳 - 2020 Ⅳ. ①G127. 613

中国版本图书馆 CIP 数据核字（2020）第 164139 号

洛阳蓝皮书
洛阳文化发展报告（2020）

主　　编／刘福兴
副 主 编／张红涛　时丽茹　张亚飞

出 版 人／谢寿光
责任编辑／张苏琴　仇　扬

出　　版／社会科学文献出版社 · 当代世界出版分社（010）59367004
　　　　　地址：北京市北三环中路甲 29 号院华龙大厦　邮编：100029
　　　　　网址：www. ssap. com. cn
发　　行／市场营销中心（010）59367081　59367083
印　　装／三河市东方印刷有限公司

规　　格／开 本：787mm × 1092mm　1/16
　　　　　印 张：26. 25　字 数：396 千字
版　　次／2020 年 10 月第 1 版　2020 年 10 月第 1 次印刷
书　　号／ISBN 978 - 7 - 5201 - 7203 - 5
定　　价／168. 00 元

# 《洛阳文化发展报告（2020）》
# 编　委　会

# 主编简介

**刘福兴**　中共洛阳市委党校（洛阳行政学院）、洛阳市社会主义学院副校长（副院长），教授，洛阳市优秀教师、优秀专家，洛阳市河洛文化研究会副会长，洛阳市非物质文化遗产保护工作专家委员会副主任委员，洛阳市公共文化服务体系建设专家委员会委员，“洛阳市创建国家公共文化服务体系示范区制度设计研究课题组”组长。主要研究方向为文化建设、河洛文化。主编有《河洛文化系列丛书（12卷）》《洛阳文化发展报告》《干部应用写作》等20余部，参编有《河洛文化论衡》《洛阳知识读本》《马克思主义中国化简明读本》等10余部；发表学术论文20余篇；主持参与省市级课题20余项。

# 摘　要

《洛阳文化发展报告（2020）》由洛阳市委党校组织编写，全书由总报告、专题篇、区域篇、案例篇和大事记五部分组成，汇集了洛阳市委党校、洛阳市高等院校和政府部门专家学者的研究成果，从国际历史文化旅游名城建设的角度，较为全面地总结了洛阳国际历史文化旅游名城建设的发展阶段、主要成绩、面临的挑战和进一步提升的思路；同时，分专题和区域展示了2019年洛阳文化发展的基本情况、发展思路、主要成果、存在的问题及对策建议，为洛阳国际文化旅游名城建设提供了理论依据，是洛阳文化领域重要的科研成果。

报告指出，洛阳国际文化旅游名城建设经历了孕育、提出、全面实施和进一步提升四个阶段的发展，其文化事业、文化产业、文化旅游业、文化旅游品牌创新能力、文化旅游生态环境和文化旅游融合模式等各项工作都取得了较大的成绩，但同时也存在对传统历史文化研究不够、学科引领能力不强，国际化程度偏低、开放程度不够，文旅服务体系有待完善、文旅服务质量有待提高，文旅融合产业链条较短、文旅融合经济效益不明显，城市知名度不高、宣传营销力度需要加大等问题，应从以下方面规划洛阳国际文化旅游名城建设下一步发展：借鉴外地经验，完善博采众长、前瞻性强的顶层设计；引进培养并举，打造专兼结合、文旅皆通的文旅智库；挖掘活化文物，夯实会展遗址、河洛典籍的文化载体；创新口号渠道，营造精准立体、虚实多元的宣传体系；文旅深度融合，增强服务为本、链条完整的动力载体；叫响文旅品牌，进一步提升洛阳印象、洛阳风味的域外影响力。

展望2020年，洛阳市将以习近平新时代中国特色社会主义思想为指导，深入学习习近平总书记在黄河流域生态保护和高质量发展座谈会上的讲话精

神，深入挖掘黄河文化蕴含的时代价值，讲好“黄河故事”。坚持以人民为中心，着力提供优秀的文化产品和服务，全面深化文化传承创新体系，深入挖掘历史文化资源，深入研究河洛文化，积极推进文旅融合发展，延续城市文脉，彰显古都特色，推动洛阳文化高质量发展。

**关键词：** 国际旅游文化名城　文旅融合　文化品牌

# 目　录

## Ⅰ　总报告



## Ⅱ　专题篇

# 总 报 告

**General Report**

# B.1

## 洛阳国际文化旅游名城建设：洛阳文化发展形势及展望

刘福兴　张亚飞*

**摘　要：** 洛阳国际文化旅游名城建设经历了孕育、提出、全面实施和进一步提升四个阶段的发展，其文化旅游业、文化事业、文化产业、文化旅游品牌创新能力、文化旅游生态环境和文化旅游融合模式等各项工作都取得了较大的成绩，但同时也存在对传统历史文化研究不够、学科引领能力不强，国际化程度偏低、开放程度不够，文旅服务体系有待完善、文旅服务质量有待提高，文旅融合产业链条较短、文旅融合经济效益不明显，城市知名度不高、宣传营销力度需要加大等问题，

* 刘福兴，中共洛阳市委党校副校长，教授，研究方向：文化建设；张亚飞，中共洛阳市委党校科研处讲师，博士，研究方向：文化、中共党史。

因此，本文从以下五个方面探讨了洛阳文化名城下一步建设的发展方向：借鉴外地经验，完善博采众长、前瞻性强的顶层设计；引进培养并举，打造专兼结合、文旅皆通的文旅智库；挖掘活化文物，夯实会展遗址、河洛典籍的文化载体；创新口号渠道，营造精准立体、虚实多元的宣传体系；文旅深度融合，增强服务为本、链条完整的动力载体；叫响文旅品牌，进一步提升洛阳印象、洛阳风味的域外影响力。

**关键词：** 国际文化旅游名城 城市文化建设 文旅深度融合

洛阳文化资源丰富。河图洛书等传统历史文化符号和《资治通鉴》、唐诗宋词等文化瑰宝在这里长期流传，白马寺、龙门石窟等著名文化遗址位于此地，儒、释、道、玄、理等各种学说在这里创立和发展。商、周、汉、唐等朝代的城市建设文化在这里留下了大量遗迹，数十个王朝都城或陪都遗址分布在这里，古代洛阳的城市建设注重规划，功能分区明确。近代以来，这里建立过最早的共产党组织——中共洛阳组，中原地区重要的统战机构八路军驻洛阳办事处发挥过重要作用，抗日战争的著名的战役洛阳保卫战在这里打响。新中国成立后，第一个五年计划苏联援建的项目中，有七个厂矿企业布局在洛阳，焦裕禄精神在洛阳孕育，模范干部马海明在这里创造了旅游经济发展的奇迹，工业文化、革命文化在洛阳得到继承和发展。洛阳市政府依托这些丰富的文化积淀，积极推动国家公共文化服务体系示范区、中国文化遗产保护传承十佳城市、“全国文明城市”的创建，长期举办牡丹文化节、河洛文化旅游节等节庆活动，建成了隋唐洛阳城国家历史文化公园、汉魏洛阳城国家考古遗址公园等多家历史文化展示博物馆和城市游园，使洛阳市的文化旅游业得到了较快的发展。洛阳拥有“三横三纵三环”的高速路网，依托国家政策搭建了“十”字形高铁骨架，积极推进地铁线路建设，作为中部地区的区域性中心城市和中原城市群副中心城市的交通枢纽，洛阳市占有发展历史文化旅游业的区位优势。

洛阳国际文化旅游名城建设是洛阳市委市政府长期以来，在推进洛阳文化旅游工作中的重要抓手，经过历届市委市政府的不断努力，截至2019年，已经取得阶段性成就。回顾洛阳市国际文化旅游名城建设的发展历程，总结其成就，客观看待其不足或挑战，探讨其进一步推进的路径，具有重要的现实意义。

## 一　洛阳国际文化旅游名城建设的发展历程

洛阳市国际文化旅游名城建设是洛阳市进入21世纪以来，为深入推进改革开放、转变发展方式、调整产业结构、发挥自身优势而制定的一个重大发展战略。其建设经历了四个发展阶段，实现了从有到无、从点到面、与时俱进的发展过程。

### （一）洛阳国际文化旅游名城建设的孕育

2005～2010年，是洛阳国际文化旅游名城建设的孕育阶段。早在2005年，洛阳市政府开始制定和实施“旅游强市”战略，但受当时洛阳的开放程度和经济发展模式的限制，洛阳旅游业的发展相对较慢。2007年随着世界性经济危机的到来，洛阳的制造业面临转型升级的压力，洛阳市政府为了调整洛阳的产业结构，提出打造“国际性旅游城市”战略，将发展文化旅游业作为经济的新增长点。2010年之前，洛阳市虽然没有明确提出国际文化旅游名城建设目标①，但是已经开始重视国际旅游城市建设，不断挖掘文化资源，发展文化事业，做大做强文化产业，在利用文化元素推进旅游业发展方面积累了丰富的经验，为提出国际文化旅游名城建设的目标和实施国际文化旅游名城建设的规划、提升工程奠定了坚实的基础。

① 参见洛阳市2005年、2007年和2010年政府工作报告。

### （二）洛阳国际文化旅游名城建设的提出

2010 年，随着世界经济的发展，部分国家经济的逐渐复苏和发展模式的调整，文化旅游业成为新的经济增长点。洛阳市政府顺应世界发展趋势，响应国家号召，大力推进文化旅游业的发展，洛阳国际文化旅游名城建设被明确提出。2010 年，洛阳市政府在政策层面，首次将文化与国际旅游名城建设联系在一起，提出建设“国际文化旅游名城”，并制定了明确的发展规划。

2011 年，洛阳市政府编制并公布《国际文化旅游名城规划纲要》。2011 年 6 月，洛阳市公布了《洛阳市国际文化旅游名城建设攻坚战实施方案》。根据《国际文化旅游名城规划纲要》和《洛阳市国际文化旅游名城建设攻坚战实施方案》的内容，可以看出，洛阳文化旅游名城战略包括四大指导思想，即转型升级、休闲为王，主次分明、众星拱月，中心开花、重点突破，关注高端、接轨国际。并以“统一策划、统一规划、统一开发、统一运营、统一营销”为原则，立足推进 6 项基本工作，如培育运营主体、确定古都色调、营造水都风貌、厘清开发次序、完善旅游服务和占据舆论高地等。洛阳市国际文化旅游名城建设的总体目标，是深入挖掘历史文化资源，通过将文物、文化与旅游结合，项目建设、产业发展与城市提升结合，政府主导、社会参与同市场运作结合，推进文化旅游产业实现跨越式发展，把洛阳市建设成文化影响力和旅游吸引力较强的国际文化旅游名城。具体经济指标为到 2015 年，全市文化产业增加值达 232.5 亿元人民币以上，占生产总值的比重达 5% 以上；国内旅游人数突破 9000 万人次，人均消费达到 1000 元左右，旅游收入达到 900 亿元以上；入境游客达 88 万人次以上，人均消费达到 420 美元左右，旅游外汇收入达 3.7 亿美元以上。①

2016 年，洛阳国际文化旅游名城建设成为河南省第十次党代会“推动中原文化走向世界”的项目依托，上升为省级城市发展战略。

① 参见洛阳市政府颁布的《国际文化旅游名城规划纲要》和《洛阳市国际文化旅游名城建设攻坚战实施方案》。

### （三）洛阳国际文化旅游名城建设的全面实施

2016年以后，洛阳国际文化旅游名城建设进入全面实施阶段。2018年洛阳市政府出台了《关于加快旅游产业转型升级建设国际文化旅游名城的实施意见》（以下本节简称《意见》），从经济、产业、品牌和生态四个方面提出了洛阳加快国际文化旅游名城建设的具体目标。

《意见》在经济方面提出，到“2020年，全市接待游客突破1.47亿人次，年均增长速度目标为5%，旅游总收入达到1380亿元人民币，年均增长目标为9%”。

《意见》在产业方面提出，加快产品转型升级，全市5A级旅游景区达到7家，4A级旅游景区达到22家，国家级、省级旅游度假区达到5家，国家级森林康养基地（试点）达到8个；提高旅游住宿接待能力，五星级酒店达到5家，四星级酒店达到15家，其中国际高端知名品牌酒店5~8家；做强旅游餐饮业，引进国际餐饮名店2~3家，培育知名品牌餐饮连锁企业3~5家；提升旅游购物业，建成“洛阳礼物”购物中心5处；推动旅行社发展，力争培育全国百强旅行社1~2家；丰富旅游娱乐业，打造具有较高影响力的旅游演艺节目2~3个；发展会议会展产业，培育具有国际影响力的会展活动1~2个；扩大旅游龙头企业规模，培育上市企业2~3家；实现对就业的带动作用，旅游直接从业人员达到14万人，带动社会就业70万人。

《意见》在品牌方面提出，培育和打造一批“洛阳旅游”品牌，包括城市旅游品牌、景区品牌、旅游强县、旅游名镇、旅游示范村、旅游企业品牌、旅游节庆品牌、旅游商品品牌等。其中，重点打造“东方博物馆之都”、隋唐洛阳城国家历史文化公园、龙门国际文化旅游目的地、河洛之根等一批具有较高知名度和影响力的国际旅游品牌。

《意见》在生态方面提出，通过发展低碳、绿色、可循环的旅游产业，全面推进资源保护型旅游开发方式、资源节约型旅游经营方式和环境友好型旅游消费方式，提高洛阳生态文明建设水平。《意见》进一步明确了以下的发展思路：以深化旅游供给侧改革、产业转型升级为主线，以旅游标准化建设为基础，以培育精准化旅游产品为切入点，以擦亮城市旅游品牌为抓手，以提升旅游从业人员素质为重点，加快实现旅游产业地位、旅游经济模式、旅游产品、旅游地性质、旅游区域关系五个方面的转变，实现旅游产业发展由速度规模型向质量效益型的转化。

### （四）洛阳国际文化旅游名城建设的进一步提升

随着近年来洛阳国际文化旅游名城建设战略的制定和实施，洛阳文化旅游产业迅速发展，文化软实力对旅游的带动作用明显提高。以 2019 年为例，洛阳市接待游客 1.42 亿人次，旅游总收入 1321.02 亿元人民币，同比分别增长 7.33% 和 15.03%。总体规模和增长速度都远远高于预定目标。在 2019 年 12 月的洛阳市委十一届十一次全会上，洛阳市委又提出要坚持“不忘本来、吸收外来、面向未来”的“三来”原则，传承创新发展黄河文化、河洛文化、大运河文化、客家文化等优秀传统文化，打造华夏历史文明传承创新核心区，加快建设国际文化旅游名城，描绘洛阳“古今辉映、诗和远方”的新画卷。[①]

## 二　洛阳国际文化旅游名城建设的现状

十年来，洛阳国家文化旅游名城建设取得了巨大的成效，文化事业服务能力持续提升，文化产业发展速度加快，文化旅游业发展迅速，文化旅游品牌创新起步，文化旅游生态建设逐渐推进，文旅融合模式初步构建，洛阳国际文化旅游名城的影响力越来越大。

### （一）文化事业服务能力持续提升

随着国家公共文化服务体系示范区创建活动的成功和持续深化，洛阳公共文化服务能力不断提升，基础设施不断完善，文化活动丰富多彩，文艺创作活力迸发，文化事业呈现繁荣昌盛景象。

---

① 本文数据除标注之外，均来自洛阳市文化与旅游局和各县（市）、区文化与旅游局。

1.“书香洛阳”基础设施建设进一步推进

2019 年，洛阳市中心图书馆、洛阳市少年儿童图书馆新馆建成对外开放。洛阳市城区新建“城市书房”55 座，总数达到 165 座。

各县（市）区也加快图书馆和“城市书房”建设。偃师新建 3 座“城市书房”，项目总投资 214 万元，总面积 280 平方米，配置图书 1.5 万余册。新安县新建“城市书房”3 座，目前县城区“城市书房”已达到 10 个，基本形成 15 分钟阅读圈。栾川规划建设的 3 座“城市书房”，目前已经建成 2 座。洛宁全县建成 8 座“城市书房”并全部对外开放。孟津建成新区图书馆、3 座城区“城市书房”、10 座镇“城市书房”并全部对外开放。汝阳 2019 年新改建“城市书房”5 座。嵩县新建县图书馆少儿分馆，新建 2 座“城市书房”，对 20 个图书流动服务点和 322 个行政村农家书屋进行了提升，开放 7 座“城市书房”及图书馆、少儿分馆等图书阅读场所。伊川建成了 14 个乡镇综合文化服务中心并通过国家验收。同时，相关主管行政部门制定并印发了《“河洛书苑”城市书房管理办法》和《“河洛书苑”城市书房达标创优实施办法》等文件，对“城市书房”运行效果进行评估，持续提升服务效能。

2. 群众阅读规模大幅增加

洛阳城市区和各县（市）区图书馆和“城市书房”的读者接待人数和图书借阅量、阅读推广活动规模大幅提升。2019 年，全市“城市书房”接待读者 647.95 万人次，图书借阅量 176.7 万册，举办各类阅读推广活动 2420 场，参与活动的人员达 10.4 万人次。

偃师图书馆年入藏数量 2028 种 3801 册，2019 年接待读者 64.4 万人次，投放图书自助借阅机 10 台、自助阅读下载机 9 台。举办樊登读书会、慧心父母读书会等活动 68 期，利用世界读书日、图书馆服务宣传周等节点举办阅读推广活动 200 余次，参与群众达 2 万余人次。孟津图书馆和“城市书房”到馆人数达到 50 余万人次，流通图书 17 万余册次，举办阅读推广活动 170 余次。新安县举办阅读分享活动 40 余场，接待读者 38 万余人次。

栾川县图书馆（含“城市书房”）全年图书借阅 22 万册次，读者接待量 20 万人次，开展各类读书活动 100 余次，参与者达 5000 余人次，为陶湾中学和陶湾镇第二中心幼儿园送去图书 1500 余册，为重渡沟景区、老君山景区和鸡冠洞景区送去图书 6000 册，服务游客 3 万人次。洛宁向种植户和养殖户赠送科技等各类图书 2300 册，举办了书香之家交流会、育儿教育交流、经典诵读会、家文化讲座等 38 次。

汝阳图书馆文献借阅量达 16 万余册次，接待 36 余万人次，电子图书下载量达到 2 余万册，先后开展“大风车”周末课堂系列之亲子绘本讲座、“小葵花”手工坊、3D 立体书体验、少儿剪纸等公益活动 30 次，汝图“公益大讲堂”系列之家长教育讲座 20 期，参与读者达 3200 余人次。

3. 群众文化生活丰富多彩

洛阳城区和各县（市）的群众文化活动精彩纷呈。2019 年，洛阳市区开展百场公益性文化演出 400 场，河洛百姓大舞台 60 场，组织新时代红色文艺轻骑兵“河洛欢歌”演出活动 356 场，受益群众 30 余万人次。

偃师县“送戏下乡”惠民演出 226 场，“戏曲进校园”105 场，城区周末免费电影放映 52 场，农村数字电影放映 2712 场，举办国家级非物质文化遗产项目“河洛大鼓”优秀剧目展演及进校园会演 11 场；组织开展元宵节社火进城、排鼓大赛、舞蹈大赛、市民看大戏等大型广场文化活动 14 项共 63 场，观看群众达 17.2 万余人次；开展“快乐星期天”主题教育、“周月文化集会”活动共 45 期 557 场；举办月活动 12 场，举办大型文艺演出 200 场，周末影视空间播放 52 期，“小脚丫”亲子课堂开展活动 26 次。

孟津开展了“出彩孟津”“新时代红色文艺轻骑兵”“欢乐孟津”等广场文化活动 200 余场，完成“百场公益性演出”任务，举办镇村各类文化活动 2000 余场次，各类展览 12 期。

新安县组织开展送戏下乡 300 场，脱贫攻坚文艺宣传演出 150 场，乡镇（社区）文化惠民演出 76 场，舞台艺术送基层活动 7 场。

伊川共计放映公益电影 4428 场，文化惠民演出活动共计 369 场，举办了第十五届“农商银行杯”少儿书画大赛、“2019 年伊水欢歌”广场文化等活动。

栾川实施“送戏下乡”文化惠民工程，深入213个行政村，演出戏剧939场，演出电影2568场，开展脱贫攻坚文艺宣传活动150场，乡镇（社区）文化惠民演出76场，舞台艺术送基层活动7场。选派青年优秀演员代建良、张程丞参加2019年洛阳市第四届专业戏曲演员、演奏员大赛，并分别荣获二等奖、三等奖，组织红色文艺轻骑兵“河洛欢歌”活动70场，举办了“不忘初心、牢记使命”诗歌朗诵大赛和庆祝新中国成立70周年千人同跳广场舞表演赛。

洛宁举办文艺进基层演出39场次，百场公益戏曲演出125场，惠及全县18个乡镇102个行政村16万余名群众；成功举办了6期大型书画精品展览活动，还举办了“盛世华诞·风华洛宁”洛宁县首届硬笔书法巡展、“竹乡神韵”夏日广场文化月、第三届“书香洛宁杯”喜迎国庆祝福祖国诗歌朗诵大赛、“2019中国·洛宁第十五届上戈苹果文化节暨2019年农民丰收节”活动及文艺演出活动。

汝阳举办“河洛欢歌、醉美汝阳”消夏广场群众文化活动82场；举办第18届河南·汝阳杜鹃花节暨炎黄文化节、首届杜康文化旅游节、庆“七一”颂歌献给党合唱会演、“河洛文化牵手丝路风情”活动周汝阳专场、庆祝中华人民共和国建国70周年庆典等大型文化演出活动；组织“送戏下乡”“舞台艺术进基层”文化惠民演出210场，“戏曲进校园”文化惠民演出60场，组织“河洛欢歌·醉美汝阳”广场演出80场，放映农村公益电影2592场；开展“幸福从哪里来”扶贫典型事迹报告会、“快乐星期天”、“红色文艺轻骑兵”、“壮丽七十年，脱贫早实现”等下基层巡讲巡演活动120余场，进行政策宣讲722场次，放映影片《一九四二》90余场，惠及群众达20万人次；举办了“翰墨书香，快乐成长”庆双节少儿艺术作品展、“大手拉小手，亲子共欢乐”系列亲子、“新春观影月——百部优秀影片”免费放映活动、“迎新春、赠春联、送祝福”为读者免费赠送春联、“庆元宵、赏花灯、猜灯谜”有奖竞猜和“庆团圆，闹元宵”象棋大赛等文化惠民活动。

嵩县在郑州、洛阳等地成功举办“大美嵩县·冰雪盛宴”冬季营销活动，游客同比增加80%以上；举办了城关马拉松赛、2019大美杨山森林穿越马拉松暨第三届消夏露营节、2019“白云山杯”中国·嵩县魅力车村八百里伏牛山越野挑战赛、“陆浑杯”环湖马拉松赛等体育赛事和全球文旅创作者大会。成功在两程故里举办了全球文创大会嵩县分会场开幕式，开展了网红“带你游河南”、文旅创作者培训、抖音区域挑战赛等活动。

4. 文艺界创新活力涌动

洛阳市文艺界牢固树立以人民为中心的创作导向，高度重视传统文化的挖掘和创新。2019 年，洛阳市录制了《书香花香颂洛阳——献给中华人民共和国七十华诞》快闪宣传片，创作修改豫剧《大国工匠》、曲剧《白云朵朵》、舞剧《玄奘》等。舞蹈诗剧《中原故土》入选河南省委宣传部“2019年度中原文艺精品创作工程重点项目”。积极开展“扎根基层”主题实践活动。组织动员全市文化广电和旅游系统干部职工深入基层开展采风和创作活动，努力创作推出优秀文艺作品；举办“马金凤艺术周”活动，传承发展“马派”艺术，繁荣发展戏曲事业。

新安县新排《窦娥冤》《卖苗郎》《洛阳令》《十九大精神进咱村》《老两口进城》《李豁子脱贫》《我是贫困户》《农家院的笑声》《懒汉脱贫》《家和万事兴》等剧目。

栾川组织排练了《姐妹易嫁》、现代戏《天下父母》等传统优秀剧目。洛宁县新编排了《娘亲》《山妹》《苦尽甘来》等豫剧现代戏。

## （二）文化产业发展速度加快

1. 产业总量增加，发展速度不断加快

据洛阳市统计局资料显示，2019 年全年全市生产总值突破 5000 亿元人民币，达到 5034.9 亿元，按可比价计算，比上年增长 7.8%。其中第三产业增加值 2459.2 亿元，增长 7.3%。据旅游部门统计，全年接待国内外游客 1.42 亿人次，比上年增长 7.3%；其中接待入境游客 150.1 万人次，增长 6.2%。旅游总收入 1321.02 亿元，增长 15.0%；其中创汇收入 4.48 亿美元，增长 3.7%。年末共有 A 级旅游景区 82 处，比上年末增加 11 处，其中 4A 级以上景区 29 处。2019 年末共有星级酒店 48 家，国际国内旅行社 98 家。

2. 从业人员增加，带动就业作用突出

截至 2019 年底，全市从事文化及相关产业从业人员有 7.04 万人，同比增长 33.3%，占全部从业人员比重为 1.69%，比 2018 年提高了 0.38 个百分点。

3. 构成更加优化、产业结构进一步转型升级

从文化产业的三大层次来看，2019 年核心层、外围层和相关层分别实现增加值 8.5 亿元、10.2 亿元和 15.4 亿元，占全部文化产业增加值的比重分别为 24.9%、30% 和 45.1%，核心层和外围层占比超过 50%，达 54.9%，比 2018 年提升了 9.2 个百分点，产业结构逐步趋向合理。加快产品转型升级，全市 5A 级旅游景区达到 7 家，4A 级旅游景区达到 22 家，国家级、省级旅游度假区 5 家，国家级森林康养基地（试点）达到 8 个；提高旅游住宿接待能力，五星级酒店达到 5 家，四星级酒店达到 15 家，其中国际高端知名品牌酒店 5～8 家；做强旅游餐饮业，引进国际餐饮名店 2～3 家，培育知名品牌餐饮连锁企业 3～5 家；提升旅游购物业，建成“洛阳礼物”购物中心 5 处；推动旅行社发展，力争培育全国百强旅行社 1～2 家；丰富旅游娱乐业，打造具有较高影响力的旅游演艺节目 2～3 个；发展会议会展产业，培育具有国际影响力的会展活动 1～2 个；扩大旅游龙头企业规模，培育上市企业 2～3 家；实现对就业的带动作用，旅游直接从业人员达到 14 万人，带动社会就业 70 万人。

## （三）文化旅游业发展迅速

从 2010 年开始，洛阳市的文化旅游业取得了快速的发展（见表 1、表 2）。

**表 1　2010～2019 年洛阳文化旅游总量**

| 序号 | 年份 | 接待游客人数（亿人次） | 同比增长比例（%） | 旅游总收入（亿元人民币） | 同比增长比例（%） |
|---|---|---|---|---|---|
| 1 | 2010 | 0.6079 | 12 | 302 | 15 |
| 2 | 2011 | 0.687 | 13 | 348 | 15.23 |
| 3 | 2012 | 0.7765 | 13.03 | 402.75 | 15.73 |

续表

| 序号 | 年份 | 接待游客人数（亿人次） | 同比增长比例（%） | 旅游总收入（亿元人民币） | 同比增长比例（%） |
|---|---|---|---|---|---|
| 4 | 2013 | 0.8608 | 10.86 | 485.02 | 20.43 |
| 5 | 2014 | 0.9470 | 10 | 601 | 24 |
| 6 | 2015 | 1.043 | 10.14 | 780 | 29.78 |
| 7 | 2016 | 1.142 | 9.5 | 905 | 16 |
| 8 | 2017 | 1.24 | 8.58 | 1043 | 15.25 |
| 9 | 2018 | 1.32 | 6.45 | 1148.43 | 10.11 |
| 10 | 2019 | 1.421 | 7.33 | 1321.02 | 15.03 |

从表1可以看出，2010～2019年，洛阳市全年接待游客数量增长了1.36倍，旅游总收入增长了3.37倍，游客数量和旅游收入实现了双增长。从增长趋势来看，虽然游客数量增长的速度放缓，但由于游客数量的基数迅速增加，每年游客增长的绝对值仍然非常可观。旅游收入增长速度始终保持在较高水平，尤其是2013～2015年，连续三年达到20%以上，连续九年超过15%，与经济发展速度整体逐渐下降的趋势形成鲜明对比。可见，洛阳市国际文化旅游名城建设成效显著，文化旅游经济在整个经济结构中一枝独秀，文化旅游业的发展逐渐成为洛阳经济增长的新动力。

**表2　国内外游客来源结构和收入变化情况**

| 序号 | 年份 | 境外游客数量（万人次） | 同比增长比例（%） | 国内游客数量（亿人次） | 同比增长比例（%） | 旅游创汇收入（亿美元） | 同比增长比例（%） | 国内旅游收入（亿元人民币） | 同比增长比例（%） |
|---|---|---|---|---|---|---|---|---|---|
| 1 | 2010 | 45.79 | 20 | 0.6033 | 12 | 1.35 | 20 | 293 | 15 |
| 2 | 2011 | 53 | 15.7 | 0.6817 | 13 | 1.5526 | 15.01 | 337 | 15.02 |
| 3 | 2012 | 61.28 | 15.62 | 0.7704 | 13.01 | 1.79 | 15.61 | 392.01 | 16.32 |
| 4 | 2013 | 70.05 | 14.31 | 0.8538 | 10.83 | 2.03 | 13 | 472.84 | 20.61 |
| 5 | 2014 | 84.21 | 20 | 0.9386 | 9.9 | 2.38 | 17.24 | 587 | 24 |
| 6 | 2015 | 100.42 | 19.55 | 1.033 | 10.06 | 3.09 | 28.6 | 761.34 | 29.7 |
| 7 | 2016 | 115 | 14.5 | 1.131 | 9.49 | 3.48 | 12.6 | 882 | 16 |
| 8 | 2017 | 133.28 | 15.9 | 1.23 | 8.85 | 4 | 14.94 | 1017 | 15.57 |
| 9 | 2018 | 141.32 | 6.03 | 1.31 | 6.5 | 4.32 | 8 | 1119.92 | 10.12 |
| 10 | 2019 | 150.06 | 6.18 | 1.41 | 7.62 | 4.48 | 3.69 | 1289.66 | 15.16 |

从表 2 可以看出，2010～2019 年，洛阳市接待境外游客数量从 2010 年的 45.79 万人次增长到了 2019 年的 150.06 万人次，增长了 2.28 倍，但增长速度在维持了 2010～2017 年的较高水平之后，从 2018 年开始明显降低，旅游创汇收入总量从 2010 年的 1.35 亿美元增加到 2019 年的 4.48 亿美元，增加了 3 倍多，增长速度与游客数量的增长速度保持了同步。从国内游客的增长数量来看，从 2010 年的 0.6033 亿人次，增加到了 2019 年的 1.41 亿人次，增长了 1.34 倍，增长速度低于境外游客，但增长速度与国内经济发展速度基本保持一致，国内游客旅游收入从 293 亿元增长到了 1289.66 亿元，增长了 3.4 倍，增长速度明显高于国内游客数量的增长速度。

综上可以看出，洛阳市文化旅游业发展迅速，整体规模迅速扩大，尤其是文化旅游收入增长大幅高于文化旅游游客接待人数的增长速度，充分说明洛阳市的文化旅游业不仅规模发展迅速，而且结构和质量都得到了优化，对经济的支撑能力明显提升。

### （四）文化旅游品牌创新起步

文化旅游品牌建设成效显著。洛阳再次获得“国家卫生城市”称号。洛阳的优秀志愿者第二次登上《中国志愿》杂志，被《中国志愿》杂志以《弘扬志愿精神　传播古都文明——记活跃在河南省洛阳博物馆里的志愿者们》为题进行了专题报道。第二届中国—中东欧国家文化遗产论坛，在洛阳市隋唐洛阳城国家考古遗址公园天堂明堂举行。八路军驻洛办事处纪念馆成功入选中宣部新命名的 39 个全国爱国主义教育示范基地名单，成为洛阳市首个国家级爱国主义教育示范基地。中信重工焦裕禄事迹展览馆被命名为河南省中共党史教育基地。洛阳 9 处文物保护单位入选第八批全国重点文物保护单位名单，洛阳市全国重点文物保护单位总数达 51 处（54 项）（其中东汉石像并入之前的邙山陵墓群）。洛阳龙门石窟、老君山、白云山、鸡冠洞、重渡沟、黛眉山、龙潭大峡谷、天河大峡谷等 8 家景区，入选河南省文化和旅游厅认定的全省智慧景区建设先进单位。洛阳 8 个村入选住房和城乡建设部等部门公布的第五批中国传统村落。洛阳日报报业集团再次荣获

"河南省重点文化企业"称号，成为全省地市报社（报业集团）和洛阳文化企业中唯一连续三届获此殊荣的单位。在2019年北京世界园艺博览会牡丹芍药国际竞赛中，洛阳牡丹斩获各类奖项221个，金奖、银奖、铜奖等数量均列参赛团体第一，创洛阳牡丹参与国内外展赛最好成绩，再次彰显了"洛阳牡丹甲天下"的美誉。

洛阳市新安县和孟津县入选中宣部、财政部、文化和旅游部、国家文物局联合发布的《革命文物保护利用片区分县名单（第一批）》。洛阳市栾川县入选"2018中国县域旅游竞争力百强县市"名单。洛阳市新安县仓头镇孙都村等7个村庄入选2019年度中央财政支持的中国传统村落名单。洛阳市嵩县被授予"中国天然氧吧"称号。洛阳市栾川县重渡沟管委会重渡村成功入选首批全国乡村旅游重点村。洛阳市宜阳高村农民剧团被中宣部授予基层理论宣讲先进集体称号。宜阳县被中华诗词学会授予"中华诗词之乡"称号。洛阳市栾川县陶湾镇协心村入选2019年"中国美丽休闲乡村"名单。

### （五）文化旅游生态建设逐渐推进

1. 推进文物保护传承项目，改善传统文化生存环境

洛阳市积极申报国家级文化生态保护区，完成2018年度非物质文化遗产年报统计、基础数据统计工作。启动洛阳市非物质文化遗产数字化工程，其中，中医正骨疗法（平乐郭氏正骨法）入选国家级非物质文化遗产代表性项目优秀保护案例；加强非遗保护利用设施建设，推动"唐三彩烧纸技艺"列入省发改委《河南省大运河保护传承利用设施规划》；完成全市34家非遗展示馆、29家传习所摸底和实地调查；加大非遗传承展示传播力度，结合春节元宵节和"牡丹文化节"等节庆，举办"我们的节日·河洛飞花"非遗展演展示系列活动；组织42人、73件（套）作品参加河南省"不忘初心·我们都是追梦人——庆祝建国70周年主题剪纸大赛"并获奖。孟津非遗传承人宋胜利和黄烨儒被评为2018年度"河洛工匠"称号，孟津统计录入市县文物保护单位30处，完成82座古墓冢绿化工作，积极开展国保单位

申报，平乐象庄石像被评为第八批全国重点文物保护单位。

汝阳配合测绘院对国保单位魏明帝高平陵和省保单位观音寺、上店遗址、古严庄遗址进行数据测绘，完成国保、省级、市县级不可移动文物基础信息录入上报工作。

偃师推荐的“玄奘传说”“洛神的传说”等四个项目，上报河南省非物质文化遗产保护优秀实践案例，“玄奘传说”列入河南省第五批国家级非遗项目推荐名单。

伊川向省级文物部门申请大觉寺保护维修资金，向国家文物部门申请范仲淹墓安防技防资金，对大觉寺及范仲淹墓进行了维修和实施安防技防工程。

2. 加强文化旅游市场监管，净化文化旅游环境

洛阳市统一开展农村演出市场专项整治“回头看”行动，强化对农村地区举办营业性演出活动的审批备案，严禁各类低俗、媚俗、色情演出活动，查处互联网上网服务营业场所接纳未成年人等违规行为，完成10家A级旅游景区、6家星级饭店、27家互联网服务营业场所和6家娱乐场所的双重预防体系建设。各县（市）坚决贯彻上级部门的精神，加强对本区域文化旅游市场的监管，不断净化文化旅游环境。

## （六）文旅融合模式初步构建

1. 强力开展文旅宣传营销

抓好传统营销，在央视高密度播出“牡丹真国色、洛阳花正开”牡丹文化节主题旅游宣传广告，大力吸引海内外游客。抓好新媒体营销，和携程集团全方位合作，策划举办了线上洛阳牡丹文化馆、全球达人游洛阳、洛阳牡丹旅拍PK赛等系列旅游营销宣传活动；借助今日头条，在清明、五一小长假前精准投放旅游广告；发力直播平台，向海内外游客展示千年古都的传统文化魅力。洛阳旅游微信订阅号粉丝近32万，新浪微博粉丝近50万，在全国旅游政务新媒体中位居前列。开展高铁营销，编印高铁杂志《洛阳旅游》牡丹文化节主题特刊3万册，在G102列列车和洛阳市火车站、高铁站、飞机场、酒店和“城市书房”集中发放，在郑州东站和西安北站投放

中国洛阳牡丹文化节宣传广告。开展旅游推介活动，举办“一带一路”国际旅行商大会，邀请境内外旅行商、知名旅游企业、新闻媒体来洛踩线。成功举办中原旅游精品线路发布会暨旅行商踩线大会和2019港澳青少年游学推广活动暨内地游学联盟大会。出席日本奈良第十届东亚地方政府会议，在日本、韩国8个城市举办中国洛阳文化旅游推介会。

洛阳各县也积极开展文旅融合宣传。栾川在中央电视台投放旅游形象宣传广告，利用央视这一国家级媒体，宣传推广栾川景区形象，提高奇境栾川品牌在全国的知名度；在重要交通站点投放奇境栾川品牌广告；与河南电视台、《大河报》、大河网、河南旅游资讯网、洛阳网、洛阳派（微信公众号）合作，利用电视、报纸、网络、抖音等媒体全方位宣传报道文化旅游各项活动，提高栾川旅游知名度和影响力；2019年5~10月，参与由河南省文化和旅游厅、河南省互联网信息办公室联合主办的首届全球文旅创作者大会，利用抖音短视频平台、今日头条等平台，宣传栾川旅游产品，提升奇境栾川品牌知名度。其中，在抖音短视频平台创建的《在抖音遇见栾川》挑战赛，播放量达到4.2亿次；在今日头条创建的《去看更大的栾川》头条话题，阅读量达到1200多万次。

偃师加大宣传推介力度。以二里头夏都遗址博物馆开馆为契机，在中央、省、洛阳市重点媒体开展集中系列宣传报道，在国内外掀起“二里头”热。将二里头夏都遗址博物馆纳入“东方博物馆之都”旅游线路和“洛阳都城遗址游”旅游线路；以参加“2019年第二届中原文化旅游产业博览会”为契机，积极推介洛阳市旅游景点及非遗文化产业会圣宫石砚雕刻、传拓技艺、宋汝瓷刻花技艺、缑氏金屯马氏传承制鼓技艺等文创产品；参与洛阳市文旅节目《晒文旅家底游河洛大地》，由市长做导游，将偃师境内文旅景点以及文创产品向外推介。

2. 推动文旅产业高质量发展

全力推进重大项目建设。加快推进“全域融合发展文化旅游业，建设国际文化旅游名城重大专项”建设，全年完成投资额59.6亿元，龙门石窟西北服务区、应天门、九洲池、二里头夏都遗址博物馆等项目建成开放。

注重实施项目带动。二里头夏都遗址博物馆及二里头考古遗址公园项目已于 2019 年 10 月 19 日竣工并正式对外开放。当月游客达 27 万人次，最高日接待游客约 3.8 万人次。栾川天河大峡谷旅游度假区已创办成省级旅游度假区，栾川的省级旅游度假区数量位居全省前列。

深入推进乡村旅游发展。栾川重渡沟管委会重渡沟村获评全国乡村旅游重点村。组织全市 14 个民宿项目参加河南省首届民宿投资大会，对接资本市场。开展 A 级乡村旅游景区创建，11 个村创建成为省乡村旅游特色村，新增 3 家省级休闲观光园区、3 家特色生态旅游示范镇、5 家省精品民宿。

开展 A 级旅游景区和研学旅行基地创建工作。隋唐洛阳城国家遗址公园、王府竹海景区成功创建为国家 4A 级景区。17 家单位成功创建首批市级研学旅行基地。

积极搭建交流合作桥梁。组建“华夏文明之源城市文化旅游推广联盟”，成功举办“融合之路”北魏文化旅游交流会。

3. 着力促增文旅消费

洛阳市政府积极制定《洛阳市促进文化旅游消费增长实施方案》，搭建全市文化旅游消费信息平台，组建文化旅游企业联盟，引导鼓励全市旅游景区、景点推出门票优惠措施，提升二次消费比重。精心策划牡丹文化节赏花启动仪式、首届“洛阳牡丹飞花大会”等高品位文化旅游活动，产生强烈的聚客效应。第 37 届中国洛阳牡丹文化节全市共接待游客 2647.31 万人次，同比增长 6.15%，旅游总收入 241.96 亿元，同比增长 8.26%。

开展文化旅游惠民消费季活动，向广大市民游客发放景区门票以及滑雪、温泉、酒店住宿免费券等文旅“惠民大礼包”，吸引 300 多家景区、企业、商户参与，直接拉动文旅消费超过 21.27 亿元。

成功举办第二届中原文化旅游产业博览会，1000 多家企业参加，接待市民游客 5.3 万人次，现场交易额 6200 万元人民币，采购合作额 4.7 亿美元，项目签约额 122.53 亿元人民币。

栾川针对全国旅行社推出栾川旅游政府奖励政策，吸引了来自上海、武汉、南京、临沂等地市的大巴团、高铁团到栾川，拓展栾川远程客源市场；

针对栾川县居民推出免景区门票等惠民实事，回馈栾川本地市民的同时，拉动了本地消费；针对全国铁路职工继续推出免门票政策，积极利用铁路扶贫契机，吸引全国铁路职工到栾川旅游；在2019年元旦举行奇境栾川首届迎新马拉松赛，吸引全国各地3700余名跑步爱好者报名参与，近万名游客涌入栾川。新年期间推出了“老家河南·栾川过年”闹新春系列活动，包括“璀璨山城”新春灯会、打铁花艺术节、“欢喜过大年”新春民俗展演等，致力于将栾川打造成中原旅游过年首选目的地。8月奇境栾川避暑季，栾川县策划了第三届高速免费活动，并以“快乐30+”为主题，推出了十大精品主题活动、十大网红打卡地、十大最美乡村、一条红色旅游线路；“感悟栾川·触摸记忆”中原非遗项目走进景区，“歌颂祖国·百万游客唱响新时代”，电影“三进”（进景区、进乡村、进社区）百场公益电影放映行动，万册图书进景区等形式多样的营销活动，深入推进文旅融合，取得了显著的成效，短短20天时间里，栾川县累计接待游客126.58万人次，接待自驾车辆23.6万辆，实现旅游综合收入8.36亿元。

## 三　洛阳国际文化旅游名城建设面临的挑战

经过近年来的持续发展，洛阳市国际文化旅游名城建设，从提出到规划、从局部到整体、从文化典籍到遗址展示，取得了明显的进步，正逐步成为洛阳经济发展的新增长点和丰富城市内涵的重要载体。但是，国际文化旅游名城是国内众多文化传统浓厚城市发展的共同方向，洛阳作为中国传统文化最悠久、文化遗存最丰富的城市，目前国际文化旅游名城建设的工作与省委省政府的要求和洛阳建设国际文化旅游名城的定位相比还有很大的差距，全面提升还面临着诸多挑战。

### （一）传统历史文化研究不够，学科引领能力不强

文化是民族的血脉，历史是文化的躯干，研究历史是为了鉴往知来。洛阳市的文化积淀深厚，文化遗存遍布。历史文化的现代价值是国际文化旅游

名城建设的生命，只有深入挖掘洛阳历史文化的现代价值，才能让洛阳的历史文化成为旅游发展的支撑和源泉。洛阳虽然有三所大学和数量不少的研究机构，但是对河洛文化的研究相对滞后，影响力在全国学术界微乎其微，相关学科带头人没有成长起来，导致其没有在中国的文化发展中发挥应有的作用。

## （二）国际化程度偏低，开放程度不够

国际文化旅游名城建设的一个重要指标就是国际化程度，而国际化程度最直接地表现在客源结构方面。国际游客的数量和省外游客的数量是一个城市开放能力在旅游方面的直接表现。从表 3 可以看出，从 2010 年洛阳市正式提出建设国际文化旅游名城战略以来，客源结构明显地呈现“三快三慢”的特征：国内游客数量增长快，国外游客数量增长慢；国内旅游收入增长快，创汇收入增长慢；省内游客增长快，省外游客增长慢。而且从发展趋势上来看，“三快三慢”指标之间的差距还有拉大的趋势。2019 年，全市共接待入境游客 150.06 万人次，每百名游客中境外游客不足 2 人，与洛阳市丰富的旅游资源和打造国际文化旅游名城的目标很不相称（见表 3）。

**表 3　2010～2019 年洛阳接待游客比例**

| 序号 | 年份 | 境外游客数量（万人次） | 国内游客数量（亿人次） | 旅游创汇收入（亿美元） | 国内旅游收入（亿元人民币） | 河南省内游客占比（%） | 国内其他省份占比（%） |
|---|---|---|---|---|---|---|---|
| 1 | 2010 | 45.79 | 0.6033 | 1.35 | 293 | 25.19 | 43.47 |
| 2 | 2011 | 53 | 0.6817 | 1.5526 | 337 | 31.74 | 50.74 |
| 3 | 2012 | 61.28 | 0.7704 | 1.79 | 392.01 | 40.35 | 36.77 |
| 4 | 2013 | 70.05 | 0.8538 | 2.03 | 472.84 | 38.03 | 41.27 |
| 5 | 2014 | 84.21 | 0.9386 | 2.38 | 587 | 40.9 | 33.54 |
| 6 | 2015 | 100.42 | 1.033 | 3.09 | 761.34 | 43.49 | 29.4 |
| 7 | 2016 | 115 | 1.131 | 3.48 | 882 | 50.05 | 27.9 |
| 8 | 2017 | 133.28 | 1.23 | 4 | 1017 | 56.84 | 26.26 |
| 9 | 2018 | 141.32 | 1.31 | 4.32 | 1119.92 | 76.81 | 12.3 |
| 10 | 2019 | 150.06 | 1.41 | 4.48 | 1289.66 | 50.03 | 24.84 |

### （三）文旅服务体系有待完善，文旅服务质量有待提高

近年来，洛阳市积极完善基础设施建设，提高文旅服务水平，但是因为体制机制方面的问题，洛阳市现有的众多景区中，大部分还属于事业单位，主要的运营经费来自政府财政补贴，国有企业传统的经营权、所有权、管理权限不分，体制机制不活，市场化程度较低等弊端突出，文旅服务缺乏统一的领导和组织体系，文旅服务质量参差不齐，每到旅游旺季，堵车和停车场地问题突出，客流量控制能力低下，展示宣传洛阳文化的窗口作用发挥不够，电子票务、手机讲解、智能导航等功能服务质量较差。

### （四）文旅融合产业链条较短，文旅融合经济效益不明显

有的景区，历史文化价值高，但游客流量低；有的地方游客流量较大，但文化资源所占比率较低。历史文化元素没有变成旅游产品，历史文化资源优势未能有效地转化为产业优势、竞争优势、发展优势。旅游业发展的基本要素中，“吃、住、行”的层次低，“游、购、娱”的吸引力差，“商、闲、学、养、奇、情”等功能几乎处于起步阶段。整体来看，风景观赏代替文化体验，观光游一枝独秀，体验游、休闲游、度假游增长乏力。文旅融合的深度不够，效果没有充分展现。2019 年，全市接待游客人均在洛阳停留时间仅为 2.12 天，比 2018 年的 2.02 天延长 0.1 天；人均消费 930 元，比 2018 年增长 60 元，同比增长 6.9%。以 2018 年的数据进行对比，全国游客人均消费 1051.02 元，河南省人均为 1033.33 元，西安市人均为 1032.72 元，成都市人均为 1546.92 元，武汉市人均为 1065.34 元。洛阳市游客人均消费只有 870.02 元，分别是全国游客人均消费的 82.78%、全省的 84.2%、西安市的 84.25%、成都市的 56.24%、武汉市的 81.67%。

文化资源开发转化利用率低，各级各类文化设施和丰富的文化研究成果不能深度融入旅游开发，文化旅游发展活力不足，文化影响力并未转化为旅游业发展的原动力和城市软实力。

### （五）城市知名度不高，宣传营销力度需要加大

目前，洛阳多数地区或景点基本是各自为政，不成体系，一些新开发的、品质较好的景区宣传营销不到位，藏在深山无人知；一些成熟景区的品牌知名度还有待提升，全域化的文化旅游宣传营销体系需要进一步建立完善，以发挥品牌效应。各县（市、区）尚未能用文化之魂将各景点有机结合，串珠成线，点石成金，较少组织统一的大规模宣传营销活动。对各景点来说，或受资金掣肘，或缺乏长远目光，只看重眼前利益，营销观念较淡。在营销方式上，大都还停留在与其他景区、旅行社和官方媒介的对接上，而利用现代传媒手段，从微博、微信等社交媒体、社会热点与公众事件、商业门户网站与著名搜索引擎中发现商机，精准营销的成功案例不多。

因此，要清醒地认识到，与打造战略支柱性产业这一目标相比，与国内发达旅游城市和地区相比，洛阳的文旅发展还存在一定差距，发展水平与洛阳丰富的旅游资源不匹配。

## 四　提升洛阳国际文化旅游名城品牌效应的对策建议

国际文化旅游，核心是文化的传承和展示，方式是以旅游来实现效益和影响力的双提升，出路在于以不断扩大开放提升国际影响力，促进洛阳经济文化的长远发展，文旅融合是必由之路和重要载体。用文化的理念支撑旅游，用旅游的方式发展文化，体现“融”的理念，找准“融”的业态，发挥“融”的效果，推动文化与旅游从“物理组合”迈向“化学反应”，积极创建国家文化产业和旅游产业融合发展示范区、国家全域旅游示范区、国家级文化生态保护区、国家文化消费示范城市，努力在文旅品牌影响力、文旅国际化水平、城市文化建设、城市文旅服务水平、全域旅游标准等方面创优争先，着力推动文化旅游产业高质量发展，是洛阳成为中外游客向往的“诗和远方”完美融合国际文化旅游名城的重要努力方向。

## （一）借鉴外地经验，完善博采众长、前瞻性强的顶层设计

旅游文化名城不是一项新事物，世界上包括中国有很多著名的城市都享有这顶桂冠。日本有冰雕城札幌、科学城筑波，德国有书城莱比锡、酒城慕尼黑、桥城汉堡、扑克城阿尔切布尔克，美国有电影城好莱坞、汽车城底特律市、雪城华盛顿、赌城拉斯维加斯、鸡蛋城洛杉矶、巧克力城赫尔希、医学城休斯敦，法国有花城巴黎、电影城戛纳，冰岛有无烟城和艺术城雷克雅未克，瑞典有火柴城延彻平，列支敦士登有邮票城和假牙城瓦杜兹，波兰有绿化城华沙，赞比亚有铜城卢萨卡，印尼有椰城雅加达，伊朗有暖城德黑兰，捷克有鞋城哥德瓦尔多夫，瑞士有钟城和表城伯尔尼，苏丹有热城喀土穆，秘鲁有旱城利马，俄罗斯有冰城雅库茨克，英国有雾城、金融城、洁城和图书馆城伦敦，以及大学城牛津，意大利有水城威尼斯、博物馆城罗马、蛇城哥酋洛城，叙利亚有古迹城大马士革，巴西有足球城里约热内卢，阿根廷有葡萄酒城门多萨，墨西哥有画城墨西哥市，缅甸有文化古城塔城蒲甘，印度有蝙蝠城瓦丹索朋镇、雷城尼西亚茂物、雨城乞拉朋齐，斯里兰卡有鸟城科伦坡，尼泊尔有乌鸦城加德满都，保加利亚有玫瑰城加布罗沃，新西兰有风城惠灵顿、希腊有茉莉花城雅典，埃及有动物城开罗等数不胜数，中国有日光城拉萨、不夜城漠河、春城昆明、水城苏州、甜城内江、蓉城成都、锡都个旧、瓷都景德镇、雨都和雨港基隆、陶都宜兴、石堡城西宁、盐城自贡、足球城大连、羊城广州、泉城济南，这些城市都有自己独特的文化标签①，在旅游目的地的目录中占有自己不可替代的地位，它们在城市的文化资源保护、挖掘、展示和与旅游融合方面，都有自己非常独特的做法，积累了丰富的经验。

随着中国对外开放程度的加深，中国的经济发展面临利用全球市场和发展方式转型的机遇和挑战。为了迎接这一变化，国内很多城市先后制定和实施了国际文化旅游名城建设的战略。如扬州、敦煌、青岛、山海关、秦皇

① 李麦产、张月：《建设国际文化旅游名城初论》，《中国名城》2018 年第 3 期。

岛、景德镇、宜昌、华阴、长沙、德阳、杭州、成都、盐城、山海关、大庆、哈尔滨等城市都先后掀起了国际文化名城建设的创建活动。河南省委和省政府从 2016 年明确提出，要支持郑州、开封、洛阳、安阳等城市建设国际旅游文化名城，郑州、开封、安阳、焦作、登封等地市早在 2010 年就开始实施国际旅游文化名城建设战略。①

总的来看，这些国际旅游文化名城和实施国际旅游文化名城建设的城市，都是通过挖掘、再现和活化本地区的文化遗产，来提高自身的文化品位和城市形象，增强自身的旅游吸引力，实现自身经济和内涵的双提升，很多城市取得了巨大成功，创建了一系列可供借鉴的模式和做法。洛阳作为一个历史文化悠久的古城，国际旅游文化名城建设是其必然的选择，因此很有必要进一步吸取其他地方的成功经验，进一步完善自己的顶层设计，明确今后国际旅游文化名城建设的思路。

### （二）引进培养并举，打造专兼结合、文旅皆通的文旅智库

省文化和旅游厅印发《河南省文化和旅游厅关于支持洛阳推进文旅融合加快中原城市群副中心城市建设的意见》，帮助洛阳引进高层次、紧缺型的文旅人才，建设洛阳文旅智库。洛阳市文旅智库建设，可以以导游人才和新业态人才为核心，打造专业的人才队伍。

文化旅游人才引进固然重要，但培训工作更具有时效性和长期性。一是开办文化旅游行政管理人才培训班，储备文旅智库的管理骨干。该类培训班可以区和乡（镇）文化旅游分管领导、部门负责人及从业骨干、旅游模范单位的从业人员为培训对象，按照每三年一次全覆盖的频率设置班次。具体内容包括：组织相关人员到文化和旅游部、河南省文化和旅游厅和各类旅游模范区参观考察，进行实地现场主题教学活动；在党校干部培训、网络继续教育课堂等各种培训渠道中增设文化旅游的课程，并开展针对性的考核；选派年轻干部到景区、企业交流体验，挂职锻炼。二是开展文化旅游经营人才

① 徐琳：《开封国际文化旅游名城建设初探》，《旅游纵览（下半月）》2020 年第 1 期。

培训，进一步提升文化旅游企业的信誉和形象。以景区（点）管理人员、重点旅行社骨干分子、星级饭店的经理人员、文旅产品生产企业的设计人员等为培训对象，也按照三年一轮全覆盖的频率举行。具体内容包括：组织旅游企业相关人员参加国内外各类考察学习活动；有关高校定期举办旅游行政专业人员培训班，举办景区、星级饭店、旅行社等窗口单位从业人员的岗位技能培训竞赛，以赛促训；鼓励相关人员选修各类相近专业进行自学学历提升。①

继续完善专兼网结合的导游员人才队伍建设。实施导游“内涵化、自动化、个性化”发展计划。针对目前导游雷同化、知识和技术落后的现状，继续推广龙门石窟、天堂明堂等景区的扫二维码、智能语音导游的做法，满足大多数游客希望免费了解景区相关知识的需求，提升智能语音导游的全覆盖。同时，根据高层次、专业游客的较高需求，提升导游的内涵和个性化魅力。导游的内涵需要提升自己的知识面、不断挖掘景区文化内涵来提高，这些必须以相关研究机构的研究成果为基础和前提，个性化就是通过展现导游的声音、气质等个性化特征，与导游词的内容密切结合，展现景区的文化底蕴和洛阳文化旅游的独特形象。鼓励优秀导游员组建“名导工作室”、申报“导游大师工作室”，力争组建 1～2 个“名导工作室”或“导游大师工作室”。

大力抓好文化旅游新业态文旅智库建设。开展一次洛阳市旅游人才队伍资源摸排，建立旅游智库数据库，调查收集旅游人才结构数据，明确洛阳文旅人才的培养方向，明确文旅智库建设的工作重点；鼓励文化旅游企业建立高校旅游专业人才实践基地，提高洛阳高校文化旅游营销策划、文化创意、电子商务、规划咨询等新业态人才培养能力。

### （三）挖掘活化文物，夯实会展遗址、河洛典籍的文化载体

文物是无声的文化载体，洛阳丰富的地上地下文物是洛阳国际旅游文化

① 王昆欣：《美丽中国：文旅产业人才培养模式与双创教育》，《世界教育信息》2018 年第 21 期。

名城建设的资源优势。龙门石窟、白马寺、关林、回洛仓、含嘉仓等重要历史遗迹，是洛阳文化底蕴的集中体现。为了推进国际旅游文化名城建设，必须让这些文物活起来。在传承的基础上，加大保护利用的力度。在预防性保护的基础上开展抢救性挖掘。在保护文物的基础上，开展文化旅游配套建设。以汉魏洛阳故城、偃师商城、宜阳韩都故城、邙山陵墓群等大遗址保护和考古遗址公园建设为旅游文化建设的核心，推进洛宁、孟津等传统村落以及老城历史文化街区、涧西工业遗产街区等文化旅游产业链的延伸项目，加快推进苏羊遗址、二里头遗址和偃师商城、白马寺、灵山寺泥塑，福昌阁一期，安国寺天王殿、万里茶道和关公圣迹等的维修和考古发掘。保护利用好洛阳市深厚的革命历史和丰富的红色资源，实施革命文物保护利用工程。

河洛文化、黄河文明、大量的文化典籍，也是洛阳旅游文化的隐形载体。借力国家文化和旅游部黄河文化保护传承弘扬的“1 + 3 + 9”规划体系，制定洛阳自己的河洛典籍保护传承弘扬专项规划，明确洛阳河洛典籍的传承、利用方向。立足对河洛地区的传说、戏曲、古籍、文献、民俗、非遗等各类文化遗产的普查，开展河洛典籍的整理考证和综合研究，构建河洛典籍的保护体系。制订河洛文化研究计划，实施河洛文化研究工程，组织河南省内各高校、院所的专家团队，借助河南省黄河文化研究会、洛阳市社科联等学术团体或政府理论研究机关，开展黄河文化、河洛文化、客家文化等系统研究，发掘其中所蕴含的中华优秀传统文化、革命文化、社会主义先进文化的精髓，推出若干标志性的研究成果。[①] 主动参与中华文明探源工程和考古中国重大课题研究，组建早期中国和夏文化研究中心。积极承办黄河非遗大展、黄河流域群众文艺展演和黄河文化主题美术巡展等一批国家级黄河文化活动，加强与沿黄流域城市的文化交流与合作，策划举办黄河文化研究国际高峰论坛、黄河文化保护传承弘扬研讨会、黄河流域博物馆联盟年会等活动。

① 王晓辉：《抢抓机遇，深挖潜力　努力把洛阳建设成国际文化旅游名城》，《洛阳日报》2017 年 2 月 13 日。

### （四）创新口号渠道，营造精准立体、虚实多元的宣传体系

宣传是一项非常重要的营销手段，宣传的口号和渠道是其中的关键环节。洛阳市为了进一步营造自己国际旅游文化名城的形象，增加对游客的吸引力和文化的传承创新能力，必须在提高洛阳旅游文化宣传口号的文化底蕴、构建现代化的创新宣传营销体系方面下足功夫。加快构建现代开放体系，以建设内陆地区双向开放新高地为目标，以举办大型国际文化旅游活动为重点，打造全方位、多元化、立体式的旅游宣传营销体系，提高洛阳城市的开放度和国际化水平，将洛阳建设成为重要的国际文化交往中心和国际旅游目的地城市。

1. 增强宣传口号的吸引力、文化味和独特性

洛阳目前国际旅游文化名城的宣传口号具有明显的资源导向型特点，一定程度上存在以偏概全和缺乏新意的特征。“千年帝都，牡丹花城”、“千年帝都，牡丹花城，丝路起点，山水洛阳”和“国花牡丹城——洛阳”这三个洛阳不同时期曾经用过的宣传口号，都能够展现洛阳丰富的文化底蕴，展示出洛阳旅游的个性特征，也能引起人们对牡丹与洛阳关系的深入追问，但明显存在资源导向型的低层次问题，与国内其他城市的宣传口号相比，因洛阳的文化不具有绝对的垄断性，因此需要从加强游客导向的维度，来提高洛阳国际旅游文化名城建设的经济效益和综合效益。其次，这三个口号也都存在以偏概全的倾向，洛阳牡丹固然重要，但是作为一个古代经济政治文化中心、现代工业城市，不仅有牡丹，有白马寺、龙门石窟和天子六驾，还有很多独特的工业文化和革命文化，俄式建筑风情街和八路军办事处等，也是急需进一步开发和宣传的文化代表，因此仅仅宣传牡丹，或者过度突出牡丹，实质上是降低了洛阳的文化厚度和时代价值。同时在宣传口号的语言表达上，也存在简单复述、不生动、没变化、缺乏新意的特征，不能让洛阳的文化遗迹和现实生活中的感官享受与购物欲望联系起来，不能给人留下原创性和震撼性的印象。

增强宣传口号的吸引力、文化味和独特性，洛阳可以借鉴其他地区的经

验来提升宣传口号。比如在语言的吸引力方面，可以借鉴“灵秀湖北”“您给我一天的时间，我给您一个世界（深圳世界之窗）”等表达方式，使宣传口号变得既简单、动听、响亮，又能引起人们对目的地的关注，加强标题的辞格艺术，从而对潜在游客产生极大的吸引效果。①

2. 构建精准立体、虚实多元的宣传渠道

立足国内，实施精准型营销策略，国内是洛阳旅游的主要客源地，也是旅游营销的主战场。充分利用旅游大数据，加强国内客源市场分析，细分客户，靶向推介，提高营销精准度和实效性。总结推广栾川成功经验，抓住自驾游发展的黄金期，以周边400公里范围内的城市为重点，设计推出一批四季不同、特色鲜明、体验性和参与性强的自驾游产品，确立鲜明、贴切的营销主题和营销口号，加强宣传推介，扩大自驾游客源市场半径。要进一步细分客源市场，有针对性地制定市场发展策略，加大在航线通达城市、高铁沿线城市的宣传推介力度，在机场、高铁站、地铁站、户外LED大屏等重要广告平台投放宣传广告，延长宣传链，扩大覆盖面，增加曝光量。围绕“五一”小长假和“国庆”“春节”黄金周及寒暑假等不同时段，针对在校学生、老年人、旅行商、摄影爱好者、户外运动爱好者等，量身打造和推介一批“亲子游”“亲情游”“研学游”“摄影游”“探险游”等不同系列的旅游产品。

拓展海外，加大国际化营销力度。积极拓展海外市场，持续扩大入境游规模。与高水平、专业化的策划团队合作，制订形象宣传计划，在中国国际广播电台国际在线等对外主流媒体投放旅游形象广告，让洛阳旅游大步走向世界。充分发挥洛阳作为“一带一路”主要节点城市的优势，加强与联合国世界旅游组织、亚太旅游协会等国际旅游组织和境外知名OTA（在线旅行社）的合作，深化与国际友好城市的双向文化旅游交流，针对洛阳入境游客源市场的结构特点，有重点、有计划、有步骤地开展多种形式的国际宣传促销，巩固扩大日韩、欧美主要客源市场，培育拓展俄罗斯、马来西亚、

① 刘雪蕾、姚国荣：《洛阳旅游宣传口号的文化探究》，《河北旅游职业学院学报》2012年第1期。

泰国等新兴市场，在境外持续掀起洛阳旅游热。

整合资源打造多层次营销平台。进一步整合政府、企业、行业协会、民间组织等各类资源，制定完善“引客入洛”奖励政策，放大牡丹文化节、河洛文化旅游节等节会平台的宣传效应，高水平策划多形式、特色化的宣传活动，搭建多层次、立体化的旅游营销活动平台。走进北京、上海、广州、武汉、西安、重庆等国内主要客源城市开展专题推介，积极承办国内外大型旅游博览会、旅行商采购大会和知名度高影响力大的商务会展活动，积极开发商务游市场。加强区域交流合作，与周边旅游城市、国内外大旅行社、知名景区等建立广泛联系和营销合作网络，与周边城市形成区域性旅游圈，实现线路相连、景区互补、客源共享、互利共赢。精心策划有创意、有影响的营销活动，通过整合网络媒体、自媒体、微信朋友圈等渠道进行优质内容输送，形成关注“热点”、打造营销“爆点”，提升景区景点曝光量，扩大洛阳旅游知名度和吸引力。借鉴湖南凤凰古城、江西婺源等“旅游＋摄影”的成功范例，引进或举办国内外一流的摄影展赛，与国内外摄影家协会和知名风光摄影师、旅行摄影达人合作，把摄影活动变成旅游产品，让摄影者成为洛阳旅游的传播者。

虚实结合，完善全媒体营销网络。进一步深化与央视、新华社、河南日报社、人民网、新浪、腾讯等国内、省内主流媒体和知名门户网站的战略合作，创新与携程、同程等知名在线旅游商的合作模式，深入挖掘电影、电视、报刊、广播、通信等传统媒体营销潜力，充分释放微信、微博、手机客户端等新媒体营销能量，精心制作一批旅游宣传图书画册、旅游歌曲、微电影、微视频等高质量的旅游宣传品，构建多渠道、高密度、全覆盖的营销网络。提高洛阳市3A级以上景区旅游自媒体运营质量，精准定位目标客户，精心设计好玩新奇、内容丰富的推送信息，增强互动性，提高关注度，营造旅游场景，撬动旅游需求，把更多用户变成游客，让更多游客成为粉丝，形成强有力的口碑效应。①

---

① 王晓辉：《抢抓机遇，深挖潜力　努力把洛阳建设成国际文化旅游名城》，《洛阳日报》2017年2月13日。

借力借势，搭建多元化交流平台。强化河洛文化的国际表达，加大文化旅游对外交流力度，策划组织更多具有“国际范”的文化、旅游、会展、体育活动。发挥龙门研究院作用，举办国际石窟学术交流活动。办好世界古都论坛、二里头文化国际学术交流会、文化遗产大众化传播主题论坛等重要国际论坛，研究成立中国古都联盟，提升世界古都论坛的参与度和国际知名度。加强与联合国教科文组织、中国博物馆协会合作，组织河洛文化、文物等相关专家积极参加国际文化会展、研讨会和艺术交流，举办好洛阳文物、非遗等赴外展会。深化与“一带一路”沿线国家和地区的文化交流合作，组织“一带一路”主题文物展等文化活动，持续开展中韩博物馆交流活动，进一步提升河洛文化的国际影响力。

## （五）文旅深度融合，增强服务为本、链条完整的动力载体

1. 创立文化旅游融合核心载体

实施黄河文化保护传承弘扬行动，让黄河文化与旅游联姻。规划建设黄河文化公园、黄河非物质文化遗产展示中心、伏羲文化产业园等一批黄河洛阳段重大文旅项目，将其纳入国家总体规划，融入黄河文化带建设。谋划建设沿黄快速旅游通道，完善运动、休闲、度假、康养、健身等业态设施，打造黄河文化生态旅游度假区。依托二里头遗址、龙马负图寺、汉光武帝陵等人文景观，打造中华文明溯源之旅；依托小浪底、黛眉山、青要山、万山湖、西霞院、黄河湿地等自然景观，打造大河风光体验之旅；依托小浪底水利枢纽、西霞院水库、陆浑水库、故县水库等水利设施，打造治黄水利水工研学之旅。推动小浪底景区升格为国家5A级旅游景区、国家级（生态）旅游度假区。策划成立沿黄文化旅游城市联盟，组织开展沿黄文化旅游宣传推广、交流展演等活动，建立区域文化旅游合作机制，在打造黄河文化精品旅游带上发挥洛阳的引领带动作用，辐射豫西北、陕东、晋南等周边区域和沿黄流域城市。

创建国家级河洛文化生态保护区，让河洛文化可看、可听、可体验。启动以非物质文化遗产资源为主的文化资源普查工作，梳理非遗家底。制定完

善《创建国家级河洛文化生态保护实验区总体规划》《河洛文化生态保护区管理条例》等规划和政策体系，组建河洛文化生态保护区管理委员会，统筹有序推进保护实验区建设工作。加大非遗分类保护力度，设计策划“河洛飞花”非物质文化遗产展演活动、河洛大鼓曲艺节等各类特色活动，在牡丹文化节、河洛文化旅游节期间举办非遗展区、非遗专场展演等系列活动，申办黄河非遗大展、河南省曲艺周等展览赛事活动。实施“非遗驻校”“非遗驻社区”计划、“河洛工匠”计划、“传承人研培计划”，评选“优秀传承人”，实施“河洛乡愁涵养计划”，加强非遗展示场馆、传习所等基础设施建设，建成黄河流域非物质文化遗产展示馆，依托驻洛高校建设唐三彩、剪纸、青铜器等非遗项目社会传承基地。积极探索创新“非遗＋研学”“非遗＋创意”“非遗＋展演”“非遗＋美食”“非遗＋旅游”等多种模式，让古老非遗同文化旅游相结合，实施非物质文化遗产数字化保护工程，建设河洛文化生态保护区非物质文化遗产信息公共服务平台，创新“互联网＋科技＋非遗”模式，加强非遗文化数字化展示。

2. 完善文旅融合的基础服务体系

构建畅通便捷的综合交通体系。统筹推进航空、铁路、公路和城市交通建设，打造内畅外达、互联互通、安全舒适、快速便捷的旅游综合交通体系。加快实施呼南高铁豫西通道、城市轨道交通、高速公路、快速通道、洛阳机场改扩建三期、万安通用航空、综合交通枢纽等重大基础设施项目，完善“三横三纵三环”高速路网体系，增加国内主要客源城市航线、高铁班次，开辟境外航线，开通国际旅游包机，提高旅游国际通达性。各县区因地制宜建设城市乐道、自行车道、步行道、旅游风景道，建成一批具有季节特点、体现地域特色的景观路、休闲路，让游客边走边游、体验“慢游”乐趣。

构建功能完善的公共设施体系。持续推进旅游“厕所革命”。加快建设和改造提升一批旅游景区的游客服务中心、停车场、酒店、餐馆、超市、引导标识系统、无障碍设施、老年人服务等公共服务设施和便民惠民设施。规划建设洛阳国际会展中心、丝绸之路文化交流中心、伊滨文化艺术中心、智慧文旅服务中心等洛阳城市地标性特色建筑，丰富提升“城市书房”、博物馆、艺术馆等公共文化设施、场馆的文化内涵。实施旅游星级饭店提升和旅行社提升工程，完善大型影院、咖啡厅、酒吧、茶社等休闲娱乐设施，建设提升一批购物休闲示范街和特色美食街区，支持嵩县、栾川县等规划建设一批自驾车、旅居车营地。

3. 扩展“文旅＋”模式，拉长文旅融合的产业链条

推动文化旅游与数字经济深度融合，发展沉浸式体验型文旅消费，引导和培育网络消费、体验消费、智能消费等消费新热点新模式，不断开拓文化旅游发展新空间；打造智慧旅游、数字景区、数字博物馆、数字美术馆、线上演艺等文旅线上新产品，促进文旅产业数字化、网络化、智能化发展；加强与腾讯、阿里巴巴、百度、网易等互联网企业进行战略合作，借助高端平台资源，加大互联网、物联网、人工智能等现代科技的推广应用，全面提升博物馆藏品管理、展示的信息化、数字化、智能化水平，打造“指尖上的博物馆”“手机里的博物馆”“随身携带的博物馆”等“24 小时博物馆”。通过深化“文旅＋科技”，提高数字化智慧化水平。

打造生态涵养、休闲观光、文化体验等多种功能相融合的乡村旅游新业态，推动乡村旅游提质升级；深入挖掘河洛乡村文化资源，推进“记住乡愁”特色体验旅游线路工程，建设一批有特色的乡愁博物馆、民俗馆、村史馆，创建一批最具乡愁韵味的特色村，延续乡村文化根脉，留住美丽乡愁；推进乡村旅游创客行动计划，引进和培育一批有想法、有才华、有创意的乡村创客，打造一批特色文化旅游小镇，培育一批乡村旅游特色村、A 级乡村旅游景区、乡村旅游创客基地，让绿水青山变成生态景区、美丽田园变成休闲公园、古朴民居变成特色民宿；实施“乡村旅游后备厢行动”，把发展乡村旅游与壮大特色优势农业、挖掘乡村特色文化资源有机结合起来，赋予特色农产品、传统工艺品的旅游商品功能，带动农民增收致富。[①] 通过深

① 王晓辉：《抢抓机遇，深挖潜力 努力把洛阳建设成国际文化旅游名城》，《洛阳日报》2017 年 2 月 13 日。

化“文旅＋农业”，推动乡村旅游提质升级。

依托南部伏牛山生态资源，推进白云山、老君山等核心景区深度开发，谋划实施白云山国家级旅游度假区项目、重渡沟国家级旅游度假区项目等一批消费层次丰富、产品类型多样、与国际旅游接轨的高端旅游项目，策划推出一批休闲度假国际精品旅游线路，建设国际健康养生休闲度假旅游目的地；依托北部黄河生态资源，深度开发龙潭大峡谷、黛眉山等沿黄山水旅游景区和黄河小浪底、西霞院休闲旅游度假区，着力打造沿黄精品文化旅游带。通过深化“文旅＋生态”，打造国际休闲度假品牌。

鼓励各县（市、区）因地制宜发展体育旅游、养生旅游，支持有条件的旅游景区拓展体育旅游项目。通过深化“文旅＋康体”，培育消费新业态、新热点。

要深入挖掘工业园区、工业历史文化遗产保护街区、老厂房、废弃矿山等丰富多样的工矿企业资源，结合特色文旅街区、商业步行街建设，融合夜经济发展，因地制宜充分改造利用，规划建设具有洛阳特色的工业遗产博物馆；鼓励各县（市、区）和企业利用闲置工业厂房、老旧建筑等，高水平规划建设文化艺术、工业遗产、特色产业相结合的文化创意产业园区；鼓励企业根据自身特点，开发不同层次的工业旅游产品，从初级的流程性游览向互动型参与和主题型体验发展。通过深化“文旅＋工业”，打造特色工业旅游品牌。

### （六）叫响文旅品牌，提升洛阳印象、洛阳风味的域外影响

把历史文化资源作为洛阳建设国际文化旅游名城最具竞争力的核心优势，坚持保护固态、传承活态、发展业态，让深埋于地下的宝贵文物“浮上来”，让记载于史籍文献的河洛文化“走出来”，让湮没于历史尘埃的文物遗址“活起来”，建设世界知名的华夏历史文明旅游目的地，打造国际化、特色化的文旅融合品牌群。

1. 打造“隋唐洛阳城”国际文化品牌

按照《隋唐洛阳城国家历史文化公园总体规划》《隋唐洛阳城考古遗址

公园总体规划》和各专项规划，突出“历史隋唐、品质隋唐、生态隋唐、国际隋唐、数字隋唐”的建设目标，高标准、大手笔建设隋唐洛阳城国家历史文化公园，对占地49平方公里的隋唐洛阳城遗址实施整体保护利用和科学展示。围绕宫城区建设，加快实施玄武门、宫城墙、九洲池二期和应天门南北广场等项目；围绕轴线区域建设，重点实施天街北延、天津桥、天枢、隋唐洛阳城遗址博物馆等项目；围绕里坊区建设，重点实施南城墙、东城墙、世界古都论坛永久会址、正平坊、华谊星剧场等项目。推进隋唐洛阳城遗址历史风貌修复，开展名人名事研究，开展与“一带一路”沿线国家（地区）、大遗址保护国家（地区）交流合作，利用数字科技实施“数字隋唐”、5G智慧景区、数字演艺等项目，把隋唐洛阳城国家历史文化公园建成国际大遗址保护范例和国际文旅融合示范区，打造历史文化特色鲜明、古韵今风交相辉映的国际级文化矩阵。

2. 打造“最早的中国”文旅品牌

推动二里头遗址申报世界文化遗产，与中国社科院考古所共建早期中国研究中心（夏文化研究中心），策划举办中国夏文化国际学术研讨会。发挥央地共建二里头夏都遗址博物馆优势，将二里头考古遗址公园打造成为全国大遗址保护、展示和利用的示范区，中国早期国家形成和发展研究展示中心，夏商周断代工程和中华文明探源工程研究、展示基地。提升二里头考古遗址公园管理服务水平，科学布局周边业态，挖掘历史故事和地方文化IP，推动文旅小镇、特色民宿、精品酒店、研学营地等配套设施建设。将二里头夏都遗址博物馆纳入“东方博物馆之都”研学旅行线路，叫响“最早的中国”研学旅游品牌。谋划建设河图洛书博物馆、客家之源纪念馆，举办客家文化国际学术交流会等活动，推动“世界客属恳亲大会”落户洛阳。建设丝绸之路文化交流中心等项目，彰显“丝路起点”文化地标。

3. 叫响“运河中心”城市品牌

积极对接国家大运河文化保护传承利用实施方案，2020年编制完成洛阳隋唐大运河文化保护传承利用规划，将大运河文化遗迹洛阳段、河道、沿线生态环境整体保护利用项目纳入大运河国家文化公园总体规划。2020年

开工建设隋唐大运河国家文化公园暨隋唐大运河文化博物馆。发挥含嘉仓、回洛仓遗址作为中国大运河世界文化遗产重要文化标识的作用，结合老城历史文化街区保护利用，加快推进天津桥、新潭遗址保护展示等项目建设。提升中国（洛阳）隋唐大运河学术交流会水平，彰显洛阳“运河中心”的独特地位。

4. 打造“东方博物馆之都”品牌

深入挖掘资源优势，谋划推动各类博物馆建设，让更多的“藏品”变成“展品”，打造特色鲜明、高品质、高水准的博物馆集群。发挥古都文化这一核心资源优势，挖掘利用河洛文化、牡丹文化、历史名人、考古成果、传统村落、红色旅游、中医药和非物质文化遗产等资源，谋划建设隋唐大运河文化博物馆、丝绸之路博物馆等一批骨干博物馆和国家遗址公园，建设万里茶道博物馆、牡丹博物馆、乡愁博物馆、马金凤戏曲艺术博物馆、考古博物苑等一批特色鲜明的专题博物馆。

围绕洛阳的工业、科技、教育资源，规划建设航空航天博物馆、科技博物馆、教育博物馆、地质矿产博物馆、工业遗产博物馆、自然博物馆等一批行业博物馆，鼓励河南科技大学、洛阳理工学院等建设专题博物馆。

借鉴四川建川博物馆经验，发挥洛阳市民办博物馆数量较多的优势，选择有条件的县（市、区）招商引资建设一批以博物馆为主题的城市文化客厅、历史街区或博物馆小镇。推动县域博物馆全覆盖，将全市所有县（市）博物馆功能串珠成链、结链成面、叠面成体，呈现出底蕴更加丰厚的河洛文化。

参与“互联网 + 中华文明”和文物数字化工程，运用现代信息技术，提升陈展服务水平。鼓励支持各类博物馆结合实际，借鉴故宫文创 IP 等成功经验，挖掘优质文化资源，加强与国内外知名文创、动漫、设计公司的合作，搭建洛阳市博物馆文创产品大赛活动和“东方博物馆之都”文创艺术展等平台，推动有条件的博物馆牵头成立洛阳博物馆文创产品商店联盟，设计开发类型丰富、雅俗共赏、吸引力强的文博创意产品，把博物馆里更多的“藏品”和“展品”变成“商品”和“产品”，打造特色鲜明的洛阳“东方博物馆之都”IP 品牌。

# 专 题 篇

**Reports on Subjects**

## B.2

# 洛阳文旅融合发展问题研究

洛阳文旅融合发展问题研究课题组*

**摘　要：** “十三五”以来，洛阳市立足建设国际文化旅游名城的定位，坚持以“文”塑“旅”、以“旅”彰“文”，大力实施文旅融合发展行动，加快构建文化传承创新体系，取得了显著成效。但同时，也面临着文化旅游融合度不高、产业链条偏短等问题和短板。要有效破解这些问题，实现文化旅游“三个转变”，在推动文化繁荣昌盛中奋勇争先，必须主动融入黄河文化带、大运河文化带建设，坚持以开放为引领，用文化的理念发展旅游，用旅游的方式传播文化，深入挖掘丰厚的历史文化资源和自然生态资源，塑造文旅融合品牌，提升文旅融合服务，完善文旅融合产品体系。

* 课题组组长、执笔人：杨猛，洛阳市政府调研室主任，法学硕士，主要从事经济社会发展形势及政策分析研究；课题组成员：李大伟、陈强，均为洛阳市政府调研室科员。

**关键词：** 文化旅游 融合发展 传承创新

## 一 洛阳市文旅融合发展现状

推动文旅融合发展，是传承中华文明、坚定文化自信的重要体现，是促进服务业发展、扩需求促消费的重要载体。“十三五”以来，洛阳市坚持以习近平新时代中国特色社会主义思想为指引，认真落实习近平总书记关于文化和旅游工作的一系列重要论述，抓住黄河流域生态保护和高质量发展国家战略、大运河文化带等重大机遇，坚持以“文”塑“旅”、以“旅”彰“文”，立足保护、抓好传承、推进弘扬、深化融合，统筹推进“全域游”、唱响“四季歌”、擦亮“老三篇”、打造“新三篇”，加快构建文化传承创新体系，大力实施文化保护传承和文旅融合发展行动方案，加快建设华夏历史文明传承创新核心区和国际文化旅游名城，努力在推动文化繁荣昌盛上奋勇争先。

### （一）坚持保护固态、守正出新，古都历史文脉传承延续

贯彻“保护为主、抢救第一、合理利用、加强管理”的工作方针，加大文物保护力度，创新保护利用模式，把传统元素与时代气息融合起来，保护传承古都历史文化遗产。

文物保护工作成绩斐然。科学编制全市域文物保护与利用总体规划，划定文物保护“紫线”，实现文物保护与经济发展、城乡建设等“多规合一”，构建文物保护利用“一核一带两廊三区”空间结构。将五大都城遗址专项保护规划纳入城市总体规划之中，形成了以北部邙山皇陵区—隋唐城宫城核心区—定鼎门遗址—龙门为主纵贯南北的城市历史景观轴线，以洛河—伊河为主南北对称、东西拓展的现代城市发展轴线。洛阳市近五年考古成果中有4次入选全国考古十大新发现，全国重点文物保护单位总数达51处54项，

洛阳荣膺中国文化遗产保护传承十佳城市。①

大遗址保护展示成效显著。探索创新大遗址保护展示利用模式，龙门石窟、关林、白马寺等“老三篇”焕发时代光彩，隋唐洛阳城国家历史文化公园、二里头夏都遗址博物馆、“东方博物馆之都”等“新三篇”加快打造。偃师商城保护展示三期工程顺利实施。汉魏洛阳故城国家考古遗址公园初具规模，宫城格局逐步显现。隋唐洛阳城天堂、明堂、应天门、九洲池建成开放，“两坊一街”和南城墙保护展示工程全面完工，南城墙、天津桥等遗址保护展示工程加快推进，“四点一区”格局加快形成。二里头夏都遗址博物馆和考古遗址公园正式开馆、开园，精彩呈现“最早的中国”。

“东方博物馆之都”初具规模。新建成开放二里头夏都遗址博物馆、应天门遗址博物馆等 7 家博物馆，隋唐大运河文化博物馆、牡丹博物馆、考古博物苑等重点项目正在积极推进，各类博物馆达到 77 家，形成了门类齐全、品类众多、内涵丰富的博物馆体系，博物馆总数和三级以上博物馆数量均居全省第一。文物陈列和文化活动丰富多彩，洛阳博物馆“故宫博物院院藏牡丹题材文物展”获得 2018 年度河南省优秀陈列展览殊荣。洛阳市政府与郑州大学签约共建郑州大学文物考古研究院、郑州大学博物馆研究院、郑州大学龙门石窟文化遗产研究院，助推“东方博物馆之都”建设。

古今辉映的城市风貌日益彰显。在城市规划建设中融入洛阳丰厚的历史文化元素，因地制宜规划中心城区各板块建设风格，合理组织城市天际线，提高城市设计水平，塑造古都特色风貌。老城历史文化街区保护与整治加快实施，保留“老城老街老巷子、老墙老院老房子、老门老户老名字、老号老店老铺子”，留住老洛阳的“底片”、建设新洛阳的“客厅”。夜幕之下的洛邑古城流光璀璨，成为洛阳最热门的“网红打卡地”。

### （二）坚持传承活态、开发利用，非遗保护传承成效显著

落实《非物质文化遗产法》《关于实施中华优秀传统文化传承发展工程

① 本报告中相关数据来自洛阳市政府有关部门业务材料及本课题组调查研究。

的意见》，坚持保护优先、整体保护、见人见物见生活的理念，一批非物质文化遗产得到有效保护和传承发扬。

资源挖掘有力有效。构建了以《洛阳市非物质文化遗产保护条例》为核心、《市级非物质文化遗产名录评选命名办法》《市级非物质文化遗产代表性项目保护单位认定办法》等配套完善的制度体系。成立了洛阳市非遗保护工作领导小组、非遗保护工作专家委员会等机构，推进河洛文化资源保护工程，启动洛阳市非物质文化遗产数字化工程，收集非遗线索 17 万余条。实施“传统技艺”“传统美术”抢救工程，开展“河洛乡愁”专题调查，筛选 201 个乡愁韵味特色村落。高标准编制《河洛文化保护规划纲要》，推进国家级河洛文化生态保护区申建工作。初步建立国家、省、市、县四级代表性项目和代表性传承人名录体系，拥有国家级非遗 8 项、省级非遗 58 项、市级非遗 135 项、县级非遗 1057 项。

传承能力持续加强。实施“传统工艺振兴计划”，以传承人为核心带动授徒传艺。全市现有国家级非物质文化遗产代表性传承人 6 名、省级 59 名、市级 139 名、县级 399 名。建成非遗展示馆 34 个、传习所 29 个，举办唐三彩烧制技艺比赛，建设“河洛大鼓传承基地”，依托图书馆、博物馆等开设非遗公益课堂，在高校组建非遗兴趣社团，为传承人技艺交流搭建平台。中医正骨疗法（平乐郭氏正骨法）入选国家级非遗代表性项目优秀保护案例。

推介展示丰富多彩。开展文化生态保护宣传教育培训，持续开展非遗进校园、进景区、进基层活动，结合重大节庆举办“河洛飞花”非遗展演展示系列活动，带动非遗融入现代生活。国家级非遗项目洛阳唐三彩烧制技艺等 5 个非遗项目亮相第十一届全国少数民族传统体育运动会。9 个专题非遗展示活动参加第二个农民丰收节河南主会场文化活动。在洛邑古城成功举办第三届河洛文化大集，吸引市民和游客近 15 万人次。

文创开发多点发力。依托中原国际文化旅游产业博览会等重要平台，与腾讯集团联合举办文创设计大赛，实施“洛阳礼物”开发工程，打造“洛阳牡丹”“洛阳三彩”“平乐牡丹画”等系列文创产品，推进非遗资源活化转化，“洛阳礼物”系列产品设计达到 1000 余款。洛阳“雀金绣”牵手英国高级珠宝定制品牌“纪娜梵”GNAVAN，共同打造“联合文化创新研究中心”。洛邑古城非遗园区吸纳国家、省、市级200余项非遗业态，开园以来接待游客超过900万人次。

## （三）坚持发展业态、融合创新，产业转型升级亮点纷呈

梳理融合理念，找准融合业态，发挥融合效果，“旅游+”发挥了“一业带百业”的综合效应，文化旅游业转型升级迈出了坚实步伐。

“旅游+文化”塑造核心品牌。打造“研学洛阳、读懂中国”研学旅行品牌，推出“文明之源、根在河洛”等5条精品研学旅游线路，洛阳博物馆被评定为港澳青少年内地游学基地，老君山等7家单位获评首批省研学旅游示范基地，评定了龙门石窟等17个洛阳市首届研学旅行基地。推出了丝绸之路起点线路等10条“东方博物馆之都”旅游线路。2019年，全市各类博物馆接待游客总量达到930余万人次。

“旅游+生态”做好山水文章。发挥自然生态优势，强化龙头景区带动作用，加快实施白云山国家旅游度假区持续提升、老君山山顶二期等重点文旅项目。孟津县白鹤镇、嵩县车村镇和新安县青要山镇入选河南省特色生态旅游示范镇。栾川入选全国第二批“绿水青山就是金山银山”实践创新基地。嵩县白云山景区成功创建省级旅游度假区。

“旅游+农业”壮大乡村旅游。以优秀乡村文化引领乡村旅游、铸魂乡村振兴，嵩县手绘小镇、洛宁爱和小镇、孟津三彩小镇、伊滨倒盏民俗村等特色文旅小镇游人如织。栾川县狮子庙镇王府沟村等8个村入选全省首批乡村旅游特色村。孟津县会盟银滩农业观光园等5个园区入选河南省休闲观光园区。全市乡村旅游经营单位达3200多家，国家A级乡村旅游景区达到22家。洛阳入选全国休闲农业与乡村旅游示范市，栾川、嵩县、孟津入选全国休闲农业与乡村旅游示范县。栾川入选“中国十大乡村旅游目的地”。

“旅游+工业”彰显特色优势。一拖集团“东方红工业游”景区入选全国首批“工业旅游示范点”，被全国工业旅游联盟列为全国十条工业旅游特色线路之首，成为河南省唯一入选的工业旅游特色线路。天心文化创意产

业园将苏式老旧厂房改造成汇集多种业态的集群化文化产业园，成为市民时尚休闲的好去处。中铝洛铜积极谋划建设中国铜工业文化旅游双创产业园。洛阳获得中国工业旅游产业发展联合体颁发的“中国工业旅游创新成果奖”。

“旅游+康养”培育新型业态。依托森林资源和生态优势发展森林康养产业，栾川县龙峪湾、重渡沟，洛宁县上戈镇、新安县石井镇等积极创建省级森林特色小镇。嵩县木扎岭速龙滑雪场入围2019年全国森林康养人家名录。栾川县重渡沟、栾川陶湾南沟森林康养基地、栾川万花谷、洛阳龙凤山景区入围2019年全国森林康养基地试点，全市获评12家，居全省第一。

## （四）坚持以节促游、厚植优势，文旅消费潜力加速释放

围绕品牌国际化、活动产业化、运作市场化，打造高品质节会平台，发展高质量会展经济，提升节会影响力和辐射带动力。洛阳在中国会展经济研究会综合排名中由2014年的第46位上升到第34位。

节会带动效应持续增强。节会发展实现从最初牡丹文化节“一枝独秀”，到牡丹文化节与河洛文化节“双龙头”带动，小浪底观瀑节、伏牛山滑雪节、汝阳杜鹃花节、洛宁金秋苹果节等特色节会百花齐放，唱响文旅“四季歌”，做到了四季有亮点、四时有特色。2019年第37届中国洛阳牡丹文化节期间，全市共签订亿元以上招商项目102个，投资总额达805.87亿元；接待游客2917.15万人次、旅游总收入274.28亿元，分别增长10.19%、13.36%。

特色会展培育成果丰硕。扶持培育河洛文化旅游节、机器人暨智能装备展览会、牡丹奖·全球文化创意设计大赛等高水平会展赛事，打造区域性品牌主题展会。支持企业“走出去”参与境内外综合性、专业性展会，国家牡丹园代表河南省和洛阳市参加2019北京世界园艺博览会，获得29个奖项。第二届中原文化旅游产业博览会吸引了30多个国家和地区的客商，汇集千余家国内外知名文旅企业，项目签约资金122.53亿元，成为深化中原文化旅游合作交流、扩大文旅对外开放的国际性综合会展平台。

夜经济夜消费方兴未艾。开放了一批24小时城市书房，推出洛阳“深夜食堂”美食打卡地，打造了老城十字街、洛邑古城、泉舜广场、天心文创等“夜洛阳”地标，天堂明堂开展夜游服务，九洲池景区推出“夜游九洲”国潮节活动，应天门举办3D灯光投影秀。改造提升龙门古街、关林步行街、西工小街等，培育壮大商圈、生活圈“夜经济”。

对外文化交流合作持续深化。成功举办世界古都论坛、纪念二里头遗址科学发掘60周年国际学术研讨会、中国—中东欧国家文化遗产论坛等国际性会展活动，筹办了丝绸之路中原文物展、音乐文物展，举办和引进“合作互鉴——中韩博物馆交流20周年特展”等40余个优秀展览陈列，促进人文交流对话。举办中韩、中日博物馆交流活动，以布哈拉为支点加强与中亚文化交流。洛阳市已与法国图尔市等17个城市缔结为国际友好（合作）城市。2019年11月，洛阳市代表团赴日韩访问，加大文旅宣传推介力度。

### （五）坚持共建共享、惠民利民，文旅服务环境优化提升

深入践行以人民为中心的发展思想，以旅游标准化建设、智慧旅游城市建设、全域旅游示范区创建为带动，加快从“旅游城市”向“城市旅游”转变。

城市环境更加生态宜居。围绕构建现代城镇体系、生态环境建设体系、公共服务体系，统筹推进生态环境建设“五大行动计划”、城市建设提质、文明城市创建等工作，对城市设施进行旅游化功能改造，完善旅游配套设施和公共休闲空间。规划建设360公里城市“乐道”，将洛阳山水文化资源串珠成链。洛浦公园、伊水游园水清岸绿，兴洛湖公园、文博体育公园生态良好，214个美丽游园绿意盎然，全市森林覆盖率达45.28%，实现了开窗见绿、出门进园，四季常绿、三季有花，山水林城和谐共融。

文旅基础设施日益完善。围绕构建现代基础设施体系，统筹推进航空、铁路、公路和城市交通建设，加快由交通节点城市向交通枢纽城市转变。呼南高铁豫西通道前期工作积极推进，动车组存车场加快建设。“三横三纵三环”高速路网加快形成，中心城区“井字+外环”主干快速路网初具规模，

市域主要景点与干线路网无缝对接。地铁 1 号线“轨通”，2 号线即将“洞通”。万安通用机场加快建设，洛阳机场通航城市增至 30 个，形成了辐射全国的两小时航空圈。洛阳连续三年被评为全国旅游厕所革命先进市。白云山被评为智慧旅游五钻级景区，龙门石窟在全省 5A 级景区中率先实现 5G 全覆盖。洛阳入选全国十佳智慧旅游城市、河南智慧旅游创新城市。

公共文化服务持续提升。巩固拓展国家公共文化服务体系示范区创建成果，打通公共文化服务“最后一公里”。洛阳市中心图书馆、市少年儿童图书馆新馆建成开放，市、县两级图书馆总分馆服务体系不断完善，13 个县（市、区）新建或改扩建县级公共文化设施 28 个，新增建筑面积 15 万平方米，公共文化服务供给能力持续提升。

“书香洛阳”名片更加靓丽。贯彻中央开展全民阅读、建设书香社会的战略部署，深化“书香洛阳”建设，公共图书馆、城市书房、社区书房（农家书屋）、24 小时自助图书设备、线上图书馆等设施网络日益完善，服务效能持续提升。城市书房总数达到 165 座，藏书总量 86.6 万余册，全年共接待读者近 648 万人次，城市“15 分钟阅读文化圈”基本形成。央视“走遍中国”栏目播放了洛阳城市书房建设专题片。《人民日报》《光明日报》《河南日报》等主要媒体持续报道洛阳城市书房建设。

群众精神文化生活丰富多彩。坚持需求导向，推动公共文化产品和服务由“政府端菜”向“百姓点菜”转变，以庆祝中华人民共和国建国 70 周年为主线，开展了一系列丰富多彩的文化惠民活动。2019 年，全市共举办 460 场文化惠民演出，开展“出彩河南人”庆祝新中国成立 70 周年优秀群众文艺精品展演、优秀经典剧目巡演等系列文化活动，安排“中原大舞台”惠民演出 44 场，为群众送上高品质的文化大餐。开展新时代红色文艺轻骑兵“河洛欢歌·文化惠民演出”活动 356 场，放映公益电影 3.5 万场，弘扬了社会主义核心价值观。

惠民政策持续加码升级。立足群众所需所盼，推出一系列文旅惠民政策，从 2017 年牡丹文化节“旅游年票不受限”等五项惠民举措，到 2018 年推出“文化消费有补贴”，实施“5＋1”惠民政策，再到 2019 年惠民政策再升级，推出“龙门+县（市、区）景点”等惠民政策。策划开展文化惠民消费月等活动，龙门石窟等20多家景区实施免门票惠民，发放总价值超过60万元的文旅“惠民大礼包”。洛阳旅游年票涵盖了市内39家主要景区，使用年票旅游累计达2000多万人次。

## 二　洛阳市文旅融合发展存在的问题

经过近年来的持续发展，洛阳市文旅融合发展在内涵和外延上都实现了新突破，但与建设国际文化旅游名城的定位相比、与国内先进城市相比，还有不小差距，一些问题亟待解决。

### （一）文旅融合仍须深化

旅游产品丰富，文化产品不足，厚重的历史文化资源未能得到充分挖掘整理，资源优势没有有效地转化为产业优势、竞争优势、发展优势。一些旅游项目文化特色挖掘不够，缺乏高端创意策划，景点存在一定的雷同性。一些景区景点重风景观赏，轻文化体验，从观光游向体验游、休闲游、度假游的转变仍须加快。旅游纪念品文化创意不足，没有形成知名品牌。一些旅游项目开发没有提前进行文化介入，文化和旅游“融”得不够，没有形成“化学反应”。

### （二）产业链条依然偏短

旅游业发展的传统六要素中，基本满足了“吃、住、行”，“游、购、娱”问题仍较突出，“商、闲、学、养、奇、情”的新六要素更有待进一步开发。部分景区仍然停留在住宿、餐饮等传统型消费项目和门票经济阶段，业态单一，有看点无玩点，游客停留时间短。一些旅游景点听头大、看头少，缺乏具有创意和地方特色的文化旅游精品，特别是缺乏能够带动消费的休闲娱乐型产品，购物、娱乐等二次消费比重偏低。以2018年的数据为例进行对比，全国游客人均消费1051.02元，河南省1033.33元，西安市

1032.72 元，成都市 1546.92 元。洛阳市 870.02 元，分别是全国游客人均消费的 82.78%、河南省的 84.2%、西安市的 84.25%、成都市的 56.24%。

### （三）综合服务有待提升

景区基础设施仍不均衡，部分景区停车场规划建设滞后，车位不足，一到节假日车辆就拥堵不堪。旅游综合服务不够精细化，一些景区旅游标识等设施相对滞后，一些客流量大的景区讲解等服务跟不上，管理、咨询、集散等服务质量和从业人员服务水平有待提升。智慧景区建设还有差距，4A 级以上景区还没有实现 5G 全覆盖。

### （四）客源结构不够优化

客源结构呈现“三多三少”，即省内游客多、省外游客少；国内游客多、入境游客少；普通游客多、高端游客少。2019 年，全市共接待入境游客 150.1 万人次，每百名游客中境外游客仅为 1 人，与杭州、西安等先进城市相比差距较大，与洛阳市丰富的文旅资源和打造国际文化旅游名城的目标不相称。

### （五）宣传营销需要加力

多数景点基本是各自为政，不成体系，知名度有待提升，全域化的文化旅游宣传营销体系仍不完善，没有形成强大的统一品牌效应。各县（市、区）尚未能用文化之魂将各景点有机结合、串珠成线、点石成金。多数景区景点市场化运作能力不强，营销方式较为传统，现代传媒手段利用水平不高，精准营销的成功案例不多。

## 三 推动洛阳市文旅融合创新发展的对策建议

坚持用文化的理念支撑旅游，用旅游的方式发展文化，体现“融”的理念、找准“融”的业态、发挥“融”的效果，完善促进文旅融合创新发展的政策措施，努力克服疫情影响，推动文化与旅游从“物理组合”迈向“化学反应”，积极创建国家文化产业和旅游产业融合发展示范区、国家全域旅游示范区、国家级文化生态保护区、国家文化消费示范城市，着力推动文化旅游产业高质量发展，真正把洛阳建设成为中外游客向往、诗和远方完美融合的国际文化旅游名城，在推动文化繁荣昌盛上奋勇争先。

### （一）融入国家战略，抢抓历史机遇，建设内涵丰富、地位突出的黄河历史文化主地标城市

洛阳是黄河流域重点节点城市，河洛文化以洛阳地区为中心，是黄河文化的重要组成部分。要按照“生态保护为先、确保安澜为底、统筹治理为要、文化传承为魂、高质量发展为本”的思路，突出“中华源·黄河魂”主题，实施黄河文化保护传承弘扬行动，打造黄河生态文化旅游景观带，让黄河文化资源活起来、动起来、靓起来，奏响新时代“黄河大合唱”的“洛阳乐章”。

1. 大力保护传承弘扬黄河文化

对接黄河文化保护传承弘扬的“1 +3 +9”规划体系，制订黄河文化研究计划，实施黄河文化研究工程，利用知名高校、专家团队等学术团体和智库资源系统研究黄河文化、河洛文化、客家文化等，推出一批标志性研究成果。全面普查黄河洛阳段的传说、戏曲、古籍、文献、民俗、非遗等各类文化遗产，开展考古发掘和综合研究，构建黄河文化遗产的系统保护体系，承办黄河流域群众文艺展演和黄河文化主题美术巡展等一批国家级黄河文化活动，把黄河洛阳段打造成传承历史的文脉河。加强与沿黄流域城市的文化交流与合作，策划举办黄河文化研究国际高峰论坛、黄河文化保护传承弘扬研讨会、黄河流域博物馆联盟年会等活动，搭建高层次、高水准的黄河文化对话交流宣传平台。

2. 打造黄河文化精品旅游带

积极融入国家黄河文化带建设，规划建设黄河文化公园、黄河非物质文化遗产展示中心、伏羲文化产业园等重大文旅项目，推动将其纳入国家规

划。谋划建设沿黄快速旅游通道，完善运动、休闲、度假等业态设施，打造黄河文化生态旅游度假区。依托二里头遗址、龙马负图寺、汉光武帝陵等人文景观，打造中华文明溯源之旅；依托小浪底、黛眉山、青要山、万山湖、西霞院、黄河湿地等自然景观，打造大河风光体验之旅；依托小浪底水利枢纽、西霞院水库、陆浑水库、故县水库等水利设施，打造治黄水利水工研学之旅。推动小浪底景区升格为国家5A级旅游景区、国家级（生态）旅游度假区。策划成立沿黄文化旅游城市联盟，建立区域文化旅游合作机制，打造辐射豫西北、陕东、晋南等周边区域和沿黄流域城市的黄河文化精品旅游带。

3. 建设国家文物保护利用示范区

加强文物保护利用和文化遗产保护传承，持续推进龙门石窟、白马寺、关林、回洛仓、含嘉仓等重要历史遗迹的保护利用，加强汉魏洛阳故城、偃师商城、宜阳韩都故城、邙山陵墓群等大遗址保护和考古遗址公园建设，做好全国重点文物保护单位保护、修缮、利用等基础工作，推进洛宁、孟津等传统村落以及老城历史文化街区、涧西工业遗产街区的保护利用工作，加快推进苏羊遗址、二里头遗址和偃师商城的考古发掘，推动万里茶道和关公圣迹联合申遗工作。实施革命文物保护利用工程，保护利用深厚的革命历史和丰富的红色资源。积极推进丝绸之路和隋唐大运河等世界文化遗产的保护利用工程，构建“华夏之源、河洛之根、丝路起点、运河中心”中华文明标识体系。办好世界古都论坛，建设世界古都论坛永久会址，把洛阳建设成为华夏历史文明与世界文明对话的重要平台。

4. 创建国家级河洛文化生态保护区

立足“遗产丰富、氛围浓厚、特色鲜明、民众受益”的总体目标，开展非遗保护传承行动，推动中华优秀传统文化创造性转化、创新性发展。实施河洛文化资源普查计划，梳理摸清非遗家底。制定完善《创建国家级河洛文化生态保护实验区总体规划》《河洛文化生态保护区管理条例》，组建河洛文化生态保护区管理委员会，统筹推进保护区建设。加大非遗分类保护力度，形成结构更趋合理、彰显河洛文化地位的非遗四级名录体系。

推动更多非遗走进生活，设计策划“河洛飞花”非物质文化遗产展演活动、河洛大鼓曲艺节等各类特色活动，在牡丹文化节、河洛文化旅游节期间举办非遗展区、非遗专场展演等系列活动，申办黄河非遗大展等影响力大的展览活动。实施“非遗驻校”“非遗驻社区”“河洛工匠”“传承人研培”等计划，加强代表性传承人保护，让非遗传之有道、后继有人。实施“河洛乡愁涵养计划”，建设黄河流域非物质文化遗产展示馆，打造一批各具特色的非遗展示场馆、传习所和非遗项目社会传承基地，探索创新“非遗＋研学”“非遗＋创意”“非遗＋旅游”等多种模式，让古老非遗绽放新时代的芬芳文明。实施非遗数字化保护工程，建设河洛文化生态保护区非遗信息公共服务平台，创新“互联网＋科技＋非遗”模式，传播河洛文化，讲好非遗故事。

### （二）整合优质资源，厚植核心优势，打造具有较强国际影响力的洛阳文旅品牌集群

按照习近平总书记提出的“让收藏在禁宫里的文物、陈列在广阔大地上的遗产、书写在古籍里的文字都活起来”① 等一系列指示精神，坚持保护固态、传承活态、发展业态，塑造文旅品牌集群，建设世界知名的华夏历史文明旅游目的地。

1. 打造“隋唐洛阳城”国际文化品牌

按照《隋唐洛阳城国家历史文化公园总体规划》《隋唐洛阳城考古遗址公园总体规划》和各专项规划，突出“历史隋唐、品质隋唐、生态隋唐、国际隋唐、数字隋唐”的目标，高标准、大手笔建设隋唐洛阳城国家历史文化公园，对占地 49 平方公里的隋唐洛阳城遗址实施整体保护利用和科学展示。围绕宫城区建设，加快实施玄武门、宫城墙、九洲池二期、应天门南北广场等项目；围绕轴线区域建设，实施天街北延、天津桥、天枢、隋唐洛阳城遗址博物馆等项目；围绕里坊区建设，实施南城墙、东城墙、世界古都

① 《习近平谈治国理政》，外文出版社，2014，第 161 页。

论坛永久会址等项目。推进隋唐洛阳城遗址历史风貌修复，加强与“一带一路”沿线国家（地区）、大遗址保护国家（地区）交流合作，利用数字科技实施“数字隋唐”、5G智慧景区、数字演艺等项目，把隋唐洛阳城国家历史文化公园建成国际大遗址保护范例和国际文旅融合示范区。

2. 打造“最早的中国”文旅品牌

推动二里头遗址申报世界文化遗产，与中国社科院考古所共建早期中国研究中心（夏文化研究中心），策划举办中国夏文化国际学术研讨会。发挥二里头夏都遗址博物馆央地共建优势，将二里头考古遗址公园打造成为全国大遗址保护、展示和利用的示范区，中国早期国家形成和发展研究展示中心，夏商周断代工程和中华文明探源工程研究、展示基地。提升二里头考古遗址公园管理服务水平，科学布局周边业态，挖掘历史故事和地方文化IP，推动文旅小镇、特色民宿、精品酒店、研学营地等配套设施建设。将二里头夏都遗址博物馆纳入“东方博物馆之都”研学旅行线路，叫响“最早的中国”研学旅游品牌。谋划建设河图洛书博物馆、客家之源纪念馆，举办客家文化国际学术交流会等活动，推动“世界客属恳亲大会”落户洛阳。建设丝绸之路文化交流中心等项目，彰显“丝路起点”文化地标。

3. 叫响“运河中心”城市品牌

积极对接落实国家大运河文化保护传承利用实施方案、河南省大运河文化保护传承利用实施规划，编制洛阳隋唐大运河文化保护传承利用规划，将大运河文化遗迹洛阳段、河道、沿线生态环境整体保护利用项目纳入大运河国家文化公园总体规划，加快建设隋唐大运河国家文化公园暨隋唐大运河文化博物馆，提升中国（洛阳）隋唐大运河学术交流会水平。发挥含嘉仓、回洛仓遗址作为中国大运河世界文化遗产重要文化标识的作用，结合老城历史文化街区保护利用，实施天津桥、新潭遗址保护展示等项目建设，推进文物环境整治、历史文化元素回填，开展古都风貌关键节点织补，彰显洛阳“运河中心”的独特地位，重现隋唐东都京畿历史风貌。

4. 打造“东方博物馆之都”品牌

深入挖掘利用河洛文化、牡丹文化、历史名人等资源，建设丝绸之路博物馆等一批骨干博物馆和国家遗址公园，打造万里茶道博物馆、考古博物苑等一批特色鲜明的专题博物馆，谋划建设航空航天博物馆、科技博物馆、工业遗产博物馆等一批行业博物馆，鼓励驻洛高校等建设专题博物馆，打造特色鲜明、高品质、高水准的博物馆集群。发挥洛阳市民办博物馆较多的优势，选择有条件的县（市、区）引进建设一批以博物馆为主题的城市文化客厅或博物馆小镇。推动县域博物馆全覆盖，将全市所有县（市）博物馆功能串珠成链、结链成面、叠面成体，更好地展示底蕴丰厚的河洛文化。参与“互联网+中华文明”和文物数字化工程，运用现代信息技术，提升陈展服务水平。借鉴故宫文创IP等成功经验，加强与国内外知名文创、动漫、设计公司的合作，搭建洛阳市博物馆文创产品大赛活动等平台，组建洛阳博物馆文创产品商店联盟，设计开发类型丰富、雅俗共赏、吸引力强的文博创意产品，把更多“藏品”和“展品”变成“商品”和“产品”，打造特色鲜明的洛阳“东方博物馆之都”IP品牌。

5. 扮靓“牡丹花城”金字招牌

以扩大国际影响力、文化吸引力、市场竞争力为目标，提升中国洛阳牡丹文化节国际美誉度，打造国际一流文旅节会。营造“花”景观、传播“花”文化，加快建设洛阳牡丹博物馆暨洛阳南山公园，建设世界级牡丹基因库、重点实验室，打造一批以隋唐文化为特色的精品牡丹园、以牡丹为主体的世界名花园、牡丹综合公园、体验中心。提升“花”产业、拓展“花”市场，加快牡丹产业全链条发展，谋划建设牡丹科技产业园、牡丹花卉交易物流中心，推动牡丹深加工、牡丹瓷、牡丹画等特色品牌做大做强。组织参与国内外重大花事活动，举办牡丹产业博览会暨国内外电商平台展销会，加强牡丹文化对外交流合作。

## （三）强化开放引领，深化交流合作，构建立体多元、精准有效的文旅融合营销体系

以建设内陆地区双向开放新高地为目标，加快构建现代开放体系，坚持政府企业协调联动、国内国外同步拓展、线上线下双向发力，加大文旅交流

宣传营销力度，打造全方位、多元化、立体式的旅游宣传营销体系，实现从粗放式营销向精准型营销转变、从旅游产品推介向城市形象宣传转变，提升洛阳文化旅游的国际知名度和美誉度。

1. 立足国内实施精准型营销策略

国内城市是洛阳旅游的主要客源地，也是旅游营销的主战场。利用旅游大数据，加强国内客源市场分析，细分客户，靶向推介。抓住自驾游发展的黄金期，以周边400公里范围内城市为重点，设计推出一批四季不同、特色鲜明的自驾游产品，扩大自驾游客源市场半径。顺应“高铁时代”旅游业发展趋势，加大在高铁沿线城市的宣传推介力度，在机场、高铁站、地铁站、户外LED大屏等重要广告平台投放宣传广告，延长宣传链，扩大覆盖面，增加曝光量。围绕“五一”小长假和“国庆”“春节”黄金周及寒暑假等不同时段，针对不同群体量身打造和推介“研学游”“摄影游”“探险游”等各具特色的系列旅游产品。

2. 拓展海外，加大国际化营销力度

与高水平、专业化的策划团队合作，制订形象宣传计划，在中国国际广播电台国际在线等对外主流媒体投放旅游形象广告，积极拓展海外市场，让洛阳旅游大步走向世界。充分发挥洛阳作为“一带一路”主要节点城市的优势，加强与联合国世界旅游组织、亚太旅游协会等国际旅游组织和境外知名OTA（在线旅行社）的合作，深化与国际友好城市的双向文化旅游交流，针对洛阳入境游客源市场的结构特点，有重点、有计划、有步骤地开展多种形式的国际宣传促销，巩固扩大日韩、欧美主要客源市场，培育拓展俄罗斯、马来西亚、泰国等新兴市场，在境外持续掀起洛阳旅游热。

3. 整合资源打造多层次营销平台

有效整合政府、企业、行业协会、民间组织等各类资源，放大牡丹文化节、河洛文化旅游节等节会宣传效应，高水平策划多形式、特色化的宣传活动，搭建多层次、立体化的旅游营销活动平台。走进国内主要客源城市开展专题推介，承办国内外大型旅游博览会、旅行商采购大会和知名度高、影响力大的商务会展活动，拓展商务游市场。加强区域交流合作，与周边旅游城市、国内外大旅行社、知名景区等建立广泛联系和营销合作网络，与周边城市形成区域性旅游圈，实现线路相连、景区互补、客源共享、互利共赢。整合网络媒体、自媒体、微信朋友圈等渠道，策划有创意、有影响的营销活动，输送优质内容，形成关注“热点”、打造营销“爆点”，扩大洛阳旅游知名度和吸引力。借鉴湖南凤凰古城、江西婺源等“旅游 + 摄影”的成功范例，把摄影活动变成旅游营销手段，让摄影者成为洛阳旅游的传播者。

4. 虚实结合完善全媒体营销网络

深化与央视、新华社、河南日报社、人民网等主流媒体和知名门户网站的战略合作，创新与携程、同程等知名在线旅游商的合作模式，挖掘电影、电视、报刊、广播、通信等传统媒体营销潜力，释放微信、微博、手机客户端等新媒体营销能量，精心制作一批旅游宣传图书画册、旅游歌曲、微电影、微视频等高质量的旅游宣传品，构建多渠道、高密度、全覆盖的营销网络。提高景区自媒体运营质量，增强互动性，提高关注度，营造旅游场景，撬动旅游需求，把用户变成游客，让游客成为粉丝，形成口碑效应。

5. 借力借势搭建多元化交流平台

强化河洛文化的国际表达，策划组织更多具有“国际范”的文化、旅游、会展等活动。发挥龙门研究院作用，举办国际石窟学术交流活动。举办世界古都论坛、二里头文化国际学术交流会等重要国际论坛，研究成立中国古都联盟，提升世界古都论坛的参与度和国际知名度。加强与联合国教科文组织、中国博物馆协会合作，组织河洛文化、文物等相关专家积极参加国际文化会展、研讨会和艺术交流，举办好洛阳文物、非遗等赴外展会。深化与“一带一路”共建国家和地区的文化交流合作，持续开展中韩博物馆交流活动，提升河洛文化的国际影响力。

### （四）对标国际标准，全域优化环境，提升文旅融合发展的综合功能和服务品质

以旅游标准化建设和全域旅游示范区、国家文化产业和旅游产业融合发展示范区创建为抓手，围绕构建现代基础设施体系、现代城镇体系、生态环

境体系、公共服务体系，统筹“吃住行游娱购”“商养学闲情奇”全要素，完善文化旅游基础设施和公共服务设施，实现全景迎客、全时迎客、全民好客、全业留客。

1. 构建畅通便捷的综合交通体系

抓住规划建设洛阳都市圈这一重大机遇，坚持“快进、慢游、长留、缓出”的理念，以建设全国性重要交通枢纽为目标，打造内畅外达、互联互通、安全舒适、快速便捷的旅游综合交通体系。对外打开大通道，加快实施呼南高铁豫西通道、城市轨道交通、高速公路、快速通道、洛阳机场改扩建三期、万安通用航空、综合交通枢纽等重大基础设施项目，完善“三横三纵三环”高速路网体系，实现“铁公机”一体联动。争取增加国内主要客源城市航线、高铁班次，开辟境外航线，开通国际旅游包机，提高旅游国际通达性。对内畅通微循环，全域推进“四好农村路”建设，畅通旅游道路节点，解决景路不畅、景景不联、景城不通等旅游交通“最后一公里”问题，实现各种旅游交通方式无缝衔接。以城市“乐道”建设为撬动，规划建设一批具有季节特点、体现地域特色、配套设施完善的景观路、休闲路。

2. 构建智慧高效的信息服务体系

顺应“互联网+”发展趋势，以游客体验为中心，探索创新市场化运作模式，加快完善通信、电视、WiFi 网络等旅游信息化基础设施，构建官方资信网站、电商网站、微信、微博、多媒体查询屏、旅游 App 等多终端和全覆盖的智慧旅游服务体系，为游客提供资信获取、产品推荐、活动推广、行程规划等涵盖旅游全要素、贯穿旅游全过程的一体化旅游公共信息服务。深化与腾讯、携程等行业龙头企业的战略合作，完善智慧旅游大数据平台功能，加快智慧旅游从基础建设到大数据应用纵深发展，以点带面推进全业态智慧旅游建设。顺应移动互联网发展趋势，依托微信打通旅游服务到游客的“最后一米”，让中外游客“一机在手、畅游洛阳”。

3. 构建生态宜居的城市景观体系

要把整座城市当作旅游目的地打造，营造“城市即景区，生活即旅游”

的城市景观体系，使游客在洛阳入眼即为景、全城皆景观。深化新时代大保护大治理大提升治水兴水行动，巩固“四河三渠”综合治理成果，实施小浪底南岸灌区、引黄入洛等重点工程。坚持“山、林、沟”一体化治理提升，推进国土绿化提速提质，高标准建设黄河洛阳段生态廊道，提升完善国家级黄河湿地自然保护区，打造黄河小浪底国家生态公园，创建国家生态文明建设示范市、国际湿地城市。高标准建设洛阳特色城市“乐道”，加快城市绿地、小游园、休闲广场、滨水景观建设，把古都、牡丹等洛阳特色文化元素融入城市规划建设之中，构建极具特色的城市生态景观和公共休闲空间。

4. 构建功能完善的公共设施体系

总结发扬洛阳作为全国厕所革命先进市的经验做法，持续推进旅游“厕所革命”。加快建设和改造提升一批旅游景区的游客服务中心、停车场、酒店、餐馆、超市、引导标识、无障碍设施等公共服务设施。规划建设洛阳国际会展中心、丝绸之路文化交流中心、伊滨文化艺术中心等洛阳特色城市地标性建筑，丰富提升城市书房、博物馆等公共文化设施的功能品位，打造主题鲜明的城市公共文化休闲空间。引进旅游星级饭店，构建星级饭店、主题酒店、度假酒店、特色旅馆、精品民宿等结构合理、类型多样的旅游住宿体系。完善休闲娱乐设施，建设提升一批购物休闲示范街和特色美食街区，打造集实景体验、趣味游憩、文化教育、休闲度假于一体的文化旅游休闲区，丰富旅游要素供给。支持嵩县、栾川县等规划建设一批自驾车、旅居车营地，打造全国重要的自驾车、旅居车旅游目的地。

5. 构建精细规范的管理服务体系

金杯、银杯不如游客的口碑，金奖、银奖不如游客的夸奖。要把服务提升作为文化旅游业环境优化的重头戏，把“以人为本、游客至上”的服务理念体现到旅游业发展的每一个行业、每一个环节、每一位从业人员，推进旅游精细化管理、人性化服务，全面提升旅游服务质量。健全旅游市场综合治理长效机制，完善假日旅游工作机制、应急管理机制和服务体系，定期开展旅游市场综合执法检查，完善旅游投诉24小时受理制度，加强旅游市场舆论监督，引导诚信经营、优质服务、理性消费、文明旅游。

## （五）加快转型升级，深化融合创新，打造业态丰富完善、市场竞争力强的文旅融合产品体系

深化旅游业供给侧结构性改革，推动文化旅游与健康、养老、体育、美丽乡村等各个领域的跨界互动和深度融合，转型提升传统观光游产品，开发旅游新业态、新产品、新模式，加快观光产品向休闲产品转变、门票经济向产业经济转变，为发展全域旅游提供新的动能支撑。

1. 深化“文旅+科技”，提高数字化智慧化水平

顺应5G时代文旅融合发展的数字化趋势，推进文旅融合新基建，加快5G高新视频、网络视听、数字会展、数字娱乐、数字生活建设，推动文化旅游与数字经济深度融合，扩大优质数字文旅产品供给，发展沉浸式体验型文旅消费，开拓文化旅游发展新空间。推出“数字龙门石窟”“云定鼎门”“数字隋唐洛阳城”“数字大运河”等一批智慧旅游、数字景区、数字博物馆、数字美术馆、线上演艺等文旅线上新产品，线上引流、线下体验、双向发力，拓宽供应链，促进文旅产业数字化、网络化、智能化发展。加强与腾讯、阿里巴巴、百度、网易等互联网企业进行战略合作，借鉴“数字敦煌”“数字故宫”等模式，加大现代科技推广应用，提升博物馆信息化、数字化、智能化水平，打造“指尖上的博物馆”“手机里的博物馆”等“24小时博物馆”。

2. 深化“文旅+农业”，推动乡村旅游提质升级

结合沟域经济发展、特色小镇培育、美丽乡村建设和传统村落保护等工作，构建家风家训、乡愁体验、精品乡村民宿、特色休闲农庄等特色乡村旅游产品体系，打造生态涵养、休闲观光、文化体验等多种功能相融合的乡村旅游新业态，推动乡村旅游提质升级。深入挖掘河洛乡村文化资源，推进“记住乡愁”特色体验旅游线路工程，建设一批有特色的乡愁博物馆、民俗馆、村史馆，创建一批最具乡愁韵味特色村，延续乡村文化根脉。把民宿作

为发展全域旅游的突破口，因地制宜建设有地域特色、有地方风情、有家乡情怀的精品民宿。推进乡村旅游创客行动计划，引进和培育一批乡村创客，建设提升三彩小镇、杜康小镇等一批特色文化旅游小镇，培育一批 A 级乡村旅游景区、乡村旅游创客基地，让绿水青山变成生态景区、美丽田园变成休闲公园、古朴民居变成特色民宿。实施“乡村旅游后备厢行动”，把洛阳更多的“三品一标”优质农产品和洛宁麦秆画、栾川竹编等工艺品打造成特色鲜明、具有较强吸引力和竞争力的旅游商品，带动农民增收致富。

3. 深化“文旅 + 生态”，打造国际休闲度假品牌

依托南部伏牛山和北部黄河生态资源，推进白云山、老君山、小浪底等核心景区深度开发，培育核心景区带动、特色景点环绕的景区景点集群，完善错落有致、特色各异的多级景观链，塑造高品质养生度假休闲旅游品牌，建设国际健康养生休闲度假旅游目的地。发挥栾川县、嵩县等地区中药材资源优势，探索与中医药院校合作建设伏牛山中草药博物馆、展示馆等，打造集中医康养、文创产品展示、养生产品展销等于一体的地方特色文化旅游产品集散地。联合三门峡、郑州等沿黄城市，发挥各自优势，依托龙潭大峡谷、黛眉山等沿黄山水旅游景区和黄河小浪底、西霞院休闲旅游度假区，打造黄河文化精品旅游带。

4. 深化“文旅 + 康体”，培育消费新业态新热点

发挥自然生态和人文资源优势，加快全国全民运动健身模范市、国家体育产业联系点城市建设，培育登山、攀岩、漂流、露营、滑雪、探险、温泉养生等新业态新产品，打造“户外运动天堂、休闲养生福地”。实施汝阳西泰山、栾川重渡沟、陆浑湖度假健康产业园等复合型养老综合体项目，推动栾川伏牛山滑雪度假乐园、伊滨区万安山特色体育运动基地、宜阳凤凰岭生态体育公园等项目建设，鼓励各县（市、区）因地制宜发展体育旅游、养生旅游，引进一批知名度高、影响力大的品牌赛事，利用体育公共设施开展健身休闲、体育旅游活动，发展赛事体育旅游。

5. 深化“文旅 + 工业”，打造特色工业旅游品牌

深入挖掘工业园区、老厂房、废弃矿山等工矿资源，结合特色文旅街

区、商业步行街建设，融合夜经济发展，因地制宜改造利用，打造富有知识性、趣味性、观赏性和体验性的工业旅游产品体系。实施涧西区工业文化遗产保护开发工程，形成中钢耐火、中信重工、中国一拖等工业旅游线路，开发杜康酿酒工艺文化体验产品和中车洛阳机车、中铝洛铜等工业旅游线路。鼓励各县（市、区）和企业利用闲置工业厂房、老旧建筑等，规划建设文化艺术、工业遗产、特色产业相结合的文化创意产业园区。鼓励企业开发不同层次的工业旅游产品，从初级的流程性游览向互动型参与和主题型体验发展，让游客在亲身体验中获得乐趣。

# B.3 洛（阳）济（源）文旅融合发展研究

刘俊月*

**摘　要：** 洛济一体化是打造洛阳都市圈的战略选择，而洛济文旅融合则是实现洛济一体化的切入点。洛阳、济源两市地理交通互联、文化背景相通、旅游资源互补，且在文旅融合发展上已进行有益尝试。但两市仍存在对一体化认识不太到位、行政壁垒有待突破、协调发展机制有待健全的问题，本报告对此予以分析并提出相应改进措施。

**关键词：** 都市圈　洛济文旅融合　经济发展“新引擎”

为贯彻落实河南省委十届十次全会关于“支持洛阳建设中原城市群副中心城市，规划建设洛阳都市圈，打造引领全省发展的‘双引擎’”的精神，洛阳市委十一届十一次全会及时提出聚焦“发力都市圈、提升辐射力、打造增长极、形成新引擎”新发展战略。规划建设洛阳都市圈新发展战略，对于拉大洛阳城市框架，快速提升洛阳城市战略定位，发挥洛阳副中心城市作用，带领豫西北地市一体化协同发展，形成以洛阳为核心的豫西北河南经济发展“新引擎”具有十分重大的意义。

2019 年，洛阳市都市圈规划编制工作正式启动，并进入持续提速阶段。按照洛阳都市圈规划的初步构想，洛济一体化将是洛阳都市圈建设的先手棋。济源是洛阳一小时通勤圈内最近的城市，又是连接山西的重要节点城

* 刘俊月，中共洛阳市委党校副教授，研究方向为领导科学、文化建设与洛阳经济发展。

市。选择济源作为洛阳都市圈的核心城市，推动实现洛济一体化发展，对于打造洛阳都市圈必将发挥较好的示范作用。2019 年，两市政协联合开展了“推动洛济一体化发展，建设现代化都市圈示范区”的调研活动，成效显著。

当然，济源作为国家首批中小城市综合改革的试点市、河南唯一的全域城乡一体化示范市，在打造与洛阳区域协同发展方面，也有着更加强烈的愿望和要求，很早就开启了洛济一体化发展的探索研究。2017 年，济源市政协就“洛济融合发展”进行了专题议政，随后还主动加大与洛阳市各层面就洛济一体化发展进行互动研究。

城市一体化发展总是需要在最容易形成共识的领域寻求突破，洛阳、济源文旅融合发展将是实现洛济一体化的重要切入点。

## 一　洛济文旅融合的基础条件

洛阳、济源共处黄河南北两岸，地理交通互联，历史渊源深厚，文化背景相通，文化旅游交流频繁，资源互补性强，文旅融合基础较好、优势明显。

### （一）地理交通互联

洛阳与济源同处中原腹地，都是中原城市群的重要城市。从区位上看，洛阳、济源同处黄河两岸，两市自然山水相依，根脉相连，历史渊源深厚，商旅交流频繁。从交通上看，一是铁路。焦枝铁路联通洛济两地，每天 8 个班次的客运列车，可以 1 小时快速直达；呼南高铁、焦济洛城际铁路的修建，将使洛济之间的交通更加便捷。二是高速。二广高速洛济段车程只有 30 分钟；正在建设中的洛济西高速 2020 年建成投用后，从济源到达龙门高铁站和洛阳北郊机场的时间还将大大缩短。三是城际快速通道。208 国道、济洛快速通道、小浪底专用线贯通济洛。由此可见，洛阳、济源同城化发展的区位优势明显，交通基础条件良好。

## （二）文化背景相通

洛阳和济源同属河洛文化区域，有共同的文化背景。河洛文化是中华民族的根文化和主流文化，以洛阳为中心的河洛地区是华夏文明的重要发源地。尽管对河洛地区的范围有不同的看法，但学术界一般认为，河洛地区包括豫西北、晋西南和陕东南地区，普遍具有“根在河洛”的文化认同。河洛地区已成为海内外中国人寻根问祖的文化圣地和精神家园。

洛阳和济源隔河相望，有共同的黄河故事。黄河是中华民族的母亲河，2019 年习近平总书记河南调研时强调指出，要保护、传承、弘扬黄河文化，讲好“黄河故事”。洛阳与济源均地处黄河流域的中原文化摇篮地带，在《河南省“十三五”文化旅游产业规划》“一核两带四区”的发展格局中，洛阳是郑汴洛文化旅游产业发展核心区的主要城市，济源为南太行旅游区的重要片区，两市同为沿黄旅游带的关键节点。洛阳、济源理应携手深挖黄河文化蕴含的时代价值，共同讲好新时代的“黄河故事”。

## （三）旅游资源互补

洛阳、济源两市旅游资源丰富，禀赋各具特色，互补优势明显，这为两市文旅融合发展奠定了雄厚的资源基础。总的来看，洛阳的旅游资源类别丰富，层级高，影响大，旅游设施发展较好，市场相对比较成熟；济源的红色旅游资源稳步开发，特色突出，特别是研学旅游起步早，供给能力充足。洛阳的帝都文化和牡丹文化，济源愚公移山精神和名人文化分别构成了各自独特的景观优势。截至 2018 年底，洛阳全市共有 A 级景区 71 家，其中 5A 级景区 5 家，4A 级景区 23 家，3A 级景区 37 家，2A 级景区 6 家；省级旅游度假区 5 家。济源市拥有王屋山等 3 处世界、国家级资源，以王屋山、五龙口、小浪底、黄河三峡、小沟背、九里沟、济渎庙、伊利乳业、南山儿童公园、大峪王庄等 10 余家景区为代表，20 余个乡村旅游示范点分布全市各地；拥有济渎庙、大明寺、奉仙观、轵国故城、延庆寺塔、阳台宫、五龙口古代水利设施等 7 处全国重点文物保护单位、17 处省级文物保护单位、113

处市级文物保护单位。

洛阳主打“古都游”成为“老家河南”的亮丽名片，济源力推“山水游”增色南太行旅游带。洛阳有130余处博物馆，这种博物馆资源集中度在国内非常罕见，济源30余处研学教育基地领跑国内研学市场。洛阳和济源在旅游资源方面具有较大的差异性和互补性，能够满足游客求新求异的多元化需求，具备共同打造精品旅游线路和区域旅游目的地的资源基础。

## （四）发展势头强劲

近年来，洛阳市和济源市各自致力于文化旅游融合发展，为两市的文旅融合发展打下坚实的基础。

洛阳作为国家优秀旅游城市，近年来以建设国际文化旅游名城为总目标，全力推动全市旅游由“老三篇”向“新三篇”、由门票经济向全域旅游、由旅游城市向城市旅游转变，着力推动文化旅游融合发展。2018年，洛阳市全年共接待游客1.32亿人次，同比增长6.45%。其中，接待入境游客141.32万人次，同比增长6.03%；接待国内游客1.31亿人次，同比增长6.5%；旅游总收入1148.43亿元，同比增长10.11%。其中，国内旅游收入1119.92亿元，同比增长10.12%，旅游创汇4.32亿美元，同比增长8%。2019年，洛阳文化旅游融合坚持闯新路走在前，坚持用文化的理念支撑旅游，用旅游的方式发展文化，努力做好“融”字文章，树立融的理念、找准融的业态、发挥融的效果，推动文化与旅游从“物理组合”迈向“化学反应”。隋唐洛阳城应天门遗址博物馆建成开放，“最早的王朝”在二里头夏都遗址博物馆揭开神秘面纱，洛阳首批研学基地授牌，第二届中原文化旅游产业博览会暨2019洛阳河洛文化旅游节成功举办，等等，洛阳正在加快打造“古今辉映、诗和远方”历史文化名城的步伐。

济源市是国家全域旅游示范区试点城市，近年来围绕国家全域旅游示范区创建的工作主线，按照“一核两带”规划开展全市文化旅游产业建设。2018年，济源市共接待游客1350.1万人次，同比增长17.6%；实现旅游收入65.95亿元，同比增长18.1%；接待单次300人以上旅游团队达到18批，达 2 万余人。2019 年，济源延续其文旅融合发展的上升势头，对愚公文化、黄河文化、卢仝茶文化、荆浩画文化等传统特色文化进行再发掘，新的经济业态被催生，文化产业价值被重塑。2019 年 9 月 25 日，济源荣膺“首批国家全域旅游示范区”，“城乡一体、产城融合”的全域旅游步伐加快，旅游资源、旅游产品、旅游环境等得到全面提升，“不一样的济源”品牌凸显。

## 二　洛济文旅融合发展的前期实践

洛济文化旅游的融合发展由来已久、从未中断。尤其是近几年来，在省市两级政府的共同推动下，洛阳和济源在文旅融合发展方面做了更多有益的尝试和探索。

### （一）联合推进小浪底景区开发工作

1. 成立旅游工作机构，建立工作协同机制

1999 年，为促进小浪底旅游开发，河南省规划编制了《河南省黄河小浪底风景区总体规划》，2000 年，省政府专门批准设立了河南省小浪底旅游管理局，负责统筹协调洛阳、济源、三门峡三个地市和小浪底建管局做好小浪底旅游开发工作。省小浪底旅游管理局建立了工作联席制度，由省文化和旅游局召集，洛阳、三门峡、济源市人民政府和小浪底建管局及相关县区负责人参加，统一各方思想，形成发展合力，充分利用联席会议平台，协调解决发展中的问题和瓶颈，做大、做强小浪底旅游业。

2. 轮流举办小浪底观瀑节

从 2009 年起，在河南省小浪底旅游管理局统筹协调下，由济源市、洛阳市联合轮流举办中国黄河小浪底观瀑节。两地旅游管理局逐年轮流作为承办方，另一方做好全面配合，逐渐形成了统一策划、整体包装、联合促销的文化旅游合作模式，两地携手共同打造中国黄河小浪底观瀑节品牌取得了很好的成效。

3. 联合推进小浪底景区创建国家5A 级旅游景区工作

为推进小浪底创建5A 工作，2017 年 12 月，小浪底建管局编制了《黄河小浪底水利枢纽风景区创建国家 AAAAA 级旅游景区提升规划》。2018 年 7 月 18 日，黄河小浪底水利枢纽风景区旅游工作协调会在小浪底中州国际饭店召开，会议听取了小浪底管理中心参会代表关于小浪底风景区 5A 创建规划、实施计划、工作进展以及小浪底风景区旅游秩序、旅游环境等八个需要协调解决问题的有关情况汇报，并形成会议纪要，但目前来看，会议纪要尚没有得到有效落实。

4. 共同打造黄河文化旅游精品线路

小浪底旅游区是国家大黄河之旅的重要节点，也是河南省“十三五”时期重点打造的国际山水度假旅游目的地，小浪底旅游区的 4 大片区、16 个景区、100 多个景点相得益彰，形成千帆竞发之势。目前河南省多家旅行社推出了沿黄精品旅游线路，线路涵盖了洛阳市和济源市多家 4A 级以上景区，让中外游客感受黄河和中原文化的独特魅力。

## （二）政策引领，文旅融合互惠共赢

为促进区域融合发展，洛阳、济源相继出台优惠政策引导两地游客互动，共享优质旅游资源。

1. 济源通过政策激励，分享洛阳旅游强大的客源优势

洛阳作为全国优秀旅游城市，旅游资源丰富，游客人数众多，2018 年，洛阳全市接待游客达 1. 32 亿人次，第 37 届中国洛阳牡丹文化节期间，洛阳市接待游客达 2917. 15 万人次。洛阳庞大的旅游人数对济源意味着难得的发展机遇，济源也积极行动，抢占先机。在每年的牡丹文化节和河洛文化节期间，济源都会组织文化旅游企业推出优惠政策，引流、分流洛阳游客。2016 年，济源市人民政府出台了《关于促进济源市旅游业发展的奖励扶持政策》（济政办〔2016〕43 号），将洛阳龙门石窟、牡丹花文化节纳入济源大型团队奖励范畴，凡游览洛阳龙门石窟和参观牡丹花会的团队游客搭线济源景区的，均可享受大团奖补。2016 年以来，已经有 200 余批 8 万余人次的洛济

团队享受到济源的政策奖补。在第 36 届中国洛阳牡丹文化节期间，济源又推出“踏青赏花”聚惠游、多重福利享不停等旅游促销活动，借助洛阳市旅游平台进行广泛宣传，引导来洛游客到济源参观，延长停留时间。在一系列优惠政策的鼓励下，近三年来，洛阳节会游客赴济源旅游人次以年均 20% 的增幅快速增长。

2. 积极参与福利惠民措施，共建共享旅游年票大平台

洛阳旅游年票是洛阳市委、市政府面向全体洛阳市民实施的旅游惠民措施。自 2006 年 7 月发行以来，洛阳旅游年票深受洛阳市人民的欢迎，用户持有量逐年增加。一张年票不仅为广大市民带来福利，而且也促进了全民参与景区管理的积极性，对于提升景区环境及服务质量同样发挥着积极作用。目前洛阳旅游年票包含 39 个重要旅游景区（点），其中市区 11 个，县（市）25 个，市外 3 个。市外的 3 个景点，包括济源黄河三峡景区。随着济源黄河三峡景区等景区不断加入洛阳旅游年票，一方面两地旅游年票合作惠民平台得以扩展，另一方面两地文旅资源的融合度进一步加深，从而为全面推动洛济文旅融合发展打下坚实基础。

3. 洛济研学旅行项目合作逐步展开

济源是全国十大研学旅行实验区之一，洛阳是济源市外最重要的研学目的地，近三年来济源累计向洛阳输送研学游客 60 余批 6 万余人次。济源的五龙口景区、王屋山景区也成为洛阳部分企事业单位、培训机构十分看好的拓展培训基地，据不完全统计，200 余批 3 万余人次的洛阳市民、学生曾到济源游学培训。

### （三）互动交流，提高融合发展共识

近年来，洛济融合发展已逐渐成为两市的共识。洛阳、济源站位河南发展大局，结合自身发展需求，在多个层面积极进行互动交流，共谋洛济一体化发展大业。

2018 年 9 月，洛阳市主办了由洛阳、平顶山、三门峡、济源四个城市参加的中原城市群西部转型创新发展示范区联席会议第一次会议暨豫西北特

色产业带规划研讨会。这次会议形成了中原城市群西部转型创新发展示范区合作发展框架协议。按照协议要求，豫西北各市将全面推动中原城市群西部转型创新发展示范区建设，尽快形成以洛阳为核心、豫西北各市协同联动发展的格局，着力打造带动全省经济发展的新增长极，构建中原城市群新的圈层经济。协议特别提出，四市将共建旅游城市联盟。这次会议标志着豫西北四市开始牵手，一体化发展正在成为共识。①

2019 年 4 月，洛阳与济源就“推动一体化发展，建设豫西北现代化都市圈示范区”开展首次跨区域联合调研协商活动。洛济两地市委市政府高度重视这次调研活动，经过长时间沟通谋划，各自组建了由两市政协牵头、政协主席亲自带队、约 50 人参加的豪华调研团队。每个团队分设三个调研组：分别是基础设施联通共建组、工业产业分工协作组和文化旅游融合发展组，调研团队主要构成人员是两市部分政协委员、文化旅游局和发改委等相关部门负责同志以及两地知名的专家学者。两市文旅融合小组在洛阳重点考察调研了世界文化遗产龙门石窟、洛阳规划馆、洛阳博物馆、李学武牡丹瓷、小浪底景区等文化旅游景点，通过考察调研，主要是感悟洛阳千年帝都文化深厚的历史底蕴，体验文旅融合发展的最新成果，发现挖掘存在的不足。在济源主要考察济源示范性综合实验基地、济源城展馆、王屋山景区等文化旅游场所，主要是感受愚公移山精神，体悟先进革命文化，查找文旅融合发展短板。调研期间，联合调研组通过多次召开座谈研讨会，就两市文旅融合发展现状、各自优势、存在问题以及两市如何实现文旅融合共同发展，进行了广泛深入的探讨交流，在观点碰撞中寻找共识，在火花四溅中发现灵感。

2019 年 6 月，洛阳和济源两地政协联合举行了“推动洛济一体化发展、建设现代化都市圈示范区”协商座谈会，这次协商座谈会是 4 月联合调研活动的重要延伸。此次协商座谈会在洛阳举行，洛阳和济源两市的政协主席、常务副市长等领导参加会议，河南省政协副主席、民建河南省委主委

① 李梦龙：《中原城市群西部转型创新发展示范区成立》，《洛阳日报》2018 年 9 月 7 日。

龚立群出席座谈会并讲话。座谈会上，来自省里的专家首先为大家进行了区域协同发展专题讲座。两市各专题调研组代表及企业代表围绕“推动洛济一体化发展”进行了发言，市文化广电和旅游局、发改委、财政局等有关部门做了回应发言。这次会议讨论通过了《关于推动洛济一体化发展、建设现代化都市圈示范区的调研报告（讨论稿）》。这份调研报告将为未来两市一体化发展提供重要决策参考。

另外，随着洛济文旅融合不断推进，民间互动交流渐次开展，两地的剧团等民间团体更是交流活动频繁。近三年来，洛阳的演艺节目经常出现在济源的消夏文化节、民俗文化庙会、中原文化大舞台上，济源的艺术团也不断到洛阳进行巡演交流活动。

## 三　洛济文旅融合发展面临的问题

文旅融合是以传统旅游业为基础而进行的新型“旅游 +”产业模式，这种产业模式在一个独立的行政区域内便于实施，而在两个不同的行政区划内协同推进，将会面临较大困难。洛阳、济源分属不同的行政区划，从前期具体实践及工作推动来看，推动洛济文旅融合发展面临着较多问题。

### （一）对都市圈一体化认识不到位

都市圈建设是新时代实现区域协调发展的战略选择。2019 年 2 月 19 日，国家发展和改革委员会发布了《关于培育发展现代化都市圈的指导意见》，洛阳也及时提出推动洛济一体化发展、建设现代化都市圈示范区的倡议。就目前来看，都市圈建设、一体化发展还只是停留在概念层面，甚至在认识上还存在一些误区。

一是对都市圈概念认识不清。按照区域经济理论，“都市圈”主要是通过首位度较高的中心城市向周边若干城市辐射从而带动区域经济发展，它强调中心城市与周围地区的协同发展，强调中心城市功能在空间范围延伸，强调城市资源配置的进一步优化，强调中心城市的辐射带动作用。总之，通过区域经济中心与圈层城市的紧密联系，最终发挥“整体效应”和“扩散效应”。正是基于都市圈的强大功能，国内许多一线城市纷纷加快都市圈建设的步伐。但在洛济两市公众眼里，甚至是一些领导干部眼里，却把都市圈建设看成了跑马圈地或人身依附，认识的误区阻碍了一体化的推进。

二是心态失衡。认识的不清也导致了严重的心态失衡。一方面洛阳认为自身作为副中心城市有较强的综合实力，再加上省里赋予的重要战略定位，在面对济源的时候难免有一些优越感。另一方面，济源作为河南省最小的直辖市，人均地区生产总值却位于全省第二，现在又是全国首个全域产城融合示范区，在面对洛阳的时候也难掩内心的骄傲。心态的失衡阻碍了城市间的协同发展。

三是斤斤计较。心态失衡的结果就是在一些问题上不断地斤斤计较。洛济一体化发展需要在更加宏观的层面统一谋划，共同推进，但就现实来看，两地在谋求政策的一致性方面显现出较大的局限性，都守护着自己的“一亩三分地”，极力谋求自身利益最大化。比如在洛阳旅游年票方面，济源迫切希望洛阳拿出姿态让济源更多景点加入，让济源的市民共同享有，而洛阳考虑旅游年票是由政府补贴的一项文化惠民措施，济源市民的加入必然会增加政府财政负担，所以两市在这一点上始终无法达成一致。

一体化发展需要开放包容平和的心态，缺少大气谦和、开明睿智的城市精神和战略眼光，将会制约洛济一体化的发展。

## （二）行政壁垒影响文旅资源合理布局

当前中国的城市经济仍然是按照“行政区经济”运行，在一个特定的行政区域内，各种发展政策都可以较好地保持一致性，但在不同行政区域内则会加剧市场分割，形成各自为政的现象，这会阻碍城市间的协调发展。洛济文旅融合也同样面临着行政壁垒限制。

1. 资源共享不足

两地文化与旅游资源丰富且厚重，但在新的历史发展时期和新的市场竞争环境下，两地文旅融合发展过程中彼此特色资源共享不足。洛阳特色、丰富的文化旅游资源被济源文旅产业发展所借鉴和引入的部分及项目较少，绝大部分仅集中在了黄河小浪底景区等地理区位相近的资源方面；而济源所拥有的独特文化旅游资源融入洛阳文旅产业的资源也不多，双方没有更好地互动。

2. 文旅产品互动少

“济水之源、愚公故里”是济源的城市名片，“河图之源、六朝帝京、邙山福地、黄河明珠”是洛阳孟津的四张文化名片，它展现了两地深厚的文化底蕴，但这仅仅停留在两岸各自的口号宣传上，并没有进行深度融合，没有穿点成线，连线成面，将其进一步放大为两地文化旅游优势。另外，两地旅游线路设计与营销方面的联合互动略显生分。两地在产品设计、线路规划与产业延伸方面，没有形成优势的互补、特色的提炼、形象的彰显，在较为复杂而激烈的中原文化旅游市场竞争中存在短板。

3. 政策执行不同步

洛济两地对于文旅融合发展的政策执行不同步主要聚焦在关于交叉地带土地规划与相关政策的编制制定问题上。比如小浪底景区作为洛阳与济源文旅融合发展过程中的热点和焦点，其围绕黄河旅游开发与规划就显示出诸多问题。一方面，对于同一资源存在多头管理的问题，导致规划和政策无法统一；另一方面，同一资源涉及多个行政主体管理区划，造成旅游景区核心产品打造和完善无法统一。其实无论是省旅游规划中的“沿黄旅游带”，还是洛阳市早期旅游规划中的“黄河文化旅游发展翼”，抑或是济源的“沿黄河小浪底北岸健康养生发展带”，都应该同属黄河文化旅游带，但由于行政上的分割，黄河小浪底旅游一直无法形成品牌效应。

## （三）城市协调发展机制不健全

城市跨区域合作会受到多种因素制约，行政级别、公众意愿、责任分担、利益分享等都会使城市合作受限。洛阳、济源因城市协调机制不健全造成跨区域合作意愿强烈而实际行动不足。调研发现，两个城市争资源、争利益、争政策的情况依然存在，两地文化旅游企业都不同程度地存在本位主义和无序竞争的现象。

其一，两地对有影响力的产品和品牌占有欲比较强烈，在对外宣传时一味地将资源和产品“揽入自己怀抱”，在市场营销时往往存在避重就轻、含含糊糊、你我混淆和有你无我等现象。如对于黄河小浪底景区的打造，就是济源宣传自己城市的营销点，也是洛阳广告中的亮点之一，两地极力向外界宣传两地分属、两地各属、两地皆属的概念，这种营销模式并没有促进良性竞争，也没有为所辖区域文旅产业带来多大的利益，更没有很好地促进两地文旅融合发展。

其二，两地对于市场共享的落实不足，甚至出现无序、不良竞争。如面对文化旅游市场需求，在形成互动的过程中，两地相关部门各自为政，不考虑和不顾及两地互动和联合。以两地旅行社业务为例，洛阳的文化旅游市场全面地向济源等周边地域开放，即外地社也可享受本地社同等待遇；但济源的文化旅游市场则存在本地、外地两种待遇的问题。这严重阻碍和影响了洛济文化旅游融合发展。

## （四）两地文旅公共服务体系建设不健全

两地文旅融合发展公共服务体系须满足游客一次出行的基本需求，但两地在对游客服务和产业发展过程中尚未能做到信息全域覆盖可通、交通全域便捷可达、行政全域联动可依。

一是两地文旅融合发展的信息全域覆盖可通性不足。主要体现在旅游信息咨询服务达到全域、全时、全地区能实时查询的满足度不高。旅游信息咨询服务点整合建设、基础网络信息服务平台建设比较薄弱。

二是两地文旅融合发展的交通全域便捷可达不足。主要体现以“主客共享、智慧交通”的立体化打造原则落实不到位，两地在智慧旅游及智慧交通系统、旅游交通道路系统优化、特色旅游交通体系、旅游交通集散中心、旅游交通运营管理机制等方面的建设力度不足。

三是两地文旅融合发展的行政全域联动可依性不足。主要体现在公共服务体系应能联动市－市级、市－县级、县－县级和县－乡级政府及相关部门，以及在服务产业发展的部门协同、区域合作机制、促进旅游环境优化、形成大旅游公共服务格局的体系建设上工作力度不足。

综上，洛济文旅融合作为区域协调发展的新实践，还面临从基础设施到体制机制，从产业布局到公共服务等一系列问题，两地需要从大局出发，着力打造“硬环境”，携手完善“软环境”，共同推动洛济文旅融合发展。

## 四　对策建议

洛济文化旅游融合发展，关键是共持开放包容的发展心态，基础是做好打破行政壁垒的顶层设计，路径是精准把握两市利益契合点和最大公约数，目标是将文化旅游产业融合打造成为洛济一体发展的先行支撑。

### （一）提高站位，共谋合作

洛济文旅融合发展是实现全面一体化发展的重要支撑和切入点，以洛阳和济源为中心，挖掘两城市特色文旅资源和产业，只有不断加强城市之间的分工和合作，秉承两个城市整体发展的核心理念，各司其职，各负其责，才能达到共生、共享、共赢。两城市各层面都要有大局意识，从思想上认知并支持一体化发展。

洛阳和济源应本着资源利用率最大化来寻找合理的合作渠道和增长方式，不仅要最大限度地发挥两城市的各自优势，而且要加强两城市跨区域的交流。围绕“大生态、大交通”，推进“一盘棋、大旅游”，鼓励多方经济合作和共同营销，加快规划落实一批旅游、交通和生态环保等方面的合作项目。

### （二）建立机制，协调发展

洛济文旅融合发展涉及洛阳和济源的利益诉求，建立协调机制是推动文旅融合发展的有力保障，也是协调两地发展关系的重要内容。洛阳、济源要着力构建政府、市场、社会等各层面的协调机制。

1. 政府层面

建议建立自上而下的融合机构和机制。一是建立省级层面的洛济融合发展领导小组，成立洛济融合发展办公室。重点解决洛济融合发展中涉及省级层面的战略制定、规划统筹、资源整合以及重大问题的协调解决。二是以加强顶层设计和统筹协调为核心，两市建立文旅融合发展工作协调机制。这个可由两市分管副市长牵头，两市文旅部门联合成立领导小组，对未来两市文旅融合发展的目标、任务进行协商制定并分解，同时对工作进展情况进行督察，及时发现问题并加以解决，从而确保有效推动两市文旅融合发展工作。三是建立部门层面的两地文旅部门联席会议制度，建立信息互通和情况通报制度，推动省市决策事项和有关项目的具体落实，实现资源共有、产品共建和品牌共享，打造区域文化旅游圈。

2. 市场层面

建议强化企业层面的联动。在推进洛济一体化发展中应坚持市场为主，企业先行。区域一体化根本上是市场一体化，旅游企业对两市文旅融合发展更为敏感，也更愿意在融合发展过程中先试先行。因此，应发挥市场机制在推进区域一体化中的重要作用，充分调动旅游企业的积极性。一是完善区域公共产品交易制度，建立适应新时代发展的、更加符合规范的区域竞争合作机制。二是探索更加积极的政策，推动两地文旅市场充分融通、文旅要素充分流动，进而实现两地旅游资源优势互补、错位发展。比如可由旅行社参与设计开发旅游线路，组织开展旅游推广活动，通过企业行为实现客源互送和客源共享。三是处理好政府与市场的关系，充分发挥市场在资源配置中的决定作用，建立政府引导、市场主导、企业为主体的协调机制。如建立旅游产业联盟、文化产业协会、旅游发展论坛等行业性协调组织，通过企业参与，形成政府组织与社会组织相结合的管理模式。

3. 社会层面

建议充分发挥民间社会团体的力量，打通合作途径。一是推动洛阳文化产业协会向济源延伸，通过定期召开会议、不定期开展活动等方式，将两地文旅企业组织起来，在活动中发现和寻求合作机会。二是通过旅行社协会、导游协会等建立协会间常态化合作机制，共享旅游资源、共推旅游品牌。三是鼓励作家协会、画家协会、摄影家协会、书法家协会等民间团体高频次开展交流活动，餐饮界、媒体界等多渠道开展对接宣传，通过民间渠道打通合作途径，形成政府引领、企业共融、协会互动、民间互通的文化旅游融合发展格局。

### （三）规划引领，科学布局

资源协作是区域文旅融合发展的基础，洛阳、济源两市需要深入挖掘区域旅游资源特色内涵，找准互补点、结合点、特殊点，通过优势互补，加强协作，提升区域旅游的核心竞争力。两地要扎实推动旅游协调一体化，精心编制“河洛文化旅游圈总体规划”“洛济文旅融合发展总体规划”。可通过举办旅游论坛的方式为两地文旅融合发展谋划思路，谋求共识。

### （四）基础设施，区域一体

提升基础能力是河南省十次党代会提出要打好的“四张牌”之一。借鉴各地发展经验，推动区域一体化发展，基础设施要先行。建议两市以旅游直通车为抓手，推进旅游交通一体化。两市也可共同开通公交线路到小浪底，统一公交卡使用，努力实现公交一体化。

### （五）抓住重点，逐步突破

洛济文旅融合必须在最容易达成共识的地方寻求突破。小浪底是联系两市的纽带，也是两市关注的焦点，前不久，洛阳提出要打造黄河文化精品旅游带。以文旅融合为核心，倾力打造环小浪底文化旅游经济带恰逢其时，以此全面带动洛济文旅融合一体化发展。

1. 高起点规划建设环小浪底文化旅游经济带

一是高起点打造小浪底会展、培训、文化旅游度假中心。特别是结合现在研学旅行，通过打造小浪底文化培训基地来吸引潜在客源，汇聚八方人流。二是开发精品旅游线路。联合打造王屋山红色文化、小浪底生态文化、世界文化遗产龙门石窟、白马寺、二里头等中国传统文化的精品文化旅游线路，实现洛济文旅资源客源共享。三是共同打造黄河文化博物馆。结合洛阳博物馆之都建设开展研学旅行，打造集黄河山水、河洛人文、农耕科技的展示中心。四是合力打造洛济文化旅游产业园区。五是共同打造大型田园综合体。开发融入地方特色的农产品、农事体验、休闲观光、健康养老等项目。

2. 洛阳、济源要在讲好黄河故事方面谋求更多合作

一是以习近平总书记关于黄河流域生态保护和高质量发展的指示为指导，联合改善生态环境，恢复黄河自然岸线，恢复湿地生态和景观，打造黄河“最美岸线”。二是盘活文化资源，发展沿黄新业态。各地要做好黄河文化的普查工作，共建黄河国家文化公园。三是共同建立黄河旅游执法信息共享机制，协商达成执法联动、信息互通、成果共享、共同提高的合作共识。

### （六）互惠互利，利益共赢

区域一体化发展的动力来自各城市间的合作共赢，各种形式的文旅融合，都遵循着“优势互补、互惠互利”的原则。实现洛阳与济源文旅融合发展，也必须在平等互利的前提下，通过规范制度建设实现两市之间的利益转移和合理分配。

一是建立利益分享机制。扩大旅游年票适用范围，增加济源景区，通过明确的协作组织章程，或采取联合共建、股份化运作等方式，进行利益共享和利益分成。努力实现两地市民旅游卡一体化。

二是建立利益补偿机制。通过规范财政转移支付制度，建立融合发展专项资金等方式，对联动发展中的利益损失予以补偿。

### （七）强大自身，突出首位

洛阳要建设自己的现代化都市圈，就必须有足够的首位度。换言之，洛阳只有足够强大，才能产生出影响力、辐射力，甚至虹吸之力。洛阳文化旅游资源兼具传统与现代的特征，非常有利于文化产业与旅游产业的融合发展，洛阳要利用自己丰厚的文化资源，加大文化产业和旅游产业的融合力

度，将隐形的历史资源转化为现实的文化优势，把更多的文化资源开发成为旅游产品，实现文化旅游化。

1. 加强文化研究，深入挖掘文化内涵

洛阳历史悠久，文化资源极为丰厚。一是世界遗产目前洛阳有三项六处，分别是：世界文化遗产龙门石窟，中国大运河洛阳回洛仓遗址和含嘉仓遗址，丝绸之路汉魏洛阳故城遗址、隋唐洛阳城定鼎门遗址和新安县汉函谷关遗址。二是洛阳大遗址文化片区。大遗址文化是我国古代先民创造力的集中体现，也综合并直接体现我国历史文化的起源和发展，是构成中华 5000 多年文明史迹的主体和典型代表，具有规模宏大、价值重大、影响深远的特点。洛阳大遗址文化排在我国大遗址文化片区首位，二里头遗址、偃师商城遗址、东周王城遗址、汉魏故城遗址和邙山陵墓群五处大遗址，沿洛河邙山之间狭长地段呈东西集中分布。三是洛阳非物质文化遗产项目资源丰富。据统计，洛阳有以河洛大鼓、唐三彩烧制技艺、洛阳水席、关公信俗、牡丹文化节等为代表的国家级和省市县级非遗项目 1000 多项。一直以来，洛阳非常重视对历史文化遗产的保护、开发和利用，但历史文化研究重视不够，主要是缺少研究大家，年轻研究人才引进培养接续不够，本土研究队伍力量影响力相对较弱，高层次研讨活动较少，投入资金不足等。加强洛阳文化资源的研究和深度开发还有很多工作要做。

2. 着力推进文旅融合理念

文化赋予旅游深刻内涵，旅游是文化彰显的重要平台。把洛阳丰富的文化资源与旅游市场完美结合，才能充分展现洛阳城市魅力，并加快实现洛阳高质量发展。一是要继续按照洛阳市委市政府提出的保护固态、传承活态、发展业态理念，使文化资源得以活化重现。二是进一步加大文化资源的利用和文化创意的引入，通过大力实施“互联网 +”战略，推动文化、旅游与科技融合发展，进而提升旅游品位、丰富旅游业态、增强产品吸引力、拓展旅游发展的空间。

3. 促进旅游产品融合

以文化创意为依托，推动更多资源转化为旅游产品。推出一批具有文化内涵的旅游商品。建立一批文化主题鲜明、文化要素完善的特色旅游目的地。支持开发集文化创意、度假休闲、康体养生等主题于一体的文化旅游综合体。推出更多研学、寻根、文化遗产等专题文化旅游线路和项目。[①]

4. 要着力推进旅游服务融合

推进公共文化服务和旅游公共服务、为居民服务和为游客服务相结合，使文化旅游不仅成为推动经济发展的关键一招，更应该成为为民惠民的幸福工程，这也是洛阳副中心城市应有的姿态和形象。

总之，打造洛阳都市圈是省委省政府赋予洛阳新的战略定位，洛济一体化是打造洛阳都市圈的优先战略选择，洛济文旅融合发展则是实现洛济一体化的重要支撑和切入点。两地政府和人民要从全省战略全局的高度，加快融合步伐，聚焦科学规划，寻求突破重点，实现互利共赢，尽早发挥洛济一体化在豫西北城市群协同发展中的引领示范作用。

① 金洛汀：《文化和旅游融合发展思路及五大着力点》，http：//blog. sina. com。

# B.4
# 以牡丹特色产业发展推动国际文化旅游名城建设

洛阳牡丹发展中心课题组*

**摘　要：** 牡丹文化是中华民族文化的重要组成部分，洛阳作为牡丹的原产地、发祥地和重要的传播地，为推动牡丹文化的发展做出了重要贡献，“千年帝都、牡丹花城”已成为洛阳一张靓丽的城市名片。当前，洛阳在牡丹观赏、深加工产业、文化衍生品产业、科技研发等领域取得了重要成效，但发展中依然存在企业规模小、经营分散、知名品牌少、产品同质化程度高、产业贡献率低等问题。因此，要推动牡丹产业健康快速发展，需要大力实施“洛阳牡丹品牌计划”、打响“中国洛阳牡丹文化节”品牌、提升牡丹观赏园艺水平等，以期进一步提升洛阳牡丹在全国及国际中的地位，发挥洛阳牡丹产业在推动国际文化旅游名城建设中应有的效力。

**关键词：** 牡丹　文化产业　旅游名城

## 一　牡丹产业历史及对洛阳市文化旅游名城建设的意义

“竞夸天下无双艳，独立人间第一香。”牡丹是我国特有的名贵木本花

---

* 课题组组长：梁艺馨，洛阳牡丹发展中心主任，高级工程师，硕士。课题组成员：黄治民，洛阳牡丹发展中心高级工程师；马翔龙，洛阳牡丹发展中心工程师；张雪琴，洛阳牡丹发展中心工程师；王聪慧，洛阳牡丹发展中心工程师；鲍豪杰，洛阳牡丹发展中心工程师。

卉，花大色艳、雍容华贵、富丽端庄、芳香浓郁，素有“花中之王”“国色天香”的美称，长期以来被国人作为富贵吉祥、繁荣兴旺的象征。牡丹在我国有悠久的历史，牡丹古称木芍药。《诗经 溱洧》有“维士与女，伊其相谑，赠之以芍药”，用以比喻青年男子采芍药（牡丹）花，表达爱意。牡丹文化的起源，若从《诗经》算起距今约3000年历史。《神农本草经》著述：牡丹“味辛寒，一名鹿韭，一名鼠姑，生山谷”。东汉早期的医简，记载了牡丹可以治疗“血瘀病”，秦汉时代牡丹已进入药物学。东晋顾恺之的名画《洛神赋》中已经出现牡丹的形象。牡丹作为观赏植物始自南北朝时期，《刘宾客嘉话录》说：“北齐杨子华有画牡丹极分明。”[①] 牡丹进入了艺术领域。唐朝《隋炀帝海山记》记载，隋炀帝“乃辟地，周二百里，为西苑……易州进二十相牡丹”，因此，洛阳西苑是史上最早有记载的牡丹园，牡丹进入皇家园林，涉足园艺学。唐诗中大量涌现牡丹形象，刘禹锡的“庭前芍药妖无格，池上芙蓉静少情。唯有牡丹真国色，花开时节动京城”可谓脍炙人口；李白的“云想衣裳花想容，春风拂槛露化浓”已成千古绝唱。北宋时期牡丹开始走出皇宫内院，进入寻常百姓家，形成了牡丹民俗，出现大批有关牡丹的著述，诸如欧阳修的《洛阳牡丹记》，元朝姚遂的《序牡丹》，明人高濂的《牡丹花谱》、王象晋的《群芳谱》，清人汪灏的《御定广群芳谱》等。散见于历代种种杂著、文集中的牡丹诗词文赋，遍布民间花乡的牡丹传说故事，以及雕塑、雕刻、绘画、音乐、戏剧、服饰、起居、食品等方面的牡丹文化现象，屡见不鲜。形成了包括植物学、园艺学、药物学、地理学、文学、艺术、民俗学等多学科在内的牡丹文化。

牡丹文化是民族文化的一部分，既有着较浓重的生物学特点、药物学特点、园艺学特点、美学特点、文学特点，又具有浓厚的乡土气息，充满富贵之感，让人回味无穷。

洛阳是牡丹的原产地、发祥地和重要的传播地，春日洛阳人观赏牡丹是一种风俗，从古至今沿袭不变。牡丹不仅是历史传承给洛阳人的盛世吉祥

---

① 金志伟、王化凡：《洛阳牡丹甲天下》，陕西出版集团、陕西人民美术出版社，2009。

花，也是洛阳这座有着5000多年悠久历史文化的城市符号，成为洛阳人、洛阳地区和洛阳文化中不可或缺的一部分。从20世纪70年代开始，洛阳恢复发展牡丹产业，初期以观赏园艺花卉为主。1982年，洛阳市七届人大常委会通过决议，将牡丹定为洛阳市花。从1983年开始，洛阳市每年举办一届牡丹花会。2008年，“河南省洛阳牡丹花会”被列为国家级非物质文化遗产项目；2011年，“河南省洛阳牡丹花会”升格为由原文化部、河南省政府共同主办的国家级节会——中国洛阳牡丹文化节。2012年，洛阳市被中国花卉协会授予“中国牡丹花都”称号。在2008年北京奥运会、2010年上海世博会、2011年台北花博会、2012年荷兰世园会、2014年北京APEC会议、2015年“9·3”大阅兵、2016年G20杭州峰会、2019年“一带一路”国际合作高峰论坛等重大活动中，洛阳牡丹作为会议用花，充分展现了其独特魅力。截至2020年，中国洛阳牡丹文化节已连续举办38届，“千年帝都、牡丹花城”已经成为洛阳一张靓丽的城市名片。[①] 牡丹这一最具洛阳特色的产业，是洛阳市建设国际文化旅游名城不可或缺的一部分。

## 二　促进国际文化旅游名城建设中牡丹产业开展的主要工作

### （一）多角度开展调研

为更大发挥牡丹产业对洛阳国际文化旅游名城建设的推动作用，洛阳市林业局开展了多角度、多层次的调研。一是摸清家底，全面掌握洛阳市牡丹产业发展情况。林业局组织各县（市）区林业主管部门依据洛阳市牡丹办设计的牡丹第一、二、三产业现状调查等相关表格，对所在地区现有牡丹种植、牡丹加工企业和科研等情况进行摸底调查，掌握了洛阳市牡丹种植面积分布、产品开发、市场销售等产业发展信息。二是对外调研，找准洛阳牡丹

① 数据来源于洛阳市林业局，若无特殊说明以下数据均来源于洛阳市林业局。

在全国的定位。市林业局局长、副局长分别带队到贵州、云南、安徽、山东等地区，以及北京中科院植物所、中国花协牡丹芍药分会、四川牡丹协会、经济网、农民日报社等单位，与当地牡丹主管部门，国内外知名专家、学者和负责人交流调研牡丹产业发展情况；赴昆明考察斗南鲜花交易市场、鲜花加工企业，学习花卉综合发展经验。利用中国洛阳牡丹文化节期间洛阳牡丹影响力的优势，向来洛考察牡丹产业的甘肃、陕西、山东、四川、天津等地的主管部门、企事业单位了解情况、收集信息、分析形势，科学定位洛阳牡丹产业在全国的位置，找差距、找问题。三是对内调研，找出更好更快发展洛阳牡丹产业的途径。市林业局每年组织各县（市）区林业管理部门召开有关牡丹产业发展讨论会，牡丹产业专家论证会、牡丹企业座谈会等专题会议，针对洛阳市牡丹产业发展、规划和建议等方面进行探讨，广泛征求意见，科学制定牡丹产业发展策略。四是为进一步引导牡丹年宵花健康有序发展，开展洛阳牡丹年宵花种植及市场情况摸底调研，通过走访洛阳硕彩农业发展有限公司、洛阳倾城园艺有限公司、洛阳建涛牡丹园艺有限公司、洛阳纵横园艺有限公司、洛阳市美冠园艺有限公司、洛阳天盛盆养牡丹园艺有限公司、老城区花冠牡丹园等数十家牡丹催花企业和农户，深入新村花卉市场、涧西花卉市场等地掌握第一手数据，了解供需各方情况。形成了《洛阳市反季节促成（春节催花）盆栽牡丹调研报告》《洛阳市年宵花催花牡丹市场销售情况报告》《2020 年洛阳春节牡丹年宵花情况报告》。2019 年春节，洛阳市牡丹盆花销售 35 万盆，2020 年春节，牡丹盆花销售 36.1 万盆。牡丹年宵花在全国的畅销进一步扩大了洛阳牡丹的知名度和影响力，为洛阳国际文化旅游名城建设增加了关注度和吸引力。

### （二）加大支持力度

在充分调研的基础上，洛阳市印发了《洛阳市牡丹产业发展规划（2017～2025 年）》（洛政办〔2017〕110 号）、《洛阳市牡丹产业转型升级行动计划（2018～2020 年）》（洛政办〔2018〕19 号），相继出台了《洛阳市牡丹产业发展奖补办法》（洛农文〔2014〕38 号）、《关于对〈洛阳市牡丹产业发展奖补办法〉进行调整的通知》（洛农文〔2015〕80号）、《关于延续洛阳市牡丹产业发展奖补办法的意见》（洛林〔2017〕62号）、《小微双创洛阳牡丹旅游集聚区创业创新主体科技创新成果认定管理办法》（洛林〔2018〕7号）等一系列鼓励发展牡丹产业的政策和措施。市财政每年列支奖补资金1000余万元，不断加大政府对牡丹产业的扶持力度。《牡丹产业发展规划》《牡丹产业转型升级行动计划》分别对打造精品牡丹观赏园、提升城市牡丹景观、推动乡村牡丹旅游、建立观赏类牡丹种植基地、弘扬洛阳牡丹文化、创新牡丹文化载体、持续增强牡丹旅游吸引力、打造牡丹文化旅游服务宣传平台等内容做出了具体规划。

### （三）宣传扩大影响

一是洛阳市林业局开展了洛阳牡丹重点宣传活动，2018年先后在《河南日报》《广州日报》《洛阳日报》《沈阳晚报》《洛阳晚报》《中国花卉报》和中央电视台、河南电视台、广东南方卫视、洛阳市电视台、南京广播电视台等17家媒体发布有关牡丹的文字图片新闻23篇、电视报道7篇。2019年《中国绿色时报》、河南电视台、《河南日报》等新闻媒体对年宵花情况、牡丹产业深加工企业、观赏牡丹花种植企业和国花评选等方面进行全方位宣传报道。特别是2019年北京世园会期间，宣传报道频繁，中央电视台、《经济日报》、河南电视台、优酷网等媒体发表了近20期有关洛阳牡丹专题和世园会洛阳牡丹展示的报道；《河南日报》《洛阳日报》、腾讯网、学习强国App等大型平台发表文章数十篇。对各主流媒体采集的高质量文章和视频的集中宣传和数十万次的转载，提升了洛阳城市的美誉度，加深了人们对洛阳牡丹产业的认知。2018年、2019年，洛阳与郑州机场合作推广洛阳牡丹产业项目，国庆、春节、牡丹文化节和“五一”等节日期间，洛阳牡丹和牡丹产品在郑州机场展示、展销，宣传推介效果明显。二是利用外事活动推广牡丹产业，2018年4月，外交部举行“新时代的中国：与世界携手让河南出彩”主题推介活动，洛阳市提供了牡丹插花、牡丹花柱、牡丹鲜花墙等，在外交部举办的推介会上介绍牡丹全花茶、牡丹画、牡丹剪纸等牡丹产业产

品，为洛阳牡丹快速走向世界创造了一个良好的开端。三是春节期间，万株洛阳牡丹南下羊城，在广州华南植物园举办“牡丹花展”。每年吸引游客10万余人次，实现门票收入400余万元，以及牡丹籽油、牡丹花茶、牡丹画等牡丹产品销售收入30余万元，对洛阳牡丹形象推广、牡丹市场开拓起到积极的促进作用，带来了良好的宣传推广效应和经济效益。四是组织参加牡丹产业博览会。2018年4月在会展中心，由中国农业国际合作促进会牡丹产业委员会主办的第四届（2018）国际牡丹产业博览会，吸引了来自美国、韩国等3个国家和广东、山东、四川等10多个省份城市政府、企业代表的参与。洛阳市林业局制作了144平方米的特装展位，综合介绍了洛阳市牡丹产业发展情况，推介洛阳市牡丹产业重点企业。现场循环播放的洛阳市牡丹产业发展历程、发展成果和重点企业情况宣传片得到好评。组织洛阳市23家牡丹企业参展，展示牡丹籽油、牡丹花茶、牡丹鲜花饼、牡丹永生花、牡丹花酒、牡丹烟、牡丹瓷、牡丹丝巾、牡丹画等4大类12项200多种牡丹产品，展销效果明显。五是利用北京世界园艺博览会扩大洛阳牡丹的国际影响力。2019年北京世界园艺博览会是继1999年昆明世园会之后，由我国政府举办的A1级（最高级）世界园艺博览会，是各国展示园艺成果、交流园艺文化的重要平台。2019年北京世园会由国家领导人习近平主席出席开幕式并发表致辞，各国及国内各大主流媒体进行了报道、转播、宣传，传播范围广、关注度高、影响力大。洛阳市组织近40家牡丹企事业单位，共有4395盆（枝、套、瓶、盒）牡丹展品参加“国际牡丹（芍药）竞赛”中的牡丹新品种、牡丹名品、栽培技艺、切花、深加工产品等五项竞赛。与来自中国、美国、澳大利亚、加拿大、荷兰等11个国家的135家参赛单位选送的2753件作品，角逐450个奖项。2019年北京世园会“国际牡丹（芍药）竞赛”又适逢“五一”假期，国内外游客蜂拥而至，国际馆高峰期日接待游客10万人次以上；洛阳市在竞赛评选结束后独家挂上“洛阳牡丹”标牌，增强了参赛作品识别度，游客们目睹了洛阳牡丹的华丽绽放，认识了洛阳深加工的牡丹产品，了解了洛阳牡丹产业发展成果。洛阳牡丹在竞赛中的优异表现和取得的成绩，再次用实力捍卫了洛阳牡丹在国际国内牡丹界、园艺界及中国牡丹文化界的地位，对扩大洛阳牡丹的对外影响和交流产生积极作用。“洛阳牡丹”的形象为参观游客留下了美好而又深刻的印象。

### （四）大力开展招商推介活动

围绕新一轮产业结构调整和其他产业向高效农业转型的机遇，洛阳牡丹产业重点向国内外油料加工、化妆品加工、食品加工等大型企业推介洛阳牡丹产业。到北京、上海、浙江、云南、广州等地区参观拜访实力企业，依托驻当地洛阳办事机构、洛阳老乡人脉资源等开展多种形式的牡丹产业招商活动；与北京强佑集团、中科院植物所、中国农科院营养所、美国嘉吉中国部、经济网、隆力奇集团公司、国美互联网、中农联控股、京东集团、首创集团投资公司、中信农业、上海达源、同济大学产业研究院、中国农科院农促会、南京农业大学、暨南大学生物医药研究院、广州赛莱拉干细胞科技公司等科研院所和企业签订了一系列合作协议，部分合作开发产品已进入市场销售，进一步丰富了洛阳牡丹产品市场，增强了洛阳旅游商品的竞争力。

## 三　牡丹产业发展取得的成效

### （一）观赏牡丹独领风骚

目前，洛阳市牡丹产业的发展以赏花牡丹带动会展经济和盆花、鲜切花、油用牡丹等为主。一是洛阳牡丹独特的观赏价值。洛阳牡丹观赏园各方面持续不断提升，数量和质量位居世界第一。据不完全统计，2019 年，洛阳 20 个牡丹观赏园中的其中 9 个牡丹园共接待游客 314. 3 万人次（洛阳市城管局下辖 6 个惠民牡丹园接待游客 222. 2 万人次，国际牡丹园接待游客 25 万人次，国家牡丹园接待游客 19. 1 万人次，神州牡丹园接待游客 48 万人次），为洛阳旅游产业和洛阳经济发展带来了巨大的经济效益和社会效益。洛阳观赏牡丹水平高，在国内遥遥领先，全国牡丹盆花、鲜切花销售主要集中在洛阳。二是牡丹鲜切花挺进国际市场。洛阳市年生产鲜切花 800 万枝，积极采用国际化全程冷链式生产和自动化机械鲜切花包装技术打开牡丹、芍药鲜切花国际市场。其中，洛阳市与澳大利亚有关方面签署 100 万枝牡丹、芍药鲜切花出口协议，同时向加拿大，阿联酋阿布扎比、迪拜等地区出口鲜切花。通过全面进入澳大利亚等市场，俄罗斯、日本的出口市场也有望被打开，预计未来两三年内，洛阳牡丹、芍药鲜切花年出口量可突破 2000 万枝。三是国内多地多次举办洛阳牡丹精品博览会及产品展销活动，展示宣传洛阳牡丹，每年在广州华南植物园等地举办盆花牡丹展，吸引当地市民观赏游览，极大提升了洛阳牡丹品牌。

### （二）牡丹种植面积突破36万亩

全市发展牡丹种植面积累计达到 36 万亩，洛阳市还将牡丹种植加工与区域精准扶贫有效衔接，在宜阳、洛宁、嵩县、栾川等贫困山区和丘陵等土地瘠薄地区推广油用牡丹、药用牡丹等原料型牡丹种植，逐渐形成由市到县次第花开，延长了洛阳市牡丹观赏期，取得良好效果。

### （三）牡丹深加工异军突起

牡丹产业由单一的种苗、观赏、药用逐步向深层次、多领域、全方位综合利用延伸，产业链条不断拉长。目前，洛阳市 28 家牡丹加工企业已开发出 4 大类（观赏类、深加工类、药用类、牡丹衍生品类）12 项（鲜切花、盆花、干花系列、食用油、饮料、糕点食品、茶叶及相关制品、薯类及相关制品、酒类、速冻食品、化妆品、理疗类）200 多种产品。牡丹产品已成为洛阳市最具特色和代表性的商品，深受来洛游客的喜爱。

### （四）科技研发态势良好

洛阳与深圳华大基因研究院联合开展牡丹基因研究，在世界上首次成功破译了牡丹基因组，取得 5 项世界第一的科研成果，标志着洛阳的牡丹科研水平达到了全球领先水平。洛阳在巩固多次航天育种牡丹栽培成果的基础上，又借助无性繁殖技术研发并首次推出了可供观赏的“克隆”牡丹“洛阳红”。催花牡丹家族增添新成员，洛阳市利用最新牡丹栽培技术成果进行研发的“袖珍牡丹”进入年宵花市场，为传统催花牡丹市场增添了新的元素。这种“袖珍牡丹”花盆口径不到20厘米，一株牡丹开放1～2朵，总高度40厘米左右，小巧精致、便于携带和摆放，一经推向市场，即受到游客和市民的欢迎。

## （五）招商项目快速落地

按照《洛阳市牡丹产业发展规划（2017～2025年）》“开展招商引资引智，引进大型企业，引导国内及当地国有企业参股控股牡丹企业，重点打造技术先进、产品研发能力和核心竞争力强的牡丹龙头企业”和“切实把发展牡丹种植业作为产业精准扶贫的富民工程，建立牡丹（芍药）良种、观赏、切花、加工和药用类牡丹标准化生产基地”以“不断扩大牡丹种植规模，夯实牡丹产业基础”的要求，洛阳市精心包装、认真谋划、积极推进招商引资项目落地。一是2018年洛阳市林业局通过招商引资引进北京强佑集团当年在洛阳成立子公司——河南明综生物科技有限公司，当年完成投资9000余万元，种植油用牡丹6.2万亩，创造劳动就业岗位1.5万个，带动建档立卡贫困户4500户9000余人上岗。2019年洛宁县与北京强佑集团签约油用牡丹产业项目，计划用三年时间在洛宁县发展种植10万亩油用牡丹，总投资10亿元，在洛宁县内分步实施牡丹花茶加工、牡丹籽油生产等项目。二是万景祥集团牡丹产业示范基地项目总投资预计3亿元，拟把历史上知名的伊川县吕店镇牡丹沟发展成为名副其实的牡丹殿堂。重点建设牡丹种植项目、牡丹产品加工项目、产教融合项目、浅水游乐区项目、红色教育基地项目、牡丹沟采摘项目。2019年已投入713万元，完成有机牡丹种植、观赏牡丹种植共计65万余株。三是其他项目陆续落地：洛阳尚研生物科技与广州芭薇生物科技和亚洲最大的化妆品研发制造集团——科玛集团达成合作生产牡丹化妆品协议，产品已上市。洛阳花赋公司与隆力奇集团公司达成合作研发牡丹面膜的协议，产品已上市。

牡丹产业招商引资项目的快速落地有利于推进牡丹产业供给侧结构改革，将持续巩固洛阳市脱贫攻坚成果，为牡丹产业高质量发展、洛阳国际文化旅游名城建设注入新活力、增添新动能。

### （六）世园会成绩斐然

2019 年在北京世园会首档“国际牡丹（芍药）竞赛”中，洛阳市获奖 223 个，其中金奖 22 个、银奖 46 个、铜奖 62 个、优秀奖 88、个人突出贡献奖 3 个、组织奖 2 个。获奖总数及金奖、银奖、铜奖、优秀奖和组织奖各类奖项均居所有参赛团体第一。同时，洛阳牡丹作品代表河南省在河南馆中展出，在地方展馆评选中洛阳市获得重大突破，获奖 83 项，其中特等奖 6 个、金奖 20 个、银奖 23 个、铜奖 34 个，获奖作品占河南馆展品的 1/3。洛阳牡丹瓷在河南馆的迎宾墙上喜迎八方宾客，获得国内外游客的赞叹。提升了洛阳牡丹在国际上的地位和知名度、美誉度。

## 四　发展牡丹产业推进国际文化旅游名城建设中存在的问题及建议

### （一）牡丹产业发展中存在的问题

总体来说，在国际文化旅游名城建设中牡丹产业是洛阳市最具特色的产业之一，也是对游客来洛旅游最具吸引力旅游项目之一，但洛阳市牡丹产业的现状是产业涵盖面广、类型比较齐全，可产业链条短、规模小，缺市场、缺品牌、缺龙头企业带动的问题还比较突出，表现在“一大一小、一高一低、一强一弱”。一是名气大规模小，洛阳牡丹享誉神州，国内外名气大，但对牡丹资源的自身价值、品牌价值开发利用不够，牡丹产业经济规模还太小，与“洛阳牡丹甲天下”的名气不相配。并且观赏牡丹的种苗培育、鲜切花品种和质量已落后荷兰、日本和美国等国家，“洛阳牡丹甲天下”的称誉已受到极大的威胁。二是社会关注度高但产业贡献率低，洛阳牡丹拿了很多的大奖、金奖，在奥运会、世博会、APEC 会议、抗日战争胜利 70 周年阅兵活动、“一带一路”国际合作高峰论坛上都有洛阳牡丹的身影，但洛阳牡丹产业发展不快，知名牡丹品牌缺乏，受市场欢迎的牡丹产品太少，牡丹虽是洛阳市推广的名片，但牡丹产业没有给群众带来实实在在的收入。三是观赏牡丹强、油用牡丹弱，在观赏牡丹中洛阳在园林景观、牡丹育苗、盆花、鲜切花等方面，属国内领先水平，占有一定市场份额，但油用牡丹作为未来生产性牡丹的发展方向，洛阳的种植规模小、市场份额少，深加工业和深度开发不足，整体比较滞后，仍须开发更多的具有洛阳特色的牡丹产品，以增强洛阳牡丹文化的吸引力和凝聚力。

### （二）发展牡丹产业的对策建议

第一，同心协力推进《洛阳市牡丹产业发展规划（2017～2025 年）》落到实处。按照建设国际文化旅游名城的要求，紧紧围绕擦亮洛阳牡丹品牌、壮大牡丹产业规模、拉长牡丹产业链条，将牡丹产业发展与牡丹文化节惠民措施相结合，促使旅游业向全域旅游转变、牡丹产业向综合配套延伸转变，根据游园景点经营模式转变的有关要求，以市场化运作为导向，以科技创新为支撑，坚持一、二、三产融合发展，优化提升观赏类牡丹产业，着力发展深加工类和药用类牡丹产业，拓展丰富牡丹衍生类产业，推动洛阳牡丹产业从单一观赏向综合性产业转变、从牡丹种植向牡丹全链条延伸转变、从粗放型经营向精细高效化方向转变、从分散经营向龙头企业带动转变、从单一政府主导向政府主导与市场主体相结合转变，推进牡丹产业规模化、专业化、标准化、产业化经营，不断提高洛阳牡丹品牌影响力、文化带动力、市场竞争力和综合效益，把洛阳牡丹产业发展成为国内领先、国际有影响力的特色优势产业。

第二，尽快实施“洛阳牡丹品牌计划”。为规范和保护洛阳市牡丹产品市场秩序，保障产品流通和销售市场的健康发展，以“洛阳牡丹”地理标志商标为抓手，对洛阳牡丹产品进行正面宣传，打造和擦亮牡丹品牌。获得“洛阳牡丹”地理标志商标后，在通过质量认定且产地属于洛阳的牡丹盆花、盆景、什锦牡丹、鲜切花、牡丹种苗等生产经营单位遴选3～5家企业的产品，分门别类评选出质量信得过的品牌，应用“洛阳牡丹”地理标志商标。目前，洛阳旅游商品市场上牡丹特色商品，特别是食品类很多不含牡丹成分，品质良莠不齐，卫生质量没有保证，且很多出自外地生产商。这些商品由于有价格优势，游客购买量较大。洛阳市真正开发的牡丹深加工产品却很少有游客购买，造成游客对洛阳牡丹产品认知度低、评价低，严重影响了洛阳市形象。通过“洛阳牡丹”地理标志商标及地标产品、保护性商标的应用，可打击清除市场上非本地不合格产品和假冒牡丹的劣质产品，逐步提高洛阳牡丹旅游产品的质量和档次，提升城市品位。

第三，打响“中国洛阳牡丹文化节”这一国家非物质文化遗产品牌。非物质文化遗产是以人为本的活态文化遗产，申遗是一种对历史文化、秀丽江山珍视的情怀。文化遗产的数量能够反映一个地区历史文化的多样性与深厚程度。洛阳市拥有国家级非物质文化遗产项目：河洛大鼓、唐三彩烧制技艺、洛阳水席、关公信俗、中国洛阳牡丹文化节、洛阳宫灯、洛阳平乐郭氏正骨术、河图洛书传说等。涉及牡丹方面的省级非遗项目有：洛阳牡丹栽培技艺。市级非遗项目有：牡丹传说、刘心牡丹纸雕。县区级非遗项目有：古方牡丹籽油制作技艺、古方洛阳牡丹茶制作技艺等。打响“中国洛阳牡丹文化”这一国家非物质文化遗产品牌，把与牡丹有关的各级非遗项目纳入该国家级非遗中，打捆宣传；利用每年文化节期间，组织非遗项目集中进行展示，对各种技艺技巧进行讲解，让更多的人了解，为下一步传承打好基础。最终让牡丹文化深深扎根洛阳，使洛阳市牡丹文化在国际国内的影响力再上一个新台阶。

第四，进一步提升牡丹观赏园观赏水平。以现有牡丹观赏园为主体，创新现有牡丹观赏园的景观设计，提高牡丹园的园艺水平和观赏价值，挖掘平面与空间资源，打造立体牡丹景观，拓展牡丹的观赏功能。规划提升复合型牡丹观赏园，恢复打造《洛阳名园记》中的园林景观，打造以牡丹为主体的牡丹特色小镇和美丽乡村，提升洛阳牡丹观赏的整体水平。

通过全市人民的共同努力，将洛阳打造成为全国基地规模最大、产业产品最全、牡丹产业旅游带动性最强的世界牡丹最佳观赏中心、中国最知名的牡丹市场物流集散中心、中国牡丹产业高技术研发中心、中国牡丹品牌集聚区和牡丹文化传播中心、中国牡丹科技人才培养和技术交流中心，引领我国牡丹产业发展的新潮流。为建设国际文化旅游名城做出牡丹产业、牡丹人应有的贡献。

# B.5
# 洛阳“东方博物馆之都”文旅发展问题研究

课题组*

**摘　要：** 洛阳是国务院首批公布的历史文化名城，近年来洛阳“东方博物馆之都”建设成绩很大，博物馆旅游文化效应越来越大，已成为当今洛阳文旅产业转型升级的战略举措和关键一招。洛阳作为闻名中外的千年古都、牡丹花城，正在努力构建“华夏之源、河洛之根、丝路起点、运河中枢”中华文明标识体系，需要继续集中人、财、物打造“东方博物馆之都”品牌，全力将洛阳建设成为有影响力的国际博物馆文旅重要目的地和国际人文交往中心。

**关键词：** 现代博物馆　洛阳“东方博物馆之都”　文化旅游发展

博物馆是历史文化的典藏载体，是人类文明的智慧殿堂，在当今全域旅游中具有越来越重要的地位和作用。博物馆旅游是近几十年来国内外逐渐兴起的一种新兴旅游形式，这种具有较高文化含量的休闲文旅活动越来越有影响力。目前洛阳“东方博物馆之都”建设成绩很大，全国知名度较高，文化旅游业全面发展，但面临博物馆旅游资源整合力度不够、体制机制制约、产业链条较短、文化体验效果和旅游效益较差等问题。加快洛阳“东方博

---

* 课题组组长：李玉华，洛阳理工学院经济与管理学院副教授，主要研究方向为旅游文化。课题组成员：金永强，博士，洛阳理工学院讲师；张渊博，洛阳理工学院讲师。

物馆之都”文化旅游产业发展，有助于科学合理利用洛阳丰富的历史文化遗产，有力提升洛阳文旅目的地竞争力，全面推动洛阳高质量发展和副中心城市建设，可以为新时代谱写浓墨重彩的洛阳绚丽篇章做出新的更大贡献。

## 一　现代博物馆的发展进程及文旅效用

### （一）现代博物馆的产生及发展

博物馆（museum）一词的出现，是由 muses 一词演变而来，即古希腊神话缪斯。英文中首次使用是在 1683 年，标志就是英国牛津大学建立的第一座对公众开放的爱希摩林博物馆。

一般认为，最早的博物馆诞生在公元前 3 世纪，出现在古希腊亚历山大里亚城。公元前 4 世纪，马其顿亚历山大大帝在战争中掠夺收集了许多艺术珍品，集中放在博学园，亚历山大里亚博学园逐渐成为当时最大的学术和艺术中心。博学园内还有专门收藏文化珍品的缪斯神庙，缪斯神庙后来成为博物馆一词（Museum）的起源。罗马帝国继承了崇拜缪斯的传统习俗，经常把掠夺过来的宝物捐给缪斯神庙。欧洲发展到中世纪时，宫廷、贵族府邸和地主庄园成为文物聚集之地，教堂、修道院也是收藏宗教文物的重要场所。

现代博物馆诞生于 14 ~ 16 世纪的欧洲，后来在文艺复兴的旗帜下，社会上掀起了学习古希腊罗马文化的热潮，新的达官富贾、新兴地主热衷于收藏和鉴赏，收集古代艺术珍品成为时尚。15 世纪末，所谓新大陆的发现，欧洲从亚非拉掠夺回大量稀世珍品和奇珍异物，收藏珍品行为从皇室、教会普及到了一般市民阶级，出现了一大批私人收藏家。18 世纪西方思想启蒙运动，各种《百科全书》传播了唯物论、民主意识和科学知识，推动了现代博物馆产生的进程，英国钱伯斯百科全书的出版与不列颠博物馆同时建立。1789 年，法国大革命推翻了波旁王朝统治，历代王室收藏被收归国有，1793 年，在卢浮宫大画廊基础上正式建立中央艺术博物馆，并向社会公众开放。英国、法国、意大利、希腊、美国等逐渐成为公认的西方博物馆大国。

1905 年著名实业家张謇在南通创建了中国第一座现代博物馆，如今中国的博物馆已经走过百余年的发展历程。截至 2017 年底，全国备案的博物馆总数达到 5136 家，其中国家一级博物馆 130 座、国家二级博物馆 286 座、国家三级博物馆 439 座，是博物馆事业发展的主体。非国有博物馆超过 1400 家，行业博物馆超过 800 家，成为推动博物馆建设快速发展的重要力量。目前博物馆数量仍在高速增长，质量越来越高，影响越来越大，成为世界上博物馆事业发展最快的国家之一。

### （二）现代博物馆的功能和分类

“博物馆”一词，源于希腊文“缪斯”（museion），原意为“祭祀缪斯的地方”。国际博物馆协会 1946 年 11 月成立于法国，1974 年 6 月第一次将博物馆定义为：“一个不追求营利，为社会和社会发展服务的公开的永久机构。它把收集、保存、研究有关人类及其环境见证物当作自己的基本职责，以便展出，公之于众，提供学习、教育、欣赏的机会。”1989 年界定为：“博物馆是向大众开放的为社会及社会发展服务的非营利性的永久机构，它为研究、教育、欣赏之目的征集、保护、研究、传播并展示人类及人类环境的见证物，具有为社会服务、促进社会发展的责任。”2007 年又强化了博物馆的教育职能，强调博物馆的收集、保护、研究与传播工作都在为教育服务，鼓励观众对感兴趣的范畴自主学习。

博物馆的基本功能和特性是收藏、展示和研究，即一般所说的“博物馆三性”。首先，收藏的功能。要征集与博物馆主题相关的文物、史料及艺术品，并妥善保存、管理和维护，对年久破损的文物要妥善修复。其次，展示的功能。要向社会布展其收藏的文物和文献，传播相关的历史文化。最后，研究的功能。每个博物馆应该注重学术研究。以上三者，合格的博物馆缺一不可。

我国博物馆一般划分为历史类、艺术类、科学与技术类、综合类四种类型。历史类博物馆以珍贵的历史藏品为主，如洛阳博物馆、国家历史博物馆、秦始皇兵马俑博物馆等。艺术类博物馆主要展示藏品的艺术和美学价值，如徐悲鸿纪念馆等。自然与科学类博物馆以分类、发展或生态的方法展示自然界，以立体的方法从宏观或微观方面展示科学成果，如中国地质博物馆等。综合类博物馆综合展示地方自然、历史、革命史、艺术方面的藏品，如中国国家博物馆、河南博物院、陕西博物院等。如今有以三维立体方式完整呈现于网络上的数字博物馆，敦煌博物馆就是闻名世界的典型案例。

### （三）现代博物馆的文化旅游效应

现代博物馆的特点是实物性、公共性和非营利性，本身不以赚钱为目的，一般来说，具备较高历史文化知识的游客才能在博物馆产生较强的旅游体验共鸣，这要求博物馆主动进行文化交流传播，提升自己的美誉度和旅游者的满意度。现代博物馆早已突破展示、收藏和教育的基本功能，要求具有更多更好的公众交互环境，进一步丰富和提升博物馆的文化休闲娱乐功能。从全域旅游视野看，博物馆本身很难赚钱甚至会赔钱，但侧重休闲旅游需求和期望获得愉悦休闲现场体验的博物馆游客日益增多，这必然带动现代博物馆文化旅游产业的快速发展，产学研、吃住行、游购娱等相关产业呈现蓬勃发展的良好趋势，给一个地方带来的经济和社会综合效益是不可估量的。现代博物馆带动文化旅游的效应越来越大，对洛阳这样的历史文化名城和博物馆资源丰富的城市来讲更是如此。

一是博物馆文化旅游效益越来越大。文化是旅游的灵魂，旅游是文化的载体，二者相辅相成、互相促进。博物馆虽然是非营利性的，但现代博物馆的文化传播功能、休闲参与功能、参观旅游功能越来越强，博物馆已成为一个国家历史文化的窗口和象征，是一个地区重要的文化地标，也成为国家或地区的重要文化旅游目的地。例如法国博物馆众多，2017 年仅卢浮宫就接待参观者 810 万人次，其中外国参观人数 560 万人次，占参观者总数的七成。我国故宫博物院 2009 年接待人次首次突破 1000 万人次，2016 年突破 1600 万人次，2019 年首次突破 1900 万人次，当之无愧是世界上参观人数最多的博物馆之一。特别是国内实行博物馆全面免费开放以来，年参观人次高速增长，博物馆文化旅游产生巨大的综合旅游效益。

二是博物馆与文化旅游越来越紧密。2019 年，我国第一次将“5・18 国际博物馆日与 5・19 中国旅游日”联合举办，从国家层面迈出了文旅融合的重要一步。2019 年中国旅游日以“文旅融合美好生活”为主题，旅游利民惠民措施相继出台。在国家的推动下，全国多个省市都在举办“国际博物馆日暨中国旅游日系列活动”，并且多地活动在 5 月 17 日就启动，个别地区甚至持续到 6 月，在景区和博物馆的联合推动下，形成了一波周末出行小高潮。

三是博物馆跨界融合越来越突出。今天的博物馆，体验形式更加多样，研究方法更加多学科，承载的教育功能更加精细化，传播手段也更趋互动，“博物馆热”在全国成为文化新时尚。如今先进技术在博物馆得以应用，2019 年“全国博物馆网上展览”平台正式上线，吸引了更多游客走进博物馆。如故宫博物院，2016 年以来先后与阿里、腾讯、凤凰网等建立合作伙伴关系，在天猫开设了官方旗舰店，主要有门票、文创、出版三个板块，2017 年下半年开始介入动漫和文学创作，利用 AR、MR、3D 等手段传播故宫文化。通过一系列的战略合作，故宫成为真正的“世界级的超级 IP”“网红打卡地”。

四是博物馆文化旅游研究越来越深入。国外对博物馆与文化旅游结合的研究始于 20 世纪 70 年代，强调要以人为中心的发展理念，注重博物馆的历史、文化、教育、参与和软实力，重点调查博物馆旅游者的系列和行为特征、需求满意度，通常把博物馆与城市、文化、社区、遗产旅游融合在一起研究。博物馆文化旅游在国内是一个较新的研究主题，20 世纪 90 年代才引起国内学者关注，比如深入研究博物馆和文化旅游的关系，注重现代博物馆的文化旅游功能，关注以游客为主体的旅游体验等。

## 二　洛阳打造“东方博物馆之都”文化旅游现状分析

近年来，洛阳在巩固提升龙门石窟、关林、白马寺文化旅游“老三篇”

的同时，着力打造以隋唐国家历史文化公园、二里头遗址博物馆、“东方博物馆之都”为代表的“新三篇”，国际文化旅游名城建设成效显著。2019 年洛阳市博物馆共接待游客超千万人次，全市共接待游客 1.42 亿人次，旅游总收入 1321.02 亿元，是全国有影响的文旅目的地。

### （一）洛阳历史文化资源丰厚

洛阳是国务院首批公布的历史文化名城，有着 1500 多年建都史、4000 多年城市史、5000 多年文明史，第一次全国可移动文物普查成果显示，洛阳现有 43 处全国重点文物保护单位，共计登录可移动文物 419918 件（套）和 51914 件（套），非国有博物馆在册藏品占全省藏品总量的近 1/4。洛阳拥有丰厚的文化遗产，3 项 6 处世界文化遗产分别是龙门石窟，中国大运河（其中洛阳境内 2 处：回洛仓遗址和含嘉仓遗址），丝绸之路（其中洛阳境内 3 处：隋唐洛阳城定鼎门遗址、汉魏洛阳故城遗址、新安县汉函谷关遗址）。这是洛阳打造“东方博物馆之都”最有价值、最具潜力的资源条件。

### （二）“东方博物馆之都”建设成效显著

1958 年洛阳博物馆成立，至今洛阳市已拥有各类博物馆 77 家，形成了特色鲜明、主体多元、互为补充、富有活力的博物馆展示体系，博物馆总数和三级以上博物馆数量均居河南省第一。77 家博物馆中，三级以上博物馆达 11 家。洛阳博物馆为国家一级博物馆，千唐志斋博物馆、古代艺术博物馆、民俗博物馆、匾额博物馆、周王城天子驾六博物馆、龙门博物馆 6 家为国家二级博物馆，隋唐大运河博物馆、八路军驻洛办事处纪念馆、偃师商城博物馆、新安县博物馆 4 家为国家三级博物馆。2019 年 4 月，隋唐洛阳城应天门遗址博物馆灯光秀首秀，2019 年 9 月，二里头遗址博物馆建成对外开放，牡丹博物馆、契约文书博物馆、丝绸之路博物馆、万里茶道博物馆等正在加紧建设；客家之源纪念馆、班超纪念馆、隋唐洛阳城遗址博物馆、隋唐大运河博物馆、考古博物苑等重大博物馆建设项目也在加紧规划建设，以确保至 2020 年洛阳博物馆超过 100 家。

### （三）精品旅游线路正在打造

随着全域旅游时代的到来，洛阳市正以华夏历史文明传承创新为核心，打造洛阳文化旅游升级版，加快实现由旅游城市向城市旅游转变。2017 年河洛文化节、2018 年中国洛阳牡丹文化节期间，洛阳先后推出“畅游东方博物馆之都”，精心谋划推出了 10 条“东方博物馆之都”精品旅游线路，涵盖了大运河交汇点、丝绸之路起点、万里茶道、豫西古建筑、大遗址、峥嵘岁月工业游、非遗传统技艺红色旅游、探宝寻秘、河洛寻根等，满足了不同游客的需求，产生了较大的影响和文旅效益。

### （四）接待游客数量大幅增加

据统计，2017 年度全市博物馆共接待观众 817 万人次，其中，20 家国有博物馆共接待游客 389 万人次，49 家非国有博物馆共接待游客 428 万人次。2018 年全市各类博物馆共接待游客 840 万人次，2019 年牡丹文化节期间，全市各博物馆共接待游客近 90 万人次，全年博物馆接待游客超千万人次。2019 年 10 月 19 日开馆的二里头夏都遗址博物馆和二里头考古遗址公园轰动国内外，仅仅一个月参观人数就突破 27 万人次，讲解员日均讲解 40 批次，已成为古都洛阳新的“文旅打卡地”。

### （五）惠民利民举措持续加大

洛阳市坚持“保护固态、传承活态、发展业态”理念，不断加大博物馆免费开放力度，让人民群众充分享受文化遗产保护成果。除定鼎门遗址博物馆、天子驾六博物馆等少数博物馆收取门票（市民年票免费）外，69 家博物馆绝大多数免门票，大大吸引了市民和游客参观和休闲的需要。2019 年 4 月，隋唐洛阳城应天门遗址博物馆开展灯光秀，吸引了大批市民和游客，虽然门票收入非常有限，但对吸引游客入住过夜、增加停留时间和消费都起到有力促进作用，二里头夏都遗址博物馆更是如此。

### （六）文旅优惠政策强力支撑

国家有关部门先后出台了《博物馆条例》《国家文物局关于推进博物馆改革发展的实施意见》《关于全国博物馆、纪念馆免费开放的通知》《关于实施革命文物保护利用工程（2018～2022年）的意见》等。自2013年初以来，国家文物局提出“完善博物馆青少年教育功能试点”，国家教育部发文对研学旅行工作提出要求，洛阳市发布《关于建设博物馆之都工作的实施意见》《洛阳市坚持文化保护传承推动文旅融合发展行动方案》等博物馆文旅政策。

## 三　洛阳博物馆文化旅游发展中存在的问题

总的看来，洛阳“东方博物馆之都”建设及文旅发展成绩是不错的，但与北京、西安等古都相比差距较大。北京目前拥有172座博物馆，是全球拥有博物馆数量第二多的城市。洛阳博物馆文旅存在的主要问题表现在以下几个方面：一是缺少像北京故宫、西安兵马俑那样的龙头项目，洛阳博物馆数量众多但影响力有限，位于偃师市的中国二里头遗址博物馆开馆很热，但持续较难；二是五大都城遗址类博物馆“有说头，没看头”的难题尚未破解，现有博物馆“隔着玻璃看，耳旁别人讲”的固定模式缺乏参与性和娱乐性；三是现有的10条“东方博物馆之都”旅游线路还不成熟，申办和建设博物馆的积极性越来越高，但现状大多是游客稀少，博物馆建的“热”和游客少的“冷”显然已经成了一对矛盾；四是有关“东方博物馆之都”的旅游营销还处于起步阶段，缺少有力度的营销促销，文旅商品美誉度和效益不高，大多数博物馆展示的内容几十年不变，博物馆体制机制老化，人员观念还没完全转变；五是智慧旅游水平不高，观众参与体验效果一般；六是受新冠肺炎疫情严重影响，2020年春节及2月全市博物馆关停，洛阳市文旅产业发展出现阶段性停滞等。

## 四　洛阳博物馆文化旅游发展提升对策

洛阳要建设国家人文交往中心和国家旅游目的地，打造“东方博物馆之都”文化旅游品牌必然是关键一招，更是实现洛阳文化旅游产业转型升级的重大举措。新冠肺炎疫情的负面影响是阶段性的，洛阳博物馆之都文化旅游必然会越来越精彩。洛阳作为千年古都、牡丹花城，明确提出打造“东方博物馆之都”，正在着力构建“华夏之源、河洛之根、丝路起点、运河中心”的中华文明标识体系，力争 2020 年全市博物馆总数达到 100 家，到 2025 年经济外向度将大幅提升，接待国内外游客人数和收入占全省的比重将超过 20%。

### （一）加快“东方博物馆之都”建设进度

博物馆是博物馆文化旅游发展的前提，全力推进“东方博物馆之都”建设仍然是重中之重。近年来洛阳市提出打造“东方博物馆之都”的目标，博物馆建设正处于快速发展时期。2020 年初，市委市政府出台《洛阳市坚持文化保护传承推动文旅融合发展行动方案》，明确提出打造 15 家精品博物馆，重点提升隋唐大运河文化博物馆、洛阳博物馆、二里头夏都遗址博物馆展示开放水平；要加快建设牡丹博物馆、丝绸之路博物馆、万里茶道博物馆、乡愁博物馆、千唐志斋新馆、瓷器标本博物馆、曹休墓博物馆、工业遗产博物馆、建材工业博物馆、马金凤戏曲艺术博物馆、考古博物苑等专题和特色博物馆。提升改建焦裕禄纪念馆、“中共洛阳组”诞生地纪念馆等红色革命场馆，整体提升“洛八办纪念馆”展陈水平，2020 年实现九县（市）博物馆全覆盖。发挥洛阳企业优势，规划建设工业遗产博物馆，充分改造利用工业园区、工业历史文化遗产保护街区、老厂房、废弃矿山等资源开展工业旅游，谋划建设主题突出、产业丰富、产品众多的文化创意产业园区。

尽快启动二里头夏都遗址博物馆申遗规划建设。2019 年 7 月，浙江良渚古城遗址被正式列入《世界遗产名录》，申遗成功标志着良渚遗址群成为实证中华五千年文明史的圣地。良渚文化标志中华文明进入了古国阶段，而二里头文化则标志着中华文明由古国发展到了王国阶段。2019 年 10 月 19 日，历时两年多建成的二里头夏都遗址博物馆正式开馆，该馆由中国社会科学院考古研究所与洛阳市政府共建共管，是夏商周断代工程和中华文明探源工程研究历程与成果展示基地。二里头遗址是二里头文化的核心载体，对研究中华文明的起源、王国的兴起等涉及中华文明发展的重大学术问题具有重要的参考价值，是向世界展示中国源远流长绵延不断历史的重要例证。以二里头遗址为代表的二里头文化，是中国乃至东亚地区最早的“核心文化”，代表的是最早的广域王权国家。尽快启动二里头遗址群申遗规划和建设意义十分重大。

### （二）培育博物馆文旅精品线路

2017 年以来，洛阳市规划培育了 10 条博物馆文旅精品线路，知名度有所提升，文旅综合效益日益显现。10 条博物馆之都精品旅游线路涵盖了大运河交汇点、丝绸之路起点、非遗传统技艺、万里茶道、豫西古建筑、峥嵘岁月工业游、红色旅游、河洛寻根等，基本涵盖了洛阳现有博物馆精品，展示了洛阳千年古都的风采。这 10 条博物馆文旅精品线路的文旅特色分别是：丝绸之路东方起点、隋唐大运河中心城市、“万里茶道”重要城市、五大都城遗址、非物质文化遗产和传统技艺、河洛地区民俗风情和历史文化、近现代的红色革命历史、国家“一五”期间重点建设的重工业城市、河洛文化发祥地和全球华人文化之根。

洛阳博物馆是综合博物馆，在国家文物局委托文物交流智库所做的 2019 年度全国综合类博物馆综合影响力评估中进入前 10 名，这充分体现了洛阳博物馆作为国家一级博物馆的强大实力和全国影响力。同时第十七届（2019 年度）推介活动把“华夏第一王都——二里头夏都遗址基本陈列”评为全国博物馆十大展览精品陈列之一，这充分体现了二里头遗址的重大考古意义和中华文明发展起源价值。总体来看，洛阳博物馆文旅的影响力和效益不太好，除了洛阳博物馆和二里头夏都遗址博物馆外，其他博物馆文旅面临的难题是如何持续投入和提高营销收入。

### （三）提升博物馆文化旅游质量

博物馆旅游吸引因素很多，主要包括展馆特色、展示功能、布展效果、环境设施、管理服务、区位交通等方面，最重要的是游客的体验效果。博物馆文化旅游产业涉及硬件设施，如建筑、景观、绿地、广场等；软件方面主要有布展活动、营销服务、专业讲解、市场开发、功能配置、服务能力、消费水平、参与式旅游项目等。

近年来，洛阳市坚持保护固态、传承活态、发展业态，叫响“新三篇”，提升“老三篇”，正在打造具有国际水准和洛阳特色的博物馆文化旅游品牌集群。要精心培育“东方博物馆之都”旅游品牌，重点打造丝绸之路东方起点、隋唐大运河中枢、五大都城遗址、焦裕禄在洛矿和洛阳大工业游等精品线路。依托二里头遗址、龙马负图寺、汉光武帝陵等人文景观，打造中华文明溯源之旅。积极推进丝绸之路、隋唐大运河和五大都城遗址等世界文化遗产的保护利用工程，提升保护能力、展示水平和国际影响力，着力构建“华夏之源、河洛之根、丝路起点、运河中心”中华文明标识体系。以中共洛阳组、焦裕禄在洛矿纪念馆、中国农耕博物馆等为代表，把洛阳红色革命文旅做优做强，进一步扩大影响。

如今博物馆旅游正处于由以实体博物馆实体藏品为主转向以信息交互为主的文化休闲服务阶段，做好研学旅游是博物馆文旅的最新课题。“让更多的孩子走进博物馆、爱上博物馆”，这是一句耳熟能详的新语言。“我听到了，就忘记了；我看见了，就记住了；我做到了，就理解了。”这是华盛顿儿童博物馆墙上的一句话。研学旅行是一种新型的教学形式，学生在教师的组织和讲解员的引导下参与性很强，是传统课堂教学的有效补充和空间延伸。2018 年 9 月河南省文化和旅游厅公布了首批 55 家河南省研学旅游示范基地，并进行了颁牌仪式，洛阳博物馆、中国一拖东方红工业游基地、二程文化园、隋唐洛阳城国家遗址公园（明堂·天堂）等被列入，博物馆研学游已在洛阳中小学开始推广，受到学生和家长欢迎。

### （四）加大博物馆文旅营销力度

利用文物资源，讲好洛阳故事，这是做好营销的重要一招。近年来《国家宝藏》《我在故宫修文物》《如果国宝会说话》等电视台的博物馆节目热播，提高了社会大众对文物鉴赏和博物馆参观的热情，掀起了古董收藏和交易热，社会反响越来越大。特别是故宫博物院原院长单霁翔，被称为“网红院长”，他的讲解和节目很受欢迎，大大促进了人们对故宫博物院的兴趣和热情。

2018 年和 2019 年，中国博物馆协会、中国古都学会连续在洛阳举办的世界古都论坛影响很大，而且确定论坛永久会址设在洛阳意义重大。我们要继续办好世界古都论坛，建设世界古都论坛永久会址，讲好洛阳故事，传播洛阳声音，把洛阳建设成为华夏历史文明与世界文明对话的重要平台和国际文化旅游名城。

但总体上看，洛阳市博物馆文旅认知度较低，一是博物馆主体营销动力严重不足。国有博物馆都是事业单位和“科研单位”，主要工作是文物保护与科学研究，大多属于文物系统。博物馆作为非营利性组织，往往缺乏营销意识，即使有收入也不能合理分配，自然造成博物馆对营销没有积极性。二是博物馆展品受局限。博物馆展品相对固定，游客重复性参与不够，仅有展品信息内容尚不足以引起游客的关注并激发其出游动机。

旅游纪念品是博物馆特色的体现，能够时常提醒游客的文化回忆。洛阳城市礼物研究有限公司由洛阳旅游发展集团有限公司于 2016 年 12 月注资成立，是将旅游商品研发设计、品牌塑造及产品销售于一体的综合型国有企业公司。公司创设的洛阳礼物已有 1000 余款产品设计、300 款打样、百十款量产产品，销量排名靠前的几种是明信片、胶带、拼图、书签、梳子和钥匙扣，其中“绿松石”系列产品特别受游客欢迎。该公司全力支持二里头夏都遗址博物馆文创项目开展，组建优秀设计团队进行馆藏文物文创产品项目开发，同时还在博物馆内设立文创商店、咖啡馆、书吧等多功能区域，为游客提供多元化、体验性强的参与体验。

### （五）提升博物馆游客体验效果

现代博物馆文旅更注重休闲旅游需求，现场体验以及互动性、休闲性、娱乐性越来越强，“吃住行游购娱”等旅游要素缺一不可。改进和提升博物馆游客体验效果，一是从文物展出角度看，重点改进和提升博物馆展出效果；二是从游客需求和游客参与体验程度看，尽量实现游客与文物零距离接触，让游客有一种身临其境的感觉。博物馆可采用声光电和现代电子网络技术，努力满足不同层次游客的体验需求，向公众展示博物馆的文化魅力。

多方筹措资金、加大智慧旅游投入，是提升博物馆游客体验质量的关键。建设“数字博物馆”，发展基于5G技术和人工智能、超高清、增强现实、虚拟现实等技术的新一代博物馆沉浸式体验型文化和旅游消费项目，提升博物馆文化旅游产品开发和服务设计的数字化水平。博物馆要紧随时代发展节拍，利用抖音、马蜂窝、微博和微信等新技术，让博物馆藏品“活起来”，激发观众兴趣，增强观众体验黏性。

### （六）优化博物馆文旅政策环境

目前洛阳市主管旅游的文化广电和旅游局与主管博物馆的文物局正式组建，要协调推进博物馆文化旅游工作还需要进一步转变观念，健全机制，形成合力。要成立市文化旅游工作领导小组，特别是文化广电和旅游局与文物局应建立紧密联席会议制度，协调解决文旅融合发展存在的突出问题，确保“东方博物馆之都”建设各项任务落到实处。市委市政府将文化旅游发展纳入国民经济和社会发展总体规划，纳入市直部门和县区政府考核目标，作为考核评价领导班子和领导干部政绩的重要内容。

加大政策支持力度。博物馆建设前期投入大，后期收益小，营运困难较大，民营博物馆更是如此。各级政府要进一步强化政策和财政资金保障，持续加大对博物馆文化旅游发展的投入，重点用于宣传营销、创研开发、人才培养、投资奖补及考核奖励。发挥财政四两拨千斤的作用，积极引导民间社会资本投资博物馆文化旅游等方面建设。依托政务服务云平台，建设官方网站、电商平台、微信、微博、旅游App、微信小程序等多终端、全覆盖、便捷化的旅游信息服务大数据平台。深化与国内外旅游高端营销策划团队、国内外主流媒体、知名门户网站和在线旅行商的战略合作，精准投放洛阳博物馆旅游和城市形象广告。加强与联合国教科文组织、中国博物馆协会的合作，支持河洛文化、文物等相关专家积极参加国际文化会展、研讨会和艺术交流，举办好洛阳文物、非遗等赴外展会。

加强行业自律管理。组建洛阳市博物馆协会，发挥行业指导、自律、协调、监督作用，促进博物馆事业科学发展服务。抓好导游员、讲解员等一线从业人员培训和管理，强化外语和业务技能培训，不断提升从业人员综合素质。为引进文化旅游特殊岗位人才开辟绿色通道，对参加国家、省、市导游员、讲解员大赛获得优异名次的，优先解决事业编制。健全人才引进机制，实施文化旅游高端人才引进计划，通过多种优惠措施吸引国内外知名文化旅游职业经理人、创意策划、管理营销等高素质人才，努力营造和谐、有序、健康的文明旅游环境。

## 参考文献


[1]《国家文物局关于推进博物馆改革发展的实施意见》，2018。

[2]《关于建设博物馆之都工作的实施意见》，2018。

[3]《洛阳市坚持文化保护传承推动文旅融合发展行动方案》，2020。

[4]《洛阳 10 条精品线路带你畅游博物馆之都》，洛阳网新闻，2018。

[5]《洛阳建设博物馆之都　打造洛阳旅游“升级版”》，《洛阳日报》2018 年 12 月 13 日。

[6] 陈嘉欣：《博物馆与文化旅游的关系及特征》，《旅游管理研究》2018 年第 10 期。

[7] 王静、王玉霞：《北京博物馆文化旅游服务质量提升研究》，《北京联合大学学报》2017 年第 7 期。

[8] 白文军：《城市博物馆与旅游活动的融合定位》，《旅游纵览・行业版》2018 年第 7 期。

[9] 杨惠岚：《基于文化与旅游融合发展的博物馆文创产品新动态》，《旅游管理研究》2018 年第 9 期。

# B.6
# 洛阳市基层公共文化建设中河洛文化传承与创新研究

周显峰*

**摘　要：** 把洛阳市基层公共文化建设与河洛文化传承与创新结合起来，对其打造国际文化旅游名城战略具有事半功倍的效果。这一建设的重点和难点在于培养河洛文化研究和推广人才、对河洛文化进行挖掘整合和保护、结合乡镇公共文化建设遴选适宜推广的河洛文化资源、借助公共文化场馆建设打造河洛文化传承和创新基地、政府在河洛文化传承和创新中的角色定位、落实有利于河洛文化传承和创新的长效机制等六个方面。

**关键词：** 洛阳市　公共文化　河洛文化

随着国家对文化建设的重视，地域文化研究逐渐兴盛；习近平总书记关于文化自信的相关论述又极大促进了地域文化的研究。河洛文化作为中华民族的根文化，自然受到了大家的高度重视，研究者日众。近年来随着河洛文化研究文章和研究人员的增多，“洛阳学”也逐渐流行。[①] 这些研究对深入研究整理河洛文化有着极其重要的价值；但这些研究有一个重要的缺陷，即

---

* 周显峰，河南省公共文化研究中心办公室主任，洛阳师范学院讲师，硕士，研究方向为公共文化。

① 周鹏：《河洛文化与当代中国文化软实力建设》，《河南科技大学学报》（社会科学版）2016年第5期。

多限于高校学者的理论研究，并且目前尚处于理论初创和架构阶段，很难在实际应用中产生更大的效益。

随着《公共文化保障法》的颁布和实施，国家加大了文化惠民力度，各地正在以政府行为大力推行公共文化建设。如果能借助政府推进公共文化建设的东风，在河洛文化传承和创新上做足文章，将对洛阳城市文化发展和城市品位提升有重要意义和极大促进作用。

## 一　公共文化建设视域下河洛文化传承和创新研究主要内容及重点和难点

河洛地区是中华文化的发源地，河洛文化是中华文化的源头；河洛文化经历几千年的传承和发展，博大而精深。在漫长的发展过程中，有些已经湮灭，有些得以保存但不完整，有些则发生了嬗变，有些虽保存得比较完好，但面临着失传的命运。在越来越重视公共文化建设的今天，我们应借助公共文化建设东风，高度重视河洛文化的传承和创新，加大对河洛文化的收集和整理，在公共文化建设中处处彰显河洛文化，打造河洛文化品牌，巩固河洛文化在华夏文化中的根本地位，凸显其国际影响力。

公共文化建设视域下河洛文化传承和研究应集中在四个方面：一是挖掘和整理各乡镇河洛文化资源，结合洛阳乡镇公共文化建设，遴选适宜推广的文化资源；二是结合洛阳乡镇公共文化场馆建设，提出打造一批河洛文化传承和创新基地方案和意见；三是联合洛阳市相关高校，提出培养河洛文化传承和创新相关人才计划；四是研究河洛文化保护、传承与创新长效机制，制度上保证河洛文化传承和创新落地。

重点和难点：一是如何培养河洛文化研究人才和河洛文化推广人才；二是如何对河洛文化进行挖掘整合和保护；三是如何结合乡镇公共文化建设遴选适宜推广的河洛文化资源；四是如何借助公共文化场馆建设打造河洛文化传承和创新基地，梳理河洛文化展示推广景观；五是政府如何找准在河洛文化传承和创新中的角色定位；六是如何落实有利于河洛文化传承和创新的长效机制。

## 二　洛阳市乡镇公共文化建设中河洛文化传承与创新现状

党的十八大在全面建成小康社会目标中提出了“公共文化服务体系基本建成”的任务，洛阳市政府按照国家关于公共文化建设相关文件精神，加大资金投入，全力发展公共文化服务体系建设，取得了不俗成绩。

其一，深入贯彻落实《公共文化服务保障法》，建立公共文化服务体系建设协调领导小组，指导全市公共文化服务体系建设工作。2016 年 3 月洛阳市委、市政府印发《关于加快构建现代公共文化服务体系的实施意见》，对洛阳公共文化服务体系建设目标、任务及标准都做了明确的规定，指明了河南省公共文化服务体系建设的方向。借公共文化服务体系建设东风，河洛文化传承和创新有了新舞台，新动力。

其二，2013 年 2 月洛阳市委、市政府印发了《洛阳市创建国家公共文化服务体系示范区考评实施办法》，明确提出建设国家公共文化服务体系示范区目标、措施及实施办法；[①] 2016 年，洛阳市被授牌为第二批国家公共文化服务体系示范区。[②] 2017 年 12 月，洛阳市涧西区顺利通过河南省首批公共文化示范区验收；2019 年 4 月，洛阳市老城区顺利通过河南省第三批公共文化服务示范区验收，洛阳市瀍河区通过河南省第四批公共文化建设示范区验收。在示范区创建过程中，一批河洛文化资源得以挖掘和整理，并根据公共文化示范区建设要求，在传承中有所创新。

其三，扎实推进公共文化服务体系建设，目前所有乡镇和行政村都建成了基层综合性文化服务中心，达标的乡镇（办事处）综合文化服务中心 186 个、行政村（社区）综合文化服务中心 2892 个。数字广播电视也实现了全

① 王菲：《完善公共图书馆（室）职能助推洛阳公共文化服务》，《兰台世界》2014 年第 17 期。

② 《洛阳成为国家公共文化服务体系示范区》，http：//www. wenming. cn/syjj/dfcz/hn/201610/t20161027_ 3844060. shtml。

覆盖。通过推进公共文化服务体系建设，各乡镇（社区）都建立了基层综合性文化服务中心，基层河洛文化资源被重新审视，挖掘、整理、传承、创新有了新局面。

其四，加快洛阳市中心图书馆、文化馆新馆、少年儿童图书馆新馆等重大文化场馆建设力度，一批公共文化设施亮相洛阳；另外，全市还有13个县（市）区图书馆、文化馆新建或改扩建，洛阳市文化场馆建设加快了步伐。①

其五，根据上级关于“总分馆”制建设精神，积极建设图书馆、文化馆总分馆服务体系；目前图书馆已经基本建成统一采购、统一编目、统一配送、通借通还和统一培训的城乡一体化总分馆体系，把中心图书馆和各乡镇图书馆联结起来，实现资源共建共享，古都城乡飘荡着浓浓书香。洛阳市图书馆总分馆制建设在全国推进公共文化领域重点改革任务落实培训班上被作为典型案例交流。洛阳市城市书房建设成为洛阳文化建设的一张靓丽名片。通过打造“书香洛阳”和“15分钟阅读圈”，洛阳文化氛围愈发浓厚。伴随图书馆总分馆服务体系建设，河洛文化相关图书资料阅读更加便利。

其六，着力打造“东方博物馆之都”，各级各类博物馆如雨后春笋一般应时建立；既有政府主办的综合性博物馆，也有各委局及事业单位建设的行业博物馆，还有社会力量举办的特色博物馆，三者相辅相成，已然形成一个博物馆体系。在博物馆建设过程中，又注意了文旅相融合、文教相结合，文企相汇合；把博物馆建在景区，建在学校，建在企业；同时注意深入挖掘洛阳非遗文化，借助互联网优势，丰富办馆模式和手段，打造洛阳博物馆的“河洛”品牌。② 洛阳龙门博物馆紧挨世界文化遗产，以石窟文化为主题，影响深远；老雒阳饮食文化博物馆、洛阳围棋博物馆、洛阳

① 《洛阳市：文化惠民　百姓乐享》，http://news.lyd.com.cn/system/2018/06/22/030500976.shtml。

② 《通过“国考”洛阳建特色公共文化服务体系》，https://china.huanqiu.com/article/9CaKrnJXi52。

古典红木家具博物馆等作为行业博物馆，与产业紧密结合，通过“以产业养博物馆、以博物馆提升产业”的模式，将文化和产业相互促进，协调发展，使民办博物馆走上了可持续发展的道路。洛阳唐三彩陶艺博物馆、洛阳真不同水席博物馆等博物馆则充分挖掘、展示、传承非物质文化遗产，让游客在感受非遗文化魅力的同时，实现企业的长足发展。洛阳金石文字博物馆、洛阳树威古瓷鉴藏博物馆另辟蹊径，开辟了线上数字博物馆，让大家坐在家中也能欣赏馆藏文物，感受文物的魅力，着实扩大了博物馆服务对象。各级各类博物馆变身公共文化空间，河洛文化资源在公共文化建设中得以彰显。

其七，通过政府购买公共文化服务，吸引社会力量参与公共文化服务体系建设，一批极具河洛文化特色的项目呈现在广大民众面前。

其八，有意识地在公共文化服务体系建设中向城乡基层倾斜，打通公共文化服务“最后一公里”，细化公共文化服务网格。送文化下乡成为常态，“河洛欢歌”系列群众文化活动每月都有，已经成为展示河洛文化资源的一个品牌活动。通过连续多年的活动，每个县（市）至少建设一项品牌文化活动。河洛文化中的戏剧、歌舞、杂耍等通过这种形式得以整理和传承。①

其九，注重加强人才队伍建设，着力突破人才瓶颈。每个基层综合性文化中心都配备了专兼职文化人员。河洛文化资源挖掘、整理、传承和创新有了这支队伍的加入，形势一片大好。

其十，数字化建设方面，2018 年底，全市各级各类场馆在“百姓文化云”平台实现 100% 上线。各基层基本都建有乡镇网络文化服务中心和乡镇文化站网络服务室，数字化文化服务活动开展，实现了公共文化服务提升。河洛文化借助公共文化数字化建设，在传承和创新上有了新突破。②

其十一，在广大农村实施“美好文化阵地”项目，并融合进“美好乡

---

① 《洛阳市：文化惠民　百姓乐享》，http：//news. lyd. com. cn/system/2018/06/22/030500976. shtml。

② 《河南省洛阳市创新公共文化服务新思路》，http：//www. wenming. cn/syjj/dfcz/hn/201603/t20160316_ 3214405. shtml。

村”建设中，重点解决洛阳市农村基层文化阵地建设标准低、服务能力弱甚至缺失的问题。通过“美好文化阵地”项目建设，洛阳每个乡镇都能进一步挖掘本地河洛文化资源，并通过适合的形式得以展示。

但洛阳市在公共文化服务体系建设中也存在着不少问题，概而言之，主要有以下几个方面。

其一，随着公共文化基础设施建设步伐不断加快，河洛文化相关设施建设有了较大程度的提升，尤其是近两年来，洛阳市在图书馆、文化馆、博物馆等场馆建设质量和数量上都走在全省前列，但在信息化建设方面和东部省份相比差距较大，即便和西部毕节、曲靖等市相比，仍有一定差距。基层文化设施整体薄弱，乡村文化设施落后，尤其是贫困村文化设施建设落后，存在较为严重的城乡差距。专题性河洛文化设施，市区以民办博物馆居多，并形成特色；乡镇差强人意，一些很有特色的河洛文化设施亟待加以修缮和保护，另有一些河洛文化资源还处于散乱状态，需要挖掘、整理后建设专门场地予以保护和展示。

其二，因为有专项资金投入，河洛文化设施中的图书馆、文化馆、体育馆等文化场馆做到了免费开放，各文化机构也都能下基层为老百姓送戏剧、送电影；但一些文化设施商业化严重，收费较高，不利于河洛文化的传承。送文化下乡，大多是老戏老唱，老电影老放，创新不够，群众不喜欢，受益百姓有限。另外，各基层在数字化服务上严重不足，有牌子无设备，或有设备但数量少，有的已不能用，成为摆设，河洛文化资源在基层数字化道路上还有很漫长的路要走。

其三，文化投入加大，文化事业费近几年快速增长，河洛文化资源的开发和传承也因为文化事业费的增加得以迅速发展。但也应看到，文化事业费更多用在基础场馆建设上，特别是城市基础场馆建设上，真正用在河洛文化传承和创新上的经费占比较少；另外，各县区人均事业经费普遍较低。在人员配备上，基层文化协管员专业化堪忧，多为兼职，工作积极性不高，对河洛文化资源的挖掘和整理处于浅层和散点，对河洛文化的传承和发展虽有推动作用，但效果不彰。

## 三　河洛文化资源的挖掘和整理及公共文化建设中河洛文化资源的遴选

河洛文化源远流长，博大精深，其内涵十分丰富、博杂，综合各方意见，大致可以概括为以下二十四个方面。

**第一类：新石器时代史前文化。**

（1）裴李岗文化。以1959年在偃师马涧沟发现的属于裴李岗文化遗存的一套石磨盘为代表，属于新石器时代早期的一种文化。

（2）仰韶文化。因最早发现于河洛区域内的渑池县仰韶村而得名，河洛地区是它的中心区域。渑池县历来属洛阳管辖，一直到1988年，三门峡从洛阳分出，才隶属新成立的三门峡市管辖。

（3）河南龙山文化。洛阳地处黄河中游，龙山文化遗存相当丰厚。

**第二类：华夏根亲文化。**

（4）炎黄文化（以三皇五帝为代表）。三皇（燧人氏、伏羲氏、神农氏）和五帝（黄帝、颛顼、帝喾、尧、舜）中，伏羲、神农、黄帝、帝喾、帝尧等与洛阳关系十分密切。伏羲受河图启发进而推演八卦；伏羲女儿溺于洛水，后来化为洛神；新安县青要山据说是黄帝密都；帝喾部落活动于洛阳，帝喾娶四个妃子，生了四个儿子，是后稷（周先祖）、契（商先祖）、帝尧、帝挚的先祖，也可以说是整个华夏的先祖。炎黄文化是整个华夏文化之根。①

（5）河图洛书文化。河图洛书乃黄河、洛河产物，中华文化源头，伏羲依河图而演八卦，后衍生《周易》一书；大禹对洛书进一步阐释，为《尚书》之《洪范》。后世五千年，世人对《河图》《洛书》做了各种各样的揣测和探究、阐释，进一步说明了河洛地区在整个中华文明发展历史上占

① 《河洛文化——中华民族的“根”文化》，http：//henan. mofcom. gov. cn/aarticle/sjdixiansw/200510/20051000553649. html。

有非同寻常的地位。孟津县有一古老河流图河，蜿蜒 20 公里，流经朝阳镇卦沟村，宋庄乡负图村，白合乡上河图村、下河图村，至会盟镇雷河村注入黄河。龙马负图在黄河、图河交汇一带。洛宁县西长水村，东西并排立有两方古碑，西边古碑为汉魏时期所立，碑文有“洛”字，东边古碑为清代所立，正面为“洛出书处”。古来相传，神龟贡书即在此洛河段。[①]

（6）姓氏文化。“百家姓”的发源绕不开洛阳，根在河洛已经成为大家共识。在今天的 120 个大姓中，全部或部分源于河洛文化圈内（河南境内）的有 97 个，占比 80.8%；而 97 个大姓中的大部分又源于河洛地区。李学勤（历史学家、古文字学家、“夏商周断代工程”首席科学家）对姓氏文化研究颇深，他说：“河洛地区是王都所在，是中华姓氏的主要发源地。姓氏文化资源非常丰富，历史上的数次人口大迁徙，由北向南辐射，千百年来，他们根在河洛，世代相传。这的确是一种罕有的文化现象。”[②] 基于此，2010 年 9 月在洛阳老城区丽景门正式揭牌“洛阳中华姓氏文化寻源地”。

**第三类：王朝文化。**

（7）夏商周文化。夏商周三朝建都河洛地区，人类历史进入王朝时代。王朝的建立，是人类历史的一大进步。今偃师二里头夏都博物馆已经建成开馆，对宣传和弘扬夏商周文化有极其重要的作用。偃师还有商城遗址和商城博物馆；市中心有天子驾六博物馆，洛阳涧西区有周山森林公园，公园里有周灵王墓冢，山下有周谷，为周之采地。这些都是夏商周文化的典型文化遗存。

（8）王都文化。洛阳作为十三朝古都，有着近千年的建都史，都城文化浓郁。特别是在周朝，国家制度和都城制度进一步完善，周礼天下闻名。

**第四类：五大学说文化。**

（9）儒家文化。《尚书·大传》说：“周公摄政，一年教乱，二年克殷，三年践奄，四年建侯卫，五年营成周，六年制礼作乐，七年致政成王，北面

---

① 徐金星：《河洛文化：中国传统文化的源头与核心》，《寻根》2004 年第 5 期。

② 《171 个姓氏源自河洛地区》，http：//www. hzwang. com. cn/display. asp？ id =980。

就群臣之位。”指明周公于洛阳完成“制礼作乐”这一对中国社会、思想文化及历史产生深远影响的伟大工程。孔子受周礼影响，入周问礼于老子，并在此基础上丰富和发展了周公奠基的儒家学说，形成儒家思想。历代儒家尊周公为“元圣”，河洛大地是名副其实的儒学渊源之地，儒家学说奠基于洛阳。今瀍河区东关大街东头尚存孔子入周问礼碑，碑高 3.056 米，宽 0.92 米；碑面阴文刻“孔子入周问礼乐至此”9 个大字。

（10）道家文化。道家鼻祖老子，任东周王朝守藏室之史一职，负责管理周王室图书典籍等，长期居于洛阳。其所创学说，称作道家学说（道家学派）。今洛阳瀍河区东关瀍河东岸、洛阳市二十四中家属院内仍存老子故宅遗址；洛阳老城有孔子入周问礼碑，洛阳邙山翠云峰上有老子炼丹上清宫、下清宫，还有道家八仙之一吕洞宾入道东游洛阳的吕祖庵等；洛阳栾川有老君山，老子归隐修炼于此，唐太宗李世民钦封为“老君山”。以上种种可证道家学说源于洛阳。

（11）佛家文化。东汉明帝永平年间第一次“西天取经”，即“永平求法”，取回了佛经、佛像，迎来了中国佛教的两位开山鼻祖——印度高僧摄摩腾和丛法兰，而且创建了中国第一古刹白马寺。白马寺由此成为中国早期佛经翻译、佛教传播和进行各种佛事活动的中心；洛阳作为东汉、三国魏、西晋、北魏的国都，为佛教在中国的传播、弘扬提供了极大的便利。可以说，佛家学说在中国首传于洛阳。

（12）玄学文化。魏晋时期，何晏、王弼、嵇康、阮籍、王衍、向秀、郭象等人用唯心主义解释自然天道，以老庄思想糅合儒学经义，以出身门第、虚无玄远的清谈相标榜，成为当时风气。世人称他们的学说为玄学。这些人大多生活在洛阳及其周边，所以可以说玄学诞生、兴盛在洛阳。

（13）理学文化。理学创始于洛阳。北宋时，程颢、程颐兄弟把“理”（天理）作为哲学的最高范畴，认为“理”是宇宙、天地、万物之根本，是人类社会的最高准则。程氏兄弟创立的哲学思想体系被世人称为“理学”，也称“洛学”。理学在宋代兴极一时，对后代文人志士有深远影响。洛阳伊川县存有完好的二程故里。另外，洛龙区安乐镇安乐窝村有邵雍故居和明清遗存的邵雍祠堂，伊川县还有邵雍墓。

儒、道、佛、玄、理这五大学说，对形成和决定华夏民族的思想、观念及其品格，对国人的社会生活、文化生活都产生了决定性的重大影响，某种意义上可以说，也决定了中国历史的走向。这五大学说产生和兴盛都与河洛密切相关，与洛阳密切相关，足见河洛文化在中国的影响力之大。

**第五类：民俗习俗文化。**

（14）民俗文化。河洛地区曾经长期作为我国政治、经济、文化的中心，其民风民俗一直具有楷模表率作用，对其他地区影响深远；同时作为一个重要的政治、经济和文化中心，人员交往频繁，自然而然地也会吸取、容纳各地的民风民俗。

（15）墓葬文化。中国历来有“生在苏杭，死葬北邙”的说法。北邙即洛阳城北的邙山，黄土深厚，山势平缓，在黄河南岸东西绵延百里，风水学上称为丧葬宝地。这里古墓葬宛如星辰般多不可数，无数帝王将相、达官贵族皆埋葬于此，遑论平民百姓。洛阳市政协调研组 2014 年《关于洛阳市文化产业发展情况的调研报告》披露，洛阳市历代较大古墓葬有 1038 座，数量惊人。[①] 东周王朝都洛阳，其王陵都在都城附近，最有名的就是现在周山森林公园的二王陵。东汉都洛阳，其帝陵大多在洛阳，最有名的是黄河南岸孟津县的光武帝原陵，另有东汉 10 座帝陵在附近。曹魏、西晋、北魏几个朝代王陵也大多选择在洛阳城附近的邙山上。[②] 洛阳邙山下建有世界上独一无二的古墓博物馆。

**第六类：文学文字、教育、科技、史学文化。**

（16）汉字文化。《说文解字》《世本》《淮南子》等都记载了仓颉受到鸟兽的足迹启发，分类别异，创造了汉字，被后人称为“造字圣人”[③]。仓颉曾经于洛汭之水拜受洛书。洛汭位于洛宁县境内，今洛宁兴华乡保存有仓

① 《盘活文化资源　繁荣文化产业——关于洛阳市文化产业发展情况的调研报告》，http：//news. lyd. com. cn/system/2014/11/27/010360042. shtml。

② 《洛阳历史名人墓》，http：//blog. sina. com. cn/s/blog_ 4a346f500101bqy6. html。

③ 刘帝：《汉字形体演变与发展》，《青年文学家》2017 年第 14 期。

颉造字台。仓颉把这种符号叫作“字”。“字圣”仓颉创造了中国最原始的象形文字，结束了华夏蒙昧时代。

（17）河洛名人文化。河洛地区文化名人灿若群星，其成就与贡献堪称人类文化宝库中的珍珠。洛阳市境内埋葬的文化名人众多，有商汤、伊尹、伯夷、叔齐、苌弘、苏秦、张仪、吕不韦、陈平、张良、樊哙、田横、贾谊、朱买臣、夏侯婴、邓禹、竺法兰、摄摩腾、班超、关羽、钟繇、王祥、张华、杜欲、石崇、尉迟恭、张说、狄仁杰、姚崇、颜真卿、杜审言、杜甫、白居易、孟郊，石守信、焦赞、吕蒙正、范仲淹、文彦博、富弼、邵雍、程颢、程颐、明王冕、福王朱常洵、王铎，等等。[①] 洛阳龙门东山白园，已经成为洛阳著名文化景点。

（18）河洛文学艺术。河洛文化是华夏的根文化，河洛文学艺术是其重要组成部分。《尚书》中不少散文作品，《诗经》中不少诗歌，都描绘了河洛地区的生产生活，代表着河洛文学的最初辉煌。虞初所著《周说》，被学界公认为小说的开山之作；虞初为洛阳人。另外在汉赋、唐诗和宋词中也有大量反映河洛生活的文学作品，这些文学作品及相关的文人志士一起铸就了河洛文学的辉煌。河洛地区的音乐、舞蹈、书法、绘画、雕塑、曲艺等极具个性，在华夏艺术园地占有重要地位，是我国民族文化艺术的重要发祥地。[②]

（19）史官文化及史学。与河洛地区在华夏重要的历史地位相适应，这里也有着极其丰富的史官文化，涌现了很多极具影响力的历史学家，诞生了许多史学巨著。作为史学巨著的《史记》，是司马迁在洛阳撰写的；《资治通鉴》的作者司马光居住地为今洛阳伊滨区司马村；班固、班昭兄妹在洛阳编撰《汉书》；《三国志》由陈寿在洛阳完成。这一切都说明了洛阳有着丰富的史官文化。

---

① 《洛阳历史名人墓葬》，http：//blog. sina. cn/dpool/blog/s/blog_ 63397d180102uwoq. html? vt =4。

② 《中华民族的“根”文化新改》，https：//www. docin. com/p －671330107. html? docfrom = rrela&ref =360。

（20）河洛科技文化。河洛文明也表现在河洛科技文化上，以河洛地区诸多的发明创造为代表。譬如河洛地区出土的旧石器时代的石器、新石器时代的陶器、二里头夏都的青铜器。进入文明社会之后，河洛地区代表性的科技发明有浑天仪（张衡）、地动仪（张衡）、“蔡侯纸”（蔡伦），龙骨水车（马均）、水转百戏（马均）、《脉经》（王叔和）、《制图六体》（裴秀）。唐代僧一行在河洛地区测子午线，元代郭守敬在河洛地区修建观星台。这些科技成果充分说明了河洛地区的科技成就。

（21）河洛教育文化。教育离不开文化，文化离不开教育，两者相辅相成，密不可分；教育是传播文化的途径和手段，文化通过教育得到提升和传承。河洛教育和河洛文化的关系也是如此，通过河洛教育，河洛文化才愈发厚重起来。尊师重教历来是河洛地区的优良传统，中国最早的“庙堂式大学”社在二里头夏都斟郡，世界上有迹可循的最早建立的国立大学是东汉时期洛阳建立的太学；同时期还设立有世界上最早的高等专科艺术学校鸿都门学；西晋时期太学之外，又增设国子学；隋代又设国子监，管理全国的学校，等同现今的国家教育管理机构——教育部；隋代开始的科举制度，诞生于洛阳；唐代武则天坐朝洛阳明堂，亲自殿试取士；武则天于洛阳又设武举；另外洛阳还有闻名天下的丽正书院和嵩阳书院。

**第七类：园林文化。**

（22）河洛园林文化。“天下名园重洛阳”。河洛地区作为历史上重要的文明发源地，很早就有人营建园林。学界一直认为最早的园林是吕不韦营建的洛阳南宫；东汉时期洛阳园林名噪一时，著名的有西苑、毕圭苑、濯龙园；魏晋时期的金谷园发生的故事历来脍炙人口；另外，北魏时期的华林园、隋唐时期的西苑、上阳宫、绿野堂、平泉庄、宋代的富郑公园、赵韩王园、仁丰园、独乐园、湖园等，都是园林中的经典。西苑、金谷园、上阳宫、独乐园等名字在今天的洛阳还很响亮。

**第八类：文物与非遗文化。**

（23）河洛文物古迹。河洛地区文物古迹富集。“若问古今兴废事，请君只看洛阳城。”洛阳市现有文物保护单位数量为：世界遗产 3 项 6 处，全国重点 51 处，省级 122 处，市县级 500 多处；不可移动文物点共计 8875 处。这些都是极为宝贵的文化遗产。①

（24）河洛非遗文化。洛阳作为重要文化发源地，文化厚重，历史遗迹犹如繁星散布于河洛大地，此外还有着数量惊人的非物质文化遗产；洛阳是全国第二个颁布非遗保护条例的社区地级市，目前拥有非遗项目数量为：国家级 8 项、省级 58 项、市级 135 项、县级 1057 项；拥有非遗传承人数量为：国家级 7 名、省级 67 名、市级 205 名、县级 400 多名；已建立了国家、省、市、县四级名录保护体系。②

国家级非遗文化主要有河图洛书传说、河洛大鼓、洛阳宫灯、唐三彩烧制技艺、洛阳水席（真不同）、洛阳平乐郭氏正骨、关公信俗、洛阳牡丹花会等。

省级非遗文化主要有洛神传说、玄奘传说、传统儿歌、邵雍传说、洛阳海神乐、河洛响器、嵩县大铜器、豫西舞狮、九莲灯、曹屯排鼓、竹马舞（苏羊竹马）、抬阁（东蔡庄高台故事、崇阳垛子）、背装（旧县背装）、木偶戏、洛阳曲子、通背拳、南无拳、转秋、杜康酿酒工艺、小街锅贴、银条种植栽培及烹饪技艺、烟云涧青铜器制作技艺、白马寺金银器制作技艺、洛阳铲锻造技艺、黛眉手织布工艺、黄河澄泥砚、孟津剪纸、洛阳面塑、刘井薛氏石刻、会圣宫石砚雕刻、李氏泥塑、洛宁竹编、象庄秦氏妇科、洛阳膏药（含杨氏沙园膏药、济世堂李占标膏药、聂麟郊膏药）、纯德堂口疮散、五更太平丸制备工艺、李楼李八先生妇科、灵山庙会、老君山庙会等。

以上八大类二十四个方面的文化资源属于各方公认的河洛文化重要资源，部分已经得到挖掘和整理，但还有很多处于散乱状态，或者说没有得到深入挖掘，目前掌握的资料比较粗浅。另外，河洛文化资源历来厚重，除了这二十四个方面的文化资源外，民间尚有大量文化资源亟待挖掘整理。

洛阳市乡镇公共文化建设中应大力挖掘和整理本乡镇（社区）河洛文

---

① 杨佩、雷耀勇：《留住城市的根与魄——省政协召开协商座谈会建言“城市建设中的文化遗产保护和利用”》，《协商论坛》2018 年第 10 期。

② 夏新锋：《洛阳城市文化建设研究》，华中师范大学 2012 年硕士学位论文。

化资源，结合洛阳乡镇公共文化建设，遴选适宜推广的文化资源。在挖掘和整理河洛文化资源时应把握以下原则。

其一，特别关注大家熟知的河洛文化资源，以上述二十四个方面的文化资源为主，但又不局限于这二十四个方面。这二十四个方面的河洛文化资源已经得到各方公认，应在深入挖掘的基础上做大做强，形成河洛文化优势品牌。

其二，关注有本村、本镇（社区）特色的文化资源，在遴选时应坚持一村一品，一镇一特色。只有结合本村、本镇特有的河洛文化资源，公共文化建设才有特色，才能真正形成品牌。

其三，注意其可视性，尽可能选择那些文字、图片、视频等资源，以便于展示和传承。

其四，要尽可能多地选择数字文化资源，以便共享和传播。非数字化资源，也要想办法转换成数字化资源，并和信息化建设结合起来，实现共享共用，以利于传承。数字化本身其实就是一种创新。

## 四　公共文化建设中河洛文化传承与创新设想和建议

### （一）河洛文化传承与创新基地建设设想

第一，利用好现有的公共文化场馆设施，公共场馆开设河洛文化专区。譬如图书馆设立河洛文化专库，城市书房设立河洛文化专架，文化馆设立河洛文化特色馆。

第二，借助“东方博物馆之都”建设，推进河洛文化特色博物馆建设；对已有的特色博物馆，譬如民俗博物馆、古墓博物馆、唐三彩艺术博物馆等，则要在“精、深、广”上下功夫，同时注重和旅游相融合，让游客在参与中传承河洛文化。

第三，建设“洛阳河洛文化园”，打造河洛文化主题园区。可依托洛浦公园，以雕塑、微型仿真景观等形式，囊括河洛文化二十四个方面资源，集中展示河洛文化；或者依托洛邑古城、河洛古镇，融合旅游，建设史前文化区、五大学说区、河洛民俗区、非遗文化区、姓氏文化区、河洛名人区等几大板块。

第四，借助“美丽乡村”建设，在基层综合文化中心建设有地方特色的河洛文化传承和创新基地。譬如，孟津可以依托龙马负图寺，整理卦沟村一带“河图”传说，建设以“河图”为特色的河洛文化传承和创新基地；洛宁在长水村一带借助“洛出书处”碑刻，整理“洛书”传说，建设以“洛书”为特色的河洛文化传承和创新基地。

要特别注意的是，为了便于河洛文化的传承和创新，在建设河洛文化传承和创新基地时，应集文化体验、文化教学和文化传播于一体，利用现代手段，增加趣味性、参与性，寓教于乐，让大家在体验中领悟河洛文化美、感知河洛文化味。如果能实现文旅融合，则更有利于河洛文化传承和创新基地的健康发展。

### （二）河洛文化传承和创新相关人才培养设想

河洛文化传承和创新最关键因素是人的因素，如果没有相应的人才，河洛文化传承和创新就是一句空话。对于河洛文化人才，有两类人才急需，一是专家型研究人才，二是普及型应用人才。专家型研究人才，需要依托高校或行业专门的研究机构，普及型人才则需要从高校文化类专业毕业生中遴选，或者对现有文化部门从业人员进行专门培训。具体来说可从以下几点做起。

第一，由市委、市政府出面，协调在洛三家高校和行业部门联合成立河洛文化相关研究机构，集中并壮大河洛文化研究专家队伍，分工合作，协同创新。洛阳师范学院 2002 年成立了河洛文化国际研究中心，2005 年该中心被批准为河南省第二批普通高等学校人文社会科学重点研究基地；河南科技大学 1995 年成立河洛文化研究所，2010 年更名为河洛文化研究中心，并成功申报洛阳市人文社科研究基地；洛阳理工学院依托人文学院的成立现有河洛文化与文献研究所；这三所高校河洛文化研究机构都有一定数量的专业人才。另外洛阳博物馆、洛阳文化馆、龙门石窟管委会等行业部门也有自己相应的研究机构和人员。洛阳市委、市政府可以作为联络人，组织这些河洛文化相关研究机构的研究人员，成立一个有分工又有合作的专业化河洛文化研究机构。

实际上洛阳市河洛文化研究工作领导小组早在 2013 年 7 月已经成立，时任市委副书记刘应安任组长，并于 7 月 17 日召开首次会议。随后洛阳市社科联合会分别联合洛阳三所高校河洛文化研究机构举办过不同主题的河洛文化相关学术会议，但还没有做过尝试将洛阳市各研究机构整合为一体。在当前大力推进建设洛阳文化强市背景下，联合起来做大做强专业研究队伍，更有必要，也更具时代意义。

第二，开展从业人员培训，扩大河洛文化普及型人才队伍。近几年随着公共文化服务体系建设，各乡镇及行政村都建立了综合性文化中心，也配备了相应的公共文化从业人员。这部分人员，是河洛文化传承和创新的中坚力量。存在的问题是，这部分从业人员专业化水平低，亟待加强培训指导。可以借助三所高校专业师资，对他们进行专业化培训。洛阳师范学院河洛文化国际研究中心依托历史文化学院，开设有“河洛文化概论”等河洛文化专业课程，另外还有河洛文化系列讲座，通过这些课程的学习，提高基层综合性文化中心从业人员专业化水平，促进河洛文化的传承和创新。

第三，选聘高校文化专业毕业生进入基层文化队伍。河洛文化传承和创新最好由专业人员来做，这样才能做得规范，才能更好地发挥河洛文化的魅力。专业的事情交给专业的人来做，是做事的规矩。洛阳可以选聘历史文化专业、公共文化专业毕业生到基层综合性文化活动中心，让他们作为从业人员来挖掘、整理、传承河洛文化资源，这会极大促进洛阳文化强市战略的实施。

第四，积极推进河洛文化进校园，进社区，进楼宇，不断增强河洛文化教育吸引力，通过河洛文化教育，在广大人民群众中普及河洛文化，同时吸引更多的人参与河洛文化传承和创新。这些人是潜在的河洛文化从业人员；在文化强市的战略中，需要大量的文化从业人员，也需要广大的市民成为河洛文化的宣传员，大力推进河洛文化教育。《河洛之光——中国古代美术欣赏》《河洛文化经典文学作品选读》《洛阳旅游地理》等都可以作为河洛文化教育的教材。

第五，举办“河洛文化名人”评选活动。每年评选一次“河洛文化名人”，对在河洛文化传承和创新有突出贡献的同志授予“河洛文化名人”荣誉称号，并给予一定奖励。通过评选先进，推动河洛文化传承和创新。“河洛文化名人”可以是河洛文化传承人，可以是河洛文化研究者，也可以是河洛文化推广者；通过评优，让优秀河洛文化工作者起到示范带动作用，推动河洛文化传承和创新。

### （三）建立河洛文化传承和创新长效机制

要想真正推动河洛文化的传承和创新，发挥河洛文化不朽的影响力，就必须构建河洛文化传承和创新的长效机制，不断丰富河洛文化传承和创新内涵，同时以内涵的丰富来增强河洛文化传承和创新的活力。河洛文化要想保持传承和创新活力，应从以下几方面做起。

第一，和科学研究结合起来，以研究促进河洛文化内容的创新。科学研究总是在前人的基础上不断发现新亮点，实现新突破，如果能和科学研究结合起来，河洛文化传承和创新就会一直处于创新之中。和科学研究相结合，就要求各河洛文化研究机构持续努力，政府也要加大对其投入，使研究内容更加丰富，更加深入。

第二，和技术革新结合起来，以技术促进河洛文化形式创新。技术的进步，会促进事物呈现一种新的形态。在数字化、信息化的今天，如果能实施“河洛文化数字化工程”，对一大批河洛文化进行数字化抢救保护，留下可以长久保存的数字资料，对河洛文化传承和创新会大有裨益，也会促进河洛文化形式的创新。

第三，和时代发展结合起来，赋予河洛文化新的生命力。社会在发展，时代在进步，河洛文化的传承和创新如果能和时代发展结合起来，就会赋予河洛文化新的生命力，使河洛文化以一种新的姿态呈现在世人面前。

第四，和社会服务结合起来，赋予河洛文化更大的影响力。传承和创新河洛文化的根本目的是更好地服务人类，如果能和社会服务结合起来，那么随着社会服务的不断变化，河洛文化传承和创新也会不断发展变化。

### （四）政府在河洛文化传承和创新中的角色定位

文化的传承和创新虽应有民间力量参与，但更多的是政府的事情，尤其是在国家大力发展建设公共文化服务体系的大背景下，文化的公益属性更为突出。政府在河洛文化传承和创新中永远是主角。

第一，政府是河洛文化传承和创新的组织者。文化的公益属性要求政府必须在河洛文化传承和创新中担任主角，搭建文化大平台，以文化育人，以文化惠民。其角色主要体现在每年提出河洛文化传承和创新规划，并组织实施；过程中监督，实施后验收、评价。让人担心的是，乡镇一级政府往往会对文化事业较为漠视，不能成为一个很好的组织者，这个时候就需要上一级政府以法律、法规的形式，规定政府组织者的行为。

第二，政府是河洛文化传承和创新的主要出资者。政府应每年在财政中按一定比例列支文化事业经费，并随着社会发展逐年提高文化事业经费所占比例。文化事业经费包含政府购买社会服务。

第三，政府是河洛文化传承和创新的参与者。政府虽然永远是河洛文化传承和创新中的主角，但绝对不是包办，某些时候反而要后退一步，选择默默静观。文化传承和创新有其特性，不是政府想怎样就能怎样，要尊重文化既有历史，尊重相关专家研究成果；在传承和创新过程中政府不仅要作为对话的组织者，而且应作为对话的参与者，但不可包办整个传承和创新，否则，政府的某些行为或许会导致传承和创新的死亡。

# B.7
# 洛阳历史文化名人资源保护与开发研究

牛卫东*

**摘　要：** 洛阳拥有丰富的历史文化名人资源，但整理研究及宣传力度不足，保护状况不佳，开发利用形式较为单一，和国内外兄弟城市相比有较大差距。为了提高城市经济和文化竞争力，洛阳应重视域内历史名人资源的保护与开发问题，在鼓励社会各方力量参与的基础上，进行资源的整合和深入研究，加大网络及新媒体宣传力度，并开展主题线路及精品园区建设等活动，以进一步树立洛阳“人文之城”城市形象，提升城市文化软实力水平。

**关键词：** 洛阳　历史文化名人　“人文之城”

洛阳，有“四面环山，六水并流；八关都邑，十省通衢”之称，历来为兵家必争之地，帝王建都之所。司马迁曾云“昔三代之居，皆在河洛之间”①。据考古发现，洛阳有3800年左右的建城史②，先后有十三个朝代在此建都，是中国建都时间最长、建都朝代最多的古城，是华夏文明形成的重要源头和主阵地。在历史发展中，洛阳凭借长时期为国家政治、经济和文化

---

* 牛卫东，河南科技大学副研究员，硕士，研究方向为古代文献。

① 司马迁：《史记》卷二十八，点校本《史记》修订组，中华书局，2013。

② 赵海涛：《揭开二里头遗址的面纱》，《人民日报》2019年10月19日；也可参见陈旭《偃师二里头遗址考古新发现的意义》，http://culture.people.com.cn/n1/2019/1019/c1013-31408830.html。

中心的地位，培育和吸引了众多思想家、学术巨擘及翰墨精英在此建功立业，为国家和民族发展做出了巨大的贡献。这些历史文化名人[①]赋予洛阳别样的人文内涵和浓郁的历史文化气息，是洛阳历史传统文化资源中的珍宝。

## 一 洛阳历史文化名人资源的概貌

自夏代开始一直到宋代，洛阳作为都城的时间跨度超过 3000 年，建都时间约 1300 年。在如此漫长时间段内，产生和培育了大量历史文化名人。这些历史名人数量巨大、功业卓著，在类型上涵盖思想、政治、军事、文学、书画、科技等各个领域。同时，除历史典籍中保存了大量历史名人文献资料外，目前洛阳各处尚存一批历史名人的墓园、碑刻、故里等实体物质遗存，具备较好的研究和开发基础。

### （一）洛阳历史名人数量多，历史成就较高

1927 年青年学会书局出版的《中国历代名人传略》中收录我国古代名人 403 人，其中洛阳历史名人为 41 人，占比 10%。武汉出版社出版的《影响中国历史的 100 名人（古代卷）》中收录洛阳历史名人 19 人，占比 19%。中州古籍出版社出版的《中州名人传略》收录河南籍古代名人 107 人，其中洛阳历史名人 34 人，占比 33%。又例如《全唐诗》中收录作者达 2200 余人，其中洛阳籍的诗人有 38 人[②③]，占比 1.76%。《洛阳历史名人》一书收录历史名人 103 人，《九都名人》一书著录古代洛阳历史名人 166 人。据笔者不完全统计，有明确史籍记录的、在某个领域有突出贡献的洛阳历史名人约为 150 名（不包括历代帝王）。可以看出，洛阳历史名人数量在国内城

① 本文中的洛阳历史名人为先秦至清洛阳籍或长期居洛或葬于洛的有史籍著录的在政治、思想、军事、学术、文学、医学、书画、科技发明等领域有突出成就和做出贡献的历史人物，其中不包括历代帝王。该文中的洛阳限定于今洛阳市所辖地域。

② 郎焕文：《〈全唐诗〉中的河南籍诗人》上，《安阳师专学报》1983 年第 3 期，第 126～130 页。

③ 郎焕文：《〈全唐诗〉中的河南籍诗人》下，《安阳师专学报》1983 年第 4 期，第 40～45 页。

市历史名人中占比较高。

除了数量较多外，洛阳历史名人历史成就较高，其贡献有力地推动了社会的进步和文化发展。如洛阳人伊尹。伊尹为商初杰出的思想家、政治家、军事家，曾助汤灭夏，官至宰相，因治国有方，世称贤相，后人称其为中国“第一名相”“帝王之师”。《尚书·君奭》云：“我闻在昔成汤既受命，时则有若伊尹，格于皇天。”《论语》曰“大贤唯有伊尹”。《孟子》云“伊尹相汤以王于天下”。同时伊尹还是民间的厨神，被誉为中国的“厨圣”。另如葬于偃师的伯夷、叔齐，商亡后不食周粟，隐居在洛阳东之首阳山，采薇而食，后饿死于此，成为传统思想中忠义的代表。如居于洛阳为周守藏史的老子，为我国古代伟大哲学家、思想家，所著《道德经》一书，为我国古代哲学扛鼎之作，奠定了道家理论根基。如本土文人贾谊，为西汉初期杰出的政治家、政论家和骚赋作家。其代表作《过秦论》《论积贮疏》《陈政事疏》（亦名《治安策》）等为政论佳作。毛泽东曾云：“《治安策》一文是西汉一代最好的政论，贾谊于南放归来著此，除论太子一节近于迂腐以外，全文切中当时事理，有一种颇好的气氛，值得一看。”① 其赋作《吊屈原赋》《鹏鸟赋》上承屈骚、下启汉赋，为散体大赋奠定了基础。贾谊去世时仅三十三岁，但才华杰出，被后世赞为“洛阳之才子”。如“诗圣”杜甫，生于巩县（现为巩义市），曾筑室偃师，死后葬于洛阳东偃师杜楼村。一代文豪杜甫作为伟大的现实主义诗人，其诗代表了我国古代现实主义诗歌的最高水平。如居于洛并葬于洛的另一位诗人白居易，自长庆四年移居洛阳，在洛生活二十二年，为中唐诗坛领军人物，发起中唐“新乐府”运动，开创了“新乐府”诗体，其诗通俗易懂，广为流传，当时“有井水处皆吟白诗”，其诗数量多、成就高，人称“诗豪”。如蔡邕，灵帝时曾入京东观校书，董卓当权时，曾被征召入洛，任左中郎将，后世称为“蔡中郎”，王允诛董卓后被杀。蔡邕为全才型的一流人物，是我国历史上著名的文学家、经史学家、藏书家、音乐家和书法家，对我国传统文化的发展贡献巨大。此外，众

① 《毛泽东书信选集》，中央文献出版社，2003，第 497 页。

多洛阳历史名人或开宗立派，或政绩卓著，或才学过人，或德行出众，他们名留史册，照耀后世。“洛阳才子”“汉魏文章半洛阳”“洛阳富才雄”之语都恰当表述出了洛阳历史名人数量之大、成就之辉煌。

## （二）洛阳历史名人历史成就较多集中于思想、政治、文学艺术、历史、宗教领域

首先，在我国历史上许多重大的思想文化事件与洛阳有着直接的关联，中国传统文化的主流思想框架大多在洛阳形成。公元前 1046 年，武王伐纣，西周建立，周公被封于鲁，但未就封，长期居住在洛阳，营造新都并制定宗法、礼乐制度，开后世儒学之源。东周时期，老子在洛阳任守藏史，著《道德经》，奠定了道家思想基础。北宋初著名理学家周敦颐、张载、程颢、程颐、邵雍，被并称“北宋五子”。其中程颐、程颢为洛阳伊川人，合称二程，创制了“伊洛理学”，为宋明理学发展奠定了基础；邵雍定居洛阳，其著《皇极经世书》，对理学的形成、发展起到了重要的推进作用。此外，明代洛阳人吕维祺、尤时熙、孟化鲤为当时著名的理学家，是王学北方学派的重要奠基人。

其次，洛阳名人中多名臣和政治家，他们以卓越的政治才能和高尚的道德节操流传后世。如周代政治家苌弘，忠于周王室，后被周敬王所杀，卒后葬于洛阳。为纪念他的忠义节操，后世流传有“苌弘化碧”的故事。如洛阳人苏秦，是战国时期与张仪齐名的纵横家，有头悬梁、锥刺股发愤读书的故事，曾游说燕、赵、韩、魏、齐、楚六国并力抗秦，挂六国相印。如西晋政治家杜预，富有政治才能，老百姓感其政绩，称其为“杜父”，卒后葬于洛。唐代狄仁杰、姚崇、宋璟、颜真卿、李德裕等众多名臣葬于洛，他们因忠贞、敢言直谏和政绩卓著闻名于世。如颜真卿为人忠贞刚烈，最后为朝廷杀身成仁。宋以后往往将他与范仲淹并提，称“颜范遗风”。宋代亦有一批洛阳名臣政绩突出，如赵普，勤于政事，多有谋略，曾有“半部《论语》治天下”之说。如富弼，历四朝，官至宰相，三封国公，为官清正，有“洛阳才子”之称，另有文彦博、范仲淹等在政治、军事领域均有突出成

就。朱熹曾誉范仲淹为“有史以来天地间第一流人物”。元明时期洛阳籍名臣有姚枢、刘健、王邦瑞等。对于姚枢之才，元世祖评曰：“如窦汉卿（即窦默）之心，姚公茂（即姚枢）之才，合而为一，斯可谓全人矣。”[①] 元太宗曾赐之锦衣金符。刘健官至内阁首辅，逾英宗、宪宗、孝宗、武宗四朝，勤于政务，敢于直言，处事果断。《明史》评曰：“其事业光明俊伟，明世辅臣鲜有比者”[②]“健学问深粹，正色敢言，以身任天下之重。”[③] 章太炎先生称其为中国六大儒相之一。

再次，在历史、宗教领域，洛阳名人亦多有成就和贡献。如史学家班固十六岁入洛阳太学，明帝召为校书郎，为兰台令史，撰写了我国第一部纪传体断代史《汉书》，其著书事业基本上是在京都洛阳进行的。如司马光，熙宁三年（1070 年）因与王安石政见不同，以端明殿学士出知永兴军，次年改判西京御史台，退居洛阳。次年，修建园林“独乐园”，专事著史，居洛十五年完成了史学巨著《资治通鉴》。如欧阳修，其《新唐书》和《新五代史》初稿也基本上是在洛阳编成的。如印度僧人迦叶摩腾和竺法兰，在洛阳白马寺合译四十二章经、佛本行经等大量佛经，卒后藏于洛，为佛教东传做出了巨大贡献。如洛阳本土佛学大师玄奘，为汉地佛教唯识宗创始人，贞观元年（627 年）西行印度求法，在印度那烂陀寺学习佛法十七年，达到了很高水平，被当时大乘行者誉为摩诃耶那提婆（Mahayanadeva），亦即“大乘天”，回国后长期从事翻译佛经的工作，翻译佛经 75 部，共 1335 卷，占整个唐代译经总数量的一半以上，为我国佛教发展史上里程碑式的人物。

再次，在文学领域，中国文学几种大的文体，如散文、小说的形成均与洛阳有直接的关联。老子于洛阳著《道德经》，开诸子散文先河，贾谊写出了最早的政论文和骚体赋，班固在洛阳创制了最早的五言诗。武帝时洛阳人虞初撰《周说》，被尊为小说家之祖。此外，洛阳历史上文学家的数量及成就是其他城市所无法企及的，他们谱写了我国古代文学史上最璀璨的华章。

---

① 宋濂：《元史》，中华书局，1974。

② 张廷玉等：《明史》，中华书局，1974。

③ 张廷玉等：《明史》，中华书局，1974。

如王充在此著《论衡》，张衡在此著《二京赋》。魏晋时期，长期在此活动的有“建安七子”、“竹林七贤”和“金谷二十四友”陆机、陆云，左思、潘岳等，陈寿在此撰《三国志》，杨衒之在此著《洛阳伽蓝记》，有“陆机入洛，声名鹊起”“左思撰《三都赋》，洛阳纸贵”等文坛佳话。又如唐朝诗人中洛阳诗人多如星辰，雄踞各个时期的诗坛。唐代三大诗人李白、杜甫、白居易均与洛阳有着深厚关系，杜甫、白居易长期居洛、葬于洛，李白曾游洛阳并与杜甫相会，有“双子会洛阳”的诗坛盛事。此外，有本土诗人刘长卿、李贺、孟郊、刘禹锡、元稹等，均为我国诗歌史上一流人物。如刘长卿，《唐诗归》将其列于中唐第一人。他的五绝，几乎篇篇可诵。李贺诗自成一家，被称“长吉体”。孟郊与贾岛齐名，人称“郊寒岛瘦”，有“诗囚”之称，是韩愈诗派重要人物，其名作《游子吟》千古传颂。元稹与白居易共同开创“元和体”，世称“元白”。北宋时期众多文学大家，如欧阳修、尹洙、梅尧臣等齐聚洛阳，开展了丰富多彩的文学活动，成就斐然，洛阳成为当时文坛中心。南宋时期洛阳处于金人统治下，当时流寓南方的洛阳籍文人，如陈与义、朱敦儒、曾几等仍为洛阳人文增色添光。陈与义创制诗歌“简斋体”，朱敦儒有“词俊”之名，曾几传承江西诗派，是南宋文坛的领军人物。明清时期，洛阳诞生的文学英才如姚遂、姚守中、李绿园等，在散文、诗歌、小说、方志等领域创造了骄人的业绩。

最后，在书画领域，洛阳历史名人亦有卓越的贡献。“中国书法主流书体除了小篆和古隶（古隶指隶书的早期表现形态，之后称为‘八分’，即成熟的隶书）外，其他均起源于洛阳。”① 众多开宗立派的一流大家与洛阳有着亲密的关系，其人员数量之多、成就之大，国内其他城市难以望其项背。如蔡邕，精篆、隶，创制“八分书”“飞白书”，书丹刻制六经之文《熹平石经》立于洛阳太学门前，为历代的隶书标准。此外，汉代在洛阳为官的张芝创立“一笔书”（今草）；洛阳籍书法家褚遂良②为“初唐四大书家”

① 《书法圣地说洛阳》，http：//lyrb. lyd. com. cn/html2/2019 - 04/19/content_ 198641. htm。

② 刘志清、康为民：《偃师古都文化论文集》，偃师古都学会，1997。

之一，楷书达到很高水平，人称“褚体”；葬于洛阳的钟繇、颜真卿分别为“楷书之祖”“颜体”的开创者，他们均是我国书法史上承前启后的人物。清代洛阳有本土书法家王铎，人称“神笔王铎”。启功先生赞其诗曰：“破阵声威四海闻，敢移旧句策殊勋。王侯笔力能扛鼎，五百年来无此君。”①《清史稿》评曰：“自明、清之际，工书者，河北以王铎、傅山为冠。”可以说，在中国书法的历史殿堂中，洛阳英杰占据其半，其数量和贡献为其他城市所难以媲美。在绘画领域，居洛“画圣”吴道子，善壁画，水平高超，有“吴带当风”之誉。此外，唐代卢鸿、北宋范坦、武宗元均为洛阳籍著名画家，卢鸿工山水，范坦善花鸟，武宗元擅长道释人物，三人在《宣和画谱》均有著录。

### （三）洛阳拥有较好名人资源保护开发基础

20 世纪 90 年代以来，随着地域文化研究热潮的兴起，河洛文化研究发展迅速。其中，历史名人的研究也产生了众多成果。相关专著有《中州名人传略》《河南历代作家小传》《河南籍著名文学家评传》《洛阳古代名人评传》《洛阳历史名人》《洛阳名人胜迹故事》《洛阳古代名人评传》《洛阳历代名人》《洛阳名人集选编》《偃师名人传略》等。此外，《洛阳晚报》《洛阳日报》自 2012 年起相继推出了“洛阳名人传”系列报道，介绍包括帝王在内洛阳历史名人 85 位，《洛阳历史名人》收录包括帝王名人 103 人。同时，《河洛文化通论》《洛阳通史》《河洛文化论纲》《河洛文化研究》《洛阳古今谈》《河洛文化纵横》《二程理学文化丛书》《伊川历史文化丛书》等书中对相关名人的生平、思想及贡献有较为深入的研究。再者，出现了一定数量的中原名人资源研究论文。如《中原历史名人与新世纪的中原》《论河南历史名人资源与旅游开发》《根文化视域中的河南历史名人》《河南历史名人文化资源产业化研究》等，文中对洛阳历史名人贡献与价值均有述及，对名人资源保护和开发有一定论述。

---

① 启功：《论书绝句一百首》，荣宝斋出版社，1995。

另外，洛阳各地目前有较多的历史名人墓地、故居、碑刻等实物。如偃师市东部化碧村（今偃师山化乡化村[①]）有苌弘墓，2003年8月在化碧村发现一通明朝万历四十三年（1615年）所立的周大夫苌弘墓碑，另一乾隆年间洛阳知府张汉立周大夫苌弘诗碑今藏偃师博物馆；2008年9月洛阳李楼乡村民在整修大渠时，发现一通刻于唐初的苏秦墓碑，文字为："武安君六国丞相苏公墓"，墓碑出土点位于市区东南4公里。据学者何汉儒《苏秦故里和苏秦墓初考》考证，苏秦墓在洛阳东郊李楼乡太平庄村南。[②] 此外，洛阳市东约20公里的偃师县南蔡庄大冢头村东有吕不韦墓，今保存完好；2009年4月在连霍高速扩建工地发现曹魏名将曹休墓；[③] 今白马寺山门外东南百米处留存有狄仁杰墓园；唐代政治家及文学家张说墓在伊川县吕店乡万安山南麓袁庄村，其墓志于1999年秋出土于此，为张九龄撰文，中书舍人梁升卿书丹，墓志盖顶篆书"唐赠太师燕文贞公张公墓志"。杜甫家族墓位于偃师市城关镇杜楼村的城关三中内；颜真卿墓在偃师山化村，两墓园墓碑今尚在。二程故里位于嵩县田湖镇程村，二程墓位于伊川县城西白虎山下，伊川书院位于伊川九皋山下鸣皋镇的伊川第四高级中学院内；邵雍卒后葬于伊川县平等乡伊水滨的紫荆山下，墓今尚存，有明清民国时重修碑记三方。邵雍故居又称邵雍祠堂，位于洛阳市城区洛阳桥南的安乐窝村，已有相关文物出土；范仲淹家族墓位于万安山南侧，今尚有完整墓园，附近有唐宋璟墓园。

除上述外，今洛阳市区及郊县还遗存有白居易墓、李德裕墓、石守信墓、吕蒙正墓、文彦博墓、富弼墓、班超墓、杜预墓、贾谊墓等。一些名人碑刻、祠堂、故里也有较多留存，如"孔子入周问礼处""周公庙""尹伊祠""杜康祠""关林""老子祠""二程故居""吕氏故居""玄奘故里""吕蒙正故里""李贺故里"等。

---

① 苌弘鲜血三年后化成碧玉，后人就苌弘葬处称为"山（三）化村"。

② 何汉儒：《苏秦故里和苏秦墓初考》，《河洛春秋》2001年第3期。

③ 墓葬后室出土1枚铜印，边长约2.0厘米、上篆书白文"曹休"二字成为确认墓主人身份的确切证据。

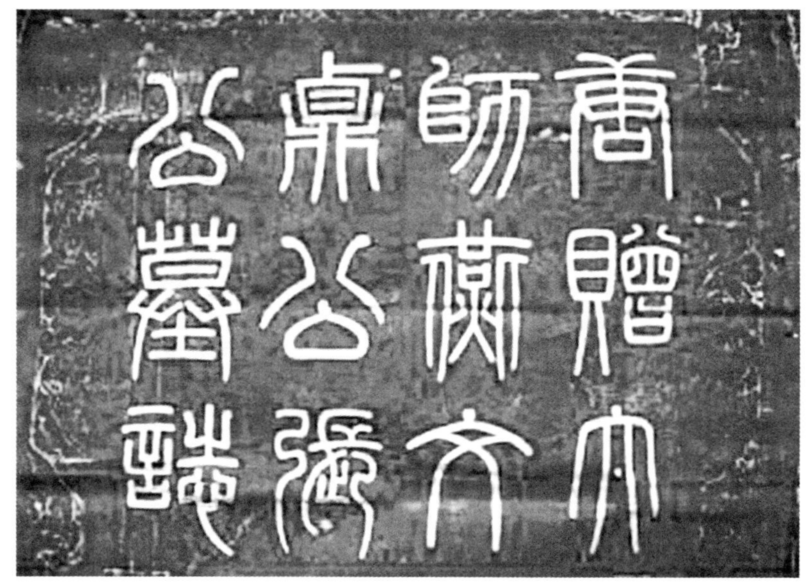


图 1　张说墓志盖顶

图 2　出土曹休铜印

## 二 洛阳历史名人资源保护和开发中存在的问题

近年来洛阳当地对历史名人故居、墓园等物质文化遗产给予了普遍的保护，基本消除了蓄意占用、破坏的现象。目前大量名人墓园和故里基本挂有省市县的文物保护匾牌。此外出现了一些新的名人纪念园区，如伊川的二程纪念园、偃师的玄奘纪念馆、吕蒙正纪念园、王铎碑刻馆等。可以看到洛阳在历史名人保护利用方面已经取得了初步成果，但工作中还存在一些问题与不足，与国内外城市相比存在一定差距。

### （一）缺乏全面规范的文献整理

近年来洛阳历史名人的资料收集整理成果有专著、报纸连载和网络文章等，专著有《九都名人》《洛阳历代名人》《洛阳古代名人评传》等，报刊有“洛阳名人”“洛阳古墓与名人”“洛阳书画名人”，网络资源有“河洛社区－漫步洛城”“人人网－洛阳历史名人榜”等。这些成果大多是按人作传，依所处朝代前后排列，内容包括生平介绍和功业评价。如《洛阳日报》的“洛阳名人”“洛阳古墓与名人”“洛阳近代书画名人”“洛阳古代典籍－名人名著”等专栏，收集人物较全，每一期约千字内容，对名人生平贡献有较好介绍。如《洛阳历史名人》[①] 一书收录出生于洛、长期在洛生活或为官者，包括历代定都于洛阳的帝王 103 人，一人一传，述其生平传说，收录广泛，叙述详细。其他成果面貌大致与此相同。这些成果由于收录标准不同，各自收录的名人数量不一，人物各异。但文中叙述较为通俗，普遍缺乏对人物基础资料，例如生卒、籍贯、家世、履历、历史评述、作品等的列举、引证。学界尚未在原始文献及研究资料的汇集方面进行更深入的工作。目前，对洛阳历史名人资料及作品在历代典籍中的记载、收录情况及相关研究书目还没有一个整体汇总。

① 《洛阳历史名人》，远方出版社，2004。

## （二）历史名人物质遗存保护与利用状况欠佳

历史变迁造成大量历史名人墓地、碑刻、故居和祠堂园林等遗迹的消失，目前的物质遗存弥足珍贵。但种种原因，目前对这些现存遗迹的保护状况堪忧。洛阳域内仍有一些墓园、碑刻等散落在地头、田间，缺少专门的场地保护。有的名人遗迹即使具有场地院所保护，但陈列、维护设施过于简陋，管理水平不佳。

如杜甫纪念场馆。大历五年（770 年）杜甫卒，客葬耒阳。之后其孙杜嗣业遵遗嘱将其归葬洛阳①，其墓现位于偃师市城关镇杜楼村的城关三中内。墓前原有很多碑碣，“文革”中大部分被毁。作为省文物保护单位，目前杜甫墓及附近的杜审言、杜预之墓没有独立的保护场所，三杜之墓的现状令人不安，简陋的杜甫墓尚有墓冢，而杜审言墓、杜预墓只存墓碑。此状况与其他地区的杜甫纪念场所相比，存在较大落差。如成都的“杜甫草堂”。安史之乱中杜甫曾客居四川，居于成都西门外浣花溪。今成都的“杜甫草堂”即是纪念杜甫在成都生活的园区。草堂占地面积近 300 亩，景点有大雅堂、诗史堂、工部祠、茅屋、花径、大廨等，园内环境幽静、亭台楼榭、草木扶疏。园区建筑结构宏大，布置精美，展示内容丰富多样。除有杜甫及历代诗人塑像外，还有杜甫行踪及诗歌展示栏目及长廊；其中，“茅屋”“大廨”建筑重现了杜甫当时居住、办公的场所。整个园区设计、装饰品位高雅，其“诗史堂”对联由叶恭绰先生补书，景点大门上匾额“大雅堂”为集颜真卿字。目前该园区已经成为国内外知名杜甫纪念景点，为国家 4A 级景区，年游客量达百万余人次。

如巩义“杜甫纪念馆”。公元 712 年杜甫生于河南巩县（今巩义市）南瑶湾村笔架山下。为纪念杜甫，1962 年河南巩义市建设有“杜甫纪念馆”，

① 唐朝诗人元稹《唐故检校工部员外郎杜君墓志铭》以及《旧唐书·杜甫传》《河南通志》等文献有杜甫归葬洛阳的记载。武后长安二年（702 年），杜审言葬杜并于洛阳建春门东五里，“杜并墓志铭”1919 年在洛出土，《芒洛冢墓遗文续补》一书有收录，李献奇、郭引强《洛阳新获墓志》有录文、考证。

2007 年在原址基础上按照国家 4A 标准重建了“杜甫故里纪念馆”，2012 年开馆。纪念馆位于巩义市区东 10 公里的站街镇南窑湾村。馆内现有诗圣桥、杜甫纪念馆（诗圣堂）、杜甫诞生窑、杜甫故居、杜甫塑像等，园区门前有郭沫若手书的“杜甫故里纪念馆”石碑和启功先生手书“诗圣碑林”匾牌。园区建筑为仿唐风格，建筑规划有序，整齐庄重。

**图 3　成都杜甫草堂**

**图 4　洛阳杜甫墓**[①]

① 《走遍大美洛阳》，http：//blog. sina. com. cn/s/blog_ 14ecfe7e40102whya. html。

**图5 洛阳杜预墓**[①]

**图6 巩义市杜甫故里**[②]

另如新安吕氏故居。新安吕氏家族为明清时期的中原地区大族，首位知名人物为吕维祺。吕维祺，字介孺，号豫石，学者称“明德先生”，官至南京兵部尚书，为明代著名理学家、教育家和诗文大家，明末以身殉国，加赠

① 《走遍大美洛阳》，http：//blog. sina. com. cn/s/blog_ 14ecfe7e40102whya. html。

② 《游巩义杜甫故里，缅怀“诗圣”》，https：//baijiahao. baidu. com/s? id = 1645262060991925473&wfr = spider&for = pc。

太傅，谥“忠节”，《明史》有传。自吕维祺开始，新安吕氏家族功名鼎盛，在清代为官者有40余人，有五世“七进士”之誉。故居现有“忠孝簪缨”“五世进士”两块匾额，见证了吕氏家族的辉煌。吕氏故居为康熙二十五年（1686年）政府嘉奖吕维祺忠节所建，今位于新安县铁门镇薛村。目前故居占地面积2250平方米[①]，有宅院四处和祠堂1处。仅南宅房屋就有10座，39间，北宅房屋10座26间[②]。目前故居建筑及装饰构件基本完整。祠西厢房墙壁上镶嵌有刻于清朝的“戒石”，即吕氏家族的家训：“传家两字曰：读与耕；兴家两字曰：俭与勤。”整个故居建筑群格局宏大，设计有序，构造精美。其祠堂为河南省重点文物保护单位，北宅为洛阳市重点文物保护单位。目前故居处于空置状态，但部分墙体已倒塌，园内较杂乱，建筑物周围多有断墙残垣，村口没有设置醒目导引标志和路线指引。[③]

**图7　吕氏故居[④]**

① 巴图：《游览新安县薛村吕氏家族故居，明清中原望族五世七进士》，https：//www. sohu. com/a/247224775_ 577116。

② 巴图：《游览新安县薛村吕氏家族故居，明清中原望族五世七进士》，https：//www. sohu. com/a/247224775_ 577116。

③ 巴图：《游览新安县薛村吕氏家族故居，明清中原望族五世七进士》，https：//www. sohu. com/a/247224775_ 577116。

④《河南新安薛村吕氏故居　一座历史和传说的名宅大院》，http：//www. 360doc. com/content/17/1230/09/35035541_ 717599306. shtml。

**图8　吕氏故居**

除上述的历史名人纪念园区外，洛阳还有一些名人故居、墓园等保护状况不容乐观，如白居易故居、颜真卿墓园、吕不韦墓地、石崇墓、钟繇墓、李德裕墓、王邦瑞墓等，均须进一步修缮、保护。可以看到洛阳虽有大量名人历史遗存，但缺乏足够重视。

## （三）宣传力度不足，开发利用形式较为单一

著名作家郁达夫有诗云："江山也要文人捧，堤柳而今尚姓苏。"① 历史名人作为传统文化资源之一，最能彰显一个地区、城市的精神品位和人文魅力。由于历史和经济实力等因素，长期以来洛阳对历史名人宣传力度不足，丰富的名人资源"养在深闺无人知"，没有充分发挥应有的作用和价值。长久以来，城市对外宣传内容主要是围绕古都、牡丹进行，较少出现以历史文化名人为主题的节目和活动。此外，洛阳有众多的展览馆、博物馆，但这些展馆中目前尚未有关于历史名人的专题展区。此外，迄今没有出现有关历史名人的官方专题网站。城市道路指示标牌中有关名人园区

① 出自郁达夫《乙亥夏日楼外楼坐雨》一诗，《郁达夫诗词抄》，浙江文艺出版社，1981。

的信息较少，如二程故居、吕氏故居、邵雍故居等，又如范仲淹、杜甫、颜真卿、苌弘、班超、吕不韦等名人墓园尚未出现于城市主干道的标志中。由于宣传不足，除专业人士外，当地民众对本地诸多历史名人遗址故里了解不多，外地游客则知之甚少。目前，虽然从市区到最远的园区也不过一个多小时的车程，即便节假日，众多的历史名人纪念园区、遗址内也是游人寥寥。

此外，洛阳对名人资源的利用、开发模式过于单一，基本以售卖参观门票为主。这种现象也是国内文化遗产保护利用中存在的一个普遍问题。在此种模式下，如果游客不足，所得收入很难弥补、支撑园区的保护、开发所需资金，致使资源保护利用无法良性循环。为解决此问题，国内外一些城市进行了探索，走出了新路。如英国的斯特拉夫德镇为文豪莎士比亚故乡，除了门票收入外，小镇遍布莎士比亚书店、咖啡馆、礼品店、餐馆等，镇子里建设有莎士比亚剧院，每天上演莎士比亚的戏剧，每年还有近两万名各地戏剧学生来此观看表演、学习，为小镇带来了可观收入，小镇的专业人士罗林森女士说："莎士比亚文化旅游已经成为小镇的重要经济支柱。"又例如伦敦的博物馆为免费开放，虽然国家设定了国家遗产彩票基金和政府直接拨款来补贴博物馆经济损失，但远不足以应付开支，为解决问题，博物馆开展了多种活动，利用各种方式创收。如制作各种精美画册、书籍和礼品等进行售卖。在科学博物馆，一本介绍该馆的精美画册售卖 10 英镑，一根马鞭和一包火山灰售卖 40 多英镑，将这些收益用于馆区运转，效果良好。国内的一些园区在此方面也有一些较好的举措，如成都武侯祠中设有大量相关的文化经营项目，售卖相关三国文化书册、礼品、书法作品等，园区附近建设有以三国文化为名的餐饮区，吸引了大量游客。洛阳相关单位应积极调研兄弟城市名人资源开发利用的模式和经验，实施相应举措，使大量的历史名人遗迹转变为现实的旅游资源，创造出较好的文化效益和经济效益。

## 三　洛阳历史文化名人资源的保护和开发思路

2019 中国旅游产业发展年会上评出“2018 中国旅游影响力城市 TOP10”，分别为：北京、杭州、成都、广州、苏州、西安、厦门、三亚、哈尔滨、长沙，洛阳榜上无名。另据统计，洛阳 2018 年全市接待游客 1.32 亿人次，旅游总收入 1145 亿元，年增长 6.2% 和 10%。2018 年成都实现旅游总收入 3712.6 亿元，年增长 22.4%。[①] 2018 年苏州市实现旅游总收入 2609 亿元，年增长 12%。[②] 可以看到，在国内旅游市场上，洛阳与兄弟城市之间有较大差距。重振精神进行赶超，是洛阳文化和旅游界必须思考面对的问题。

### （一）摸清家底，加大对历史名人资源整理、研究的深度和广度

由于历史名人的概念目前学界尚无一个统一、合理的标准，对名人所属地区的范围界定也有分歧，有的依据古代所辖，有的依据当今地域。此种现象造成地区历史名人整理各有自己的标准，面貌千姿百态。为解决此问题，需要进行以下几方面工作。

首先，组织专家、学者进行商讨，制定出一个合理的地区名人著录范围和方案。具体操作中可以以二十五史为基础，参照《辞海》、地方志、考古发现资料和现有研究成果进行分析讨论，并组织一个专门团队对域内名人历史遗存状况进行调查，形成一个全面的文字和图像资料。

其次，组织人员依据正史、书录、地方志等典籍对名人基本信息，如生卒年月、所在区域、履历、著述、作品、贡献进行收集整理，收集整理的范围不仅包括正式出版物，也要包括内部资料、口述史等。具体操作中尽量把

① 《成都公布 2018 年经济成绩单》，http://sc.sina.com.cn/news/b/2019-01-28/detail-ihqfskcp1187911.shtml。

② 苏州市统计局：《苏州市 2018 年国民经济和社会发展统计公报》，http://www.tjcn.org/tjgb/10js/36013.html。

文献记录、口述资料及传说分别记载，力求所获资料的真实性和严谨性，然后形成专门的资料汇编。对于一些重要、难以确定的学术问题，如人员籍贯、居洛时间，可组织专家调查、考证，坚持实事求是的原则，对难以考证的，则做存疑说明。

最后，组织、鼓励学者对域内著名历史人物进行深入研究。对于洛阳籍者可撰写人物评传，或对其著述、作品进行整理出版；居洛或葬洛者可对其在洛期间活动进行考述，对其居洛诗文、作品进行专题整理、评析等。如四川宜州组织编撰了“宜州历史名人诗文注评系列丛书”，包括《冯京诗文注评》《山谷宜州诗文注评》《霞客宜州游记注评》等，是宜州历史名人研究中的较好成果。洛阳历史名人中思想家、文学家数量较多，可以组织进行类似的研究，进一步丰富、充实洛阳历史文化遗产存在的形式与内涵。

### （二）利用各种路径，加大历史名人资源的推介力度

洛阳历史名人资源推介的主要载体目前主要为报刊、专著、网络旅游网站、博客等。前两种载体收录的相关内容较为齐全，但受众较小，后几种载体传播较快，但内容较少，质量参差不齐。为改变这种不足，可考虑采用以下几种方法。

首先，要重视电视媒体传播作用。电视目前仍为大多数家庭娱乐、信息获取的主要工具。我国的电视频道众多，受众广大，具有其他宣传工具不可比拟的优点。一些城市利用电视媒体进行景区宣传效果良好，受益较大，如敦煌莫高窟。近年来该景区制作了大量的优质电影、纪录片、专题采访节目，长期以来在国家、地方电视台轮番播出，其《千年敦煌》《敦煌莫高窟：美之全貌》等节目受到大众热烈追捧。《诗与远方——如梦敦煌》节目于 2018 年在中央电视台一套、四套黄金时间轮流播出，长达两个月，起到了很好的传播效果，大量观众奔赴景区参观，由于人数过多，景区不得不实行游览预约制。洛阳历史名人众多，许多名人具有很高的知名度，如老子、周公、二程、范仲淹、颜真卿、杜甫等，他们身上蕴藏着丰富的文化内涵，其行迹、贡献与洛阳有着直接的关联，可以制作大量的影视节目用于宣传和

推介。相关部门可与电视台联合制作单个名人或多个名人的专题宣传视频，也可参照国内“百家讲坛”的方式，邀请有关学者进行电视专题讲座。

其次，充分借助网络平台的传播力量。目前现代通信技术的发展使网络成为高效、快捷的信息传播载体。国内许多地区的名人资源已在广泛利用网络方式进行宣传推广。如绍兴市在不同的网络平台上对地区历史名人进行了广泛推介。绍兴文化广电管理局网站上设置有“绍兴印象”栏目，栏目下设有“名家名仕”，介绍了绍兴 14 个历史名人，每个名人下有生平事迹介绍。此外，绍兴市旅游集团在其官方网站“绍兴旅游信息网”下设立有“古城绍兴”栏目，内容有：古城介绍、绍兴名人等二级栏目。“绍兴名人”中介绍了 96 位绍兴历史名人，① 对每个名人的生平、功业、著作、故里、陵园位置、历史记载等都有详细的介绍。此外，绍兴重要的名人园区建设有自己的官网，如“鲁迅故里”，其网站内容丰富，功能齐全，设有“虚拟游”，可以进行 3D 视频全景观看，网站有在线 QQ 客服及微博，可供咨询。当今洛阳域内各级政府网站应尽快设置专门栏目，宣传、介绍本地区的历史名人，文旅部门应该建设专门的历史人文宣传网站，推出相关资源及配套的信息和服务，方便民众信息的获取。

### （三）建设主题线路，打造精品园区

洛阳历史名人资源数量较多，其历史遗存散落于各区县的乡村、地头，缺乏互联交通路线。同时众多的历史名人故里、墓园和纪念场馆的保护利用水平与国内其他城市相比，存在较大的差距。为改变这种现象，推进该领域工作有较大进步，目前洛阳可考虑建设主题线路，进行连片式保护开发，打造若干精品园区，形成文化品牌。

首先，根据历史名人所在区域及所属类型，进行资源整合，规划建设不同主题旅游线路。例如，对于资源较多的偃师、伊川、孟津，可推出“县域历史名人一日游”。也可依据名人类型，推出某一方面的“专题游”。如

---

① 见绍兴市旅游集团官网，http：//www. shaoxingtour. cn/article/pop。

依据颜真卿墓、钟繇墓、王铎故居、林东郊故居、新安铁门“千唐志斋”、龙门，推出“洛阳书法历史文化专线”；结合杜甫家族墓、李贺故里、三山元好问故居、龙门白居易墓园等推出“洛阳古代诗歌文化一日游”；依据范仲淹墓园、宋璟墓园，姚崇墓，苌弘墓、吕蒙正故里、颜真卿墓、李德裕墓、吕氏故居等，推出“洛阳名臣专题线路”；依据伊川邵雍故居、司马光故居、富弼墓等，建设“宋代洛阳文人交游文化主题游”。依据龙门石窟、白马寺、偃师玄奘故里建设“洛阳佛教文化专线”。此外，可以与洛阳附近地区如巩义县、新郑、荥阳等以及国内其他地区名人纪念园区进行合作，共同构建专题文化线路。

其次，建设精品园区，打造知名品牌。挖掘和保持名人旅游资源的生命力要着眼于旅游资源的本质特性，即吸引力上，而吸引力的创造依赖高品质园区的建设。在目前地方财力有限的情况下，打造一些精品工程，形成文化品牌，是增加地区名人资源的知名度与吸引力的一个较好途径。在具体实施中，应注意几个问题。

第一，选择合适名人对象、构建优美的园区环境，营造良好的游览体验。可选择本地区知名度较高、物质遗存较多的人物，如二程、范仲淹、杜甫、颜真卿、李贺等，以保障园区具有较大影响力。同时在设计伊始应树立生态优先的原则，把园区内部之美和周围村落、山川环境保护纳入同等重要地位。如绍兴的鲁迅故里，内壁庭院栽竹叠石，花木扶疏，外部仿建有廊桥、乌篷船舫等，充满江南水乡意境。如“杜甫草堂”，身处闹市，但周围环境幽静，园内假山凉亭，竹石错落，小溪淙淙。洛阳在建设园区时应结合名人自身特点和所在区域情况，推出富有特色的建筑和庭院设计风格，并采用先进的现代化的声光技术和设备，给游客提供高质量的参观环境和服务体验。

第二，广泛采用网络和新媒体服务。随着通信技术进步，网上虚拟游逐渐成为一种新的游览方式。一个高水平的园区必须有高质量的数字网络服务支撑。其中，官网搭建尤其重要。园区网站应该有足够多的展示内容，除了景区介绍、人物资料、参观路线、价格等基本信息外，还应有名人著作、研究文献等资源展示。如重庆名人馆网站设立有“名人研究书讯”板块，做到了馆藏与社会相关研究同步。在服务项目中网站上除有预约、咨询服务外，应有微信、微博、景区的链接及全景图、虚拟游视频等，还应设置新闻报道等实时信息，配备多种语言的界面和在线客服，方便游客获取信息。

第三，营造文化氛围，建立文化品牌。精品园区的建设须考虑文化艺术氛围的营造，可与学术研究单位和社团机构合作，举办学术研讨会、名人纪念会、征文比赛、作品展示等活动，赋予园区更多的文化学术特色。此外，可设计制作园区纪念品、纪念币、徽章、人像雕刻品、名人手迹、字画墨宝等，还可联合其他单位开发名人标牌的产品，出版发行图籍、音像制品等。目前洛阳制作了大型实景史诗剧《武则天》，受到了市民及游客的欢迎。在名人园区文化品牌的打造中，可依此思路，与影视部门联合制作、出品有关洛阳历史名人的影视剧目，建立文化品牌，塑造高水平的园区文化形象。

## 四 结语

2018 年、2019 年《中国最具特色旅游城市排行榜》中洛阳分别位居第六、第二。可以看到，在大众眼中洛阳具有明显的特色旅游优势。毋庸置疑，此优势显然来自其悠久的历史文化积淀。而目前，“牡丹花城”资源的延展度有限，“古都”内涵的继续挖掘在很大程度上要依赖考古发现的推进。而丰厚的历史名人资源宛如一块未开垦的处女地，蕴藏着巨大的开发潜力，是呈现、传达城市历史文化的一大载体，若宣传、利用得当，将成为洛阳的又一张文化名片。同时，该资源独有的化育人心、陶冶品德的功效也将对城市精神品位的提升和文化软实力的增强做出贡献。

目前洛阳历史名人资源保护利用中虽然存在一定不足和问题，但也要看到近年来该项工作已在不断向前推进，取得了一些可喜的成绩。如大部分的名人墓园、故里已不存在被蓄意侵占、破坏的现象，基本已被围起、保护。一些县域的名人故里已经有较好的推介和开发。如孟津县政府网站上辟有“魅力孟津”专栏，其中有“旅游景区”“地名故事”页面，专门对名人遗迹、故事，如光武陵、王铎故居、韩愈居洛等有较多介绍。此外，孟津旅游局推出“魅力孟津”、孟津旅游专题网站，有“王铎故居”“光武陵”的3D全景漫游。另外，“王铎故居”中陈列和出售有较多的王铎研究书籍、拓片，给纪念园区带来了较好的文化气息。

## 参考文献


[1] 徐松辑、高敏点校《河南志》，中华书局，1994。

[2] 龚嵩林、汪坚：《洛阳县志》，（清）乾隆十年（1745）刊本。

[3] 刘景向：《民国十八年河南新志》，中州古籍出版社，1990。

[4] 孙星衍：《偃师县志》，乾隆间刊本。

[5] 张剑：《洛阳出土墓志研究文集》，朝华出版社，2002。

[6] 赵君平、赵文成：《河洛墓刻拾零》，北京图书馆出版社，2007。

[7] 赵君平：《邙洛碑志三百种》，中华书局，2004。

[8] 隋唐五代墓志汇编编辑委员会：《隋唐五代墓志汇编·洛阳卷》，天津古籍出版社，1991。

[9] 韩石萍：《洛阳考古集成·隋唐五代宋卷》，北京图书馆出版社，2005。

[10] 赵万里：《汉魏南北朝墓志集释》，广西师范大学出版社，2008。

[11] 杨作龙等：《洛阳新出土墓志释录》，北京图书馆出版社，2004。

[12] 刘连通：《洛阳新获七朝墓志》，中华书局，2012。

[13] 河南省洛阳市地方史志编纂委员会：《洛阳市志·文物志》，中州古籍出版社，1995。

[14] 李健人：《洛阳古今谈》，史学研究社，1936。

[15] 孟令俊：《河洛文化纵横》，中州古籍出版社，1993。

[16] 任崇岳、罗义德、晁萍：《河南历史名人》，河南人民出版社，1992。

[17] 王兴亚：《河南历史名人籍里研究》，中州古籍出版社，2002。

[18] 任克礼、葛纪谦、王兴亚：《中州名人传略》，中州古籍出版社，1999。

[19] 贾天运等：《洛阳古代名人评传》，作家出版社，2008。

[20] 周民、王文超等：《九都名人》，中国科学文化出版社，2001。

[21] 刘志清：《杜甫与偃师》，三秦出版社，2005。

[22] 刘志清、康为民：《偃师古都文化论文集》，偃师古都学会，1997。

[23] 曾枣庄：《杜甫在四川》，四川人民出版社，1983。

[24] 李敏修著，申畅等校补《中州艺文录校补》，中州古籍出版社，1995。

[25] 李振刚、郑贞富：《洛阳通史》，中州古籍出版社，2001。

[26] 薛瑞泽：《河洛文化研究》，民族出版社，2007。

[27] 康仙舟、高献中、王西明：《洛阳地名探源》，人民交通出版社，1996。

[28] 郭绍林：《隋唐洛阳》，三秦出版社，2006。

[29] 蔚华萍：《历史名人文化在河北省文化旅游发展中的开发与利用》，《河北科技师范学院学报》（社会科学版）2010 年第 3 期。

[30] 刘广锐：《论河南历史名人资源与旅游开发》，《科技经济市场》2007 年第 3 期。

[31] 段亚芳：《河南旅游产业与文化产业融合发展研究》，《当代旅游》2017 年第 15 期。

[32] 范东升：《河南历史名人资源纠纷探究》，华中师范大学 2012 年硕士学位论文。

[33] 张斌：《河南省历史名人文化与旅游产业融合发展研究》，《创新科技》2016 年第 9 期。

**B**.8

# 豫西北联动发展的人文优势与历史文化资源研究

朱宇强*

**摘　要：** 历史上，洛阳市及豫西北各地市在政治、经济、文化、社会等方面有着紧密联系，具有地缘相连、人缘亲善、文脉融通的优势。结合豫西北各地市的文化发展现状、人文优势与区域历史联系，以及历史文化资源的内在联系，分析了区域文化协同发展的突出问题，提出推动联动发展的对策与建议。抓住战略机遇，统筹区域文化发展战略；发挥洛阳副中心城市作用，推动区域高质量发展；促进区域文化融合，推动文化协同发展，文化协同发展助力区域联动发展；借助科技力量，实现创新驱动发展。

**关键词：** 豫西北　区域文化　联动发展

党的十九大报告提出，实施区域协调发展战略，“建立更加有效的区域协调发展新机制”①。为贯彻落实党中央的重大决策部署，2016 年河南省第十次党代会提出，构建区域协调发展新格局，坚持分类引导，推动各地向心发展、错位发展、互动发展，形成多点支撑带动全面发展的局面。洛阳在河

* 朱宇强，洛阳理工学院马克思主义学院讲师，博士，主要研究方向为环境史、区域史。

① 习近平：《决胜全面建成小康社会　夺取新时代中国特色社会主义伟大胜利——在中国共产党第十九次全国代表大会上的报告》，人民出版社，2017，第 33 页。

南省区域协调发展的新格局中被赋予全国重要的现代装备制造业基地、国际文化旅游名城的重要战略地位。同时，提出豫西北各市与洛阳联动发展，形成带动全省经济发展新的增长极。

2019 年 9 月 18 日，习近平总书记在黄河流域生态保护和高质量发展座谈会上的讲话中强调，推动黄河流域高质量发展，要统筹推进各项工作，加强系统配合，共同抓好大保护，协同推进大治理。黄河流域高质量发展，既要从黄河各地区的实际出发，因地制宜，探索富有地域特色的高质量发展新路子，同时也要系统地、整体地、系统地进行保护、治理，创新协调跨区域保护、治理、发展的体制机制。

党的十九届四中全会报告在深刻总结、概括中国特色社会主义制度和国家治理体系的历史成就、显著优势的基础上，对进一步坚持和完善中国特色社会主义制度、推进国家治理体系和实现治理能力现代化提出了总体要求和发展方向，并做出了工作部署。构建区域系统发展新机制，形成主体功能明显、优势互补、高质量发展的区域经济布局是坚持和完善社会主义基本经济制度、加快完善社会主义市场经济体制的重要内容。

为贯彻落实习近平总书记视察河南重要讲话和党的十九届四中全会精神，中共河南省委十届十次会议审议通过了《中共河南省委关于深入学习贯彻习近平总书记视察河南重要讲话和党的十九届四中全会精神谱写新时代中原更加出彩绚丽篇章的意见》（简称《意见》）和会议决议。《意见》决定充分运用中部地区崛起和黄河流域生态保护和高质量发展两大国家战略带来的重大机遇，打造“中心带动、多点联动、县域支撑、全域开放”的区域发展新格局，健全区域协同发展机制，引导各地优势互补、错位发展，是实现河南高质量发展的重要举措。会议进一步强调，支持洛阳高质量发展，支持洛阳中原城市群副中心城市建设，规划建设洛阳都市圈，与郑州大都市区形成引领河南发展的“双引擎”。

## 一　引言

城市的发展需要不断地从周围环境中获取各种物质和能量，与周围的其他城市、城镇、乡村有着密切的联系。城市无论大小，都有其政治、经济、社会、文化的辐射范围。城市与城市之间以及城市与区域之间，构成有机的整体。在这个有机整体中，以某个城市为中心，形成辐射周围地区的城镇空间形态，就是都市圈（Urban Field，Urban Sphere of Influence）①。都市圈是我国新型城镇化的重要空间形态。都市圈的各城市、城市群之间分工协作、协同联动、协调发展有助于促进区域经济增长，推动市场一体化，提高政务服务、公共服务、基础设施效能，改善民生，创新社会治理，实现生态环境共治等。洛阳都市圈以中原经济区副中心城市洛阳为核心，规划辐射带动平顶山、三门峡、济源等豫西北各市为主体的西部转型创新发展示范区一体化发展，同时增强对陕东、晋东南地区的带动发展。

区域经济协同发展与区域文化之间有着密切的联系。马克斯·韦伯在《新教伦理与资本主义精神》一书中系统地阐述了经济发展与文化、理性精神之间的关系，认为文化是促进经济发展的最重要因素，新制度学派强调经济增长与文化变迁、道德信念传播之间的相互作用；道格拉斯·诺思更是将文化（意识形态）作为经济发展的两大制度因素之一来进行研究。惯例、习俗、传统、文化等不仅在宏观层面上对资源配置、经济制度等起着重要的支持作用，而且在微观层面上也深刻地影响着生产者、消费者、经营者等的经济决策和经济活动。②

马克思主义经典作家对文化与经济发展有精辟的论述。1894 年，恩格斯在写给瓦·博尔吉乌斯的信中提道："政治、法、哲学、宗教、文学、艺术等等的发展是以经济发展为基础的。但是，它们又都互相作用并对经济基础发生作用。"③ 包括文化在内的上层建筑并非只是消极的，而是与经济及其他上层建筑相互作用的。国内学者对经济发展与文化之间的关系多持这样的辩证观点，认为经济与文化之间相互影响、相互制约、相互作用。也有学者认为，对经济发展起关键作用的是教育、卫生、科学技术等，而道德观

---

① 姜乃力：《现代城市地理研究》，辽宁大学出版社，2005，第 159 页。

② 高波、张志鹏：《文化与经济发展：一个文献评述》，《江海学刊》2004 年第 1 期。

③ 《马克思恩格斯选集》第 4 卷，人民出版社，2012，第 649 页。

念、价值观及其他广义的文化所起的作用相对较小。①

近年来，随着区域经济协同发展越来越受到关注，经济发展与区域文化之间的关系，特别是区域文化对经济一体化、区域协调发展的作用，区域文化融合、文化产业协同发展、区域文化软实力提升等问题成为研究热点。2009年，陈柳等系统地分析、论述了区域文化对长三角经济一体化的作用，认为只有优性文化才能促进经济一体化，政府在推动区域优性文化融合方面起关键作用。② 京津冀三地文化联系紧密，文化产业、文化事业较为发达。自2011年起，三地开始谋划文化领域的协同发展战略。2014年，京津冀协同发展被上升为国家战略，三地文化协同发展是这一战略的重要组成部分。学者们聚焦于京津冀文化协同发展的理论与实践，形成了一系列丰硕的成果。③ 21世纪初，国内学者从城市旅游产业的角度开展都市圈文化融合的研究，着重探讨了旅游城市规模体系、都市圈旅游空间结构与机制、都市圈旅游空间关系等问题。④

2003年，时任浙江省委书记习近平提出了浙江依托优势改革发展的“八八战略”，“进一步发挥浙江人文优势，加快建设文化大省”是其中的重要内容之一。“人文优势”是浙江文化建设的重要基础，是浙江经济又快又好发展的深层原因。习近平总书记关于文化建设、文化自信的讲话精神，浙江、北京、天津等文化强省和文化强市的先进经验，以及既有的研究成果对豫西北各地市在联动发展中挖掘人文优势、历史资源，充分发挥区域文化融合对经济协同发展的促进作用，具有重要指导意义和参考、借鉴价值。

洛阳都市圈辐射的豫西北平顶山、三门峡、济源等以及晋东南、陕东地区在历史时期与中心城市洛阳的联系非常密切。各地市、各地区地缘相连、人缘亲善、文脉融通，均属于河洛文化地区（河洛文化圈）⑤。改革开放后，

① 何频：《论区域经济发展中的文化生产力》，四川大学2007年博士学位论文。

② 陈柳、于明超、刘志彪：《长三角的区域文化融合与经济一体化》，《中国软科学》2009年第11期，第53~63页。

③ 任亮、孔伟：《京津冀文化协同治理体系的结构、特征及策略》，《河北学刊》2019年第6期，第180~184页。

④ 侯兵：《区域文化旅游空间整合的理论与实践探索》，中国轻工业出版社，2014，第31~35页。

⑤ 朱绍侯：《河洛文化与河洛人、客家人》，《文史知识》1994年第3期，第40页。

豫西北各地市、各地区在经济联系方面日益加深。豫西北联动发展战略、洛阳都市圈战略先后提出后，区域联动发展由经济层面扩展至政治、社会、生态、文化等各个层面。区域协同发展按下了快进键。但需要注意的是，在重视显性的经济协同效应的同时，不能忽视区域文化协同发展的作用。加拿大经济学家彼得·凯林早在 1985 年基于全球合资企业的调查就提出，经济合作出现问题，只有 30% 的原因是出在技术、资金或者战略方面，而 70% 的原因则与跨文化相关。[①] 充分发挥人文优势，充分挖掘历史文化资源，实现豫西北各地市文化协同发展，不仅能够促进区域经济更好地协同发展，更能够在深层次的价值取向、利益攸关、目标统一方面促进区域整体的融合，真正实现区域的协调发展。

## 二　豫西北各地市文化发展现状

豫西北各市与洛阳联动发展，共同构成洛阳都市圈，涉及的地市主要有平顶山、三门峡、济源，以及在地缘上相近的焦作、汝州市等地（各地情况见表 1），进而辐射到晋东南的晋城、运城，陕东的渭南、商洛等地。仅就豫西北各地市和焦作、汝州市来说，区域经济社会和文化发展已取得了较大成效。

**表 1　豫西北各地市人口、生产总值状况（2018 年）**

| 地名 | 总人口（万人） | 常住人口（万人） | 城镇人口（万人） | 城镇化率（%） | 地区生产总值（亿元） |
|---|---|---|---|---|---|
| 洛阳市 | 714 | 689 | 397 | 57.6 | 4640.78 |
| 平顶山市 | 553 | 503 | 271 | 54.0 | 2135.23 |
| 三门峡市 | 231 | 227 | 128 | 56.3 | 1528.12 |
| 济源市 | 71 | 73 | 46 | 62.4 | 641.84 |
| 焦作市 | 377 | 359 | 213 | 59.4 | 2371.50 |
| 汝州市 | 110 | 97 | 46 | 47.2 | 468.02 |

资料来源：《河南统计年鉴 2019》。

① 范征编著《合资经营与跨文化管理》，上海外语教育出版社，1993，第 12 页。

截至2018年，洛阳市城镇化率达到来了57.6%，超过河南省平均城镇化率5.9个百分点，但与省内的郑州相比仍然较低，与2025年常住人口城镇化率突破70%的目标尚有距离。省内其他地市中，济源、焦作城镇化率相对较高，省直管县汝州市相对较低，但在省各直管县中仍属相对较高。

洛阳与联动发展的各地市总人口2056万，占当年河南省总人口的18.9%；城镇总人口1101万，占当年河南城镇总人口的22.2%，平均城镇化率56.2%，超过当年河南省平均城镇化率4.5个百分点。相对较多的城镇人口和相对较高的城镇化率是促进文化产业协同发展、实现区域文化融合的基础。

**表2　豫西北各地市文化及相关产业规模以上企业状况（2017年）**

| 指标 | 洛阳市 | 平顶山市 | 三门峡市 | 济源市 | 焦作市 | 汝州市 |
|---|---|---|---|---|---|---|
| 企业总数(个) | 318 | 195 | 70 | 31 | 107 | 67 |
| 文化制造业企业总数 | 71 | 48 | 8 | 5 | 48 | 20 |
| 文化批零业企业总数 | 74 | 47 | 21 | 3 | 26 | 9 |
| 文化服务业企业总数 | 173 | 100 | 41 | 23 | 33 | 38 |
| 营业总收入(万元) | 3163519 | 1635880 | 371506 | 91626 | 2581453 | 607481 |
| 文化制造业营业收入 | 1745922 | 1187750 | 288756 | 41623 | 2429353 | 484753 |
| 文化批零业营业收入 | 274371 | 151917 | 48053 | 19065 | 38133 | 34375 |
| 文化服务业营业收入 | 1143226 | 296214 | 34697 | 30938 | 113966 | 88353 |
| 从业人数(人) | 45433 | 24019 | 3967 | 1815 | 30817 | 3974 |
| 文化制造业从业人数 | 17706 | 8753 | 1545 | 419 | 25243 | 2073 |
| 文化批零业从业人数 | 3460 | 2426 | 625 | 100 | 789 | 323 |
| 文化服务业从业人数 | 24267 | 12840 | 1797 | 1296 | 4785 | 1578 |

资料来源：《河南统计年鉴2019》。

洛阳市文化及相关产业规模以上企业总数占当年（2017年）洛阳市企业总数的5.8%，其中新闻出版发行、广播电视电影、文化艺术、文化信息传输、文化创意和设计、文化休闲娱乐等文化服务业的企业总数最多，占到54.4%。这些企业的从业人员也最多，但营业总收入比文化制造业要少，企业资产规模也小于文化制造业，文化产品的利润率也相对较低。

横向相比，2017年洛阳市与省内文化资源大市的郑州、开封比较，文化及相关产业规模以上企业的个数、从业人员数（期末）、资产总值、营业总收入等均低于郑州市，而高于开封市。但企业利润总值仅为开封市文化及相关产业规模以上企业的54.6%。洛阳市与郑州市两市的文化制造业、文化批零业上规模企业数量相差不多，但企业资产总值、营业收入和利润总额相差较大，郑州均在洛阳2倍及以上。两市的文化服务业上规模企业数量、资产总值、营业收入相差在2倍左右，企业利润总额相差近4倍。这说明，洛阳市的文化及相关产业有极大的发展空间。

豫西北其他地市及洛阳都市圈辐射的省内焦作、汝州市等文化及相关产业上规模企业与地区经济发展相适应。除焦作市外，其他各地市企业数量、从业人数均以文化服务业为最多。除济源市外，规模以上企业数量均在50个以上，从业人员超过3500人，营业总收入在35亿元以上，具有较好的发展基础。包括洛阳在内，豫西北各地市及焦作、汝州市文化及相关产业上规模企业数量占当年河南省相关企业总量的23.0%，从业人数占河南省相关企业总人数的22.1%，企业营业收入占河南省相关企业营业总收入的23.3%（见表3）。

**表3　豫西北各地市文化事业发展状况（2018年）**

| 指标 | 洛阳市 | 平顶山市 | 三门峡市 | 济源市 | 焦作市 | 汝州市 |
|---|---|---|---|---|---|---|
| 文化体育与传媒公共预算支出(亿元) | 8.82 | 3.23 | 2.78 | 1.20 | 3.02 | 0.16 |
| 占一般公共预算支出比例(%) | 1.5 | 0.9 | 1.1 | 1.7 | 1.1 | 0.3 |
| 全国重点文物保护单位(个) | 43 | 25 | 10 | 7 | 27 | 7 |
| 省文物保护单位(个) | 122 | 38 | 45 | 21 | 105 | 14 |
| 公共图书馆(座) | 17 | 9 | 7 | 1 | 8 | 1 |
| 图书总藏量(万册) | 380.67 | 186.4 | 158.27 | 63.95 | 150.30 | 13.46 |
| 博物馆(座) | 69 | 13 | 6 | 1 | 9 | 2 |
| 文化馆(座) | 17 | 12 | 7 | 1 | 11 | 1 |
| 艺术表演团队(个) | 139 | 70 | 6 | 1 | 7 | 1 |
| 广播覆盖率(%) | 97.76 | 98.92 | 97.61 | 100 | 99.9 | 80.0 |
| 电视覆盖率(%) | 98.1 | 97.87 | 98.15 | 100 | 99.6 | 99.92 |

资料来源：《河南统计年鉴2019》《洛阳统计年鉴（2018）》《平顶山统计年鉴（2018）》《三门峡统计年鉴（2018）》《济源统计年鉴（2018）》《焦作统计年鉴（2018）》《汝州统计年鉴（2018）》。

豫西北各地市以及焦作、汝州市的历史文化资源丰富，近年来各地市文化体育与传媒类公共预算支出增长较快，文化事业发展较好。截至 2018 年底，各地市被评为全国重点文物保护单位 119 处，占全省总数的 33.2%；公共图书馆 43 个，占全省总数的 26.9%；博物馆 100 个，占全省总数的 29.9%；文化馆、群艺馆 49 个，占全省总数的 23.8%。广播、电视覆盖率基本均在 97% 以上。

文化与旅游融合的思想提出较早，并在实践中不断地拓展其内涵。2018 年 3 月 13 日，全国人大审议通过国务院机构改革方案，文化部与旅游局合并为文化和旅游部，文旅融合实现了制度层面的确立。文化产业、文化事业与旅游产业相融合是区域文化融合发展的重要途径。豫西北各地市及焦作、汝州市旅游业发展基本情况如表 4。

**表 4　豫西北各地市旅游业发展状况（2018 年）**

| 地名 | 接待国内外游客(亿人次) | 接待入境游客（万人次） | 旅游总收入（亿元） | 国际国内旅行社(家) | 4A 级以上景区(处) |
|---|---|---|---|---|---|
| 洛阳市 | 1.32 | 141.3 | 1148.43 | 93 | 28 |
| 平顶山市 | 0.49 | 3.08 | 259.3 | — | 8 |
| 三门峡市 | 0.43 | 11.23 | 371.9 | 46 | 14 |
| 济源市 | 0.14 | 1.30 | 65.95 | 19 | 5 |
| 焦作市 | 0.53 | 37.9 | 433.5 | 95 | 4 |
| 汝州市 | 0.04 | — | 6.22 | — | 1 |

资料来源：《2018 年洛阳市国民经济和社会发展统计公报》《2018 年平顶山市国民经济和社会发展统计公报》《2018 年三门峡市国民经济和社会发展统计公报》《2018 年济源市国民经济和社会发展统计公报》《2018 年焦作市国民经济和社会发展统计公报》《2018 年汝州市国民经济和社会发展统计公报》。

注：为便于比较，“接待国内外游客”单位统一为“亿人次”。

截至 2018 年底，洛阳市接待国内外游客数量占全省接待量的 16.8%，包括洛阳在内的各地市接待量占全省总量的 37.5%，占比较高。洛阳市当年旅游总收入占全省总收入的 14.1%，包括洛阳在内的各地市旅游总收入占全省总收入的 28.1%。洛阳市拥有 4A 级以上景区占全省 4A 级以上景区总数的 15.7%，包括洛阳在内的各地市拥有 4A 级以上景区占全省总数的

33.7%。除此之外，洛阳市拥有世界文化遗产3项6处，其中遗产点汉魏洛阳城遗址、隋唐洛阳城定鼎门遗址、新安汉函谷关遗址与三门峡市的崤函古道石壕段遗址同属于“丝绸之路：长安－天山廊道的路网”。洛阳市拥有国家级非物质文化遗产项目8个，焦作拥有国家级非物质文化遗产项目13个，在各地市中相对较多。豫西北各地市及焦作、汝州市共有国家级非物质文化遗产项目31个，占河南省总量113个的27.4%。旅游文化资源非常丰富。省委、省政府对洛阳市提出新的要求，至2025年接待国内外游客人数和收入占全省比重均应超过20%。洛阳市与豫西北各地市及焦作、汝州市依靠区域人文优势与深厚的历史文化，实现区域文化协同发展，有助于更好地实现副中心城市建设目标。

文化产业、文化事业以及旅游产业的发展与居民收入、支出等情况有密切的联系（见表5）。

**表5　豫西北各地市居民家庭收入、支出状况（2018年）**

单位：人民币元

| 项目 | 洛阳市 | 平顶山市 | 三门峡市 | 济源市 | 焦作市 | 汝州市 |
|---|---|---|---|---|---|---|
| 居民家庭人均可支配收入 | 24882 | 22153 | 21953 | 26808 | 24890 | 21556 |
| 居民家庭人均生活消费支出 | 17992 | 13644 | 15556 | 18466 | 18588 | 11586 |
| 城镇居民家庭人均可支配收入 | 35935 | 32084 | 29822 | 33307 | 31499 | 28508 |
| 城镇居民家庭生活人均消费支出 | 25115 | 20311 | 20949 | 23014 | 23290 | 18015 |
| 城镇居民家庭教育及文化娱乐人均消费支出 | 3060 | 1935 | 2491 | 3692 | 2554 | 1867 |
| 农村居民家庭人均可支配收入 | 13637 | 13298 | 14262 | 18446 | 17629 | 16882 |
| 农村居民家庭生活人均消费支出 | 10745 | 7699 | 10285 | 12846 | 13422 | 7265 |
| 农村居民家庭教育及文化娱乐人均消费支出 | 1095 | 758 | 1225 | 1401 | 1196 | 748 |

资料来源：《河南统计年鉴2019》。

2018 年，除省直管县汝州市外，其他各地市居民人均可支配收入、居民人均消费支出、城镇居民人均消费支出均接近或超过河南省平均水平。各地市城镇居民人均可支配收入、农村居民人均可支配收入均接近或超过全省平均水平。农村居民人均消费支出中，平顶山、汝州市相对较低，其他各地市均接近或超过全省平均水平。洛阳市城镇居民人均消费支出中，教育及文化娱乐类消费占比为 12.2%；其他各地市也普遍超过 10%，其中济源市相对较高，达到 16.0%。洛阳市农村居民人均消费支出中，教育及文化娱乐类消费占比为 10.2%；其他各地市均在 10% 左右，焦作市相对较低，为 8.9%；总体上来说，各地市农村居民人均教育及文化娱乐类消费支出数额较少，有较大的潜力。从需求层次理论的角度来讲，一定程度的食品、衣着、居住等物质经济基础是文化娱乐消费的前提。从个体角度讲，文化消费除了与可支配收入相关外，还与职业、教育程度、消费习惯等有一定的关系。区域人口结构与居民文化娱乐消费支出有一定的关联。2016 年，文化部、财政部确定了第一批国家文化消费试点城市，洛阳市是河南省唯一入选城市。南京大学国家文化产业研究中心顾江、车树林利用 Logistic 扩散模型对 26 个国家文化消费试点城市城镇居民文化消费的面板数据进行实证检验，认为收入因素是影响城镇居民文化消费水平的重要因素，“只有不断提高城镇居民的收入水平，尤其是消费支出水平”，才能提高城镇居民文化消费能力，激发“文化产业发展的‘内生动力’，实现文化产业繁荣发展”①。

## 三　豫西北各地市的历史联系与人文优势

洛阳与豫西北各地市及焦作、汝州市在历史上关系密切，地缘相接、地脉相通、文化同源、人文相亲相近。豫西北各地市联动发展，以及与晋东南、陕东地区共同构成都市圈既符合这一地区发展的传统区位优势，也是河

① 车树林、顾江：《收入和城市化对城镇居民文化消费的影响——来自首批 26 个国家文化消费试点城市的证据》，《山东大学学报》（哲学社会科学版）2018 年第 1 期。

南省区域协同发展的内在要求。

从文化根源上来说，洛阳与平顶山、三门峡、济源以及焦作、汝州市等具有深厚的历史文化渊源与人文优势，同属于河洛文化圈。河洛文化是起源于河洛地区的区域性文化，是中华文明的源头文化、根文化。自改革开放以来，随着文化研究潮流的兴起，“河洛文化”成为经久不衰的热点话题。学者们从“河洛文化”的定义、内涵、外延出发，对“河洛地区”提出了不同的见解。总体上说，“河洛文化”是海内外华人的精神归宿，河洛地区的范围大致为西至豫陕晋三省交界处，东达郑州、荥阳一带，北抵太行山南麓，南跨伏牛山脉南北，是以洛阳为中心，周围大致三百公里而形成的河洛文化圈。薛瑞泽教授着眼于经济、文化研究，在前人讨论的基础上，将河洛地区界定为：“东至郑州、中牟一带，西界华阴、潼关一线，南以汝河、颍河上游的伏牛山脉为界，北以汾水以南的晋东南和河南的济源、沁阳一线为界。”[①] 涵盖了豫西北各地市、焦作、汝州市和晋东南、陕东地区。

从地缘地脉上来说，豫西北各地市同处于一个地理单元，与晋东南、陕东具有过渡性联系。豫西北各地市共同位于我国地形上的第二阶梯与第三阶梯之间的过渡地带，秦岭山脉的支脉邙山、小秦岭、崤山、熊耳山、伏牛山、嵩山等以及太行山脉西南段尾闾部分，自西向东横亘在各地市地区之间。各山脉向西均延伸至陕东、晋东南一带。秦岭支脉伏牛山是黄河、长江流域的分水岭，也是中国南北气候带的分界岭。山脉南北两侧的气候条件有一定的差异，同时表现出一定的过渡性。伏牛山脉的支脉嵩山，是伏牛山脉的东北延伸部分，地势相对较低，多丘陵、低山，并逐步向平原地带过渡。太行山西南尾闾的晋东南、焦作、济源等，同属于太行山脉及向黄河河谷的过渡地带，虽然有群山之隔，但亦有诸多孔道相联系。黄河是一道天然的屏障，但自古以来，并没有完全隔绝南北两岸的交流与沟通。单纯从自然地理的角度来讲，山脉绵延、气候带的更迭等都不是一条十分清晰的线，况且人类社会活动更不会限于高山大川。

---

① 薛瑞泽：《汉唐间河洛地区经济研究》，陕西人民出版社，2001，第7页。

从经济发展、人文特性上来说，不同的历史时期，豫西北各地市交流频繁，“性格”相似，融合较好。《禹贡》“豫州”包括了中牟以西以至今豫西北地区，这一地区在先秦时期便有着密切的联系，经济制度、社会文化等方面具有较高的同质性。而在《山海经》《史记·货殖列传》《禹贡》等先秦和秦汉地域相关记载中，伏牛山以南、中牟以东等地区与豫西北地区在文化上有着较为明显的差异。洛阳市与焦作市、济源市看似有黄河天堑相隔绝，但历史上两地交往非常密切。周武王孟津会盟、晋武帝造河桥、北魏南下洛阳、修造河阳三城等都体现了这种沟通与联系。在经济上，黄河两岸联系更为紧密，洛阳与焦作、济源等在盐、铁、煤炭以及粮食、副食、衣料、牲畜、军需等物资方面有直接的交流，相互供给、互通有无。

从历史地理变迁与区域联系发展来说，豫西北各地市及晋东南、陕东联系紧密，曾为一体。《史记·货殖列传》对“三河”有一个共性的概括：“昔唐人都河东，殷人都河内，周人都河南。夫三河在天下之中，若鼎足，王者所更居也，建国各数百千岁，土地小狭，民人众，都国诸侯所聚会，故其俗纤俭习事”。汉代，河南、河东、河内逐渐成为行政区划，设置郡县。河南郡统辖范围大致包括今洛阳市部分地区、郑州市及新乡市的一小部分；河内郡统辖范围大致包括今焦作市、济源市、新乡市、鹤壁市和安阳市的一部分；河东郡统辖范围主要为山西南部地区。“三河”与以长安为中心的“三辅”地区同属于汉代的京畿之地。而夹在“三河”与“三辅”之间的弘农郡，起着沟通、联系及缓冲的作用，与河南郡的关系密切。弘农郡统辖范围大致相当于今三门峡市、洛阳市部分地区、南阳市部分地区以及陕西省商洛市的部分地区。三代更都，豫西北地区是华夏文明的发源地之一。先秦时期，各地区在政治、经济、文化、社会、人文等各方面就有着紧密的联系。

先秦时期豫西北、晋东南、陕东一带是全国政治、经济的核心区域。夏商周都曾以这一区域作为都城选址，三代文化遗存富集于此。如代表夏王朝时期的襄汾陶寺文化遗址和洛阳二里头文化遗址，其核心区域在晋东南地区的临汾、运城盆地及其附近一带；二里头文化则在伊洛河盆地及其附近地区。代表商王朝早期的商城遗址，位于偃师市城关镇。商代中后期，王都由偃师迁移到郑州。商王朝晚期，又定都于洹河流域。周初，周公营建洛邑，重新将王朝的重心之一布局在洛阳地区。三代都城在豫西北及其附近地区轮转、迁徙，与这一地区在经济、文化、社会等方面的同质性密切相关。

秦汉时期豫西北、晋东南、陕东同属重要的畿辅之地。秦及西汉时期，这一地区不仅在经济上为都城长安（咸阳）提供了充足的粮食、衣料等物资，并且是关中地区的重要安全屏障，拱卫都城。四郡在经济功能、政治功能、军事功能上具有同一性。东汉时期，洛阳成为都城，这一地区的重要性更为突出。弘农、河东、河内、河南诸郡将都城洛阳环绕包围，既提供城市需要的各种物资，为城市的重要腹地，同时拱卫都城的安全。东汉初年，邓禹认为："河内被山带河，足以为固，其土地富贵，殷之旧都，公之有此，犹高祖之有关中也。"

魏晋南北朝时期豫西北、晋东南、陕东地区军事功能突出。魏晋时期，为增强都城洛阳的实际控制力，设置了司隶校尉，实质统辖三辅、三河诸郡。洛阳对豫西北地区及晋东南地区的辐射能力进一步增强。北魏迁都洛阳后，仍设立司州，领河南尹、荥阳郡等 19 郡，辖区面积广阔。其中襄城郡大致相当于今平顶山、汝州市。虽然这样的设置带有军事色彩，但自古以来汝水一线的梁、郏、襄城等就是洛阳东南向的重要门户，联系密切。

隋唐时期豫西北、晋东南、陕东地区的区域格局基本定型。隋统一中国后，先后在洛阳设置了东京尚书省、河南道行台省等。隋炀帝即位后，再次改革地方行政设置，将州改为郡，郡下设县，并以洛阳为都，设置了河南郡，基本上相当于今洛阳市、三门峡市和郑州市的部分地区。唐初，置总管府，领洛、郑等九州，基本上相当于今洛阳市、三门峡市和平顶山市。武德九年，唐太宗即位，改洛州为都督府，领洛、怀、郑、汝四州，大致相当于今洛阳市、焦作市、济源市、平顶山市、汝州市和郑州市部分地区。直至贞观十三年，洛州都督府才基本回归隋朝的领县范围，主要包括今洛阳市、郑州市的部分地区。高宗即位，置东都于洛阳后，又将怀州的河阳、济源、温、王屋等县划归洛州。开元元年，唐玄宗将洛州改为河南府。至天宝十一年，河南府领 26 县，相当于今洛阳市、济源市、焦作市、郑州市、三门峡市、平顶山市、汝州市的全部或部分地区。以洛阳为核心，区域协调发展的格局基本形成。

隋炀帝开凿大运河，从关东、江南等地区为洛阳、长安提供物资。但自古漕运受黄河三门天险的影响，运力有限。为此，开皇三年（583 年），隋文帝诏于“蒲、陕、虢、熊、伊、洛、郑、怀、邵、卫、汴、许、汝等水次十三州，置募运米丁。又于卫州置黎阳仓，洛州置河阳仓，陕州置常平仓，华州置广通仓，转相灌注”。这些重要的水次之州和粮仓，多数在今豫西北地区的各地市范围内。这说明在隋唐时期，一方面豫西北各地市的政治、经济、文化交流非常密切，另一方面运河也进一步加强了豫西北各地市的联系。唐代前期，沿用隋制，豫西北地区黄河一线设置诸仓，并以东都洛阳为中心。

宋代以后豫西北地区区域发展延续。北宋时期，以洛阳为西京，置河南府，统辖范围大致相当于今洛阳市及郑州市的部分地区。河南府与孟州、怀州、汝州、陕州、虢州等邻近地区关系密切。金代基本延续了北宋的区划设置。元代以行省为地方最高行政区划，行省下辖路、府、州、军、县等。今豫西北各地市中的洛阳市、三门峡市、平顶山市、汝州市分属河南江北行省的河南府路和南阳府，焦作市、济源市属中书省的怀庆路。明代，现代行政区划的雏形基本形成，豫西北地区分属河南下之怀庆府、河南府和汝州。但三者的关系非常密切，例如河南布政使司之河南分守道辖河南府和汝州，按察使司之河南分巡道驻地在汝州等。清代延续明制，分河南府为河南府和陕州，今豫西北各地市大致分属于怀庆府、河南府、陕州和汝州。但联系依然非常密切，例如，河南设置河陕分道，驻地在陕州，下辖河南府、陕州和汝州，说明豫西北各地市在经济、政治、文化等方面的联系紧密。

## 四　豫西北各地市的历史文化资源挖掘

1. 早期文化遗址、遗存

河洛地区是中华文明的发源地之一。豫西北各地市及焦作、汝州市境内分布着大量人类早期文化遗址、遗存。以三门峡渑池县仰韶文化遗址、洛阳偃师市二里头文化遗址和二里头夏都遗址为核心，前后延展，串联各地市地区早期文化遗址、遗存和神话传说，形成中华文明孕育、诞生的全景展现，突出中原文化是华夏文明之根、中华文化之源的地位。

2. 历史文化名城、名镇、名村

历史文化名城、名镇、名村是延续城市文脉，保护、传承、弘扬中华优秀传统文化的重要载体。在加快洛阳副中心城市建设、推动洛阳都市圈建设的进程中，豫西北各地市和地区国家级、省级历史文化名城、名镇、名村具有提纲挈领、带动发展的重要作用。以国家历史文化名城洛阳市、河南省历史文化名城济源市为中心，国家与河南省历史文化名镇郏县冢头镇、新安县铁门镇、济源市轵城镇、灵宝市函谷关镇、宝丰县大营镇、宝丰县商酒务镇等为重要枢纽，以国家与河南省历史文化名村、名街区宝丰县李庄乡翟集村、郏县茨芭镇山头赵村、郏县李口乡张店村、郏县薛店镇下宫村、郏县薛店镇冢王村、郏县堂街镇临沣寨（村）、陕州区西张村镇庙上村、修武县西村乡双庙村、修武县云台山镇一斗水村等共同形成历史文化重要地区。历史文化名城、名镇、名村和街区示范引领、辐射带动其他城市、乡镇、村、街区，充分挖掘历史文化资源，形成融合发展的效应。

3. 传统民居、院落、会馆等

各类传统文化建筑是历史文化资源的直接载体，是豫西北各地市及地区人文优势的直观体现。从数量上来说，明清时期以后留存下来的传统民居、院落、会馆等相对较多。以三门峡陕州区庙上村、北营村等为代表的地坑院是豫西、晋东南、陕西等地传统窑院民居的特殊形态。山西运城、陕西三原等地同样具有典型的地坑院民居。在豫西北的黄土丘陵、黄土台地地区具有基本完整的窑洞、窑院民居谱系。

平顶山郏县堂街镇的临沣寨是典型的中原堡寨式传统民居，又具有豫西北地区的独特特征。豫西北多山地，临沣寨寨墙和房屋建筑等多就地取材，采用附近山石构筑。豫西北其他各地市地区也有堡寨式传统民居院落，也多就地取材，以石料为主。自晋东南至焦作、济源至洛阳、汝州、平顶山，自陕东至三门峡至洛阳再向东至郑州，自古以来，豫西北、晋东南、陕东地区各地市就地处南北、东西的交通要道上，兵家必争。清末以至近代的战乱时期，各村落、宅院安全保卫功能十分重要，临沣寨等豫西北堡寨的军事防御特点普遍较为突出。

明清时期中国传统商品经济发展较快，商人、商帮和商业资本开始兴起。明末清初，在河南的一些商业城镇出现了会馆。会馆是同乡商人客寓他地而自发组织建立的商业组织。豫西北各地市地区现存会馆以晋、陕商人会馆为主。洛阳关林既是朝拜、祭祀关羽之处，也因晋商信奉关羽而成为商业聚集之地。洛阳的山陕会馆、潞泽会馆在豫西北地区规模较大。以三者为中心，辐射联系郏县山陕会馆、汝州关帝庙、洛宁县山陕会馆、宜阳县山西夫子以及各地市地区的关帝庙等共同构成万里茶道、商道或关公信俗。此外，明清时期，今焦作市、济源市的怀商规模庞大，在全国各地兴建了较多的怀帮会馆。

4. 寺庙道观、文庙、石窟

洛阳是历史上重要的政治、经济、文化中心，各种宗教、思想、文化荟萃于此。因此，各种寺庙道观、文庙、石窟等不仅数量众多，而且具有深厚的历史文化积累。以八批全国重点文物保护单位中的龙门石窟、汝州风穴寺、沁阳天宁寺、陕州区安国寺、济源大明寺等46处寺庙道观、文庙、石窟等为主体，挖掘其中所蕴含的历史文化资源。

5. 道路、桥梁、关隘、津渡

洛阳地区为天下之中，“纳贡职，道里均”。宋代以前，洛阳为全国中心城市，四方辐辏；宋代以后，洛阳依然是全国重要的交通枢纽，豫西北各地市地区均处于交通要道之上。因此，道路、桥梁、关隘、津渡等相关的历史文化资源丰富。洛阳市新安县汉函谷关遗址、三门峡陕州区崤函古道石壕段遗址、焦作和济源的太行陉与轵关陉、白鹤渡口等是突出的代表。

6. 山川文化

豫西北地区多山地、河流，黄河从中横贯而过。如前所述，境内太行山、嵩山、伏牛山、小秦岭等历史文化遗迹丰富，文化积淀深厚。这些山脉既是豫西北地区重要的自然地理标识，也是重要的人文优势符号。挖掘山脉的历史文化资源，探究山脉之间的文化联系，可为相关旅游文化产业提供更为丰富的内容。洛河、伊河、汝河、沁河、弘农涧河等均发源于豫西北山地中，同样具有厚重的历史文化。黄河区域内最大的河流，也是洛河、伊河、沁河、弘农涧河等河流的干流。在黄河流域生态保护和高质量发展的国家战略下，挖掘黄河流域历史文化资源具有重要的意义。黄河不仅是沿黄各地市的河流，也是一条文化的河流。黄河文化辐射范围广泛，河南非沿黄地区也属于黄河文化区域。

7. 姓氏、名人文化

河洛地区是中华文明的发源地之一，也是众多姓氏的发源地，根脉深植。落叶归根，中华儿女有问祖寻源的情结；慎祖追宗，中华儿女有缅怀历史时期思想巨匠、文学大家、爱国英杰、民族英雄等的传统。豫西北各地市及焦作、汝州市等非常重视姓氏文化、历史名人文化以及与之相关联的客家文化、寻根文化的研究、挖掘、保护、传承。姓氏、名人文化是各地市共同的文化财富，需要共同弘扬、发展。

8. 民俗文化与非物质文化遗产

豫西北各地市既有共同的黄河文化、河洛文化等，又有各自地区不同的文化、亚文化。其中一些优秀的传统文化、民俗文化具有强大的生命力，至今依然活跃于现代社会，成为人们共同的非物质文化遗产。这些非物质文化遗产具有鲜明的区域特色，但又不是孤立的，与其他地市地区文化相互交流和交融。

9. 红色文化

豫西北地区红色文化资源十分丰富，中原地区第一个党组织——中共洛阳组就诞生于洛阳。豫西北各地市地区的红色文化以及各爱国主义教育基地、廉政教育基地等同样存在更好联合，以形成协同效应的问题。如，红二十五军长征途经的平顶山、洛阳、三门峡各县，三门峡渑池兵站与洛阳洛八办，三门峡水利枢纽与小浪底水利枢纽，以及新中国成立后工业遗产等。

## 五　豫西北各地市发挥人文优势，推动区域文化协同发展的对策建议

豫西北各地市拥有深厚的历史文化积淀、丰富的历史文化资源、突出的人文优势、融通的区域文脉。充分挖掘历史文化资源，充分发挥人文优势，加快区域文化协同发展，对推进区域联动发展，共同构建洛阳都市圈，高质量完成省委、省政府对豫西北地区、洛阳市、豫西北各地市及焦作、汝州市的战略要求具有重要意义。

洛阳市及豫西北各地市在联动发展方面已取得较大成就，但在区域文化协同发展方面还存在以下较为突出的问题。

其一，中心城市洛阳的区域文化首位优势不够突出。

从历年河南省、洛阳市相关统计数据及河南省社会科学院年度《河南省区域文化竞争力分析评价报告》来看，洛阳市文化事业的公共文化基础设施、公共文化产品供给、公共文化资金投入、文化遗产保护利用等项目在全省排名靠前，部分指标居全省首位。文化产业竞争力指标下的资金投入、产业规模、文化消费、品牌培育、集聚发展等项目在全省排名第二或处在前列。整体上，2017～2018 年洛阳在全省文化事业排名第二，文化产业竞争力排名第三，人才队伍建设排名第五，综合排名全省第二。[①] 洛阳的综合排名虽然比较靠前，但与前后的开封、焦作、南阳、平顶山等的测评得分差距小于与郑州的差距。都市圈中心城市辐射范围与城市经济、文化实力有密切的关系。文化竞争力强，才能对区域文化发展产生足够的驱动作用，真正发挥“双引擎”的功能。

其二，区域文化发展不平衡，发展质量须进一步提高。

根据上述分析，一方面，豫西北地区各地市及焦作、汝州市文化产业、

---

① 河南省社会科学院课题组：《2017～2018 年河南省区域文化竞争力分析评价报告》，《河南文化发展报告（2019）》，社会科学文献出版社，2019，第 59～65 页。

文化事业、旅游业虽已取得较大发展成就，人民对美好文化生活的需求不断得到满足，区域文化软实力、文化竞争力不断得到提高。另一方面，各地市文化事业发展不够均衡，文化产业普遍偏弱，缺乏规模、效益、创新能力较强的龙头企业。城乡居民人均可支配收入不高，文化娱乐消费支出比例相对较低。洛阳文化事业发展较好，多项指标排名全省前列；部分地市博物馆、文化馆、公共图书馆及其藏书量相对较少。文化产业多以文化产品制造业为主，附加值相对较高的文化服务业、文化创意产业数量和质量都有待提高。除洛阳之外，区域其他地市入境游客数量较少，国际知名度相对较低，旅游总收入相对较低，有较大的发展空间。

其三，历史文化资源丰富，同质竞争，缺乏融合。

豫西北地区属于河洛文化圈，是中华文明的发源地之一。这一区域在中国历史上占据着极为重要的地位，区域历史文化资源十分丰富。然而，经过数年的融合发展，豫西北各地市及焦作、汝州市在历史文化方面有着极为深厚的人文亲缘联系。各地市挖掘历史文化资源，在发展文化产业、旅游产业方面存在一定的同质竞争，文化产品、旅游产品的相互替代性较强，难以形成有效的区域文化融合发展。

其四，区域文化对区域经济、社会联动发展的支撑不足，浸润不够。

豫西北各地市及焦作、汝州市的产业结构类似，均以制造业、采矿业为主。在制造业中，又以材料加工制造、设备制造等重工业为主。第三产业在国民经济中的比重不高，文化产业、旅游业产值所占比重更低，对区域社会经济发展的支撑作用有限。近年来，豫西北各地市在政治、经济、社会、文化各方面的联系越来越多，产业分工、合作越来越趋于合理。但在人文融合、文化协同发展方面，仍有较大的发展空间。文化事业合作仍局限于具体的项目上，缺乏整体的规划、布局与协作，缺少惠及豫西北乃至洛阳都市圈的公共文化产品和服务。文化产业合作多为企业自发行为，缺少区域性的文化旅游开发企业，缺少立足于整个豫西北地区的文化旅游开发项目。因此，区域文化对经济、社会发展应有的浸润作用不够。

为此，洛阳与豫西北各地市及晋东南、陕东联动发展，共同构建洛阳都市圈，支撑中原城市群高质量发展，需要充分发挥区域人文优势，充分挖掘区域历史文化资源，保护、传承优秀文化。

第一，抓住战略机遇，统筹谋篇布局。

破解区域文化协同发展难题，需要从系统性上、整体性上入手，注重文化发展的全局观。抓住黄河流域生态保护和高质量发展战略机遇，抓住河南省委、省政府加快洛阳副中心城市建设工作的机遇，充分利用各项战略机遇和政策利好，乘势而上。以“黄河”为纽带，以黄河文化、河洛文化为基础，融合区域各地市文化，推动区域文化协同发展。既深度融入国家、沿黄各省及其他地市的黄河文化挖掘、保护、传承，参加黄河博物馆联盟、打造黄河老家名片等，又要结合豫西北各地市的特点谋划区域性的黄河文化项目、文化品牌，以小融合促进大融合。例如，立足于区域历史文化资源，以洛阳为中心，联合焦作、济源、三门峡等地市，实现大运河文化与黄河漕运文化的联通。

第二，发挥龙头作用，推动高质量发展。

省委、省政府对洛阳市提出了新的要求，立足于现有发展实际，在新的起点上将洛阳建设成为区域经济中心、全国先进制造业基地、全国重要交通枢纽、国际人文交往中心，在引领全省发展中承担起“双引擎”、新的增长极重要作用。到2025年，洛阳市地区生产总值要达到8000亿元，中心城区常住人口突破350万，城镇化率突破70%。完成这些经济、社会发展目标，洛阳市的综合实力将得到进一步的提高。人民对文化产品、文化服务的需求也将进一步增长。对于区域文化产业、文化事业、旅游业的发展来说，这既是机遇也是挑战。以跳出洛阳看洛阳的眼光，以开放的格局、宽宏的视野，以打造提升国际文化旅游名城的气魄发展洛阳文化。充分利用河南自贸区洛阳片区文化旅游产业的政策红利，与国内国际文化产业、旅游产业对接。以洛阳为龙头，带动豫西北、晋东南、陕东地区区域文化的高质量发展。

第三，促进文化融合，推动协同发展。

豫西北各地市与晋东南、陕东的历史文化资源的差异性较小，这既有不利的一面，区域文化产业、旅游业存在一定程度的同质竞争；也有有利的一面，人文优势突出、文化易于融合发展，文化产业、旅游业容易形成规模效益。加快洛阳副中心城市建设，推动豫西北、晋东南、陕东联动发展，需要趋利避害，促进区域文化融合，推动文化协同发展。协同发展、联动发展需要系统性地共同推进。豫西北联动发展、洛阳都市圈建设不是只有中心城市洛阳，不是洛阳单枪匹马地干，而是需要各地市充分发挥自己的优势，共同取长补短，共同协调发展。既要通畅各地市之间的“硬”交通，也要强化各地市之间的“软”交流。推动各地市高校、科研院所、社会组织等在区域科研、历史文化资源挖掘、文化交流、智库建设等方面的合作，推动各地市文化产业企业和旅游业界在人员、信息、项目等方面的交往与合作，推动各地市文物保护单位、博物馆、公共图书馆、文化馆、演艺团队等的交融、流通，互赏互鉴，促进各地市间文化的深度了解。

第四，借助科技力量，创新驱动发展。

洛阳以及豫西北各地市历史文化资源普遍存在缺少展示、展现途径的问题。历史文化深厚，人文优势突出，但地上的或可供直接展示的资源比较缺乏。借助于科技，实现历史文化资源的数字化、形象化、新颖化，既能够更好地保护优秀传统文化，同时也能够使文化受众更广、接受度更好。“艺术借助科技的翅膀才能高飞”，文化借助创新的力量才能发展。豫西北各地市培育文化科技企业和文化创新企业，扶植文化中小企业和小微企业，鼓励大型文化企业，引进先进文化企业落户。结合区域历史文化资源特点，重点发展文化资源展示与展现、文化遗产与文化资源数字化保护、文化浸入式体验、文化资源动漫化与影像化、文化品牌的创新培育等。

## 参考文献

［1］《马克思恩格斯选集》第 4 卷，人民出版社，2012。

［2］〔美〕道格拉斯·诺思：《经济史上的结构和变革》，商务印书馆，1999。

[3] 侯兵：《区域文化旅游空间整合的理论与实践探索》，中国轻工业出版社，2014。
[4] 刘先进：《经济发展的文化阐释：韦伯与马克思比较》，科学出版社，2018。
[5] 顾朝林等：《中国城市地理》，商务印书馆，1999。
[6] 连玉明：《京津冀协同发展的共赢之路》，当代中国出版社，2015。

# B.9
# 新媒体视域下洛阳隋唐大运河文化的传播研究

刘凡进*

**摘　要：** 近些年来，洛阳在保护、传承、利用隋唐大运河文化方面取得了许多成绩，但也有若干问题需要引起重视，如资源丰厚，但挖掘不深入，宣传力度低，创意性不够新颖，数字化保护力度不够等，因此，可以用现代影像技术与大数据技术糅合短视频来拓展其传播渠道；借助新媒体时效性强、互动性强、形式多样的优势以及影视作品、人工智能技术，展现洛阳隋唐大运河文化风采；深入推进隋唐大运河遗址博物馆与遗址公园建设，以年轻态、时尚化的方式呈现给大众，这样不仅可以提升洛阳隋唐大运河文化特色的传播力，而且可以助力新时代中原文化不断出彩。

**关键词：** 运河文化　传播技术　品牌构建　多维活络　洛阳

2017 年，习总书记对大运河历史文化带建设做出重要指示，强调要“保护好、传承好、利用好”大运河文化资源。众所周知，“隋唐大运河”是世界古代水利工程的一颗璀璨明珠，以洛阳为初始点，往北达涿郡也就是首都北京，南到余杭也就是今日之杭州，凝聚了无数人的智慧结晶，战时可

* 刘凡进，洛阳师范学院新闻与传播学院讲师，硕士，主要研究方向为文化传播。

以发挥它的军事功用，平时彰显它的漕运效能，让当时的经济得以快速发展，更重要的是，它的开通加速了南北文化的交流，随着时间的历久积淀，它为中华民族孕育了大量的文化资源，意义非常重要。互联网的飞速发展，为洛阳宣传隋唐大运河文化带来了新的契机。据中国互联网络信息中心（CNNIC）发布的第42次《中国互联网络发展状况统计报告》显示："截至2018年6月30日，我国网民规模达8.02亿，互联网普及率为57.7%，手机网民规模达7.88亿，网民通过手机接入互联网的比例高达98.3%。"① 微博、微信、移动电视、楼宇电视等新型媒体平台，如雨后春笋般出现在大众眼帘中，越来越融入大众的日常生活之中，其裂变式的传播优势，也愈来愈受到业界的关注。这也为厚重的运河文化带来了新的传播契机，在新的传播视域下，洛阳要想深度助力大运河文化的保护、传承、利用，提升洛阳隋唐大运河文化的传播力，除了采用传统传播手段宣传隋唐大运河文化的精髓外，势必要采用新思路、新方法，充分运用现代传播技术，发挥大数据、云计算、人工智能技术的传播优势，以年轻态、时尚化的方式将隋唐大运河的历史文化呈现给大众。

## 一　洛阳隋唐大运河文化的基本情况

2014年2月25日，习近平总书记在北京市考察工作时说，历史文化遗产是我们国家的一张金名片，只有保护好这份历史的财富，才能让中华文明世代传承。洛阳，历史悠久、九州腹地、十省通衢，不仅是久负盛名的"千年古都"，亦有"牡丹花城"的美誉，更为重要的是，它是华夏文明的发祥地之一。2014年6月22日，中国大运河列入《世界遗产名录》，洛阳的两大运河遗址——含嘉仓遗址与回洛仓遗址，双双标记在册，《大运河文化保护传承利用规划纲要》《河南省大运河文化保

① 王同媛：《论网络短视频的片段性、典型性特征兼及其创作生产的审美反思》，《当代电视》2019年第3期。

护传承利用实施规划》等依次出台，隋唐大运河的文化资源受到高度重视。

### （一）隋唐大运河的地理脉络

古时，相较陆运方式，水运速度快且经济实惠，水运的优势很早就被古人娴熟地利用，如早在春秋战国时期就开始进行开凿运河的工作，使人工河流和天然河流勾连互通，实现舳舻相继、漕船往来，这不仅提升了物资运输的速度，更是刺激当时经济发展的新举措。时光流转，岁月更迭，隋朝初期，隋炀帝杨广诏令凿运河，用了六年时间，将前人遗留的运河段修治甚勤，以“洛阳”为中心节点，向北通过永济渠连接最北的节点——北京（古称涿郡），向南勾连大河道直达最南节点杭州（古称余杭），将海河、黄河、淮水、长江等水系勾连起来，全长2700多公里，形成一个立体的水系网络。经纬之间，尽显洛阳雄伟气势，大运河的竣工开航，不仅提升了货物集散效率、刺激了经济发展，更是加强了四方的文化交流频率。

### （二）洛阳隋唐大运河文化遗产概貌

洛阳片区是隋唐大运河的核心航运部分之一，春华秋实，栉风沐雨，隋唐大运河在洛阳这片土地上孕育了众多的文化资源；历史悠久、底蕴深厚，它宽博的臂膀滋补了一代又一代的河洛儿女。

1. 洛阳隋唐大运河文化遗产的类型

洛阳隋唐大运河文化底蕴深厚，波光粼粼的河道两岸遗产众多，总体上来分类，大致由3种类型——水上遗存、附属遗存、遗产类——构成。洛河洛阳段与南关码头遗址是属于水上遗存的范畴，洛阳南关码头处于洛河中下游，帆影飘飘，舟车所会，尽显昔日洛阳城的兴隆。这里是货物的中转站，可以实现水陆转陆路和陆路转水陆，商贩络绎不绝，一派繁荣景象。天津桥、含嘉仓、回洛仓这个3个遗址属于隋唐大运河附属遗存的范畴。“民以食为天”，粮储丰沛是社会安定的表征，含嘉仓规模宏大，素有“天下第一粮仓”美誉，是当时繁荣景象的典型缩影。隋唐洛阳城遗址属于隋唐大运河相关遗产类的范畴，它又可以细分为应天门、明堂、定鼎门等遗址。

2. 洛阳的典型隋唐大运河文化遗产

洛阳河山拱戴，形胜甲天下。邙山、万安山、龙门山等环绕周围，伊河、洛河、瀍河、涧河穿城而过，流进千年的隋唐大运河，它不仅发挥了互通融合的功能，更是给后人留下许多典型的隋唐大运河文化印迹，抚今追昔，让后人遐想昔日洛阳城千年繁华的盛世。

首先，含嘉仓与回洛仓遗址。含嘉仓遗址位于今洛阳老城区西北侧，它是我国古代较大的粮仓之一。含嘉仓前后使用了五百多年，始修于隋代，在洛河中下游，通过水运让储备粮频繁出入古洛阳城；到了唐代，伴随着当时政治、经济的大发展，它强势发挥着国家粮食储备点的功能，经过唐代的拓宽修缮，含嘉仓鼎盛时期面积近 50 万平方米，气势恢宏。除此之外，还有回洛仓遗址，据古文献记载，它位于“洛阳北七里”，后考古发掘证明，大约位于瀍河回族区马坡村附近，司马光就曾在其著作中，阐述过回洛仓巨大的体量，它是当时经济发展水平的一大显证。

其次，隋唐洛阳城遗址。它始建于隋朝初年，由精善建筑技艺的名臣宇文恺主持建造，其追求人与自然和谐的构造理念，讲究对称式布局，该城主要分为宫城、皇城、上阳宫等八大区域，面积近 50 平方公里，极其壮丽，大众熟知的定鼎门遗址、应天门遗址、天津桥遗址皆在该故城的中轴线上，隋唐洛阳城的构造理念曾被许多建筑师借鉴。不幸的是，该城毁于北宋末年的战乱，从建成伊始到损毁，一共沿用五百多年，它是研究古代城池建设的重要资料。如该城的重要标志性建筑物——天津桥，早年为浮桥形式，在唐代被改造成石头桥。天津桥横跨洛河两岸，极大地方便了当时的交通，桥上有亭台栏杆，扶栏远望，美不胜收，同样遗憾的是，由于时间更迭，该桥亦被损毁，今人不能浏览其全貌，徒留遗址，让人叹息。经考古验证，天津桥遗址在洛阳桥西边 400 米的位置。又如定鼎门遗址，它是隋唐洛阳城外郭城正门，隋朝时期该外郭城正门被称为建国门，后朝代更迭，唐朝时期被称为定鼎门，该城门是有史以来使用时间最长的城门之一，也是研究古代城池的重要参照对象。

### （三）洛阳在隋唐大运河中的地位

1. 初始节点，横跨千里

隋炀帝初即位，随着政治、军事、文化的发展，为了满足当时发展的需求，杨广诏命大批工匠，以洛阳为中心，将前人遗留下来的河道疏浚、修治甚勤，至隋大业六年（610 年），这项大工程正式竣工通航，洛阳占据着这个人字形航路的重要位置。史料记载杨广经常从洛阳出发，沿隋唐大运河航行去游览江南的美景。“三秦九洛，咸曰帝京。五载一巡，时惟邦典。上腴多饶衍之美，仍劳于转输。中壤均舟车之凑，颇闻于殷积。”① 时光流转，洛阳在隋唐大运河中的重要地位一直延续到安史之乱之前。隋唐大运河不仅碧波荡漾、水韵悠悠，而且大大提升了物资集散的效率，带动了运河两岸的经济发展，亦让洛阳成为当时重要的大城市，前后建都时长 1500 多年，13 朝古都，让河洛文化远播他乡。斗转星移，虽然隋唐大运河的作用逐渐消减，但是其所蕴含的文化，仍具有非常大的魅力，洛阳段展现着中原文化的风采。

2. 丝路起点，融合东西

自隋唐大运河竣工开航后，以洛阳为中心的隋唐大运河，推动了当时经济的发展，成为当时重要的经济来源，一方面，实现了走出去，中原所产的陶瓷、丝织品以及华夏文化通过隋唐大运河运出去，名扬四海，受到外国商人的欢迎追捧；另一方面，实现了运进来，外国客商纷纷将一些稀有物品运到洛阳，历史记载的隋朝四方馆就是专门处理外贸事宜的机构，“自葱岭以西，至于大秦，百国千城，莫不款附。胡商贩客，日奔塞下。所谓尽天地之区已。乐中国风土而宅者，不可胜数”② 便是最真实的写照。洛阳，不仅逐渐成为丝绸之路上的重要组成部分，更是世界文化交流的重要平台。在互通有无、国威远播的同时，让异域领略到中华文化的魅力，异域他国纷纷派出

---

① 《全唐文》，中华书局，1983。

② 杨炫之：《洛阳伽蓝记》，http：//www. guoxue. com/book/lyqlj/0004. htm。

留学生到此进行学习，日本奈良时代的阿倍仲麻吕就是一个典型的例子。总之，依托隋唐大运河的优势，洛阳逐渐成为中外交流的重要的平台。

## （四）新媒体视域下洛阳隋唐大运河文化传播的意义

隋唐大运河蕴含的历史文化资源众多，而且都是非常弥足珍贵的。2017年2月，习近平总书记在视察大运河项目时，对大运河文化带的建设做出了非常重要的指示。2017年8月，河南省大运河文化带建设工作座谈会在郑州召开，大运河文化越来越受到重视。对于洛阳来讲，洛阳隋唐大运河文化的建设、保护、宣传，更具有重大的现实意义，新媒体时代的号角已然吹响，利用新平台、新技术，让丰富的大运河文化资源与时尚相接轨，提升洛阳隋唐大运河文化的传播力，已成为洛阳一个迫在眉睫的新命题。

1. 展示洛阳文化的博大精深，提升洛阳城市形象

伴随这条古老的人字形水运工程竣工航行，一系列城池拔地而起，鳞次栉比、行人如织，一派繁荣，但是历史悠久的洛阳隋唐大运河，不是只有舟车帆影，更是贯通了一条水韵文脉。洛阳隋唐大运河贯通南北，不仅让齐鲁、吴越、燕赵等文化与豫商文化融合交流，极大地促进了中华文化的发展，而且它宽博的臂膀让国外文化与中华文化，在这里相遇交流，在日本、非洲考古发掘的三彩残片便是显证。2014年对于洛阳来讲是一个划时代的年份，也是非常重要的一年，除了回洛仓、含嘉仓遗址双双被列入世遗外，定鼎门遗址也被列入丝绸之路世界文化遗产名录之中，这对于提升洛阳的知名度有非常大的价值意义。为了进一步拓展洛阳城市的影响力，可以通过一些新媒体技术，用多样的新媒体平台来对洛阳隋唐大运河文化进行传播，讲好中国大运河文化故事，延续洛阳隋唐大运河文化的脉络和精神传统，既可以打造洛阳文化自信的金名片，还可以实现相关文化产品走出去，让洛阳特色的隋唐大运河文化传播得更远更广，提升洛阳在国内外的影响力，让世界了解千年古都，感受古都的深厚文化。

2. 打造洛阳特色金名片，助力隋唐大运河文化带建设

运河悠悠，千年积淀。在新媒体时代，要充分认识新技术对洛阳隋唐大

运河文化传播的价值与意义，特别是要善于运用新的传播技术，创新视野，创新思路，从创意到落实，从典型到推广，让云计算、大数据技术穿梭其中，实现洛阳隋唐大运河文化的多媒体传播、智慧传播、精准传播，推出系列洛阳特色大运河文化产品，打造传统文化传播新方式，讲好洛阳特色大运河故事，展现“生态运河”“活力运河”“美丽运河”，让洛阳特色的、洛阳品牌的大运河文化深入人心，用洛阳特色的传播方式，提升大运河文化的传播力，促进大运河文化带的建设。

## 二　新媒体视域下洛阳隋唐大运河文化传播方面的问题

运河悠悠，遗产众多，洛阳作为大运河的重要节点城市，富含着多姿多彩的运河文化资源，《大运河文化保护传承利用规划纲要》《河南省大运河文化保护传承利用实施规划》的印发，彰显了从国家层面到河南省对于大运河文化的高度重视，围绕着大运河文化，洛阳市积极探索研究其保护与发展措施，先后出台《洛阳市隋唐洛阳城遗址保护条例》《洛阳市大运河遗产保护管理办法》等相关的条例、规章办法，并取得了一些骄人的成绩，成功打造了一批洛阳隋唐大运河文化工程，举办了许多关于大运河文化的论坛，发挥项目的文化传播功能，实现了项目共享共用，群众纷纷点赞。但是也有一些问题，需要重视，只有解决了这些问题，才能更好地彰显大运河文化的魅力，实现大运河文化的创新性发展，提高洛阳的知名度。

### （一）“家底”丰厚，但挖掘不够深入

虽然洛阳隋唐大运河享誉国内外，文化资源众多，但是为众人周知的仅有少数的显性文化资源（隋唐洛阳城、天津桥、九洲池遗址、南关码头遗址、含嘉仓遗址、洛河洛阳段、回洛仓遗址等）。2012 年 6 月通过的《洛阳市大运河遗产保护规划（2011 ~ 2030）》，将洛阳隋唐大运河遗产分为 6 个遗产项目（隋唐洛阳城遗址、天津桥遗址、南关码头遗址等）与 4 个特色展示区（隋唐洛阳城遗址展示区、洛河展示区等），面积达 95 平方公里。

但是洛阳隋唐大运河上千年的时间，“家底”非常丰厚，有着绚丽多彩的文化资源，除了这些显性文化资源外，一些其他的非物质文化遗产公众知悉度不高，有数据统计的就有“新安县 1160 项、孟津县 1096 项、伊川县 1069 项、洛宁县 1028 项、宜阳县 1021 项”①，此外，大运河洛阳段沿岸还有好多多姿多彩的非物质文化遗产，涵盖民风民俗、民间手工艺、传说、民间曲艺等，这些不仅与大运河文化有着千丝万缕的联系，更是洛阳隋唐大运河文化的生动写照。显然，对这些海量的文化资源还需要花大力气挖掘梳理，构建一个规范的、系统的“洛阳隋唐大运河文化目录数据库”，否则，就连周边群众对于大运河文化都不甚了解，尤其是年轻人，这对洛阳隋唐大运河文化未来的活化传播势必造成一定影响。

### （二）宣传力度低，造成资源浪费

对于洛阳隋唐大运河文化的宣传，虽然有传统媒介的常规宣传——广播电视、互联网，一些宣传影像，但是受制于影像长时间未更新且这些传统宣传形式已不适应大众快节奏的生活，造成了曲高和寡、叫好不叫座的状况。相比较而言，各种新型的、时尚的宣传形式契合大众快节奏的生活状态，得到了蓬勃的发展，特别是承载短视频的各种平台受到了大众，特别是年轻群体的青睐，但是短视频领域很少有涉及洛阳大运河文化传播的内容，这也导致一些具有洛阳隋唐大运河特色的资源的浪费，最终导致一些具有潜质的文化资源知名度不高。

因此，要想提升洛阳隋唐大运河文化的知名度，必须采用多元的宣传手段。也就是说不仅要利用传统媒介宣传，还须将微博、微信、短视频平台纳入宣传体系，运筹帷幄，特别要重视短视频的惊人传播力，把洛阳特色的隋唐大运河文化相关资源糅合在短视频这一时尚形式之中，做到以短视频为外在形式，洛阳隋唐大运河文化为内核，多维地、立体地提升大众对洛阳隋唐

---

① “记忆洛阳”编辑委员会：《记忆洛阳——洛阳市非物质文化遗产资料汇编（2005 ~ 2012）》，中州古籍出版社，2013。

大运河文化的认同感，同时，尽可能多地让国外游客知晓运河之秀、古都之美，这都是增加洛阳隋唐大运河文化知名度的关键举措。

### （三）创意性不足，活力弱

洛阳千年古都，历史悠久，具有特色的文化资源非常多，一些地标性的古迹像天堂、名堂、白马寺等确实让大多数人大饱眼福，特别是有些古迹与现代科技结合非常紧密，VR 技术的运用，使大众感受到一种交互式体验，提高了大众的参与度。2019 年 9 月 23 日，隋唐洛阳城应天门遗址博物馆竣工开放，它结合现代 3D 灯光技术，不仅用精美绝伦的灯光技艺将该遗址的雄壮厚拙之美展现给观众，而且让观众体味了一番千年古都的独特韵味，更让宫阙遗址在现代科技的辅助下，焕发出一股新的生命力。不过大多数显性的洛阳隋唐大运河文化资源与现代科技的结合度和创意性不够，像在山陕会馆的基础上组建起来的隋唐大运河博物馆，它是专门展现洛阳隋唐大运河文化概貌的场所，但存在不少短板：其一，场所本身就是文物，改造里边原有布局，用来展现大运河文化，这就对原有文物造成了一定的影响；其二，里边大多陈列的是一些图片与文字，鲜有相关实物，与现代科技结合不足，这种简约的、简单的形式，无法满足新形势下大众日益多元化的审美需求。这些都是制约大众了解洛阳隋唐大运河文化的因素，因此，要想大力弘扬洛阳丰厚的大运河文化，还需要用新创意、新思路、新技术去提升洛阳隋唐大运河特色的文化活力，这样才能契合新媒体视域下大众多样的审美需求，实现创新性活络、发展洛阳品牌的、具有洛阳特色的大运河文化。

### （四）数字化保护起步晚，力度不够

1972 年 11 月，第十七届联合国教科文组织全体会议通过的《保护世界文化与自然遗产公约》中指出，文化与自然遗产是弥足珍贵的，是不能再生的。“2002 年，欧盟将文化遗产数字化作为 2006 年第六次框架项目中的最优先项目，投入 7000 万欧元为图书馆、博物馆、档案馆搭建共享平台，

旨在从数量和质量两方面改善对文化遗产的利用。”① 洛阳隋唐大运河文化作为世界文化遗产——中国大运河文化的重要组成部分，它不仅是中华民族的，更是全人类的。因此，对它进行数字化保护，以维护世界文化多样性是有非常重要意义的。相对成都、西安等地方，洛阳的非遗数字化保护工作起步稍晚，2018 年底，洛阳市首次对市级非遗项目展开相关数字化保护工作，项目涉及陶瓷技艺、雕刻技艺、纺染织绣等七个类型，目前老城区和孟津县的相关项目已竣工，洛阳隋唐大运河文化浑厚，内容丰富，显然目前对其的数字化保护项目范围不够广泛，不够深入，力度还须再加强。

## 三 新媒体语境下洛阳隋唐大运河文化的传播策略探析

结合洛阳市实际情况，以创新性手段推广洛阳隋唐大运河文化，打造一个多维立体的传播体系，助力于大运河文化保护传承示范区建设；探索文化引领、绿色生态、观光体验的新模式，让传统文化与时代气息相融合，科学、合理地使用这些文化遗产，创造健康持续的运河文化发展生态。

### （一）文化引领：通过现代影像技术与大数据技术手段，扩展传播渠道

对洛阳隋唐大运河文化的遗存资源进行科学系统的挖掘整理，是助推大运河文化传播、活化发展的基础。目前，普遍采用的是数字化技术，“许多发达国家都非常注重文化遗产的数字化保护与传播，大规模地把文化遗产转换成数字化形态逐渐成为一种文化保护的世界潮流”②。数字影像技术的发展，为非遗的保护、影像保存、科学研究奠定了非常重要的技术基础。数字影像，不仅图像质量好，而且可以非常好地记录，更重要的是，它可以非常便捷地存储，这对于当前洛阳隋唐大运河庞大文化资源的保护、整理、记

① 周耀林：《可移动文化遗产保护策略》，北京图书馆出版社，2006，第 32 ~ 60 页。

② 彭冬梅、潘鲁生、孙守迁：《数字化保护——非物质文化遗产保护的新手段》，《中国书画》2006 年第 4 期。

录、研究具有非常重要的意义。基于大数据技术基础，2019 年底，洛阳市对一些相关的非遗进行了数字采集，取得了许多骄人的成绩，但是还是要继续加大数字化工程建设，实地调研，扩大文化资料采集面，挖掘多姿多彩的运河文化碎片，深度整理归档这些基础资料，建立一个“洛阳隋唐大运河文化目录数据库”，实现众多遗产的高效率聚集与整合，这才能为未来洛阳隋唐大运河文化示范区建设打下坚实的基础。

创作优质短视频作品提高洛阳隋唐大运河文化的黏度。根据中国互联网信息中心第 44 次《中国互联网络发展状况统计报告》显示：“2019 年 6 月，中国网络视频用户规模达已达 7.59 亿，较 2018 年底增长 3391 万，占网民整体的 88.8%；其中，短视频用户规模为 6.48 亿，占网民整体的 75.8%。”正是基于短视频的门槛低、碎片化、黏度高、社交强、流量大的优势，“人无老幼”皆青睐短视频，一度形成“南抖音　北快手”的传播趋势。作为业界翘楚，快手于 2019 年 3 月，启动《快手非遗带头人计划》，凭借快手巨大的流量池、海量的用户数量、较强的变现能力等优势，快手在全国范围内寻找扎根乡土的非遗传承人，让很多人参与其中，并产生了许多优质的短视频作品，让更多人了解到非遗的魅力，收到了很好的效果，因此，在宣传洛阳隋唐大运河文化方面，洛阳可以切实地借鉴这种手法，围绕大运河文化的主题，长期规划制作并在各种优质的短视频平台上推出一批集戏曲、传统技艺、遗迹风景、民俗体验、舞蹈等于一体的精品影像，扩展传播渠道，让洛阳隋唐大运河相关的文化资源穿梭于各种新平台之中，实现洛阳隋唐大运河文化的创造性转化，向粉丝们展现洛阳隋唐大运河文化的魅力，让优秀文化焕发新的生机。

此外，为了能够发挥大众的主观能动性，提高其参与洛阳隋唐大运河文化传播的热情，建议设立隋唐大运河遗产保护与建设的专项资金，在洛阳市隆重地举办“隋唐大运河短视频文化节”，通过市政府主导，大众积极参与，把优质短视频作品上传到国内优质短视频平台，以物质奖励出类拔萃者，以此拓展洛阳隋唐大运河文化的传播面，让洛阳隋唐大运河文化以更时尚的方式出现在公众视野中，实现洛阳隋唐大运河文化的创新性发展。

### （二）适度基建：深入推进国家级隋唐大运河遗址博物馆与遗址公园建设

让洛阳隋唐大运河文化建设成果服务于群众，洛阳作为隋唐大运河的中心节点，这一点非常重要。为响应中国大运河文化带建设的精神，深入推进洛阳“国家级隋唐大运河博物馆”的建设，助力洛阳“东方博物馆之都”建设。要积极发挥博物馆的宣传功能与研究功能。与相关博物馆合作，多举办各种形式的展览宣传活动，提高大众对于洛阳隋唐大运河文化的认同感，并且应该对在洛阳隋唐大运河文化传播发展做出贡献的人，进行相关的奖励，力求与社会各界拧成一股绳，为宣传古都洛阳、宣传洛阳隋唐大运河文化做出实际贡献。科学规划，严谨对待，专项资金支持；集聚考古力量与智力力量，发掘散落的运河文化资源，多维丰富国家级隋唐大运河博物馆的资源；对一些典型地区（像新潭、天津桥）进行专项深入研究，对相关大运河文化资源代表性的藏品进行总账入档，并结合现代科学技术，展出有代表性的藏品，体现隋唐运河精髓。加强与相关单位合作，举办一些重要的文化学术交流活动，像世界古都论坛、中国（洛阳）隋唐大运河学术交流会就是非常优秀的案例，为了能多维展现洛阳隋唐大运河的独特历史魅力，还需要举办更多的重量级学术交流活动。

《长城、大运河、长征国家文化公园建设方案》在 2019 年成功审议通过，要求各地因地制宜、积极落实相关的文化公园建设，传承活络这些弥足珍贵的历史文化资源。洛阳隋唐大运河国家文化公园的建设正是响应此建设方案的具体表现。该公园占地面积 40 多公顷，位于洛阳市滨河北路新街口附近，被瀍河分为东西两部分，通过复现当年隋唐大运河的舟车帆影，向大众展现当年的隋唐盛世，但是目前建设速度略显缓慢，因此，需要克服各种困难，扎实稳进地推动洛阳隋唐大运河国家文化公园的建设。

### （三）洛阳品牌：多姿多彩的影视作品宣传洛阳隋唐大运河文化

众所周知，影视剧、电视纪录片、电视音乐片、电视节目等都是大众喜闻乐见的形式。事实证明，这些光影作品是传播优秀传统文化的优质载体，像以故宫为题材的影像传播策略非常值得学习，2005 年出品的电视纪录片《故宫》，用 12 集每集 45 分钟的形式，以故宫为主要题材，从故宫发展史、古老的建筑技艺、宫廷生活、人物秘史、馆藏珍品等方面，让普通观众从多角度、多方面了解故宫雄厚的文化底蕴，揭开故宫神秘的历史面纱，近距离体悟古代劳动人民的智慧；为契合微影像的传播趋势，故宫题材的《故宫100》（2012 年出品）再次强势崛起，以 100 集（每集 6 分钟）的微影像精细地、以小见大地讲述故宫广场、太庙、紫禁城、中和殿等 100 座故宫建筑的故事，在各种新颖的视听手段辉映下，故宫再一次占据大众眼帘；2016 年出品的纪录片《我在故宫修文物》更是以一种年轻态的视角，通过展现修文物的技术，不仅展现了工匠精神，更是拉近了观众与故宫的距离，赚足了观众的眼球，瞬间刮起一股故宫新热潮。

目前来说，以大运河文化为题材的影像作品非常少，能够搜索到的比较经典的也就是 2016 年央视出品的 8 集人文历史纪录片——《大运河》，2020 年即将推出的电视剧《大运河》（山东影视制作股份有限公司与齐鲁交通文化传媒有限公司联合出品）塑造了典型的运河儿女形象，许多齐鲁名人穿插其中，齐鲁文化和大运河文化相得益彰，但是具有洛阳标签、洛阳特色的隋唐大运河文化题材的影像作品就较少了。对于洛阳隋唐大运河文化来讲，它有着天然的优势——众多文化资源的优势。人字形的河道两岸，诞生了数量众多的文化遗产，涵盖建筑、传统技艺、民间文学、民风民俗、传统曲艺等方面，这些都是宣传洛阳隋唐大运河文化的坚实基础，对于洛阳隋唐大运河文化的宣传，以政府投资为主，社会投资为辅，鼓励相关的影视机构和高校科研院所，借鉴《故宫》《故宫 100》《我在故宫修文物》的创作手法，以这些丰富的运河文化遗产为基础，深挖洛阳隋唐大运河文化的底蕴与内涵，出品系列纪录片作品《春华秋实——大运河印象》，由浅到深成系列地、成单元地介绍洛阳隋唐大运河的文化资源，此外，为了鼓励大众的参与性，也可以举办一些以洛阳隋唐大运河文化为主题的影像大赛，用摄影图片、活动影像去传播具有洛阳特色的隋唐大运河文化，这也是一种非常重要的宣传手段。

### （四）延伸：用人工智能宣传洛阳隋唐大运河文化

“2018 年被称为人工智能的爆发元年，人工智能技术应用所催生的商业价值逐步凸显。人工智能逐步切入社会生活的方方面面，带来生产效率及生活品质的大幅提升。”① 像一些景区采用的讲解 App、公众号，只要连接到网络，游客走到景点，它就可以自行解说，给游客带来不一样的体验，拉近了游客特别是年轻群体与古迹的距离。因此，洛阳在洛阳隋唐大运河文化的宣传活化中，可以采用多样的智慧技术让浑厚的运河文化散发时尚光芒，用年轻态的传播形式传递运河故事，唱响洛阳声音。诚然，一些人工智能手段已被运用在洛阳一些经典古迹，像洛阳龙门石窟，VR 技术的利用，让游客普遍感受到智慧技术的魅力，纷纷点赞，但是人工智能技术的普及率还需要提升，可以在洛阳隋唐大运河文化相关的遗迹周围采用 VR 技术，让非遗移步虚拟空间，带上 VR 眼镜，即可在非遗周围，近距离感受千年遗迹的魅力，给游客一种身临其境的感觉，并可以结合“CG、AI、AE”等现代数字技术，实现艺术化的创新表现形式，像回洛仓、含嘉仓遗址，就可以深度利用这些现代技术，实现其创新性推广，糅合文字、图像、声音等多媒体技术，再现国家粮仓的繁盛景象、典型历史人物、文物文献等，生动呈现“国家粮仓”的盛世，让观众身临其境，夯实洛阳特色大运河文化 IP 的塑造。

### （五）广而告之：利用新媒体传播

1967 年，“新媒体”NEWMEDIA 的概念被 CBS 首次提出来。相对于“传统媒体”，“新媒体”的新主要体现在传播载体——互联网，依托互联网，糅合各种多媒体技术，向用户传递信息。在新传播技术背景下，多样的新媒体形式都能成为扩展洛阳隋唐大运河文化传播力的有力工具，实现高效率的精准营销、智能传播，这主要鉴于新媒体的传播特征以及传播优势。

---

① 《2018 中国人工智能白皮书》，《创业邦研究中心》2018 年第 5 期。

1. 新媒体的传播特征

首先，传播符号的数字化。Nicholas Negroponte 在《数字化生存》一书中提出："现代信息技术的突飞猛进将必然改变人类的工作、学习、娱乐方式，即人类的生存方式。"① 文字、声音、画面等传播符号，在数字时代可以将它们转换成 0 和 1。这些 0 和 1 可以被电脑轻松识别，为信息的存储、加工提供了极大的便利，大大提升了信息传播的效率，借助此优势，洛阳隋唐大运河文化的相关资料就可以得到快速传播。其次，传收双向高效互动。虽然在传统媒体中可以实现一定的互动性，但是互动的效率、互动的质量不是特别高，以云计算、大数据为代表的新媒体时代的到来，刷新了这一纪录，传受双方实现了高效互动，由单向的、一对多的形式转为传受双方高效互动，这对于洛阳隋唐大运河文化的传播具有非常重要的意义。再次，信息传播网状化。在互联网时代，互联网就像一张大网一样，将所有的信息传播者和信息接收者网罗其中，每一个人都是这张大网上的一个信息节点，都可以参与信息的生产、传播中来，集传播者与接收者于一身，这样无形打破了信息的垄断性，让信息得到高效传播。对于洛阳隋唐大运河文化来讲，要想让更多的人聚焦于它的魅力，就可以积极利用新媒体的这种优势，拓展洛阳隋唐大运河文化的传播力。最后，以人为本，尊重个体需求。在新媒体时代下的信息传播生态更尊重个体的需求，可以根据用户的差异化需求，实时推送用户感兴趣的相关信息，微信的订阅号就是显证，这也是拓展洛阳隋唐大运河文化传播力可以借鉴的优势。

2. 新媒体的传播优势

首先，时效性强。相比较而言，传统媒体的传播力受制于时空的限制，广电节目拘囿于时间模块，报纸受制于生产、发布、版面容量等时间、空间的限制。而各种新型媒体的出现极大地解决了这一问题，让信息得以快速流通，在利用各种新媒体传播信息过程中，人既可以发挥传播信息的功能，又可以作为受传者，接收自己感兴趣的信息，实现信息的精准传播，特别是传

① 王婉妮：《网络新媒体的特点及其现状分析》，《今传媒》2014 年第 12 期。

收的交互性得以提升，这切实地打破了传统信息生产的垄断性。其次，互动性强。众所周知，传统媒体在与受众互动方面存在着一些缺陷，作为信息的生产者，传统媒体无法做到全面及时地了解受众的感受，也导致无法及时调整传播策略。像报纸，在一定程度上，报社可以通过信件得到读者的反馈信息，但是受制于时间，效果不是特别理想。最后，呈现形式多样。依托于互联网的强大优势，新媒体可以将图像、文字、声音等糅合在一块，实现多媒体呈现效果，这也是符合时下用户的需求，让用户通过新媒体快速检索到大量的信息，用户可以根据信息价值，遴选心仪的信息，极大地节约了用户的时间，满足了受众对信息传播的高质量需求。

3. 传播洛阳隋唐大运河文化的新载体类型

新媒体的种类琳琅满目，总体上来讲，它可以归结为两种类型——手机新媒体与网络新媒体，这是目前并驾齐驱的两大类新媒体，各有自己的传播特点，这些都是可以用来传播洛阳隋唐大运河文化的平台，在运用这些新媒体时，可以根据具体情况选择相应的新媒体，以期拓展其传播力，以下是几个典型的新媒体。

首先，智能手机。由于大数据、云计算技术的广泛应用，智能手机行业蓬勃发展，成为大众须臾不离的智能工具，深入用户生活的方方面面。据相关数据统计，如图 1 所示，“2015 年至 2017 年间，全球智能手机用户数量从 28. 71 亿增长到 36. 66 亿，年均复合增长率为 13. 0% 。其中，中国境内的智能手机用户从 8. 08 亿人增至 9. 24 亿人。”① 截至 2019 年 9 月，全球智能手机用户持续增长，尤其以中国最为突出，位居全球第一。像手机报纸、手机电视、手机期刊都受到很多用户的青睐，基于智能手机的海量用户，在宣传洛阳隋唐大运河文化时，可以将这种新形式考虑在其中。

其次，网络类新媒体。伴随着信息技术的不断发展，网络类新媒体像雨后春笋般频繁出现在大众视野中，让许多人爱不释手，它比传统媒体更具有传播力，差异化、速度快、海量性、这些特点被充分体现在网络类新媒体身

---

① 《智能手机用户数量》，http：//www. chinabgao. com/k/sjyhsl/49425. html。

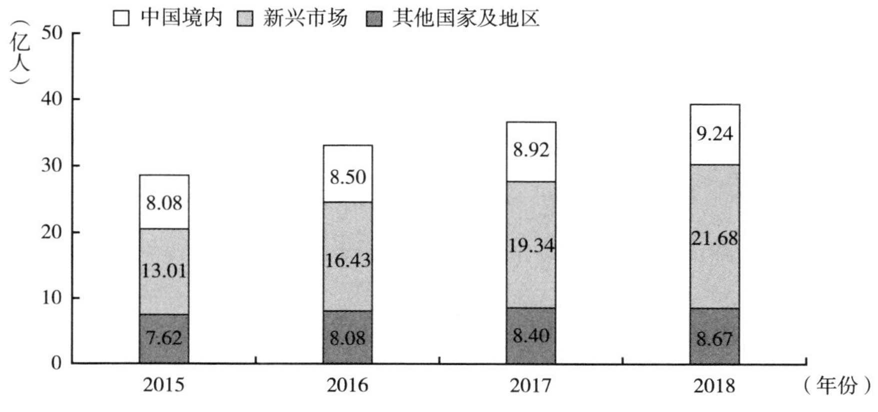


**图1　2015～2018年全球智能手机用户数量统计**

资料来源：根据中国报告大厅数据整理，中国报告大厅，http：//www. chinabgao. com/k/sjyhsl/49425. html。

上。像门户网站、微信、微博、各种移动客户端等，都属于网络类新媒体的范畴，网络类新媒体的出现，将信息传播方式带入了一个崭新的时代，像洛阳老城区的畅杨杨剪纸艺术工作室，采用跨界融合模式——“传统剪纸技艺＋网络”，畅杨杨在网络上进行现场剪纸技艺展示，让剪纸艺术获得新传播渠道，让许多网友，特别是年轻网友大饱眼福，纷纷点赞。因此，洛阳隋唐大运河文化有着大体量的文化资源，要想让更多人了解，势必应采用多样的新媒体平台进行传播，让传统文化与时尚碰撞，比如可以在抖音、快手等平台开设账号，精心运营，专门展示洛阳隋唐大运河文化IP，专门生产上传一些优势内容，这些不仅可以提高关注度，还可以实现优秀文化的变现——知识付费，像与隋唐大运河文化相关的一些传统技艺，就可以开设相关的课程，许多潜在的粉丝就可能去购买，以此带动更多人参与洛阳隋唐大运河文化的传播，让传统文化重绽光彩。

最后，新型电视媒体。相较于传统电视服务来讲，新型电视媒体借助于互联网的优势，将各种多媒体技术应用到极致，图像清晰度得到很大提升、信号抗干扰能力更强，给观众一种新的体验，这是传统电视服务所不能比拟的。特别是注重交互式和个性化技术的提升，让用户可以根据自我需求选择

相应的信息，像 IPTV，移动电视，楼宇电视都属于新型电视媒体。因此，可以将生产好的关于洛阳隋唐大运河文化的影视作品，投放到新型电视媒体上，特别是一些公共汽车上，拓展其传播力。另外，“公共场所是人类城市生活的一个由城市居民共同创作、可供分享的兼具物质属性与精神属性的特殊时空，一方面公共场所直接表现出生活在城市中的人们具体而细微变化，另一方面人们能够通过公共场所了解城市的历史传统与时代特色”①。一个城市的公共场所也是游客广场游览的重要地点。因此，在公共场所宣传洛阳隋唐大运河文化有其必要性。在一些大型公共场所，都会发现液晶显示屏、BUS TV、楼宇电视等新媒体的身影，公共场所人来人往，在公共场所人们自然而然地就会看到这些新媒体，这对于传播洛阳隋唐大运河文化是一个非常好的契机，要重视公共场所的文化阵地建设，充分利用好这些公共场所的新媒体，将洛阳隋唐大运河文化的渊源、遗迹进行系统的呈现，让洛阳隋唐大运河文化融入大众的生活之中，要做到广而告之，多方位、多角度、全方面宣传洛阳隋唐大运河文化，提升洛阳人的文化自信，展现洛阳城市的文化魅力。

### （六）旅游带建设：洛阳隋唐大运河文化 + 文化体验 + 旅游

为了激活洛阳隋唐大运河文化的活力，建议围绕洛阳隋唐大运河文化的主题，探索新的思路——政府主导，社会投资活络，整合运河文化资源，走“大运河文化 + 文化创意 + 旅游”相糅合的方式，夯实洛阳隋唐大运河旅游带建设。让群众能够亲切实体验到与大运河文化相关的传统手工艺，这方面可以借鉴一些单位的成功做法，像北京王致和食品有限公司，它的腐乳酿造手艺在 2009 年成为国家非遗。该公司探索新思路，以腐乳科普馆为载体，结合现代 VR 技术、音视频技术、新媒体技术等，向群众展现了腐乳酿造技艺的历史与魅力，更重要的是给群众提供了一场体验之旅，让群众能够现场体验腐乳的制作过程，体味匠心独具的技艺。洛阳隋唐大运河文化活化传

---

① 陈娟：《新媒体环境下公共场所的影像传播与城市文化构建》，《新闻界》2013 年第 9 期。

播，就可以借鉴此种方式，挖掘洛阳境内大运河两岸的古镇、古街的文旅价值，建设若干特色展示项目，系统地将隋唐洛阳城国家遗址公园、隋唐城遗址植物园、天津桥遗址等精心串成一串，穿插一些多姿多彩的体验活动，如剪纸、牡丹瓷制作、农耕体验、传统民居体验等，别出心裁，打造洛阳品牌的大运河文化之旅 IP，契合文当下大众普遍的休闲体验需求，重点是让辨识度清晰的具有洛阳特色的隋唐大运河文化穿梭在旅游线路中，提升洛阳隋唐大运河文化的竞争力，让文化展现与经济发展相得益彰，最终实现洛阳隋唐大运河文化的活化传播。

## 结　语

作为隋唐大运河的重要节点，洛阳有着丰厚的运河文化资源，在大运河文化带的建设中具有非常重要的作用。现代科学技术的发展，尤其是大数据、云计算技术的蓬勃发展为隋唐大运河文化的保护、传承、利用带来了难得的契机。因此，要抓住机遇，深入贯彻落实习总书记对大运河文化带建设的重要指示，科学规划，精准施策，创新观念，将现代科技的优势和洛阳特色的隋唐大运河文化强强联合，以年轻态、新时尚的形式，多维传播具有洛阳特色的隋唐大运河文化，讲好洛阳的大运河故事，让中原文化更出彩，打造大运河文化特色示范区，助力大运河文化带建设，这具有非常重要的意义。

# B.10

# 河洛民歌的现状与发展对策研究

李婉晨 *

**摘　要：** 河洛民歌是河洛文化的一种特殊呈现，它反映了河洛百姓在现实生活中的思想感情和风土人情。但随着多元文化价值的发展和现代化技术的推进，民歌的生存状态受到了不断冲击，河洛民歌发展所存在的问题也更加突出。本文通过对河洛地区民歌的现状调查，指出了现阶段河洛民歌发展中存在的问题及原因，并对其今后的发展提出了对策和建议。

**关键词：** 河洛地区　民歌　民间音乐

## 一　河洛民歌概述

民歌是民族音乐文化的基础，也是中国传统音乐的滥觞。它被赋予了民族精神、民族风格和民族语言，是各民族文化的重要呈现方式。地处“天下之中”的河洛地区，受独特地理环境、历史背景和文化生活的影响，造就出了分布广泛、种类繁多、内容丰富、流传久远的河洛民歌，这些民歌根据地域特征、历史背景、百姓生活和劳动所创作，经过千百年的融合和发展而传承至今，既承载了河洛地区深厚的文化底蕴，也反映了河洛人民最真切、最朴实的思想感情。

* 李婉晨，洛阳理工学院教育科学与音乐学院讲师，硕士，主要研究方向为传统音乐文化。

## （一）历史背景

据《汉书·艺文志》记载，汉乐府采集的民歌遍及长江和黄河两大流域，范围十分广泛，种类也较为丰富。直到隋唐时期，这种民歌采集制度也一直留存。但这一历史时期，保留下来的河洛民歌却寥寥无几。从其他典籍中也可窥见河洛民歌的一斑，如《洛阳行者为薛灵芸歌》。

北宋王朝建立后，河洛地区的政治、经济逐步发展，人民生活水平提高的同时，也更加注重文化艺术的发展。在当时的河洛地区，可看到专业民间艺人演出，节庆时还会在街上搭起临时“演出露台”，观众如潮，由此可以看出，宋朝河洛地区文化艺术的繁荣盛况，宫廷和民间音乐互相交融，促进了河洛民歌的发展。

靖康元年，金兵入侵汴梁，兵荒马乱、田园荒芜，造成了当时人民百姓生活疾苦。尽管尚有民歌艺人匿身于豫西北一代，但民间音乐的繁荣景象已经不复存在。

1644 年，清朝建立。各种地方戏曲、河南小曲在河洛地区兴起。清道光二年（1821 年），百姓用民歌的形式来赞扬农民斗争的光辉事迹和革命运动，如《防守歌》《跟着老乐创江山》等。

由此可见，河洛民歌经过数个朝代的洗礼和沉淀，在世代传承中经过人民群众不断地创新和完善而保留下来。其具有的深厚历史底蕴，是河南传统音乐文化的重要代表，也在我国传统音乐文化历史中具有举足轻重的地位。

## （二）地理环境

古人云：“凡音之起，由人心生也。人心之动，物使之然也。感于物而动，故形于声。”① 河洛地区悠久的历史和独特的地理环境，决定了河洛民歌不仅具有深厚的文化思想内涵，还极富中原地区的地理文化特征。

河洛地区地处“天下之中”，现今的河洛地区主要是指以洛阳为中心，

---

① 刘德：《乐记》，《礼记（十九篇）》。

西至潼关、华阴，东至荥阳、郑州，南至汝颖，北跨黄河而至晋南、济源一带，它是我国最早跨入文明时代的地区，也是华夏族形成的核心地区。正是河洛地区独特的地理位置滋养了河洛民歌的产生和成长。①

河洛文化的产生与其所处的地理地貌特征息息相关，同时地理环境也对当时的社会制度和文化属性有着深刻的影响。虽然，历史因素和人文因素都会影响河洛文化的产生和发展，但地理环境、地形地貌特征是河洛文化产生的重要条件和基石，也促进了河洛民歌音乐特征的形成。

### （三）人文背景

河洛地区独特的地理环境和漫长的历史进程，使得河洛文化在千百年的传承中，不断吸收、融合、添加新的元素，从而形成众多优秀的传统文化遗产。如渑池县的仰韶文化遗址、洛阳二里头遗址等。这些文化遗址对于研究古代建筑、绘画、音乐等文化艺术，了解当时的社会政治、经济发展状况都有很高的人文价值和历史价值。

佛教文化在东汉时期传入中原，我国中原地区第一座佛教殿堂白马寺和隋唐以来开凿的佛事龙门石窟，都是佛教文化在河洛地区留下的历史印记。这也说明河洛地区不仅人文内涵丰富，更是中国佛教的重要发源地。自此，佛经的吟唱相继产生，被群众称为“经歌”，也是河洛民歌的种类之一。

据我国音乐史学家考证，《诗经》中的《风》和部分《小雅》即为河洛地区公元前6世纪的民歌。河洛民歌正是在这样深厚的文化背景中孕育起来的。

## 二　河洛民歌的现状

本报告通过实地考察、采访和发放问卷调查等调查形式，获得了河洛民

① 薛伟：《河洛民歌腔词关系研究》，东北师范大学2012年博士学位论文。

歌相关的调查资料，对河洛民歌现有的种类、分布和现状做出了较为全面的梳理，并对其产生的渊源和原因做了深入剖析。

## （一）河洛民歌现存的种类

河洛地区有着群山环绕的地貌特征，因此山歌和田歌较多，如卢氏县的田歌曾申报河南省非物质文化遗产，黄河沿岸的一些县区则有船工号子、打硪号子，等等。目前，河洛地区现存的民歌按照体裁分类主要有以下六种类型。

1. 号子

号子是劳动人民在从事繁重体力劳动时所唱的一种号歌。号子的演唱伴随体力劳动，并和劳动节奏、曲调密切配合在一起，既产生于劳动过程中，又直接为生产劳动服务，并反映了人民真实的劳动状态和精神风貌。

河洛地区现存的号子种类主要有船工号子、打夯号子、打硪号子、板车号子、拉件号子、抬包号子、打纸浆号子、查鸡蛋号子、粮坊喝斗号、推火车号子、打鱼号子等。

其中最具代表性的就是船工号子。黄河沿岸的各地市曾以摆渡为生的船工，需要从事拉纤、搭棚、撑船等繁重的体力劳动，为了激发船工的情绪，统一劳动节奏，船工会演唱号歌鼓舞士气，激发工作热情。现存的代表民歌主要有洛阳的《黄河晚上拉船满号》、伊川的《黄河喂喂号》、巩义市的《黄河大跺脚号》、偃师县的《黄河叫号》、新安县的《黄河打喂喂号》等。

2. 山歌

山歌是山区劳动人民在田间耕作或在山坡放牧时所唱的歌，特别是初夏在秧田里劳作时，更是山歌盛行的时候，歌声此起彼伏，遥相呼应，人们通过歌声抒发劳动中的感情。

河洛地区的山歌主要分布在桐柏山、崤山、熊耳山等山区的一些地市，演唱形式有一领众和、对山歌和一人吆唱等。山歌的曲调广阔嘹亮，热烈奔放，多运用自由的散板，在乐句布字上有疏有密，与行腔密切结合，急缓适当。山歌的内容比较广泛，社会生活的方方面面都有所涉及，但最多的是有关民间风情和爱情生活的内容。山歌的节奏和旋律一般较为自由、流畅，歌词大多为历史流传下来的，但也有把当时所见所闻即兴编成歌来唱。山歌分高腔、平腔、矮腔等。现存的代表作品主要有桐柏的《石榴开花叶儿稀》《一轮红日照山河》，灵宝的《姐儿歌》《打弹弓》，卢氏的《青红吊打》《旧社会真黑暗》，栾川的《打獐子歌》等。

3. 田歌

田歌主要分布在河洛地区桐柏山、熊耳山一带有水田的地方。有水田地方的田歌，多在犁田、栽秧及车水时演唱。田歌是人民在劳动过程中边劳动边唱的，由于分布地域四季分明、季节性较强，所以农民一般多在春秋两季在田间耕作时演唱较多，夏季和农闲的冬天，基本不唱田歌。

桐柏山区在秧田、犁耙田时，多唱赶慢牛、放皇声、皇声头等调；插秧时多唱插秧歌、栽秧歌及“打刘海”“打丫头”“罗哈调”等调的插秧歌。车水时唱车水歌，通常还会加入锣鼓乐器伴奏。代表作有《一下田来把秧载》《南坡大姐整十八》《车水歌》等。

熊耳山区卢氏县一带的卢氏劳号有其独有特点，演唱形式多为一人领众人和、根据劳号词曲、衬词及演唱方法的不同，分为大劳号、小劳号、劳号娃、长劳号、短劳号、硬劳号、软劳号、颤劳号、喂喂劳号、对花劳号、十字劳号等。由于卢氏县地处熊耳山区，交通闭塞，文艺生活也比较单调，因此逢重大节日的庙会，踩高跷、玩旱船也会演唱劳号调，如撑船号、灯笼官儿等。

劳号是田歌中较为常见类型，主要为劳动人民在田间锄地时演唱。山区农民为了排解在繁重的体力劳动时寂寞和疲劳，习惯通过演唱劳号的方式来表达情感，反映真实的社会生活。其中，卢氏劳号常在灯节、庙会等重大节日中进行演唱。劳号在演唱形式上主要有对答式和赛歌两种，如《对花》《猜灯谜》等。现存的卢氏劳号主要有《穷汉熬长工》《卖个工儿这样难》《四保闹长工》《采花》《大对花》《绣荷包》《倒十字》《螃蟹歌》《三月里来桃花红》等。

4. 风俗歌

风俗歌是风俗活动时所演唱的民间歌曲，是在群众长期生活中形成的，并直接反映民间风俗活动的基本内容和基本特征，如婚事、丧事、祭祀、朝山拜佛以及其他民俗活动等。

风俗歌最常见的类型——经歌，是河洛地区最有特色的民歌种类之一，也是目前传唱最普遍的类型，这也是与河洛地区佛教释源地的人文背景分不开的。经歌所表现的内容多为劝人行善，即人生在世要做善事、尊老爱幼、克尽孝道、邻里和睦等，其中也不乏一些神话传说和民间行善积德的传说故事。其演唱形式多为一领众和，偶尔也会有齐唱或对唱的方式。在演唱时，有的挑着经担、有的挑着花篮、有的打着花棍。演唱者依据歌词内容边唱边表演，其余人手持木鱼、碰铃或其他打击乐器来伴奏兼伴唱。经歌的演唱与民间风俗紧密结合，表演起来情景交融，气氛活跃，深受群众喜爱，如今经歌主要在汝阳、临汝、嵩县、孟津、偃师、新安、伊川等地普遍流传，代表作品有汝阳县的《赶会》、孟津县的《纺花经》、汝阳县的《弹琵琶》、嵩县的《一根经担三尺三》、栾川县的《荣华庙里受香烟》等。

5. 小调

小调是河洛民歌中数量最多、分布最广、内容最丰富的种类。它的内容主要从历史重大政治斗争到人们生活中的各个方面所提炼，内容十分广泛。

小调流传和遍布在社会各个不同的阶层中，也反映着社会生活的各个方面，大多是叙述一个完整的故事，歌词较长，叙事性、抒情性强，而且传唱性强。因其内容丰富多彩、与生活密切相关、曲调优美、节奏稳定、结构完整等特点，小调是流传最广也是至今传唱数量最多的一种民歌类型。现存常见的代表作品主要有《想情哥》《双对花》等。

儿歌在河洛民歌的小调体裁中也流传得十分广泛。其演唱内容一般是儿童玩耍、游戏时所唱，或者父母哄孩子时所唱。据调查，洛阳市涧西区还有较为丰富的儿歌流传，如《摇篮曲》《五猜谜》《放风筝》等。

在河洛地区的农村，如今还广泛流传着小调题材中的叫卖调。叫卖调是指小商小贩为吸引顾客而演唱的一种小调。

6. 灯歌

灯歌是在中原民间传统文化节日——元宵节中所演唱的民歌。灯歌的主要形式有高跷、旱船、秧歌、地灯、小车、竹马、花鼓、九莲灯、岔伞、花伞、锣鼓唱、锣鼓曲等。灯歌在演唱时常和民间舞蹈紧密结合，边唱边演、载歌载舞；表演时一般持有特定道具并配以锣鼓或其他打击乐器做伴奏。灯歌欢快活泼、生活气息浓重，且幽默风趣，具有浓厚的地方色彩。现存代表作品主要有灵宝市的《闹元宵》《天下太平灯》，巩义市的《降香》、栾川县的《十爱姐》、卢氏县的《五月采茶》等。

## （二）河洛民歌歌手现状

通过对民歌艺人的实地走访调查发现，现存的歌手数量并不乐观。从年龄上看，采访的36位歌手，年龄在65～75岁的共14位，占歌手总数量的39%；55～64岁的共16位，占歌手总数量的44%；40～49岁的共4位，占歌手总数量的11%；30～39岁的共2位，占歌手总数量的6%。可见，现存的河洛民歌艺人普遍年龄较大，中青年歌手较少，如果今后无人能唱，河洛民歌将面临消失的危机。

此次实地调查共录制84首河洛民歌，65岁以上歌手演唱42首民歌；55～64岁歌手演唱32首民歌；40～49岁歌手演唱8首民歌；30～39岁歌手演唱2首民歌。研究发现，年龄大的歌手通常会演唱的曲目较多，较年轻的歌手大多只能演唱一首。

## （三）河洛民歌的传播现状

通过问卷调查的形式，笔者发现河洛民歌的传播现状不容乐观。在演出频率上，当地群众近三年看到河洛民歌演出的情况为，39%的受访者表示偶尔可以看到，10%的受访者表示从没看过，说明河洛民歌演出活动虽没完全中断，但次数较少；在演唱的地点上，30%的受访者表示不清楚，21%的受访者表示在农村的集市上听到过，38%的受访者表示在节日或大型节庆活动时听到过，说明河洛民歌演出地点较不固定；在表演时间上，48%的受访者表示在特殊文化活动中听到过，21% 的受访者表示在节假日或周末听到过，5% 的受访者表示没有在任何时间听到过，说明民歌固定演出虽然存在，但时间较少。

调查还显示，在对河洛民歌的关注度上，20% 的受访者有所了解；79% 的受访者对河洛民歌没有了解，除了民歌歌手，了解河洛民歌的受访者是少之又少。从喜爱成程度来看，对河洛民歌不感兴趣的受访者占 58%，其中以年轻人为主。调查发现，河洛民歌的发展现状令人担忧。

对于河洛民歌的认可度，37% 的受访者表示喜欢、愿意欣赏河洛民歌，58% 的受访者表示不喜欢也不会听。在不喜欢的原因中，认为民歌曲调陈旧的占 52%，听不懂民歌的占 19%；对于民歌进校园活动的可行性，38% 的受访者认为河洛民歌进校园的可行性很高，53% 的受访者认为可行性一般；大多数受访者认为河洛民歌的曲调陈旧，与现代生活距离较远，参与度不高。

## 三　河洛民歌发展中存在的问题及原因

### （一）存在问题

现阶段，河洛民歌的传承、保护和发展在相关单位、学者专家和民歌艺人的努力下，虽然取得了一定的成绩，但仍存在一些问题和困难。通过对河洛民歌的学术研究及现状调查，发现河洛民歌中的濒危曲种在发展过程中主要存在以下问题。

1. 部分民歌本身因循守旧、数量萎缩

河洛民歌之所以发展困难是其所处年代发生改变，而民歌本身却停滞不前，没有发生变化。通过问卷调查得知，52% 的人认为河洛民歌曲调不好听，不感兴趣。随着年代的改变，现代科学技术迅速发展导致人民生活方式发生变化，河洛民歌的表现形式已不适应时代的发展，外来文化的冲击和人民审美情趣的提高也使河洛民歌的群众基础越来越薄弱。一些民歌本身陈词老调，缺乏创新，不符合人们对现代生活的需要，这在很大程度上阻碍了河洛民歌的发展。此外，现存的民歌大多散落在民间，处于无人问津、濒临灭绝的状态。

2. 河洛民歌难觅新歌手

通过调查发现，河洛民歌现有演唱歌手年龄大多较大，能够演唱多首曲目的年轻人很少。河洛民歌的演唱人才匮乏，这也是发展河洛民歌最大的难题。其困难在于学艺难度大，很难速成，不具备足够的音乐理论知识等，加之长期以来河洛民歌歌手大多生活在农村，并没有受到应有的社会认同和社会地位，导致很少有人愿意学习和演唱河洛民歌。

3. 公众对河洛民歌认识不够

通过笔者进行的问卷调查发现，人们对河洛民歌的了解不多，对一些河洛民歌的种类从没有听说过，民歌的保护意识也很薄弱，有些人认识不到民歌的重要作用和价值，也不了解河洛民歌传承和发展工作的迫切性，对河洛文化的认识有待提高。

4. 相关部门宣传和保护力度不够

目前，相关部门和机构对民歌的宣传和保护不够重视，在经费投入上有所欠缺，在制定政策时未能对河洛民歌的发展给予充分的支持。一些单位在宣传方面不够下功夫，各地市文化馆和相关网页缺乏有关河洛地区民歌的资料，一些负责文化传承和发展的机构力量较为薄弱，如民歌保护方面的管理研究人员的数量较少，专业性不够强。

## （二）原因分析

1. 民歌生存环境改变

民歌是反映当时当地人民生活习俗、劳动方式、真实感情和思想面貌的一种艺术表现形式，是经历千百年风雨洗礼的民族民间文化形态。随着现代化科学技术的高速发展和国家经济水平的不断提高，河洛文化和河洛民歌的发展也受到了人民生活水平、劳动方式、生存环境和思想面貌根本性变化的影响。当人工智能取代体力劳动，劳动号子就失去了生存环境；当集体劳动变为了家庭承包，山歌就失去了演唱环境；当小商小贩的街头叫卖被超市、便利店所替代，富有独特韵味的叫卖调也失去了本身的意义。

2. 现代媒体对河洛民歌文化的关注度不够

如今是科技飞速发展的时代，通过互联网，现代文化大量涌入农村的街头小巷，人们足不出户就能欣赏到远隔千里、横跨海洋的种类繁多的音乐作品。而很多民歌没有曲谱，长期以来都是以口传心授的方式进行传承，也从没有通过现代媒体向广大群众传播。现代媒体对河洛民歌的关注不够，也是民歌文化发展缓慢的原因之一。

3. 研究学者梯队出现严重断代

随着老一辈河洛民歌研究学者的老龄化，很多河洛民歌的文字资料、录音以及录像还没有来得及整理，就随着民间歌手的相继故去而不复存在，而河洛本土的民歌研究者有着对本土音乐文化的热爱和天然的地理优势，是研究河洛民歌的最佳人选。因此，建立优秀的河洛文化、民歌研究团队也是我们发展河洛民歌的必要措施。

4. 忽视对民歌文化和民歌资源的开发

目前，民歌文化和民歌资源在各地的发展均相对落后，各地方政府对发展经济十分重视，既有政策扶持又有资金投入，却忽略了民歌艺术文化的保护和发展。河洛民歌悠久的历史使其具有深厚的文化底蕴，并保留着中原地区民间音乐的原始形态和风格，如果能够将地方特色经济和民歌艺术资源相结合，打造河洛音乐品牌，发展民间歌曲产业，同样可以带动当地经济的发展，同时也对河洛民歌的发展起到良性作用。

5. 多元文化价值下的审美蜕变

当代文化价值取向是多元化的，快节奏的工作和生活引起人们文化生活方式的改变，如快餐文化、娱乐文化等新常态的多元性文化。在这种文化属性下，多种娱乐形式进行相互输入和交融，促使受众群体迅速分化，民俗文化多样性发展，面对民俗生活的改变，旧的民间文化必然会失去其审美价值，或背离当代社会的主流审美品位。

## 四 河洛民歌发展的对策建议

### （一）对河洛民歌进行改编和再创作

河洛民歌历史悠久，产生于人民群众千百年的生活劳动之中，其民间的乡土气息比较重。所以河洛民歌普遍存在曲目因循守旧、旋律老套、形式单一，与主流文化不相符等问题，导致现如今河洛地区大部分民歌已然岌岌可危，丧失了实际演出的可能性，形势极为严峻。因此，我们可利用作曲机制在河洛民歌的原有曲调基础上进行合理的变革和创新，力求在保留河洛民歌特点的前提下，将河洛民歌转变为既与时俱进、因时制宜，又保留传统特色、接地气的音乐。从而使河洛民歌的演唱能符合大多数听众的审美需求，赋予河洛民歌新的生命力。

在创作和改编时，因遵循河洛民歌的原有风格，取其精华重点弘扬，保留民歌的本土音乐特色，真正做到既保留有传统河洛文化元素又适合时代发展的需要。改编的民歌形式应丰富多样、形象生动、便于推广、易于流传、赋予时代气息、贴近生活。在原有民歌的基础上，大胆运用新颖的调式和曲式结构来丰富歌曲内容；河洛民歌大多没有伴奏，因此在配器上可以对民歌进行伴奏编配，甚至加入流行音乐元素，丰富民歌的表现力，使其与时代更加贴合。

### （二）以高校为依托开设河洛民歌相关课程

高校作为培养人才的专业院校，应充分发挥它的作用，依托高校为音乐专业学生开设河洛民歌相关课程，推广河洛民歌，也是发展河洛民歌的重要措施。通过对洛阳理工学院音乐表演专业学生的调查发现，目前大部分学生对河洛民歌不具备一定的认知和了解，仅仅少数学生对其一知半解，表示听说过。受多元现代文化的影响，学生在初学民歌时具有抵触情绪，认为民歌没有流行歌曲好听。通过对洛阳理工学院音乐表演专业 200 名学生进行的调查显示，83%的学生没有听说过河洛民歌，也不会主动收集河洛民歌作品。特别是民族唱法的声乐专业学生，了解河南民歌的学生也很少，大部分同学只听过《编花篮》。为了使学生对河洛民歌产生兴趣，培养民歌演唱人才，促进河洛民歌的发展，在对相关课程的教学实践进行总结的基础上提出以下建议。

第一，利用现已开设的声乐专业课程，引导学生选择河洛民歌作品进行演唱。利用地理位置的优势，将学生置于河洛地区的环境中，了解民歌的历史、音乐特点和深刻内涵，引起学生学习河洛民歌的兴趣。此外，可运用线上资料，通过现代科技手段展现民歌演唱的生动画面，让学生了解河洛文化。

第二，开设民歌唱腔课程。目前，高校开设有针对声乐专业演唱语言的意大利语音课程，却忽略了中华传统民歌的唱腔语言学习。学习民歌首先应进行唱腔语言的学习，学习河洛民歌唱腔，不仅能准确把握河洛民歌的独特性，还能准确体现河洛民歌的艺术性。

第三，开设河洛民歌演唱技巧的相关课程。想要唱出地道的河洛民歌，就要对河洛民歌的吐字、唱腔等演唱技巧有所学习。开设河洛民歌演唱技巧相关课程，有助于学生准确把握河洛民歌中真实、自然的音色，唱出原汁原味的河洛民歌。

### （三）加强对河洛民歌手的传承与保护，注重青年歌手的培养

民间音乐的发展在于传承。而传承的主要途径就是以语言的教育或口传心授等方式，使传统的技艺、技能能够得以完整的流传。所以我们应该重视河洛民歌艺术家的传承。一是加强对各县区民歌演唱人员的保护。政府应提供相应的政策和制度，以提高河洛民歌艺术家的社会地位和荣誉感。在了解传承人现状的基础上，继续认定河洛民歌代表性作品的传承人，对有突出贡献的传承人给予支持、表彰和奖励。我们应该提高对传承人的补贴标准，扩大覆盖面，支持传承人开展学徒等活动，帮助和照顾生活有困难的传承人。二是加强对传承人进行理论知识培训，如相关领域的

文化内涵培训、民歌演唱的专业技巧等，从而提高民歌传承人对自身技能的理解和理论技术的升华，更新传承人的观念，增强传承人的职业认同感。三是制定合理的传承人培养制度。政府应对传承人和学徒给予一定的报酬，对自愿学习传承民歌的，给予适当的生活补助和物质奖励，营造良好的学习氛围；为民歌创造更多的演出或展示平台，提高民歌艺术家的接受度，激励更多的年轻人参与民歌传承。传承人自身也要努力做好学徒制工作。四是要加强文化部门民歌保护人才队伍建设，培养专门人才，提高研究管理水平。

另外，对青年歌手的培养也尤为重要。青年歌手是民间歌曲传承的希望。民歌表演人才不是一朝一夕就可完成的，解决这一问题需要各部门通力协作。集中人力财力抓紧抢救、整理、恢复，积极做好老艺人授徒工作，以老带新是解决民歌表演人才缺失的重要手段。对于青年民歌人才培养的问题，笔者认为首先演唱者应具备与河洛民歌相关的专业知识能力；其次需要对人文知识和河洛文化知识有足够的了解。

### （四）实行河洛民歌分类开发、区别对待

要广泛引导、区别对待、合理发展有特色的、不同类型的河洛民歌。通过广泛调研和深入研究，根据不同类型民歌的不同特点和现状，制定不同的传承保护和开发利用对策，对河洛周边各县市应采用不同的扶持措施政策，合理进行传承发展，还可以借鉴国内民歌发展中一些具有创新性的思路和模式，进行因地制宜的引进和创新。对不同发展程度的民歌也要区别对待，对采取措施抢救和稳定发展的民歌提供支持性保护。对仅存在于部分地区或家庭、个人的不可再生的，或面临遗产传承人高年龄或濒临消失的民歌要实施抢救性保护。

### （五）突出文化多样性产业开发，打造河洛音乐品牌

基于河洛民歌的产品开发是特色文化产业的重要途径，也是保护河洛文化的重要举措。在打造河洛音乐品牌、开发多样性产业时，要尊重不同地域

的民间歌曲特点，在维护传统音乐精髓和本体特点的前提下进行改革创新，因为这些优秀的艺术元素和风格特点是民间艺人长期的艺术实践所致，在历史上得到了人们的认可和欢迎。对于从事文化产业的个体或企业来说，还肩负着复兴传统文化的责任，因此，不能一味迎合文化市场的各种需求，而是要在产业开发的过程中注意恢复和发展处于濒危或退化状态的优秀河洛民歌元素。

在消费主义浪潮下，大众化的艺术形式渗透我们的文化生活，既带来了审美趣味的多元化发展，又造成了对传统文化的割裂。这就要求在文化产业开发过程中，更加突出民间曲艺的地方性，打造地方音乐品牌。河洛民歌的产业化发展实际上也是一种文化传播，在大众文化时代必将发出自己独特的声音，为大众文化的发展提供一个新的视角。这些弥足珍贵的民间歌曲，带给我们的是生活化的审美体验，也将会受到文化消费者的重新认知，成为民间歌曲产业化发展的核心竞争力。

### （六）建立民歌多媒体传播和数字化开发体系

河洛民歌的多媒体传播和数字化开发体系是一种新型民歌发展方式，具有极大的方便性和先进性。所谓民歌数字化，是将河洛民歌转化、复制、还原为一种可以共享和再生的数字形式，并从新的角度解读、保存，并以新的方式使用它们。除了用数字技术录制、拍摄、录制民歌外，还可以利用现代化数字手段和科技化数字手段对民歌发展进行创新，如建立数据库采集、人工智能作曲、短视频传播体系、数字化音乐编排、数字化舞蹈编排等。

此外，我们还可以利用“互联网 +”对民歌进行传承，为“大数据”模式下河洛民歌的保护与发展、分析与评价，提供相关决策参考。总之，数字化保护技术和再现技术是民歌的有效传承方式，也为人民群众提供欣赏平台，数字显示和传播技术为河洛民歌的传播提供了共享平台，虚拟现实技术的利用为河洛民歌的发展提供了空间。

## 五　结语

河洛民歌是人类文明发展的艺术结晶，是河洛文化所积淀的非物质文化遗产，也是反映百姓情感的重要载体，其价值功能正在被人们重新认知。河洛民歌的传承保护和开发利用，不仅要遵循“抢救第一、合理利用、传承发展”的总方针，正确处理传承和利用的关系。同时，还应运用各种科学有效的现代手段，继续进行传承保护和合理的开发利用，保持河洛民歌的独特风格，创造河洛文化的品牌魅力，形成政府领导、全民参与河洛民歌保护和传承的良好局面，使河洛民歌得到更好的保护、弘扬和发展。

### 参考文献

[1]《中国民间歌曲集成　河南卷》，中国 ISBN 中心，1997。

[2] 王莹：《地域文化环境看河洛地区民歌艺术色彩特征》，《洛阳师范学院学报》2006 年第 1 期。

[3] 常丽梅：《洛阳地方传统音乐文化》，《美与时代》2011 年第 2 期。

[4] 马紫晨：《河南曲艺史论文集》，中州古籍出版社，1996。

[5] 余艳：《河洛文化视野下民间歌谣的价值》，《洛阳理工学院学报》（社会科学版）2011 年第 6 期。

[6] 宋照敏：《洛阳民歌的人文艺术特征》，《洛阳师范学院学报》2011 年第 12 期。

[7] 吕锋：《论民族民间音乐的价值功能及其现实意义》，《沈阳师范大学学报》2011 年第 4 期。

[8] 中国民间文学研究会河南分会编《洛阳的传说（河南民间文学第六辑）》，河南人民出版，1983。

[9] 葛坤英：《古河洛音乐艺术之成就》，《音乐探索》1999 年第 2 期。

[10] 王晶晶：《河南传统民歌的传承与发展》，《艺术教育》2012 年第 8 期。

[11] 宋佩玲：《关于中国民歌地域性特点的研究》，《才智》2012 年第 25 期。

[12] 孟天屹：《浅析民歌音乐风格与地域文化》，《黄河之声》2013 年第 6 期。

[13] 翟杰：《豫西民歌的种类与音乐特色》，《安阳师范学院学报》2011 年第 4 期。

[14] 李庆勋：《河南地方传统民歌在声乐教学中的探究》，《大众文艺》2011 年第 6 期。
[15] 杜蕙：《豫西民歌探索》，《洛阳师范学院学报》2006 年第 3 期。
[16] 于立刚：《河南信阳民歌音乐特征与文化成因分析》，《乐府新声》（沈阳音乐学院学报）2011 年第 12 期。

# 区 域 篇

**Reports on Regional Culture**

## B.11
## 涧西区文化旅游产业发展报告

任程远*

**摘　要：** 涧西区以打造高质量首创之区为引领，深挖旅游文化潜力；重点推进工业文化遗产保护项目，规划建设文化创意产业园，发展红色教育基地和研学旅游项目；协同推进公共文化服务体系建设。努力实现工业、文化、旅游融合发展，共同推动文化旅游产业高质量发展。

**关键词：** 文旅融合　旅游产业　苏式建筑　洛阳　涧西

涧西区处于洛阳市区的西部，成立于1955年，因地处洛阳涧河西面而

* 任程远，中共洛阳市委党校讲师，硕士，研究方向为文化产业学、干部素质能力。

得名。涧西区总面积约90平方公里，辖区有1个洛阳市先进制造业集聚区、12个城市街道办事处，72个社区。总人口约81万，其中常住人口59万，流动人口22万，户籍人口和流动人口数均占洛阳市城区人口的1/3。近几年来，涧西区以习近平新时代中国特色社会主义思想为指导，紧紧围绕建设国际文化旅游名城奋斗目标，抓住文化旅游融合发展主线，重点推进工业文化旅游，推动文化旅游业高质量发展。涧西区先后被纳入郑洛新自主创新示范区、中国（河南）自由贸易区等国家战略，涧西区在全省、全市的战略优势和发展潜力更加彰显。涧西区以打造高质量首创之区为引领，深挖文化潜力，盘活旅游资源，推动文化、旅游、工业融合式发展，工业遗产保护与开发并举，加快布局文化创意产业园建设、高科技产业服务等新型业态。特别是在文化旅游方面，涧西区文化产业增加值高达17.77亿元，占GDP比重为16.15%，远超过“到2020年，文化产业成为国民经济支柱性产业，占GDP达到5%”的国家要求。文化旅游产业已经成为涧西区重要的支柱性产业，涧西区正努力打造河洛大地文化旅游的新名片。

## 一　涧西区文化旅游资源基本情况

### （一）涧西区不可移动文物及工业文化遗产基本情况

涧西区文化旅游资源十分丰富，全区共有不可移动文物44个，其中国家文物保护单位3个，分别是洛阳涧西苏式建筑群、王湾遗址、东周王城；市级文物保护单位1个，即尚凹遗址；其余为未定级不可移动文物。涧西区不可移动文物主要有近现代重要史迹及代表性建筑、古墓葬和古遗址，近现代重要史迹中有22处苏式建筑，为国家重点保护建筑。

2011年5月，洛阳市涧西工业遗产街区被国家文化部、文物局评选为中国历史文化名街，在同时评选的中国十个历史文化名街中，它是唯一一个反映新中国工业遗产的街区，具有非常重要的历史、人文、工业、科学和社会情感价值。2013 年，中信重工、一拖、洛轴、洛铜四大厂前广场以及 2 号、10 号、11 号街坊等苏式历史建筑群被列为第七批国家重点文物保护单位。2018 年，中信重工和一拖集团部分厂区被国家工信部评为第二批国家工业遗产。其中，在工业厂区内建成的习仲勋纪念馆、焦裕禄纪念馆、纪登奎故居等详细记录了在新中国刚成立的年代，党和人民艰苦奋斗、不畏艰难、努力奋斗、为国家奠定了坚实工业基础的光辉历程。

1. 涧西区不可移动文物保护情况

1955 年涧西区因新中国工业建设的需要而成立，在国家第一个五年计划期间，洛阳布局了 6 个重点工业项目，展开了新中国历史上规模空前的重工业建设的序幕。涧西区的文化旅游主要依托工业文化的丰富资源。2014 年 6 月，涧西苏式建筑群整体修缮保护工程在国家文物局成功立项，涧西区开始全面启动涧西苏式建筑群修缮保护工作；2015 年，涧西区投入 150 万余元委托上海同济大学编制完成了《洛阳涧西苏式建筑群（2 号/10 号/11 号街坊）修缮方案》。涧西区政府高度重视文物安全及居民生活，对文物多次进行抢救性维修。2016 年对问题最严重的 10 号街坊 18 号楼屋面进行抢救性维修。对 2 号街坊展开全面维修，并委托专业施工团队于 2018 年 4 月开始先对 2 号街坊 10 号楼进行试验性维修，同时启动习仲勋旧居的修缮保护工程。

对于涧西区未被列入国保单位的不可移动文物，涧西区委区政府积极履行监督管理责任，聘用专业的文保人员，对涧西区文物进行定期检查，并及时上报文物变化信息，防止破坏、损毁文物的情况发生。同时涧西区政府多次召开文物安全会议并下发文件，明确文物使用单位的直接责任、区政府及各办事处的属地责任以及区文旅局、区公安分局、区住建局、区市场监管局等职能单位的监督责任。

2. 涧西区工业文化遗产保护情况

洛阳市作为首批国家历史文化名城，编制了《洛阳市历史文化名城保护规划（2010～2020）》，确定了老城区东南隅、西南隅两个历史文化街区，同时确定涧西为工业遗产历史风貌区。2019 年，《洛阳市城市总体规划》面临修编，城市紫线需要重新划定，《洛阳市历史文化名城保护规划》也随之进行了调整。2019 年 7 月，涧西区对《洛阳市历史文化名城保护规划》进行现场调研，用 2 天时间集中对洛阳铜加工厂、洛阳轴承厂、洛阳第一拖拉机厂、中信重工集团、河南柴油机重工有限责任公司、洛阳耐火材料厂的旧厂房以及中州西路沿线的所有苏式建筑群进行了详尽的调研。

《洛阳市历史文化名城保护规划》修订计划将涧西工业遗产街区从历史风貌区提升为历史文化街区，保护范围更加明确，保护要求更加严格。2019 年 12 月初，东南大学城市规划设计研究院到涧西区进行了工业文化遗产调研，并编制了《涧西工业遗产历史文化街区保护规划》，尤其对涧西区工业遗产的保护和利用进行了深入分析和研究，并制定了详尽的保护规划纲要。

3. 工业文化遗产保护的价值和意义

涧西区成功申报历史文化街区后，一是提高了涧西区的知名度，使涧西工业遗产的价值得到进一步的提升，提高了城市的品位和文化自信；二是树立了涧西区独具特色的工业旅游品牌，通过深挖和梳理各类工业文化遗产资源，进一步打造工业旅游品牌；三是被认定历史文化街区后，探索历史文化保护与城市建设、与经济发展、与民生福祉的协调发展将是涧西区面对的巨大挑战，但挑战也是机遇。例如福建省福州市三坊七巷的成功修复改造，使原来的老旧明清建筑焕发新的生机，经过改造提升已经成为国家 5A 级旅游景区；每年三坊七巷内仅租金收入就达 1 亿元，原来的居民迁出后住进楼房，居民的居住条件和生活条件也得到极大改善。

## （二）涧西区旅游文化资源基本情况

1. 文艺演出市场蓬勃发展

大型山水实景史诗话剧《武则天》于 2017 年开演以来深受观众好评，该剧演绎了一代女皇武则天从 14 岁入宫到 82 岁去世的经历，以全新的角度诠释刻画中国历史上唯一女皇武则天的一生，已成为展示洛阳深厚历史文化和人文底蕴的新名片。2019 年演出场次 179 场，观演人数 16.58 万人次，营业收入达 538.55 万元；演出场所附近的特色商业街及配套生活服务设施产业园也正在建设完善中。

2. 公共文化资源逐步完善

涧西区公共文化资源丰富，于2017年荣获河南省公共文化服务体系示范区称号。区内设置有涧西区图书馆、涧西区人民文化馆、11个街道综合文化服务中心、49个社区文化活动中心、3个爱国主义教育基地、1个国学剧院、53个文化广场和多个电影院，以及盛世唐园文化产业园、东方文创产业园、洛阳N9创意园、农耕博物馆、东方红农耕文化体验游、中国铜工业文化旅游双创园等。已经形成了以“区级两馆”为龙头，其他公共文化机构为补充的完善的公共文化服务设施网络。区文化馆、图书馆坚持“送戏进社区”“送图书下基层”，并开展主题知识讲座、电影放映等公益性活动，使人民群众共享文化发展成果。

近几年，涧西区大力推进“河洛书苑”建设，涧西区拥有各类馆藏图书237300余册、电子图书20000余册，协调联动区图书馆、办事处图书室、社区图书室和6个24小时街区自助图书馆以及流动服务点，形成“四级联动阅读圈”，从时间、空间上拓展阅读服务，使居民在家门口15分钟距离内就近阅读图书，实现统借统还。涧西区图书馆积极推进“送阅读服务进社区”活动，共同推动全民阅读、学习型社区建设进程。各类图书馆通过开展读者阅读沙龙、讲座、电影观摩、读书会等，大力推广全民阅读，切实打造书香涧西。

## 二　2019年涧西区文化旅游产业发展现状

### （一）庆祝新中国成立70周年主题系列活动

1. “颂歌献祖国　唱响新时代”合唱活动

2019年9月19日下午，在涧西区八一礼堂举办了“颂歌献祖国　唱响新时代”合唱活动，来自辖区各企事业单位、大厂等20支队伍共计850余人参加，反映了涧西人民不懈奋斗的精神风貌，激发了广大干部群众爱党爱国的热情，为共创美好未来、共圆中国梦鼓舞了斗志。

2. “辉煌七十载　筑梦新时代”文艺汇演

2019 年 9 月 27 日，涧西区委区政府在八一礼堂举办庆祝新中国成立 70 周年“辉煌七十载　筑梦新时代”文艺汇演，大合唱《把一切献给党》、女声独唱《多想对你说》、配乐诗朗诵《人民万岁》、拉丁舞《东方红》等 15 个节目，以振奋人心的表演、慷慨激昂的旋律讴歌了伟大祖国 70 年来的沧桑巨变，展示了涧西区人民积极向上的精神面貌，抒发了群众为涧西区高质量发展贡献力量的满腔热情和坚定信念。

3. “辉煌七十载　筑梦新时代”主题书画展

2019 年 9 月 24 ~ 25 日，涧西区庆祝新中国成立 70 周年书画展在万达广场展出。入选作品表现了祖国建设成就，坚持以人民为中心的创作导向，服务人民，服务社会，共展出各类书画作品近 200 件，参展群众达到 5000 余人，发放《涧西区庆祝新中国成立七十周年书画优秀作品集》1000 册。

4.《洛水 · 深情》话剧隆重上演

2019 年 10 月 7 ~ 10 日，涧西区委宣传部、区文化和旅游局组织编创的写实性话剧《洛水 · 深情》在中信俱乐部进行演出。三天演出共吸引了 2700 名观众前来观看，不仅有涧西区机关领导干部，还吸引了辖区内大厂企业及科研院所的老工人、老党员、老工程师等前来观看。该话剧由李学军等涧西厂矿“工二代”创作，选取了“一五”时期工业化建设和改革开放两个重要时期，分别描绘了洛阳与深圳两片建设热土上那些为国家工业建设和经济建设做出贡献的开拓者、奋斗者画像，向为新中国建设奉献、牺牲的前辈以及为国家现代化建设做出无私贡献的平凡英雄致敬。

### （二）文化创意产业蓬勃发展

截至 2019 年，涧西区已有成熟文化创意产业园 3 家，分别是里外文化创意产业园、博艺文化艺术创意产业园和东方文创园，盛世唐园文化产业园则在此开演大型文化演艺节目——《武则天》。

1. 里外文化创意产业园

里外文化创意产业园位于洛阳市涧西区工业历史文化街区，总建筑面积8500平方米，通过对洛阳铜加工厂老旧厂区小管车间的改造，如今已形成“大LOFT+小平层”的轻工业风格文化创意办公空间和商业空间，目前已进驻21家公司、60家初创型小微企业。

2. 博艺文化艺术创意产业园

博艺文化艺术创意产业园利用涧西区珠江路洛阳理工学院旧校区，装修改造后形成面积达11000平方米的文创园，以“文化”“创意”“艺术”为内核，以开展艺术创作和创意设计为主要发展方向，培育孵化文创企业，现已有62家小微企业顺利入驻。

3. 东方文创园

东方文创园位于涧西区建设路23号院内，即原洛阳一拖建机厂旧址，这里完整保留了原有厂区试车台等标志性建筑，规划建设了“筑梦广场”，整个园区占地面积约50亩，改造旧厂房建筑面积16000平方米，总投资1.6亿元，整体园区为综合式园区，业态主要涵盖酒店商务、文化创意、休闲娱乐以及配套餐饮等四大产业系统，打造一个兼备时尚娱乐和文化休闲产业的消费场所、独具特色的城市风尚LOFT工业风格文化创意产业集聚区。2019年开业至今，凭借红砖墙体、钢结构、苏式厂房轮廓等工业遗迹的鲜明特色，园区厂房出租率达90%以上，营业收入高达800万元。

涧西区的文化创意产业园在对旧有厂房进行改造的同时，努力实现资源的最大化利用，保留了旧有的建筑特色和建筑风貌，同时又注入了新的文化创意元素，为创意产业的发展扩展了空间资源，实现传统文化资源与产业资源有机融合。目前三家创意产业园已进驻了数字电影城、摄影工作室、婚礼主题酒店、特色民宿、亲子餐厅、健身房等商业业态，是集休闲、娱乐、餐饮、购物、住宿等于一体的特色文创园。

4. 盛世唐园文化产业园

盛世唐园文化产业园项目计划投资13亿元，建设周期为三年，产业园主要包括《武则天》实景演出、九鼎苑、十二神雕苑、天枢文化广场、大唐女儿风情园、焦骨牡丹园、古运码头、万国集市等，形成以“武则天”为主题的文化观赏与旅游度假综合体。截至2019年底已完成了《武则天》实景演艺舞台、观众看台、游客服务中心、停车场等基础设施建设，完成投资3亿元。2019年，《武则天》演出场次共有179场，观演人数16.58万人，营业收入达538.55万元。大型山水实景史诗话剧《武则天》演出篇目共11篇，时间跨度从武则天14岁入宫到其82岁去世，以全新的角度诠释刻画了中国历史上唯一女皇武则天的一生，已成为展示洛阳深厚历史文化和人文底蕴的新名片。

## （三）工业文化与旅游融合发展

涧西区深入贯彻习近平总书记关于文化和旅游融合发展的重要论述精神，找准文旅融合发展的发力点，深挖涧西区最具有鲜明特色、生机勃勃的文化内核，将无形的文化落在有形的文化遗产上，并将旅游作为载体与媒介，讲好涧西故事，传播红色精神，发展文旅产业。

涧西是国家“一五”期间重点工业建设基地，经过60多年的工业发展留下了丰富的工业文化遗产资源，充分发掘与利用工业遗产资源发展文化旅游，这与文旅部提出的按照全域旅游理念大力推进工业旅游，将工业旅游做大、做强、做精彩的精神相一致。工业文化与旅游融合已经成为涧西区推进文旅融合发展的一张靓丽的名片，为涧西区文化产业和旅游产业发展提供新引擎、新动力。并在此基础上继续开展更广范围、更深层次、更高水平的融合发展。

1. 大力推动工业遗产博物馆项目建设

涧西区委区政府计划利用3000～5000平方米厂矿企业旧厂房等闲置资源，建设以工业为主题的博物馆，体现工业文明传承与创新，融入研学旅游特色，延续红色基因，打造爱国主义教育基地。目前该博物馆选址位于洛阳市涧西区西苑路1号中钢集团耐火材料有限公司院内“信念的力量”陈列馆西，原建筑为洛耐模具热处理厂等2处旧厂房，总占地面积3000平方米左右。邀请上海励展、广州力天、深圳杰尔斯三家展陈设计单位对工业遗产

博物馆进行概念方案设计。

2. 继续完善涧西工业旅游规划

为了落实洛阳市国际文化旅游名城战略定位，立足涧西，联动洛阳，面向全国，以“后工业化”的视野，挖掘“前工业化”的资源，利用“现工业化”的成果，以“洛阳圣城，工业文明”为形象定位，形成以“国家156主题工园”为核心品牌的“超工业化”旅游产品体系，建设全国最完整的5A级社会主义大工业文化主题旅游目的地。

涧西区政府整合社会各方力量共同谋划工业旅游项目建设。洛阳第一拖拉机制造厂计划利用坦克靶场建设工业旅游基地，融入研学旅游和幼儿教育等产品；中信重工集团计划与中航文化、深圳聚橙等公司对接，对中信发电设备厂等地块进行调研，谋划建设航空博物馆、影视文化园区等项目。同时围绕工业旅游融合发展研学旅游，根据涧西区教育局印发《关于组织涧西区小学生开展研学实践教育公益活动的通知》，率先开展研学旅游示范推广工作，为进一步发展研学旅游打下基础。

涧西区先后花费110万元邀请上海同济大学规划设计院专家对整个涧西区的工业旅游资源进行评估，做出涧西区工业旅游规划。此次规划将中信重工、一拖、洛轴、洛铜、河柴、中钢洛耐等厂矿企业纳入规划范围，将这些企业的厂址及原生活、工作状态作为涧西区工业旅游的重要组成部分，使其有机结合，又保持原有特色，形成“一轴、双核、三带、四节点、五街、六园”的规划格局。涧西区根据《涧西工业旅游规划》对涧西发展工业旅游进行了谋篇布局。建设路、中州西路工业遗产街区保护工程已经启动，一拖东方红工业旅游景区成为全国工业旅游创新单位，苏式建筑2号街坊修缮保护工程已经完成，中铝洛铜、中钢洛耐整体搬迁，并利用老旧厂房发展文旅产业的计划正在实施，厂矿企业逐步转变思想，将发展文旅产业作为企业转型升级的一个抓手。

3. 弘扬工业文化精神，推进文旅项目建设

为了更好保护工业历史遗存、弘扬工业文化精神，涧西区委区政府实施了老旧街坊修缮保护功能提升工程。计划对第七批国家文物保护单位洛阳涧

西苏式建筑群2号街坊1号楼进行结构加固保护修缮，同时利用1号楼4层（局部3层）共4700平方米的楼内空间进行功能提升，容纳社区办公、居民活动、洛阳工人生活体验馆及配套宿舍等。其中厂矿工人生活体验馆集中展现了“一五”时期普通工人艰苦奋斗、自立自强、努力奋斗的生产生活场景，展现了“焦裕禄精神”诞生的沃土，传承红色基因，弘扬自力更生、艰苦奋斗的拼搏精神。

4. 大力发展红色教育基地

中钢洛耐“信念的力量”陈列馆已于2019年10月建成开馆。中钢洛耐按照《洛阳市支持中钢集团耐火材料有限公司转型升级高质量发展工作方案》，利用中钢耐火公司现有老旧厂房和闲置空地，建设朴素且具有特色的红色教育基地，以习仲勋纪念馆为核心，展示习仲勋同志作为无产阶级革命家的坚强品质和博大胸怀，传承习仲勋同志“信念的力量和为民的情怀”，以洛阳“一五”建设工业项目中艰苦奋斗创业精神为延伸，丰富红色教育基地内容，凸显红色教育功能。中钢洛耐与中航文化达成合作，利用中信发电设备厂厂区，谋划航空航天博物馆建设。推动中铝洛铜整体搬迁建设中国铜工业文化旅游双创园，一期80.47亩土地上的建筑物和场地实施整体公开招标租赁，建设文旅及商贸服务业项目，目前已完成招标，正在同步招商和规划设计。盘活一拖704厂和坦克靶场闲置厂房土地，谋划工业文化主题园区、功能休闲体验园等文旅项目。

## （四）公共文化助推民生建设

1. 完善公共文化服务体系建设

2019年继续完善公共文化服务体系建设，涧西区文化馆、图书馆分馆等均已建成，充分发挥基层文化阵地的带动效能。2019年，涧西区结合实际情况，前期调研，科学布局，精准谋划，建成并开放5座智慧型城市书房，分别是洛浦公园城市书房、太原路城市书房、联盟路城市书房、芳华路城市书房、陇北二路城市书房，到目前为止，共开放了15座城市书房。涧西区文化馆全年开展送图书下社区流动服务60次。依托重大节庆日开展形式多样、具有地方民俗特色的群众性文化活动。双节期间开展书法家义写春联、“新时代　新涧西”元宵节广场文化活动，牡丹文化节期间组织参与河洛欢歌系列广场文化活动，开展庆祝新中国成立70周年主题系列活动（“颂歌献祖国　唱响新时代”合唱活动、“辉煌七十载　筑梦新时代”书画展和文艺汇演等），参与群众达4万余人次。开展阅读推广活动378期，接待读者110万余人次。

2019年，涧西区精选优秀的业余文艺团队深入8个社区举办了50场文化惠民演出。文化惠民演出内容贴近群众生活，以综艺、戏曲、演出、小品等多种多样的节目形式，讴歌中华民族传统美德，宣传社会主义核心价值观，引发在场群众情感共鸣，切切实实地为群众带来欢乐。

2. 加快推进街道和社区综合性文化服务中心建设

充分发挥基层社区和街道办事处的作用，加快推进街道和社区综合性文化服务中心建设，让更多的社区居民参与社区的文化活动。以节会活动为契机，抓好文化惠民工程，举办各种丰富多彩的群众文化活动，如春节期间义写春联送祝福活动、“河洛欢歌·广场文化月”、庆祝涧西区成立65周年系列活动等。不断深入开展文旅融合的阅读推广新模式，探索科技创新阅读方式，借助图书馆网站、微信、微博、短视频平台、新媒体等形式推送数字阅读，助力书香洛阳建设。

3. 积极推进文化市场综合执法改革

为了积极推进文化市场综合执法改革，2019年，涧西区成立了文化市场管理工作领导小组，制定实施了《关于进一步深化文化市场综合执法改革的实施意见》，于2019年5月完成对4名工作人员的参公身份登记工作。文化市场管理工作领导小组成立后，对涧西区的文化市场进行监管，全年累计共出动520人次，出动车辆200次，发现并处理11家互联网服务营业场所，2家被当场处罚，1家被吊销网络文化经营许可证并被罚款29000元，责令关停处理一家无消防安全证和文化经营许可证的游艺厅。2020年将持续深化文化市场执法改革，加大执法监督力度，规范市场秩序，优化营商环境，确保文化市场秩序的稳定和人员财产的安全。

## 三 涧西区旅游文化产业发展存在的主要问题

涧西区文化产业存在整体发展水平不高、总体规模小、知名龙头企业少、集聚程度低、大项目好项目少、质量效益和竞争力偏低、文化消费水平低等问题；与此同时，创新能力不足，文化产业人才紧缺，文化资源活化利用欠缺，文化产业与科技、旅游、休闲等关联产业的融合发展深度不够；工作体制机制不顺，推动合力不够，区域协调发展不平衡成为制约涧西区文化旅游产业发展的瓶颈。

### （一）顶层设计需要进一步提升

近年来，中央、省、市围绕产业园区建设、小微文化企业壮大、新兴业态培育、产业融合发展、税费减免、投融资支持、资金扶持等，出台了一系列导向明确、深接地气、实效性强的政策扶持措施，顶层设计越来越完善，政策框架体系已经形成。涧西区在规划引导、项目建设、财税扶持、金融支持、服务支撑等文化经济政策体系方面落实的还不够，没有政策的支持指引，文化产业发展困难重重，没有清晰明确的发展思路，缺少科学有效、可行性强的顶层设计作为引导，文化产业发展只能是散兵游勇、不成气候。

### （二）文化产业发展动力不足

当前，文化产业已经成为建设社会主义文化强国的重要内容，已经成为河南省建设全国文化高地的重要支撑，已经成为洛阳市“9+2”体系的重要特色产业。在此大背景下，各级政府对文化产业理论学习研究不够，对先进地区经验做法学习借鉴不够，对推动地方文化产业繁荣兴盛谋划实施不够，对于文化产业后期的运营和营销模式管理不足，文化产业很难带动区域内其他产业的发展。涧西区部分老旧厂房改造利用项目，因厂房外部不能有任何改变，核心保护区不能随意新建、扩建，导致了闲置资源再利用的门槛过高。历史文化街区的保护与利用前期投入较大，区财政难以承担，需要依靠上级财政支持。

### （三）文旅产业发展总体质量不高

涧西区文化旅游产业规模总量较小，综合实力和竞争力偏低，缺少综合实力强的龙头文旅企业发挥带动作用，缺少知名文创企业。文化创意产业园同质化竞争严重，规模较大的有里外文化创意产业园、博艺文化艺术创意产业园和东方文创园，但是这些文创园在吸引企业入驻时，门槛过低，缺少长远的规划设计，文化创意元素不突出，影响了园区的功能定位，文创产业园除了承担餐饮、酒店住宿、休闲娱乐等基本功能外，还应承担起文化展示、文化体验、互动交流、旅游体验等复合功能。

### （四）文旅融合的广度和深度不够

旅游业态不够丰富，休闲度假等高附加值的产品少，缺少高品质的旅游主题游园、旅游演艺节目质量不高和夜间旅游产品不足。涧西区内景点分布零散、互不隶属，难以形成规模效应；各相关委局各司其职，缺乏资源的有效整合。在打造国际旅游名城建设中，境外旅游营销力度不够，措施单一，入境游客比重仍然偏小，离国际旅游目的地的实现还有很大差距。

## 四　加快旅游文化发展的对策建议

深入贯彻习近平总书记考察调研河南时的重要讲话精神，全面落实省委、省政府和市委、市政府对洛阳发展新的战略定位，加快文旅融合发展，在推动文化繁荣兴盛上奋勇争先，围绕“9+2工作布局”和“四高一强一率先”奋斗目标，加快构建文化传承创新体系，推动文旅融合，推动文化市场执法改革，加快文旅项目建设，培育文旅市场，促进文旅消费，巩固公共文化服务体系示范区建设成果，推动“15分钟阅读圈”建设，提高城市书房服务效能，继续开展文化惠民工程和文明旅游工作，以节会活动为载体，认真抓好文化惠民工程，举办丰富多彩的群众文化活动，加强对文化和旅游市场的监管，推动文化和旅游市场健康有序发展。

### （一）传承红色基因，弘扬“焦裕禄精神”

焦裕禄同志在洛矿、在涧西工作了 9 年，焦裕禄精神孕育形成在洛矿，这是革命先烈留给涧西的宝贵精神文化财富。建议谋划筹建焦裕禄精神工业干部学院，将其作为洛阳（涧西）工业文化和旅游融合产业的项目支撑，建议谋划筹建工业文化博物馆，与洛阳打造“东方博物馆之都”一脉相承；大力发展具有工业文化特色的研学旅行，将焦裕禄、杨奎烈、陈俊武等人的先进事迹编入研学旅游课程，将焦裕禄纪念馆、农耕博物馆、“信念的力量”陈列馆、焦裕禄旧居等设计成研学旅游线路。

### （二）坚持以项目为抓手，扎实推进文旅融合

全力做好文化旅游产业发展工作，以苏式建筑群保护修缮工程、工业遗产博物馆、喜来登五星级饭店等项目为抓手，推进涧西区文旅产业发展。依托中国一拖东方红工业游等发展研学旅游和工业旅游，树立涧西品牌，推进《武则天》演艺继续扩大演出规模，加快配套设施建设，发展成区域旅游重要景点。

重点抓好涧西苏式建筑群保护项目，实施 10 号街坊保护工程和 2 号街坊 1 号楼整体改造提升项目，利用苏式建筑发展工业体验游、名人旧居游、工业文化主题民宿等；继续推动中钢洛耐和中铝洛铜整体搬迁，腾笼换鸟，发展文旅产业；继续盘活工业文化遗产，加快中信重工发电设备厂、国机重工 704 厂、一拖靶场地块的招商引资，布局新型业态，充分考虑大众精神文化需求和消费需求；借助牡丹广场地铁站、谷水交通枢纽等重大工程，扩大居民文旅消费习惯区域，同时加快国际高档连锁酒店喜来登五星级酒店的建设，提升我区文旅消费档次。以项目为引导，通过扶持项目发展，培育文旅融合龙头企业。

### （三）抓牢“夜间经济”发展契机

紧紧抓住“夜间经济”发展的重要契机，充分挖掘晚上7时至次日晨6时这一时间段的夜间经济，丰富夜间经济的业态种类，增加文化旅游项目供给。加快各类夜间文化、旅游设施建设。引进培育电影院、话剧、音乐剧、歌舞剧等各类具有吸引力和知名度的夜间文化艺术项目。推动珠江路商业街、万达商圈、广州市场商圈、东方文创园、里外文化创意产业园等链式衔接业态融合发展，促进提升涧西“夜间经济”文化消费和文化建设工作。

### （四）着力推进公共文化服务建设

协同推进公共文化服务和旅游公共服务、为民服务和为游客服务，发挥综合效益。发挥涧西区已有的文化馆、图书馆以及15个城市书房的作用，兼顾游客服务功能，增强舒适性、便利性。推动游客服务中心、咨询中心增设文化展示、图书阅览、文化活动等项目。下一步，继续完善城市书房、街道办事处和社区图书室以及党建书屋的建设，促进其融合协调发展，扩大阅读覆盖面，营造阅读氛围，打造零门槛、时间（24小时自助图书馆）和空间（15分钟阅读圈）全覆盖的阅读阵地。同时培育阅读品牌，开展丰富多样的阅读活动。利用公共文化站点，加大文明旅游宣传力度。推动公共文化服务进景区，在游客聚集区积极引入影院、剧场、书店等，统筹规划文化和旅游共享的新空间。

同时，加强对文化和旅游市场的监管。确保文化执法队伍建设，加强对娱乐场所、网吧，以及文物、美术品、艺术品市场和旅游市场的监管监察；做好扫黄打非工作，深入开展“清源”“净网”“固边”“秋风”“护苗”等专项行动。

### （五）培育骨干文化企业和知名品牌

培育和引进骨干文化企业，发挥其在创意研发、品牌培育、市场推广等方面的龙头带动作用，带动地方文化产业发展。一是支持小微企业、个体户、工作室发展成为一定规模和实力的文化企业。推荐评选命名一批文化产业示范园区示范基地和重点园区企业，让更多创意产业园区集聚起来、壮大起来。支持文化企业和文化产品拓展国内国际市场，打造一批知名度和美誉度高的文化企业和文化品牌。支持引导企业利用互联网+、文化+，创新营销理念，完善营销体系，发展电子商务、物流配送、连锁经营等现代流通形式，发展社交媒体等网络销售平台，扩大文化产品销售。二是组织参加国家重点支持的文化会展活动，通过深圳文化产业博览会、海峡两岸文博会、“一带一路”（敦煌）文博会等推动文化产品销售。支持文化企业参加境外文化产业博览会、艺术节等国际大型展会和文化活动，加强国际文化产业交流合作。三是培育特色文化产品品牌。鼓励支持各县（市）区结合当地文化产业发展实际，实施“一地（县区、镇、村）一品”战略，形成一批具有较强影响力和市场竞争力的产品品牌。

紧紧围绕省委、省政府赋予洛阳的战略新定位和市委、市政府“9+2”工作布局，抓住重点，规划建设文化产业园区；做强弱项，发展壮大龙头文化企业；补足短板，推动文化产业总量持续增长，推动涧西文化产业增加值占 GDP 比重持续增长，推动文化产业早日成为经济支柱性产业，为推动涧西文化产业在新时代高质量发展，更好地满足人民群众的精神文化需求，在决胜全面小康、在中原更加出彩进程中谱写浓墨重彩的洛阳篇章。

# B.12
# 西工区文化旅游发展报告

涂洪樱子*

**摘　要：** 西工区位置优越、交通便利、文化资源丰富。近年来，西工区文化和旅游融合发展、综合实力稳步提升、项目建设加快推进，亮点纷呈，公共文化服务体系持续完善，但在文化和旅游融合发展中依旧存在着不足，如深度融合不足，缺少精准推介；文化产业规模不足，结构性问题仍然突出；转型动能不足，跨界融合力不足；机构设置不够完善，队伍建设较慢，本报告围绕加强文化旅游发展的各项保障、提升招商服务水平、整合区域资源优势、强化项目建设、抓住旅游要素以拉动文旅消费活力动力等问题进行探讨并提出推进西工区文化和旅游发展的对策建议。

**关键词：** 西工区　文化旅游　融合发展

“古今兴废看洛阳，‘六朝’存亡读西工。”这是洛阳市西工区“历史文化游”的一句宣传语。西工区位于洛阳市中心，是洛阳市六大主城区之一。西工区历史悠久，文化积淀深厚，旅游资源丰硕。近年来，西工区大力推进文化旅游融合发展，竞争力和综合实力持续增强，对社会经济的贡献率明显提高，逐渐形成了与区域资源禀赋和环境条件基本相适应的文化旅游融合发展特色和比较优势。

---

* 涂洪樱子，中共洛阳市委党校讲师，硕士，研究方向为行政管理、文化建设。

## 一　西工区文化旅游发展的先天优势

西工区地处洛阳市中心，总面积 55.95 平方公里，人口 40 万。拥有底蕴深厚的文化积淀及得天独厚的旅游资源。

### （一）位置优越，交通便利，综合实力强劲

西工，拥有得天独厚的区位优势。交通四通八达，物流辐射中外。中州中路、九都路、王城大道等 13 条主干道与 50 余条次干道纵横交织，洛阳机场、火车站、长途汽车站和邮政、电信、移动通信大楼分布辖区。洛阳轨道交通地铁 1 号线、2 号线在辖区交会，陇海铁路和 310 国道穿境而过，连霍高速公路近在咫尺。拥有全市唯一的内陆口岸，输送货物可以东至港口，西达中亚、欧洲，沿"一带一路"走向世界，是洛阳乃至辐射豫西、晋南、陕东重要的交通枢纽和人流、物流、信息流的集聚地。

新中国成立 70 多年来，西工从"商贸强区"的"一枝独秀"到"商务强区、工业强区、文旅强区"的"三帆竞进"，经济社会实现了跨越发展，成为洛阳市经济、商贸、金融、文化、交通、通信中心和对外开放的窗口，传统经济和新兴产业并驾齐驱，经济发展和民生事业齐头并进，区域综合实力位居全省城市各区前列。

### （二）文化资源丰富，体系完备

1. 深厚的历史文化积淀

远在五六十万年前的旧石器时代，已有先民在西工繁衍生息。公元前 770 年周平王迁都洛阳，到后晋高祖石敬瑭天福三年（938 年）的 1708 年间，先后有东周、隋、唐、后梁、后唐、后晋等 6 个朝代 30 个帝王在此建都，历时达 382 年之久，这里曾一度城郭巍峨，宫阙壮丽，万国衣冠，久盛不衰，其影响不仅遍及中华，而且远涉海外，悠久的历史给西工文化的发展提供了肥沃的土壤，培育了西工文化的独特气质。

2. 丰富的各类文化资源

截至 2019 年，西工区现有城市书房 15 个，数量居城市区前列；积极构建覆盖全区的公共文化服务体系，辖区 9 个办事处、64 个行政村（社区）基层综合性文化服务中心全部建成开放；目前现有不可移动文物 29 处，其中，国保级别有 3 处：隋唐洛阳城遗址、东周王城遗址、邙山陵墓群之孝庄帝静陵；省保级别有 5 处：东干沟遗址、史家湾遗址、天津桥石基、瞿家屯遗址和洛阳博物馆旧址；市保级别有九都路粮仓、杨冢墓地、唐村社区东南墓地等 10 处；区级名录有洛阳市委、人大办公楼旧址和规划设计院研究院主楼等 11 处。西工区积极推进非物质文化遗产保护，列入省级非物质文化遗产保护名录 4 项（小街锅贴、洛阳曲子、李氏彩塑、象庄秦氏妇科）；列入市级非物质文化遗产保护名录 5 项（意拳、浆面条制作技艺、刘爱弹样剪纸、鲁氏腹部推拿、牡丹仙子传说）；列入区级非物质文化遗产保护名录 56 项。

3. 完备的文化旅游体系

西工区位居洛阳市中心，是市经济、文化中心，城市文化旅游设施、基础设施建设和政策的引导力度大，地域及人才优势吸引众多业态纷纷入驻，现代文化旅游资源体系完备。升龙城市广场、建业凯旋广场、隋唐九洲城项目、“一区一轴”应天门项目、上阳宫文化园等一批特色文化旅游项目相继落户西工，西工区初步形成以王城公园、周王城广场、天子驾六博物馆等人文景观、历史遗迹为代表的周文化主题展示区，以中央百货大楼、新都汇、王府井百货等商务购物、娱乐休闲为代表的都市旅游休闲购物区，以樱桃沟景区、金水河水库等乡村生态景观和采摘休闲为代表的红山生态休闲度假旅游区，以洛阳唐三彩博物馆、洛阳碑帖拓片博物馆等收藏艺术和民间交流为代表的民办博物馆集聚区，以航空城大酒店、克里斯汀宾馆等住宿休闲和餐饮娱乐为代表的住宿业集聚区等五大文化旅游示范区。

## 二　2019年西工区文化旅游业发展现状

文化旅游业是一项综合性、战略性产业，是典型的绿色生态产业，更是现代服务业的龙头产业，还是转方式、调结构、促发展、稳增长的有效抓手和增就业、惠民生的民心工程。西工区按照“文化 + 旅游 + 产业”的模式，积极融入洛阳市国际文化旅游名城建设，持续推进“文旅强区”战略，谋划实施大型文化旅游载体项目，促进历史文化与旅游开发深度融合。西工区充分挖掘历史文化资源，把文化、旅游、科技、生态、城建深度融合，促进演艺、文创、会展、传媒等行业繁荣发展，促进文化软实力实现质的飞跃，逐步打造既蕴含历史文化特色又充满现代都市气息的文化旅游中心。

## （一）综合实力稳步提升

西工区大力完善配套设施，积极培育壮大文旅产业，繁荣文化旅游市场，文化旅游业在促进社会消费、彰显城市魅力、带动城乡就业等方面的作用更加凸显，发展成效更加明显。

2019 年，西工区文化旅游娱乐企业达 318 家，实现营业收入 6.64 亿元；其中“规上”文化企业达 39 家，实现营业收入 3.3 亿元。规模较大的文化企业有：洛阳新东方学校、洛阳蒙娜丽莎文化传播有限公司、洛阳耀莱腾龙影城管理有限公司、洛阳上阳宫文化传播有限公司、洛阳唐宝斋文化艺术有限公司等。截至目前，全区共有 3A 级以上旅游景区、景点三个，分别是王城公园（2018 年获批 3A 级景区）、天子驾六博物馆（3A 级景区）和隋唐洛阳城历史文化公园（2019 年获批 4A 级景区）。三处景点全年共接待游客约 400 万人次，景区收入达 7000 万元。

## （二）项目建设加快推进

积极推进国际文化旅游名城重大项目的建设，一批重大特色文化旅游项目取得阶段性进展。汉德九洲城唐风步行街项目文物手续已上报国家文物局审批；西工小街改造提升项目基本完工；上阳宫文化园全面对外开放；隋唐洛阳城应天门遗址保护展示工程项目建筑施工及装修已完成，已正式对游客开放；洛阳文旅牡丹文化产业园硬件（4 条生产线）设备安装到位，生产许可证已经办理完毕，一期已开始正式生产；红山樱桃谷生态旅游景区项目，景区一期沟内建筑主体已建成，景区已于“十一”期间试营业，试营业期间接待省内外游客20余万人次，单日最高接待游客约5万人次，营业总额200余万元；金水古道博物苑等项目正在积极推进；隋唐洛阳城国家历史文化公园（宫城区）成为国家4A级旅游景区。这些重大项目的加快推进，为西工区“文旅强区”战略实施提供了强有力的支撑。

## （三）文旅融合发展亮点纷呈

以“周韵唐风，文旅西工”为形象定位，依托周文化和隋唐文化历史遗存，实施了九洲池遗址保护展示，以及上阳宫文化园、西工文旅街区等一批重大项目，初步形成了历史文化游、都市商务旅游和生态休闲体验游多层次、全方位的文化旅游发展格局。

1. 九洲池

九洲池是盛唐武则天时代的皇家园林、当代隋唐洛阳城历史文化公园的重要组成部分。以此为文化内涵开发建设的隋唐城九洲池旅游综合体工程，是西工辖区一个重要的文化产业项目。该项目总占地面积869亩，总投资80亿元，将建设成集丹尼斯百货旗舰店、特色精品商业街、五星级酒店、餐饮休闲、旅游等于一体的城市综合体项目，其厚重的历史文化底蕴和浑然天成的自然景观，将与天子驾六博物馆、天堂景区等形成一站式商业中心、旅游和购物中心及文化展示中心，成为洛阳市建设国际历史文化名城的一张靓丽名片。

2. 上阳宫

和九洲池遥相呼应的是上阳宫文化产业园。上阳宫文化产业园建于唐代上阳宫遗址之上，充分利用上阳宫遗址的独特优势，在园区的设施中体现武皇文化元素，通过声光电及全息投影等技术，完美展现昔日盛唐文化。园内建有观风殿、甘露殿、客省院、洞元堂等仿唐建筑群，总投资2.5亿元。园内规划歌舞演艺、宫廷娱乐、盛唐美食、传统文化培训、文创礼品、唐主题博物馆等板块，是一个集住宿、休闲、餐饮、文化体验、传统文化培训、文创礼品研发、博物馆展示等于一体的链条化文化产业综合体。2019年，举办了唐文化婚礼、世界古都峰会分论坛、中国洛阳古都文旅论坛、全国第二届文化遗产大众传播论坛、上阳宫盛唐文化艺术节、上阳宫国风艺术汇、2019 港澳青少年游学推广活动暨内地游学联盟大会洛阳推介会等活动。该文化产业园先后提供就业岗位千人以上，拉动周边经济亿元以上，销售额提升了 15%。

3. 王城公园

着力进一步挖掘王城公园的品牌效应。王城公园通过文旅深度融合，开展《周礼迎宾》实景演出、“武皇”盛装游园及牡丹仙子采风、编钟乐舞表演、牡丹插花花艺大赛、汉服秀等文化游园活动，全年接待游客 226 万人次，旅游总收入超 3300 万元。作为周文化的代表，王城公园已经成为集历史文化、牡丹文化、园林景观、动物观赏、休闲游乐于一体的综合性公园，每年都吸引着数以百万计的游客前来参观游览。

4. 西工小街

西工小街的历史可追溯至 1914 年，与袁世凯修筑西工兵营有关。此次对西工小街进行提升改造，着力打造“国色天香洛阳城，好吃好住在西工”的餐饮消费街区，让“小街记忆”成为洛阳城一张亮丽的特色文化名片。该项目的启动，将对留住“小街记忆”、带动中央百货商圈的发展产生重要意义。

5. 红山欢乐谷

“洛阳红山欢乐谷”示范区位于西工区红山街道，主导产业是发挥近郊区位优势，重点建设民宿餐饮、民宿生态四合院、温泉汤屋、特色采摘、开心农场等项目，发展观光农业和生态休闲游。西部红山以红山欢乐谷沟域经济建设为依托，推进“旅游 + 农业”，优化乡村产业结构。将农旅产业与旅游节庆活动相结合，打造“中国 · 洛阳红山樱桃文化节”特色系列文旅活动，拉长红山文旅产业链，已成为洛阳近郊生态休闲游的热点。

6. 旅游商品街区

洛阳旅游商品街区是西工区打造的旅游商品购物街区。街区西起中州路七里河桥，东至王城大道，沿街特色旅游商品门店 40 余家，经营品牌数百个，涵盖古代文化复制品、土特产品、奇石产品、手工艺品等，中州古玩城、唐宝斋、华夏澄泥砚、三彩艺术品等众多洛阳知名文化旅游商品企业在此云集，将逐步形成经营品类齐全、名店名品云集、人流物流集中的最具洛阳特色的旅游商品街区。目前，西工区正致力于引入“洛阳礼物”旗舰店，打造全市文化旅游商品购物品牌新高地。

## （四）持续完善公共文化服务体系

1. 城市书房建设扎实推进

西工区城市书房建设工作在全市走在了前列，高标准、高质量建成15个城市书房，已接纳读者90余万人次，并开展各类品牌阅读活动400余场，参与读者达到1.4万余人次，获得读者好评。城市书房建设工作得到了社会各界和广大居民群众的热烈欢迎和一致好评。国家、省、市各级领导多次到书房视察调研，给予了充分肯定和高度赞誉。省长陈润儿在全省百城建设提质工程暨文明城市建设工作推进会上称赞洛阳城市书房建设：“小书屋大民生，小书屋大文化，小书屋大幸福。”

2. 打造文化惠民活动亮点

西工区挖掘传统文化资源，突出地方特色，立足群众文化需求，打造文化惠民活动亮点。一是发挥公共服务机构及场所阵地职能。在图书馆、文化馆、街道和行政村（社区）综合性文化服务中心等公共服务机构，开展文艺演出、文化展览、知识讲座、“墨香年味”送春联、民俗表演等各种文体活动，传播先进文化、弘扬文明新风，满足群众多元化文化需求。二是打通文化服务“最后一公里”。利用文化流动服务车开展送文化、送演出、送图书、送春联等系列活动，实施“文化惠民进基层”和“文化扶贫专题活动”，为老年人、未成年人、残疾人、农民工、留守妇女儿童等特殊群体“量身订制”文化服务，打通文化服务“最后一公里”。2019年，开展庆祝中国传统节日、牡丹文化节广场文化活动、文艺辅导培训、书画展览、知识讲座、河洛文化旅游节、舞台艺术送基层、非遗传习、图书流动服务进基层、全民阅读等活动累计达1690余场次。三是结合春节期间群众文化活动安排，开展“今年过年　西工转转”活动，组织辖区大型商场和商家通过

“转转礼包券”，促进文化消费、文旅融合向纵深发展。四是举办《王城之恋》新歌发布会，“让世界聆听洛阳、让我们感知西工”，借助《王城之恋》这首歌的发布，让更多的人来到西工，不但能欣赏西工的美景，还能了解西工的历史文化和现代魅力。

## （五）召开西工区文化旅游工作会议

2019 年 12 月，西工区召开文化旅游工作会议，树立“宜融则融、能融尽融、以文促旅、以旅彰文”理念，沿着“跨界融合”“科技引领”“沉浸体验”的发展方向，以文化旅游业供给侧结构性改革为主线，借助深厚的历史文化底蕴及区位优势，紧紧围绕“历史文化游”“都市商务游”“红山生态游”三大板块，绘制“文旅强区”实施蓝图，努力形成布局合理、配套完善、特色浓郁、效益显著的文化旅游产业发展格局，全面提升文化旅游业的带动力，打造全市文化旅游示范区。

### 1. 制定2020年目标

到 2020 年底，西工区力争“规上”文化企业达到 36 家，实现营业收入 14 亿元，实现旅游综合收入 160 亿元；到 2025 年底，力争“规上”文化企业突破 40 家，实现营业收入 25 亿元，全年接待游客达 150 万人次，实现旅游综合收入 230 亿元，全区重点景区达到 7 个。区委区政府制定下发了《西工区 2020 年文旅工作要点》。在今后一个时期，西工区将围绕十大提升行动，立足辖区文化旅游资源，以 16 个文化旅游项目为抓手，全力打造全市文化旅游示范区。

### 2. 十大提升行动，勾画“文旅强区”新蓝图

通过文化惠民提升行动、西工文旅品牌提升行动、产业融合培育提升行动、文旅消费促增提升行动、智慧文旅提升行动、环境优化提升行动、监督管理创新行动、星级酒店和旅行社创优行动、文物保护传承开发利用提升行动、文旅产业发展引导扶持行动等十大提升行动，勾画“文旅强区”新蓝图。

### 3. 十六个重点项目，推进文旅产业大繁荣

十六个重点项目分别是：提高西工公共文化服务水平，打造“15 分钟

文化阅读圈”，实施文化惠民工程，精心筹办红山樱桃采摘节等会展活动。打造多功能文化产业旅游区，到2020年基本形成隋唐洛阳城国家历史文化公园保护展示格局。打造三条精品旅游线路：一是周文化游——天子驾六博物馆、周王城广场、王城公园；二是隋唐文化游——九洲池、应天门遗址、上阳宫文化园；三是都市休闲文化游——红山生态文化休闲观光游。鼓励九洲池、天子驾六、王城公园、上阳宫文化园等设计研发旅游品牌文创产品。着力打造“研学洛阳、读懂中国”研学旅行品牌，让西工成为全国中小学生研学旅行目的地。依托西部红山优质生态资源，打造国内一流的旅游度假区和旅游综合体项目。构建特色休闲农庄、乡村美食、乡愁体验等特色乡村旅游产品体系。以洛阳饮食文化为特色打造西工小街，在城市区打造文化旅游消费集聚区、样板区。以现代购物为特色，打造王府井、建业凯旋广场、新都汇、中央百货等多种业态的消费集聚地。开展“夜游西工”“夜赏西工”“夜读西工”“夜食西工”“夜动西工”系列消费活动，培育一批夜间文旅经济项目，推出特色夜消费主题线路，打造“夜洛阳”地标。抓好西工小街改造提升项目，打造百货楼西工小街特色文旅街区；建设特色文旅街区，促进文商旅有机融合。推出一批智慧文旅示范单位，构建旅游信息服务大数据平台。2020年，实现3A级以上景区在线预订、信息推送、智能导游、智能监控全覆盖。大力倡导诚信文明旅游，努力打造文明旅游环境。加大对辖区旅游景区周边停车场的开发协调力度，提供方便、快捷、舒心的服务环境。理顺旅游综合管理体制机制，全面提升文化旅游市场监管和联合执法水平。引导品牌酒店、特色酒店、度假酒店争创旅游星级酒店，不断提升旅行社经营管理水平和服务质量。加大对辖区29处不可移动文物保护点的保护力度，切实提升西工区的文化知名度。区级财政列支1000万元，设立文化旅游产业发展专项资金。

## 三　西工区文化旅游融合存在的主要问题

文化旅游融合是当前及未来发展的主要方向，当前，西工区文化旅游融合发展正处在历史上的最好时期，但是，在文化旅游融合发展的过程中还存在着一些认识误区，还面临着一些问题。

### （一）深度融合不足，缺少精准推介

在“理念融合、职能融合、服务融合、产业融合、市场融合、交流融合”六个方面，融合的力度、深度、进度不一，以文促旅、以旅彰文工作还有较大提升空间。职能融合还不到位，“1 + 1 > 2”的融合效应还没有完全释放；产业融合还不充分，还需要进一步推进文化产业和旅游产业优势互补。在文化交流合作及融入全省、全市开放大局上，视野还不够开阔，途径还比较单一，推动文化走出去精准度不够。立足本土面向世界的国际交流平台较少，与境外中国文化和旅游推介交流机构合作不够。

### （二）文化产业规模不足，结构性问题仍然突出

在指导推动全区文化和旅游产业融合发展上，还缺乏大动作。西工区现有文化产业总体规模较小，旅游企业竞争力不强，一半以上文化产业单位规模小、实力弱，低水平重复建设、低水平无序竞争现象仍然在相当程度上存在。推进文化旅游与农业、工业融合不够深入，休闲农业、康养度假、工业旅游项目比较缺乏。

### （三）转型动能不足，跨界融合力不足

在文化和旅游产业转型升级上，依靠文化创意、科技创新“两轮驱动”不够，产业转型升级尚未实现突破性进展。文化产业起步较晚，缺乏优势产业、优势项目。旅游产品仍然以传统观光为主，对门票的依赖程度较高，缺乏深层次的设计和打造，对于历史和人文与旅游产品融合的力度不够，产品设计缺乏新意，如缺乏大型文艺演出活动、夜间娱乐项目、临界体验活动、特色旅游产品等，难以给游客带来吸引力，缺乏对拉长游客停留时间的“游、购、娱、学”产品的开发，难以发挥文化旅游跨界发展的融合力。

### （四）机构设置不够完善，队伍建设稍慢

西工区文化管理职能部门机构设置不够完善，业务人员和行政管理人员紧缺和年龄偏大问题突出，与文化大区和文化强区发展战略不相适应。文化发展需要大量优秀人才，尤其是在正待开发的崭新领域，优秀人才会起到举足轻重的作用，随着区域内文艺、旅游等产业的扩张与发展，人才匮乏的问题日趋凸显。当前，发展所需的创意型、营销型人才奇缺，特别是高层次、高技能、复合型人才更为缺乏。

## 四　西工区文化旅游融合发展的对策建议

在经济新常态下，文化与旅游融合发展已成为转变经济发展方式、实现高质量发展的强大引擎和最佳路径。西工区必须坚持以习近平新时代中国特色社会主义思想为指导，围绕文化旅游建设存在的困难和问题，科学把握文化旅游发展正确方向，切实加强长效机制建设，不断提升城区文化软实力。

### （一）注重加强文化旅游发展的各项保障

文化旅游产业的融合发展需要强有力的各项保障。一是政策保障。进一步明确西工区文化和旅游业的总体目标、战略布局、发展路径，为推动文化旅游业发展、建设文旅强区提供制度保证。二是设施保障。以文化共享、全域旅游为牵引，加快推进阅、展、演等文化惠民设施建设，加快游、购、娱等旅游便民设施建设，完善吃、住、行等配套设施建设，加强防、监、救等安全设施建设，不断提升文化和旅游基本设施标准化和信息化水平。三是服务保障。全面落实《公共文化服务保障法》《公共图书馆法》《“十三五”全国旅游公共服务规划》《关于促进全域旅游发展的指导意见》，大力推进文艺精品工程、文物“活化”工程、文化惠民工程、旅游便民工程，努力构建覆盖城乡的现代公共文化服务体系和共建共享的全域旅游服务体系。四是推介保障。继续打造西工文旅品牌，用文化推介西工旅游，以旅游彰显西

工文化自信，通过“文化走出去”，实现“旅游引进来”，持续提升西工区文化软实力和旅游竞争力。

### （二）提升招商服务水平，引导企业融合发展

招商服务水平作为“支配商业活动所必需的政策、法律、制度、规则等一种复杂的融合体”，是一个地区经济社会发展的重要软实力。一是做好招商服务工作。坚持“非禁即入”原则，提高文化产业对外开放水平，加大政府对文化产业的投入，支持重点项目建设和文化产品创作。鼓励社会资本对文化创意企业进行投资，鼓励金融机构加大对文化产业的信贷支持，创新贷款融资模式、信贷产品和服务方式。二是引导企业融合发展。鼓励在产业融合背景下诞生的文化旅游集团或企业注重多元化发展，实行多产品经营，最大限度地整合文化旅游资源，实现最有效率的运用，将原本属于价值外的产业增值环节有效地衔接起来，继而形成新型价值链。提升西工区打造文旅示范区建设的文化旅游企业的竞争力、生存能力，繁荣文化旅游经济。

### （三）整合区域资源优势，继续强化项目建设

建设特色文化旅游项目，整合区域内文旅资源优势，提升客源吸引力。一是强化项目建设。以生态建设为基础，以资源禀赋为依托，以“文化＋”为主线，加快文化产业项目建设。通过国家、省、市系列展会，积极宣传推介重点文化产业招商引资项目，并有针对性地进行沟通对接。全力推动文化产业大发展、大融合，使文化产业发展成为全区国民经济的支柱性产业，成为推动区域经济转型升级的新引擎。二是要尽快积极整合区域资源优势，拓展产业链条，既要大手笔，又要平稳过渡，对引进新资源和开发的新项目以及小企业进行重组整合，要提高门槛，制定新规划和新标准。三是在“创意”上做足文章，在“融合发展”上下大功夫，打造一批高品位的文化旅游品牌，培育一批特色鲜明、类型丰富的文化旅游业态。加快实现文化旅游“三个转变”，用“快来、慢游、长留、缓出”的理念和措施，实现全景引

客、全时迎客、全民好客、全业留客，努力形成推动文旅产业加快发展的强大合力，开创文旅融合发展新局面。

### （四）围绕旅游要素做文章，拉动文旅消费活力动力

文化和旅游产业作为美好生活的创造者、发展不平衡的协调者、发展不充分的提供者，将成为拉动内需和创造美好生活的重要抓手。西工区是中国牡丹文化节主战场、河洛欢歌主会场等全国性重点旅游节庆活动所在地，具备极强的接待服务功能。“吃、住、行、游、购、娱”六大旅游要素在西工区仍具有较大的提升空间。一是依托辖区王府井百货和新都汇商圈、建业百货楼商圈、王城公园、天子驾六博物馆、九洲池遗址公园、应天门遗址博物馆等景区景点，整合辖区餐饮名店、特色小吃店、酒吧、影院等餐饮娱乐优势资源，持续开展“西工转转”消费促进活动，鼓励企业创新营销模式、加大优惠力度，延长游客消费停留时间，吸引更多消费群体。二是积极顺应消费升级新需求，引导辖区景区景点和餐饮、酒店等企业提高服务质量和水平，开发特色服务项目，运用“互联网＋”模式，培育消费热点，延伸服务链条，满足多样化、个性化、便捷化的消费新趋势。三是深入挖掘西工饮食文化，谋划建设洛阳特色美食街区和旅游产品购物街，加大西工传统名优小吃、名优土特产的开发利用和宣传推介力度，打造具有浓郁西工特色的小吃饮食品牌，让游客能够体验和记牢“西工味道”。四是积极培育发展“夜经济”，开展“夜游西工”“夜赏西工”“夜读西工”“夜食西工”“夜动西工”系列消费活动，培育一批夜间文旅经济项目，推出特色夜消费主题线路。推动九洲池、上阳宫等景区开展夜间游览服务，打造建业凯旋广场、新都汇、西工小街、升龙广场等“夜洛阳”地标，培育新的文旅消费增长点。用文化的理念发展旅游，用旅游的方式传播文化，努力把西工独特的历史文化、生态文化、饮食文化、商务文化转化为可感受、可体验、可消费的旅游产品。

# B.13

# 洛龙区文化发展报告

张新珂*

**摘　要：** 洛龙区文化资源丰富，文化遗产众多。近年来，洛龙区高度重视文化事业发展，将文化工作纳入全区国民经济和社会发展总体规划，将文化产业作为洛龙区经济转型发展的重要增长点，列入全区“十三五”时期重点发展的“323”产业布局，并以此为基础，推出各种文化惠民活动，文化市场健康有序发展，文化遗产传承保护效果明显，公共文化设施网络逐步健全，文化先进区创建工作有序开展。但在文化发展中也存在一些问题，在充分发挥文化资源特色优势和提高文化服务质量等方面还须进一步加强，通过健全文化发展制度保障，推动洛龙区文化发展再上新台阶。

**关键词：** 洛龙区　文化产业　文化遗产

## 一　洛龙区文化资源概况

洛龙区是洛阳市行政中心、商贸中心、文化体育中心。前身是洛阳市郊区，2000 年经国务院批准区划调整并更名为洛龙区，东连偃师，西邻宜阳，南接伊川，北及孟津，与瀍河、老城、西工、涧西、高新、伊滨诸区接连，

* 张新珂，中共洛阳市委党校马克思主义基础理论教研部讲师，硕士，主要研究方向为政治文化。

总面积约180平方公里，常住人口约40万，现辖3个镇、9个街道，85个村、33个社区。[①]

洛龙区区位优势得天独厚，区内有关林站、新区站、洛龙站、白马寺站、龙门站等5个高速公路出入口，有洛阳唯一的高铁站——郑西高铁洛阳龙门站。历史文化底蕴厚重，白马寺、关林庙、邵雍故居、白居易故居、苏秦故里、汉魏洛阳城遗址、隋唐洛阳城里坊区遗址、定鼎门遗址等历史文化资源遍布全区。生态环境优美宜居，北有洛浦公园，东有伊河公园，南有龙门山生态屏障，中有隋唐城遗址植物园、中国国花园、体育公园等大型城市公园，城市景观水系长达80公里，拥有人工湖9处。产业体系清晰完善，拥有省级高新技术产业开发区——洛龙高新技术产业开发区，省级一星级“两区”——洛龙特色商业街区和不断壮大的洛阳大数据产业园区。

洛龙区文物十分丰富，历史遗存众多，总计269处。其中国保单位有5处，分别是龙门石窟、白马寺、关林、隋唐城遗址、汉魏故城遗址；省保单位7处：皂角树瓦窨遗址、太平村苏秦墓、邵雍祠、疙瘩遗址、政和路水利遗址、铧李遗址、洛龙区壁画墓；市保单位33处，未定级单位189处。

2009年洛龙区公布了首批非物质文化遗产项目名录，按照省、市关于非物质文化遗产工作的安排部署，高标准、严要求统一组织，加强协调，大力营造“文化遗产人人保护，保护成果人人共享”的良好氛围，认真开展非物质文化遗产各项工作，截至2018年，已公布5批非物质文化遗产项目名录，项目共计50个。

截至2019年，洛龙区在非遗项目和传承人申请上都取得了显著成绩，全区共有国家级非遗项目1个——关公信俗；省级非遗项目共有8个，分别为关林朝圣大典、楼村洛阳海神、大里王狮舞、曹屯排鼓、陈村陈家制鼓技艺、孙村十六挂转秋制作技艺、白马寺金银器制作技艺、李楼李八先生妇科。区级非遗项目31个，省、市级传承人22人。相继打造出的民间艺术“洛阳海神乐”“大里王狮舞”“曹屯排鼓”“陈家鼓制作”“十六挂传秋”

① 文中数据除特别注明之外均来自洛龙区文广新局。

等在省、市及全国各类赛事活动中亮相并获奖。

近年来，洛龙区高度重视文化事业发展，区委、区政府始终重视文化建设，将文化工作纳入全区国民经济和社会发展总体规划，将文化产业作为洛龙区经济转型发展的重要增长点，列入全区“十三五”时期重点发展的“323”产业布局，并以此为基础，扎实推进文化先进区创建工作。河南省文化和旅游厅《关于命名河南省第八批省级文化先进县的决定》，将洛龙区正式命名为河南省文化先进县（市、区），为洛龙又增添一张分量十足的文化“金名片”。

## 二　洛龙区文化发展现状

### （一）公共文化设施网络逐步健全

1. 文化设施功能不断完善

为满足洛龙区群众日益增长的精神文化需求，洛龙区围绕市“书香洛阳”建设，以洛龙区图书馆为总馆、城市书房为一级分馆、乡镇综合文化站为二级分馆、农家书屋和社区书屋为三级分馆的模式，搭建完成区—城市书房—镇—村（社区）四级总分馆体系，形成文化体系较为完善的“总分馆制度”。洛龙区“书香洛阳”建设广受上级领导和各界人士的好评，2019年共接受媒体报道45次，其中省级报道6次，市级报道39次。

2. 城市书房建设效果显著

洛阳市城市书房建设工作开展以来，洛龙区将城市书房建设纳入重点民生事宜扎实推进实施。截至2019年底，共建成开放太康路城市书房、泉舜城市书房、厚德园城市书房、市民之家城市书房等20座城市书房，所有城市书房均面向社会公众免费开放。

一是书房开放时间灵活，尽可能满足群众需求。市民之家书房开放时间为周一至周六9：00～17：30，节假日休息。太康路城市书房、天囿城市书房、西溪游园城市书房、古城新韵城市书房、兴洛湖（北）城市书房、兴洛湖南城市书房、宜人坊城市书房、政康苑城市书房、伊水游园城市书房、

修业坊城市书房、锦台广场城市书房、练庄城市书房、文博体育公园城市书房、文博广场城市书房、大数据产业园城市书房、龙瑞社区城市书房、洛一高城市书房开放时间为每日8：30～21：30，节假日不休息。泉舜广场城市书房、厚德园城市书房、开放时间为每日6：00～24：00，节假日不休息。每个书房均配备自助设备，包括自助办证机、自助借还书、电子刊物下载机、馆情分析器及馆员工作站。另外书房配有急救箱、老花镜、饮水机、纸笔、意见簿、无线网络、保暖坐垫等便民设施。可以免费为市民提供图书阅览、借阅、电子书下载以及便民服务等。截至2019年底，全年共接待读者228万余人次，图书借还50万余册次，办理读者证1.62万余张。

二是城市书房工作得到群众认同，广受关注。城市书房建设工作受到了群众欢迎，群众参与热情高涨，多个书房出现“一座难求”状态，常常座无虚席。同时，洛阳龙城市书房建设也受到了媒体的关注，中央电视台、新华社、《光明日报》《河南日报》《洛阳日报》等媒体相继报道，各级媒体累计报道65次。从服务内容来看，城市书房可以最大化实现资源共享。城市书房主要提供借阅服务、空间服务以及阅读推广等。免费为读者提供借书、阅览等书籍资源流通服务，免费为读者提供文化交流、学习空间，开展讲座、沙龙等阅读推广活动。书房严格落实“八统一”，全区范围所有城市书房全部实现书房名称统一、LOGO标识统一、图书资源统一、自助设备统一、人员培训统一、服务标准统一、便民设施统一、工作人员服装统一的管理模式，便于为读者提供咨询和引导服务，并利用专题网站建设宣传，使广大读者掌握城市书房的最新动态，并及时获取读者意见和反馈。

三是书房建设环境多样，特色鲜明。在选址方面，既有建在城市游园之中的，如厚德园书房、天囿书房、伊水游园书房；又有建在商业中心的，如泉舜城市书房；还有建在市民服务中心的；在房体建设方面，既有依托原有建筑改造的，如兴洛湖书房，宜人坊书房，又有新建的玻璃书房，如西溪游园书房、兴洛湖南书房，还有集党员之家、志愿者服务、阅读休闲为一体的城市驿站综合体模式。

四是多方合作建设，实现共建共享。洛龙区城市书房建设采用“政府主导、社会参与、共建共享”的模式，既有自主建设，也有与社会力量合作建设，推动了跨界融合，城市书房里不仅有书，有好的环境，还有文创，有活动，大大增强了城市书房的吸引力。此外，还全方位、多形式开展图书阅读、讲座等相关活动。2019 年，共开展图书阅读推广活动 237 次，其中节日活动 6 次、阅读推广活动 111 次、公益系列讲座 18 次、培训活动 92 次、展览活动 4 次、文化扶贫活动 6 次。

3. 文化信息资源共建共享实现全覆盖

2019 年，洛龙区将镇（办事处）综合文化服务中心升级改造作为基层文化建设的重点，镇（办事处）文化基础设施全面提升。全区 11 个镇（办事处）综合服务中心建筑面积均已达到 300 平方米以上（其中关林办事处综合文化服务中心建设面积达到 5000 平方米），年平均服务群众 10 万余人次，实现了文化信息资源网络全覆盖。村（社区）综合文化服务中心实现全覆盖。按照《河南省基层综合性文化服务中心建设标准》（豫政办〔2016〕113 号）精神，对村（社区）文化基础设施进行全面升级改造。目前，全区各村（社区）均已建成 100 平方米以上的文化活动室，并配备了 1 名以上文化管理员，发放相应补贴。

4. 公共文化服务质量水平得到提升

在不断完善基层公共文化硬件的同时，洛龙区还注重公共文化服务质量的提升。建立较为完善的业务培训体系，组织文化馆、公共图书馆工作人员参加培训每年不少于 15 天；镇（办事处）文化站、村（社区）综合性文化服务中心工作人员参加培训每年不少于 5 天。并对各镇（办事处）基层综合性文化服务中心“建 - 管 - 用”情况进行督导，同时，要求各镇（办事处）对基层综合性文化服务中心所有设施设备的建设质量及安全性能进行全面排查。保证了基层文化服务高质量。

## （二）群众基本文化权益得到保障

通过开展丰富的文化活动，不断满足群众多样化的精神文化需求，保障群众基本文化权益。

1. 公益性文化活动深入开展

充分发挥公益性文化服务职能，持续深入开展文化惠民活动。扎实开展“文化惠民百千工程”活动，2019 年，共为群众免费演出戏剧 100 场；开展“舞台艺术送农民”活动；基层文化活动不断丰富，依托区文化馆、图书馆以及镇村综合文化服务中心等活动场所，积极组织开展舞蹈、戏曲、演讲、书画摄影展览比赛、非遗表演等丰富多彩的文化活动，全年共组织各类公益讲座 6 场，公益培训 150 次，全年结合牡丹文化节、河洛文化旅游节等节庆，积极组织群众参与百姓舞台比赛、牡丹戏迷比赛、服饰模特比赛，组织文化活动 68 场，基层文化骨干培训班 10 次，文化扶贫、慰问演出 7 场。使群众参与度不断提高，充实辖区群众的精神生活。

2. 民间文艺团队作用充分发挥

在积极组织开展公益活动的同时，洛龙区还组织开展了涵盖舞蹈、戏曲、乐器、武术、书画等内容的文化活动，极大地充实了基层文化队伍，丰富了群众业余生活。目前，全区各村（社区）共建有业余文艺团队 200 余支，每村（社区）至少有 2 支业余文艺队伍的目标基本实现。

3. 公共文化服务体系日益健全

全区文艺创作能力显著提升，文化产业创新发展。围绕市委、市政府“9+2”工作布局、“四高一强一率先”奋斗目标，努力构建文化产业发展的新格局。2015 年，文化产业单位 630 家，“三上”法人单位（规模以上文化制造业、限额以上文化批发零售业、规模以上文化服务业）21 家；2016 年文化产业单位 853 家，“三上”法人单位 23 家；2017 年文化产业单位 1080 家，“三上”法人单位 19 家。

## （三）文化产业持续健康发展

1. 强化市场监管责任

洛龙区严格落实公共文化场所监管责任，持续加大监督检查力度，扎实开展“扫黄打非”、安全隐患排查等专项整治活动，将安全生产作为日常监管工作的重点，不断强化文化市场安全生产源头治理。2019 年 1 月至今，洛龙区文化市场综合执法大队加大出版物市场巡查力度，打击侵权盗版，目前查扣非法出版物535册，盗版CD50盘，立案处罚书店4家。同时协同区民宗局、区商管办、区工商局等部门有效管控了春节前的春联市场，遏制了非法宗教春联的销售。此外协助市支队对安乐狮子桥村东南角存放的侵权盗版教材进行查处，共暂扣盗版出版物40余种计10万余册，该案件现移交安乐公安分局办理，已批准逮捕涉案嫌疑人2名，另有3人被取保候审。

2. 开展文化市场执法安全排查工作

相继开展安全大整治、安全生产月活动、安全执法检查专项和安全闪电1号、2号、3号“防风险保平安迎大庆”行动，以及暑期文化市场集中整治行动等，对洛龙区44家网吧、11家歌舞厅、42家出版物单位和21家印刷企业等文化市场经营单位进行安全生产检查，共排查整改安全隐患55处。

3. 强化上网服务营业场所环境治理

开展寒暑假期间场所接纳未成年人专项整治行动，畅通举报机制，切实维护网络文化服务环境。持续对中小学校周边书店、音像店中影响青少年身心健康的出版物进行集中治理，净化学校周边环境。相继开展了政府机关使用正版软件活动和整治假媒体、假记者站、假记者的“三假”专项治理行动；对全区文化市场经营户进行审查验证，经年审合格印刷企业21家；44家网吧年审合格；娱乐场所11家年审合格；文艺表演团体4家年审合格；演出场地备案2家。近年来全区未发生重大安全事故，确保了文化市场健康有序的发展。

## （四）文物保护传承管理扎实有效

洛龙区认真贯彻落实“保护为主、抢救第一、合理利用、加强管理”的文物工作方针，不断加大文物保护工作力度，使文物保护水平显著提升。洛龙区文化遗产资源丰富，现有各级文物保护单位193处，其中，国家级文物保护单位4处、省级文物保护单位6处、市级文物保护单位34处，列为邙山陵墓群的墓葬36处。为保护传承好这些文化瑰宝，该区将文化遗产保护工作摆在重要位置，每年投入大量人、财、物，区各类文物和非物质文化遗产得到妥善保护和传承。

1. 贯彻物质文化遗产保护与传承

一是完善文物工作的保障机制，成立文物保护管理委员会及文物保护管理办公室，组建区、镇、村三级文物保护网络。二是营造文物安全社会环境，借助区广播电台和“遗产日”“河洛文化旅游节”、文物普查及文物安全专项治理等载体，先后在区广播电台和《洛龙信息》播发和刊载文物保护报道，宣传文物法律法规。三是提升文物安全保障能力，将文物保护工作经费纳入财政预算，按季度足额发放文物保护员补助。在 2019 年 6 月举行的中国世界文化遗产监测年会上，龙门石窟监测年度报告被评为优秀年度监测报告；编撰形成“龙门石窟保护工程实录”“龙门石窟地学研究”两项保护成果报告，有效提升了文物保护研究水平。龙门石窟完成了万佛沟区考古报告初稿和《龙门石窟供养人研究》的英文翻译；完成三处遗址点的考古钻探。在信息及数字化工作上，已完成古阳洞四大龛、陈抟碑三维数据采集工作和古阳洞第四龛及高树龛的 3D 打印、龙门二十品互动展示项目；完成万佛洞前室南壁观世音像龛虚拟复原及 3D 打印，目前正在完善 AR 程序。龙门园区与郑州大学合作成立“郑州大学龙门石窟文化遗产研究院”，与洛阳师范学院签署战略合作协议，努力打造国内外综合性科研基地。四是完善文物安全管理制度，严格落实管理职责和经费使用要求，健全文物安全目标管理。

2. 贯彻非物质文化遗产保护与传承

一是丰富宣传形式，充分利用电台、新闻媒体，以及宣传栏、宣传板报，悬挂张贴宣传横幅和标语进行宣传，通过举办非遗工作者培训班、传承人培训班、非遗展览、讲座等，结合节庆传统节日活动，以展示展演为载体，开展宣传，普及相关知识。二是依托非遗项目的各类文艺表演团体，开展下乡演出 50 余场次，举办各类非遗展览展演活动 6 场。三是为曹屯排鼓、制鼓技艺、孙氏十六挂转秋、大里王狮舞、洛阳海神乐等省级非遗项目争取到省级专项保护经费共计 85 万元。

3. 龙门园区聚集文旅融合发展新定位

2019 年，龙门园区聚焦园区、景区、社区“三区”融合发展的全新定位，进一步调整思路、明确方向，全力推进文旅融合发展，奋力将龙门园区打造成为和谐美丽的文化旅游园区。一是坚持规划引领，描绘“诗和远方”新画卷。将规划引领工作置于园区各项工作最前端，通过生态文明建设、交通环境提升把自然环境和人文环境相融合。着力突出“水、绿、古、文、秀”等五大元素，充分发挥龙门景区的辐射作用、文旅产业的带动作用，打造文化旅游特色小镇。同时，利用互联网、大数据等现代化信息技术，增强文物活化能力和展示力度，着力发挥文化旅游产业核心引领作用。二是加强文物保护，探索文化传承新路径。园区坚持“保护为主、抢救第一、合理利用、加强管理”的工作方针，深入挖掘和系统阐释龙门文物所蕴含的文化内涵和时代价值，切实做到在保护中发展、在发展中保护。不断加大文物保护研究力度，借助“互联网+”、大数据云计算等现代化信息技术和现代测绘、清理、维护、陈列等技术，不断提升文物保护水平。全力推进“数字龙门”建设，为龙门石窟的雕像建立一套完整、准确、永久的数字档案，有效解决了文物保护与展示利用之间的矛盾。三是推进全域旅游，坚持文化旅游惠民。龙门石窟在第37届中国洛阳牡丹文化节期间，开展5大主题文化旅游活动，让游客沉醉于最美龙门四月天。同时，龙门石窟释放四“大招”，与全市部分景区、酒店、商场携手推出优惠政策，形成产业聚合效应，实现资源共享合作共赢的文化产业发展新局面。

### （五）全域旅游示范区创建体系逐渐完善

洛龙区树立优质发展理念，推进全域旅游工作实施。一是推进全域旅游标识系统建设，投入资金200余万元，共设立78块符合国家标准的旅游标识牌，在区全域建立使用规范、布局合理、指向清晰和内容完整的旅游引导标识体系。二是持续推进智慧旅游。指导辖区内各景区不断完善客流统计分析系统，随时掌握客流状态，实现错峰入园；整合完善景点视频监控；充分运用微博、微信等新媒体以及电台广播等传统媒体，提供智能、便捷的旅游导览服务。白马寺、关林庙开通了景点语音导览系统。三是持续提升旅游产业发展水平，配合市局做好第二届中原文化旅游产业博览会、第37届中国洛阳牡丹文化节等工作，切实加强旅游产业发展，提升旅游品质。

### （六）推动助力脱贫攻坚工作

2019 年，洛龙区对 5 个贫困村开展文化扶贫，使贫困村文化基础设施建设、文化活动开展、人员队伍建设都取得了较大提升。同时，充分利用区电台、网络等媒体，结合文化惠民工程等，积极贯彻党的十九大及十九届一中、二中、三中、四中全会精神，认真搞好新闻宣传工作，营造良好的舆论环境。

## 三　洛龙区文化发展存在的问题

### （一）文化专业人才匮乏

少数文化干部不能有位有为，沦为“二等公民”，有些专干没有守土有责的思想，缺失坚守文化发展责任，文化主管部门对基层文化专干关心不够，在专业技术、员工培训、继续教育等方面都较为短缺。传统非遗文艺表演人才出现断层，青黄不接，表演创作人员多数在 60 岁以上，传人难觅，部分非遗项目面临灭绝，需要保护整理。对一些在农村从事草根文化、民间文艺工作的人员关心不够，他们都处在自生自灭的状态，区域内缺少文化发展龙头企业，核心力量不足，对优秀专业人才吸引力有限。

### （二）文化特色不够突出

洛龙区文化资源丰富，但文化产业发展与遗址保护开发结合不紧密，企业管理和市场开拓能力不强，资源优势不能转化为产业优势和市场优势，缺乏拿得出叫得响的文化品牌，整体形象缺乏特色和优势不突出，文化产业集群程度低，产品创新和生产能力不高，文化产业没有形成规模效益，地域特色的文化生态尚未形成。作为闻名全国的龙门石窟和白马寺，在文化传承弘扬，深入阐释文化蕴含的思想精髓、道德追求和人文精神，推动以文化人方面还须进一步研究提高，深厚的文化内涵没有发挥强大的文化影响力。

### （三）文化服务质量不高

个别城市书房因书房开放任务紧，管理员接受培训时间较短，对相关知识的掌握程度参差不齐，个别管理员工作技能操作出现力不从心现象。部分书房图书种类数量相对较少，难以彰显书房主题风格，制约了精品阅读环境的打造。随着城市书房建设的逐步完善，虽然组织举办了类型多样的阅读推广活动，因少数书房活动面积小等因素，制约了部分城市书房大型活动的开展，影响阅读推广效果。

## 四　洛龙区文化发展的对策建议

### （一）完善现代公共文化服务体系

1. 加快综合文化服务中心建设

继续提升基础设施建设，完善设施网络提升“党建书屋”及基层综合文化服务中心图书室硬件建设，努力打造“十五分钟阅读圈”；通过加强人才队伍建设，依托区文化馆、乡镇综合文化站、村（社区）综合性文化服务中心服务点，采取“轮训”形式，开展民间自办文化社团文化骨干、文化能人、民间艺人培训。加强日常管理，提升服务水平，确保基层综合文化服务中心内设施设备管理完善、运转正常。打造特色文化品牌，提升公共文化服务水平。

2. 开展文化系统扶贫

继续提升贫困村基础设施建设，完善“七个一”标准。大力开展文化惠民、流动服务下基层活动。充分发挥文化阵地作用，指导各贫困村广泛开展文化活动，确保文化扶贫取得实实在在的效果。

3. 完善文化总分馆制度

按照“总馆 + 分馆”的基本架构，以现代网络通信技术为依托，建成以“洛龙区文化馆、图书馆为总馆，乡镇（街道）综合文化站为分馆，各村（社区）综合文化服务中心、村农家书屋和社区书屋为三级分馆”的文化馆总分馆服务体系，更好地满足广大群众的基本文化需求。

4. 提升城市书房服务质量

一是强化图书管理员培训，提高服务水平。图书管理员业务技能服务水平直接关系到群众的满意度，通过增强主动服务意识，满足读者对图书阅览的需求，为读者提供更加优质的服务。

二是增加图书数量，保障阅读质量。根据书房的特点，书房所处地理位置以及收集到的群众建议，合理调整书房图书结构，增添热门种类图书数量。尽力满足群众的阅读需求，为打造精品阅读品牌把好细节关。

三是全体书房参与，丰富活动形式。我们将根据每座书房的风格和主题，更加合理地策划组织图书沙龙、读书会、公益活动、公益讲座等活动，确保每座书房都能够被阅读推广活动覆盖，丰富城市书屋功能，引导更多市民走进城市书屋，更好地满足群众日益增长的精神文化需求。

## （二）做好文化遗产的保护和传承

通过持续深化非遗项目的传承保护及宣传，加强对各类非物质文化遗产的活态保护，利用新媒体等形式创新非遗文化传播，并组织非遗进校园、进农村、进社区、进城市书房活动。增设非遗类项目寒暑假培训班课程，聘请专家教授到我区进行培训，进行高质量、高水平的非遗演艺和制作技艺培训。结合重大节假日，将非遗表演穿插至文化活动演出中间，通过多形式、多层次的表演，传播我区非遗文化；持续深化文物资源的保护利用。持续开展《文物保护法》的贯彻宣传，加大《文物安全目标责任》的落实力度，定期开展季节性文物安全维护工作。

## （三）优化文化市场、繁荣发展环境

1. 持续开展“扫黄打非”专项行动

持续开展“扫黄打非”清源、净网、护苗、秋风专项等整治行动，加大对非法出版物案件的查处力度，对文化市场进行检查治理，净化文化市场发展环境，加强文化市场日常监管力度。加强文化市场安全监管，做好文化市场服务工作，督促文化市场经营单位严格落实安全生产责任制，做好文化市场安全排查工作，加强安全管理，提高文化市场执法水平，做好新办营业场所的服务工作。

2. 推进全域旅游示范区创建

做好全国旅游监管平台旅行社分支机构备案、信息维护、旅游投诉处理等工作，及时接转和妥善处理旅游投诉事件，提升我区旅游服务质量，强化旅游安全生产。定期开展安全检查、安全宣传等活动，确保旅游行业单位安全生产无事故。

3. 推进重点文化项目建设

2020 年将持续推进洛龙区宜人坊文化艺术中心、隋唐洛阳城国家历史文化公园、天街北延、聂湾文旅小镇、牡丹博物馆、洛龙区文化体育中心等项目建设工作，加快文旅融合，为全区文化旅游行业的健康发展注入活力。

### （四）健全文化发展制度保障

1. 坚持以人民为中心的文化工作导向

只有坚持以人民为中心，文化才能更好地服务人民，人民文化权益也才能得到更切实、更充分的保障。社会主义文化，本质上是人民大众的文化，是人民共建共享的文化。中国特色社会主义进入新时代，人民生活水平不断迈上新台阶，人民对实现自身文化权益的要求和对精神文化生活的期待越来越高，我国文化供给的主要矛盾已经由“缺不缺、够不够”的问题转变为“好不好、精不精”的问题。这就需要更加顺应人民日益增长的对美好生活的需要，为人民提供更丰富、更有营养的精神食粮，不断增进人民文化福祉，提高人民的文化获得感、幸福感，促进人的全面发展。

2. 完善城乡公共文化服务体系

建设公共文化服务体系，是保障人民文化权益的主要途径。在推进公共文化产品和服务供给水平不断提高时，要坚持政府主导、社会参与、重心下移、共建共享，把“硬件”建设和“软件”建设结合起来，推动城乡公共文

化服务体系不断完善，促进基本公共文化服务标准化、均等化。优化城乡文化资源配置，坚持城乡协调联动、资源共享，统筹公共文化服务设施网络建设，引导优质文化资源向基层倾斜，加大对农村和贫困地区文化建设的帮扶力度，推动城乡文化一体化发展。推动基层文化惠民工程扩大覆盖面、增强实效性，建立群众评价和反馈机制，促进文化惠民工程与群众文化需求有效对接。支持开展群众性文化活动机制，搭建群众乐于参与、便于参与的文化活动平台，鼓励群众建设多种形式的文化活动阵地，引导群众在文化建设中自我表现、自我教育、自我服务。鼓励社会力量参与公共文化服务体系建设，积极引入竞争机制，创新公共文化服务方式，推动公共文化服务社会化。

3. 打造过硬专业队伍

创新人才发展机制，切实加强人才队伍建设。文化属于精神需求，它高度依赖文化的创新意识，对文化创造力和创造型人才有更迫切的需求。通过制定文化产业人才引进、培训、管理、奖励规定，为文化持续发展积蓄人才资源，占领推动文化发展的人才高地。加大高层次文化人才引进力度，加强与高校、名家的联系合作，探索实行“一对一、面对面”柔性引进机制，不断提高人才队伍的规模质量。注重对专业技术人才以及民间艺人的挖掘和培养，鼓励和支持文化工作者参加各种业务培训，提高专业化服务水平，打造一支素质高能力强的专业队伍。

# B.14 老城区文化旅游发展报告

秦 华*

**摘 要：** 本报告在整合老城区文化旅游资源的基础上，分析了2019年老城区文化旅游发展的现状，针对发展中的短板，从体系建设、新业态培育、精细化管理等方面对打造文化旅游新优势，深化文旅融合发展提出了相应的对策和建议。

**关键词：** 老城区 文化发展 文旅融合

洛阳市老城区位于城市区中东及北部，总面积56.7平方公里，总人口约20万。五千年文化看洛阳，洛阳文化看老城。老城区历史悠久，建城史可以追溯至公元前1042年的西周时期，承载着华夏文明厚重而丰富的历史文化积淀。如今的老城区基本保留了公元1217年金在洛阳设“金昌府”时的建筑格局，故“老城”，是洛阳市最早的建成区，也是古洛阳风貌保存最完整的城市区。老城区文化底蕴深厚，文物古迹众多，有东汉的董公祠、妥灵宫，隋唐的周公庙、安国寺，宋代的文峰塔，元朝的府文庙，明清的钟鼓楼等67处之多，是洛阳城市文化传承的核心区域，丰富的旅游资源为文旅融合发展提供了得天独厚的条件。①

近年来，老城区按照洛阳市委建设“文化传承创新体系”的要求，积极融入洛阳市国际文化旅游名城建设，坚持守正创新，持续放大特色文化资

---

* 秦华，中共洛阳市委党校讲师，研究方向为公共文化、文化产业。

① 老城宣：《留住老洛阳底片 建好新洛阳客厅》，《洛阳日报》2019年4月9日。

源优势，以留住老洛阳的“底片”，建好新洛阳的“客厅”为引领，推动文化繁荣兴盛。老城区注重保护传承，着力留住“老城老街老巷子，老墙老院老房子，老门老户老名字，老号老店老铺子”的老城记忆，营造“记住历史、留住乡愁”的文化氛围，① 修缮开放河南府文庙、文峰塔、隋唐洛阳城遗址等文物古迹遗存。注重文旅融合发展，大力推进“旅游 + 演艺 + 文创 + 会展 + 大数据”，优化非遗展示、民宿体验、文化创意、研学旅行等多元发展体系，加快培育文旅融合新业态、新品牌、新模式，打造以十字街夜市、天心文化产业园、洛邑古城及民主街为中心的“夜间经济消费圈”，文化消费正在成为老城区重要的支柱产业。

## 一　老城区文化旅游资源概况

洛阳市老城区历史悠久，丰富的历史文化资源为城区发展提供了特色文化发展独特的条件。在城区文化建设方面，老城区突出以“文”化城，着力保护固态、传承活态、发展业态，把文化与产业升级、城区建设、经济发展深度融合，推动历史文化传承创新，在弘扬老城文化底蕴的同时讲好老城故事。②

### （一）历史文化资源底蕴深厚

老城区历史悠久，古迹众多，是洛阳市历史风貌保存最完整的城市区。老城区现存文物古迹 67 处，有隋唐洛阳城遗址、周公庙、河南府文庙、大运河遗址博物馆、八路军驻洛办事处旧址等国家重点文物保护单位 7 处；洛阳文峰塔、下清宫等省级文物保护单位 9 处；上清宫、鼓楼等市级文物保护单位 17 处；列入文物名录未定级的历史古迹 34 处。老城区现已列入非物质文化遗产保护名录的共有 26 项，其中国家级 2 项，分别是洛阳水席和洛阳

① 戚帅华、石智卫：《古韵新姿交相辉映　厚重老城处处皆景》，《洛阳日报》2019 年 10 月 9 日。

② 乔永峰、刘雨震：《文旅融合谱写高质量发展新篇章》，《洛阳日报》2019 年 5 月 30 日。

宫灯；省级5项，分别是南无拳、毛家笙制作技艺、济世堂李占标膏药、杨氏沙园膏药和纯德堂口疮散；市级12项，区级7项。区内的非物质文化遗产项目大致分为餐饮、医药、工艺等类别。如国家级非物质文化遗产“真不同水席”是河洛大地著名的餐饮品牌；省级非物质文化遗产“李占标膏药”享誉海内外。[①] 目前，老城区共有开放式旅游景区10余家，洛邑古城、隋唐洛阳城遗址、应天门遗址博物馆、周公庙、丽景门、大运河遗址博物馆、八路军驻洛办事处旧址等，这些优秀文化遗产的保护传承展示，为公众带来了丰厚的文化产品。

### （二）文化旅游发展亮点众多

在“五个老城”[②] 建设目标的引领下，老城区始终坚持以文化城，创新发展。在文化旅游产业发展中，老城区致力于留住洛阳“老底片”，建设洛阳“新客厅”，把以人为本、传承历史、“城市双修”等理念融入城区发展全过程。老城区依托历史街区、遗址公园、博物馆、文化园区建设，打造了众多文化地标项目，为老城旅游经济发展注入新的活力。

1. 历史街区承载古都记忆

洛阳是国务院首批公布的历史文化名城之一，老城区灿烂的历史文化积淀丰富了洛阳的古都风貌。洛阳老城系宋金时期在隋唐洛阳故城的基础上建造而成，经元、明、清及民国时期的传承和不断改造，延续至今，城市格局基本完好，传统的街巷系统、地标性古迹、城墙遗址、城市水系等遗址遗迹，完整地呈现出历史上北方府城的格局。洛阳老城现存的文化遗存多集中于东、西南隅及其周边地区。城内存在多种祠寺庙观、店铺市场、书院会馆等设施，以及王府、县衙、察院等官府机构，形成了以东西南北大街为主干道，城门及王府、县衙、城隍庙、府文庙、文峰塔为制高点的空间格局，构建了多元丰富的城市生活记忆。东西大街、南大街与兴华街共同形成了老城

① 资料来源于洛阳市老城区文化广电和旅游局。

② “五个老城”：文化老城、智慧老城、活力老城、品质老城、幸福老城。

十字街格局，它们是洛阳老城保存较为完整的街区，是古城传统风貌最具代表性的历史街区。

（1）老城历史街区的格局

洛阳老城的历史街区以东西南北四条大街形成的十字街为中轴，纵横交错的街巷形成了独具特色的“里弄胡同文化”。老城内街巷宽度多为 2 ~ 6 米，街巷呈横平竖直布局，街巷顺应地形多呈斜角转折状。老城内街巷交织如网，路路相通，街街连交，素有“九街十八巷，七十二胡同”之称。“九街”即东大街、西大街、南大街、北大街、县前街、马路街、马市街、凤化街、东关大街等较繁华之城中车马大道；“十八巷”即帖廓巷、东和巷、西和巷、中和巷、东通巷、西通巷、中通巷、公园巷、古香巷、和平巷、康乐巷、迎恩巷、豆腐巷、碾米巷、马尾巷、三门巷、仁和巷、里仁巷等。巷一般窄于街，可供车马通行。“七十二胡同”是泛指小街背巷之多，胡同短且窄一般不通车马。其实除了街、巷、胡同之街名外，老城还有许多带有“路、里、壕、井、道”等字的街名。老城的百余条街道名称皆有出处和来历，多与该街发生过的事件和出现的名人、大户、寺庙、建筑、商市、机关、学校及街道所处的位置方向地貌特征等有关。① 随着洛阳城市建设发展，许多老街巷已不复存在，但尚有许多街巷至今仍保留着原街道和原街名，这些街道多存于东南隅、西南隅办事处辖区。特别是西南隅办事处辖区的 24 条街巷至今仍沿用原街名。洛阳老城区保存较为完整的历史文化街区，集中展示了明清古建筑群和民居的传统风貌，其街巷格局、民居院落等历史印记体现了城市特有的历史风貌、文化内涵和城市底蕴。

（2）老城历史街区的古迹遗存

洛阳老城文化底蕴深厚，文物古迹星罗棋布，历史街区内拥有丽景门、府文庙、鼓楼等文物古迹。厚重的历史文化遗址遗迹凸显了老城独特的文化特色和人文风情，是中外游客来到洛阳的必游之地。

丽景门是洛阳老城的象征，被喻为洛阳老城历史文化古城街区的龙头。

① 李楠：《洛阳老城区历史街区保护与利用研究》，湖南大学 2013 年硕士学位论文。

丽景门始建于隋朝，如今的丽景门是一座重现古都洛阳风貌的城楼，由城门楼、瓮城、箭楼、城墙、护城河等部分组成，其城垣高厚，月城宏阔，重门叠关，是洛阳古城历史文化较具特色的标志之一。[①] 丽景门是洛阳古城西门，与历史街区的主街道西大街衔接。丽景门经开发改造后成为集古迹、民俗、餐饮、娱乐、住宿等功能于一体的综合性景区。

河南府文庙位于老城区东南隅文明街 9 号。文庙始建于元代，重修于明嘉靖六年（1527 年），为祭祀思想家、教育家孔子而建。文庙现存建筑二十余间，坐北朝南，自南向北呈阶梯式上升，布局规整，层次分明，为传统的宫殿式建筑。文庙的建筑风格自成体系，保留了元代至清代不同特征和风格的建筑，现存的戟门、仪门、大成殿等建筑风格独特，保存较为完整。2006 年 5 月，河南府文庙作为明代古建筑，被国务院列为全国重点文物保护单位。

老城鼓楼，又称“谯楼”，是古代用以报时之楼，位于东大街中段。鼓楼始建于明代万历年间，距今有 400 余年的历史，是老城历史街区的地标性建筑之一。鼓楼拱券楼台为大青砖砌成，拱券东西两端门额各镶石匾一方，东刻“就日”，西刻“瞻云”。楼台上建有两层钟鼓楼一座，钟鼓楼二楼正中有铸铁大钟一座。该钟为明嘉靖时期与白马寺钟同时铸造，因铸造参数相同时常产生共鸣。

董公祠，位于老城东大街 132 号，即民主街南口与东大街交叉处西侧路北，是为纪念东汉不畏权贵的洛阳令董宣而建。始建于明代，院内现存有“民国”期间洛阳同善局产业碑一块和乾隆四十一年（1776 年）“岁次丙申”石碑一方。

河南府城隍庙，位于老城区西大街西段北侧，现存河南府重修城隍庙碑，是河南省重点文物保护单位。河南府城隍庙始建于唐宋时期。城隍庙主体建筑为威灵殿，因城隍老爷受封为威灵公而得名。据现存的碑刻记载，明

---

① 戚帅华、石智卫：《古韵新姿交相辉映　厚重老城处处皆景》，《洛阳日报》2019 年 10 月 9 日。

崇祯以及清乾隆、嘉庆、道光、同治、光绪年间城隍庙曾多次被修缮。为强化文物保护，威灵殿于1992年进行了全面修复。

（3）历史文化街区的保护和发展

老城历史文化街区是展现洛阳古都文化和历史风貌的最具代表性的载体。街区布局规整，街巷肌理丰富，建筑设施保存完好，传统民居为典型豫西院落模式，现存传统建筑数量约占建筑总数20%左右。街区内集中了洛阳特色小吃、传统手工艺、古玩字画等各种“老字号”，成为游客体验洛阳古都历史文化和传统民俗的重要目的地。洛阳市委市政府十分重视洛阳历史文化街区的保护，对历史文化街区进行了多次的保护整治工作。洛阳在1950年城市规划编制中，为保护老城的古城遗址，确立了“避旧建新”的规划思想，形成了历史古城保护的“洛阳模式”。为强化历史文化街区的保护和整治，洛阳在2000年颁布了《洛阳老城历史街区保护管理暂行办法》，2002年老城区政府成立了历史街区管理委员会，先后多次编制了老城历史文化街区保护规划，使历史文化资源在城市的发展中彰显其重要的历史价值。2019年11月，洛阳市公布了《洛阳市东、西南隅历史文化街区（老城片区）保护规划（2019～2035）》，2020年1月，洛阳市城乡规划委员会审议并通过《洛阳市东、西南隅历史文化街区保护规划及修建性详细规划》。规划的公布和实施，切实保护了洛阳老城东、西南隅历史文化街区历史风貌及其相关要素，延续并强化街区的历史特色，通过提升街区适应现代社会生活的能力，进一步促进洛阳历史文化名城的可持续发展。

东、西南隅历史文化街区，面积约113公顷，北至中州东路以南，南至马市街—吕氏街一线，东至新街以西、西至金业路以东。其核心保护区域面积约46.5公顷，是以文庙、安国寺、张家大院等文物保护单位为核心，以十字大街轴线为骨架，以其周围传统民居建筑为依托所形成的区域，共同构成历史文化街区的核心保护范围。在历史文化街区总体结构布局方面，将文化遗产保护融入城市转型与发展，构建“一环、两轴、六点、十二片”格局，即沿中州渠形成环城绿带；以东、西、南、北大街作为街区十字空间主轴；以城隍庙、传统大院、安国寺、宣仁门遗址、文庙、文峰塔形成六个主要功能节点；依托城隍庙、马王庙、西大街、传统大院、安国寺、宣仁门、东大街、鼓楼、文庙、周南驿、文峰塔等节点形成十二片区。在历史资源展示利用方面，依托文庙、妥灵宫、安国寺等重要历史文化资源，整合非物质文化遗产，形成以东西大街、南大街、兴华街为主轴的历史文化展示带和十二个文化展示片区。[①] 通过深化实施东西南隅历史文化街区保护工作，老城区摒弃“大拆大建”思想，坚持“城市修补、生态修复”的“城市双修”微改造理念，对西大街、民主街、兴华街及中州路老城段沿线街巷实施“微创手术”，避免“一刀切”式的硬性统一，保留了老洛阳味道，有效地保护和提升老城古城的整体格局、街巷系统、历史建筑、文化遗存、传统民居等风貌，丰富了街区的多元功能，提高了街区生活水平和空间品质。譬如，民主街通过提升整治后，青石板的街面、古色古香的灰砖外墙，配以雕花栏杆、仿古屋檐、红柱和红灯笼，更加彰显河洛古风特色，现已变身为“网红”打卡地。[②] 此外，十字街拥有众多的特色美食，是洛阳美食最集中的地方，曾入选全国十大美食街。这里有200余种美食，如洛阳水席、涮牛肚、不翻汤、浆面条、刀铡面、烧烤、炒凉粉、烩饼等。十字街别具特色的地方饮食，吸引了众多中外游客在这里休闲和购物。十字街不仅代表了洛阳城市特色，承载着洛阳的古都文化，而且点亮了洛阳文化消费“夜经济”，成为洛阳历史文化名城保护与展示的靓丽名片。

2. 遗址公园塑造城市地标

隋唐洛阳城国家历史文化公园，位于中州路与定鼎路交叉口，是国家大遗址保护示范项目和重点工程。洛阳市为促进历史文化的传承和发展，对隋唐洛阳城内的核心遗址进行保护性展示，先后建成了隋唐洛阳城国家遗址公园定鼎门和南城墙、天堂、明堂、应天门、九洲池等遗址保护工程，致力于将隋唐洛阳城打造成历史文化特色鲜明、古代文明和现代文化交相辉映的文化地标。其中天堂、明堂、应天门、九洲池遗址展示工程修建在隋唐洛阳城

---

① 李东慧、史朋飞：《洛龙区新规划三所学校——市规委会2020年第一次会议审议通过系列规划解读》，《洛阳日报》2020年1月19日。

② 乔永峰、刘雨震：《文旅融合谱写高质量发展新篇章》，《洛阳日报》2019年5月30日。

宫城区遗址上，兼有大遗址保护、文物及艺术品展示、文化创意、旅游参观等功能，洛阳市通过政府主导和市场运作相结合的模式运营管理，年接待游客百万人次，目前已成为洛阳新的城市名片和地标建筑。

2019 年，隋唐洛阳城遗址公园在景区融合发展上实现了三个跨越。一是完成了应天门周边环境的整治和配套设施的完善，清晰呈现明堂至应天门的历史轴线；二是九洲池、应天门遗址博物馆先后对公众开放，“国潮音乐节”“凤舞九洲”文化月、应天门灯光秀、最潮中国年等系列活动引发各界对隋唐洛阳城遗址公园的关注和热议；三是隋唐洛阳城国家遗址公园获批为国家 4A 级景区，标志着明堂、天堂、应天门、九洲池四个景点融合为一个景区。同时，遗址公园在创新发展方面紧盯高新科技，不断实现新突破。一是针对景区获客途径变化，组建全媒体宣传营销矩阵，实现线上线下同步引流，提升了遗址公园的美誉度和吸引力；二是创新景区公众体验需求，将“数字隋唐”引入景区设施建设，九洲池全息光影秀、应天门沉浸式数字体验馆的投入使用，利用现代声光电等高科技方式再现了洛阳千年的历史变迁，进一步提升了遗址公园的科技含量和游览体验。隋唐洛阳城遗址公园作为展示洛阳历史文化窗口，2019 年度内完成各类公务接待 635 批次，成功承接第二届中东欧国家文化遗产论坛、中国（洛阳）隋唐大运河学术交流会、第二届世界古都论坛等大型活动。一系列大型文化活动的举办，标志着隋唐洛阳城国家历史文化公园文化旅游发展迈入崭新的阶段。

3. 博物场馆彰显文化魅力

博物馆、纪念馆是城市文化的载体，保护和传承了人类历史和记忆。近年来，洛阳市强化文旅融合，守正创新，“东方博物馆之都”建设初具规模，博物馆群已成为古都洛阳的文化新地标。老城辖区内拥有各类博物馆、纪念馆 10 余家，其中，洛阳民俗博物馆、洛阳隋唐大运河博物馆、应天门遗址博物馆、洛阳匾额博物馆、契约文书博物馆、洛阳百年留声博物馆、八路军驻洛办事处纪念馆、洛阳老子纪念馆、古代艺术博物馆、周公庙博物馆、洛阳三彩艺博物馆等国有、民营博物馆，以其专业性的文物陈展、丰富多彩的展演活动，不仅丰富了群众的文化生活，而且在保护传承中弘扬了河洛文化，彰显了洛阳的城市品位和文化魅力。

洛阳民俗博物馆，是全国重点文物保护单位、国家二级博物馆、国家3A级旅游景点。民俗博物馆是一座弘扬河洛文化、展示民俗风情的专题性博物馆，馆内有信俗、婚俗、民间工艺、生活器具等9个陈列展馆，还有皮影表演、婚俗表演、民俗服饰表演等演示活动。洛阳民俗博物馆以其清代古建筑群的恢宏气势、种类众多的民俗文物藏品、别具一格的民俗表演活动，再现了豫西地区的民风民俗，深受中外游客青睐。

洛阳隋唐大运河博物馆，是全国重点文物保护单位、国家三级博物馆。洛阳隋唐大运河博物馆是依托山陕会馆建设的大运河专题博物馆，馆内通过实物、图片和多媒体等多种展示方式，全面讲述洛阳与大运河的关系。此外，博物馆通过强化科技手段的运用，通过全息投影的方式将一些典型的运河文物展示在观众面前，增强了游客对大运河的直观感受和体验。

应天门遗址博物馆，是隋唐洛阳城国家遗址公园的重要组成部分，于2019年9月23日正式对外开放，国家4A级旅游景区。博物馆内集应天门遗址展示、文化科普、艺术典藏等人类文化遗产实物为一体。应天门遗址由门楼、朵楼和东西阙楼及其相互之间的廊庑组成“凹”字形巨大建筑群，是隋唐两京考古发掘出的第一座“两重观，三出阙”宫城门阙遗址，也是目前全国发现的等级最高的城门楼遗址。2019年河洛文化旅游节期间，应天门博物馆北广场每晚的3D激光投影秀演出，通过传统文化的现代科技演绎，吸引了众多游客的观光和欣赏，有效培育和充实了洛阳夜间旅游市场的文化内涵，实现了洛阳旅游从传统的空间拓展转向时间延展的转变，让传统旅游资源焕发了新的活力。

八路军驻洛办事处纪念馆，是全国重点文物保护单位、国家级爱国主义教育示范基地，2017年1月被列入《全国红色旅游经典景区名录》。该纪念馆是为了纪念八路军驻洛办事处，以其旧址为依托建立的一座革命纪念馆，以文字、图表、照片、文物等相结合的形式综合陈列，系统地介绍了八路军驻洛办事处的建立、工作等情况。[①] 纪念馆在保护修缮文物的同时，大幅度提升博物馆的科技含量，致力于通过数字化博物馆、智能化博物馆建设，通过挖掘红色文化元素，让红色资源活起来，打造红色精品纪念馆。

4. 文化园区推动融合发展

历史文化遗产的保护与发展，需要通过产业化推进、项目化传承才能够有效地活化资源，变资源优势为产业优势。近年来，老城区为推动文化产业的发展，始终以园区化为发展方向，坚持走文旅融合道路。天心文化创意产业园、洛邑古城、万景祥牡丹产业园等一批文化园区的建设和发展，推动了老城区文化产业的规模化、集约化、专业化发展，促进了在保护传承历史文化资源中留住文化根脉，在开放包容中放大文化优势，推动了城区文化的大繁荣、大发展。

天心文化创意产业园，园区原址是国机重工（洛阳）建筑机械有限公司废弃的老旧厂房。2016 年企业外迁后，老城区把厂区的 10 栋苏式主厂房、2 栋办公楼和若干功能性建筑保留下来。园区本着“保护工业遗产、延续城市文脉、发展文化产业”的原则，通过招商引资“腾笼换鸟”，规划了文化风情街、婚礼文化主题公园、体育文化公园、综合文化艺术广场等 10 个片区，打造成了集文化、旅游、休闲于一体的综合性文化创意产业园。截至 2019 年底，园区进驻商户 40 余家，创造约 5000 个就业岗位，年纳税额超过 5000 万元。

洛邑古城是老城区重点打造的旅游园区。2017 年 4 月开园运营以来，洛邑古城以园区内文峰塔、文庙、妥灵宫、四眼井等遗址保护为节点，注入非遗产业、现代服务业态和灯光演艺等，在继承和发展洛阳老城原有的历史文化景观和人文气息的同时，引进大数据、互联网、物联网等先进管理技术，将古风古韵与现代科技完美融合，推进文化与旅游、科技与创意、文保

① 戚帅华、石智卫：《古韵新姿交相辉映　厚重老城处处皆景》，《洛阳日报》2019 年 10 月 9 日。

与城建的融合提升，充分发挥传承历史、展示文化、活化遗产、留住乡愁、凝聚人气的作用。[①] 目前，园区进驻的各级各类非物质文化遗产有200项之多，丰富多彩、形式多样的非物质文化遗产活态展示，满足了游客体验性、个性化、多样化需求。同时，园区还推出了形式多样的实景演艺、旅游研学等展示性、观赏性、参与性强的文化活动，让游客感受独特的老城文化魅力。

洛阳万景祥牡丹产业园是老城区依托牡丹产业打造的特色产业园区。万景祥牡丹产业园是以牡丹产品深加工、牡丹文化博物馆、牡丹产品交易中心、牡丹观赏区、牡丹物联网建设为主的牡丹产业集聚区。园区以牡丹糕饼、牡丹籽油等牡丹衍生产品生产为主，建有牡丹产品研发中心，形成了牡丹产品研发、生产、销售、物流融合发展的格局。牡丹文化节、河洛文化节期间，每日近3万块牡丹糕饼销往全国各地及“一带一路”节点城市，谱写了洛阳牡丹文化发展新篇章。

## 二　2019年老城区文化旅游发展现状

2019年以来，洛阳市老城区坚持以文化带动旅游、用旅游彰显文化的融合发展思路，通过不断完善政策，发挥规划引领、项目带动作用，深入挖掘“六大文化”资源，创新文化旅游宣传，顺利完成全域旅游规划，积极推动重大文旅项目，有效促增文旅消费，实现文旅融合高质量发展。

### （一）提升战略定位，提出文旅发展新目标

一是坚持规划先行，完成老城全域旅游规划。老城区以创建全域旅游示范区为总抓手，高起点修编《老城区全域旅游规划》，完成了全域旅游规划的制定，并经区政府批复同意实施。二是搞好顶层设计，高质量编制文旅产

① 田宜龙、刘雨震、乔永峰：《文旅融合留住“老”底片　高质量发展建好“新”客厅》，《河南日报》2019年9月5日。

业规划。老城充分利用辖区文化、文物、旅游资源优势，制订了《老城区文化旅游产业发展三年行动计划》，将鼓楼文创休闲产业园区、文峰塔综合休闲广场、东北隅文化旅游综合体等近40个项目列入三年发展规划。三是加强部门联动，全力打造“五个老城”。制定并印发《中共老城区委关于加快建设“五个老城”的实施意见》《加快建设“五个老城”三年行动方案》等，把百城提质、文明创建、文旅融合等有机结合，通过挖掘老城最丰富、最宝贵的文化资源，讲好老城故事，真正留住老洛阳“底片”，建好新洛阳“客厅”。

## （二）突出项目引领，推动重大文旅项目实施

文旅融合项目是载体，老城区发挥重大项目的引领和带动作用，建立健全各部门协作配合的长效工作机制，建立项目建设工作联络制度、区级领导分包重大项目制度，健全月督查、双月例会、季度观摩、兑现奖惩等机制，积极有效地推进老城区文旅重点项目建设。

目前，《老城区“千宿百景计划”实施方案》《隋唐城宫城核心区改造提升方案》已制定，唐宫综合市场疏解外迁已全部完成，正在进行玄武门遗址的勘探工作。古城东西大街提升改造已完成。《洛阳市东西南隅历史文化街区保护规划》《老城区东西南隅历史文化街区修建性详细规划》及洛邑古城二期的设计方案已批复。《古城保护项目PPP方案》已完成社会资本方资格预审招标工作，新的可研报告已批复，两评一案专家论证已通过。上清宫森林公园总体规划项目，规划方案已向市自然资源与规划局汇报，正根据相关意见做进一步的完善修改。宫城区特色商业步行街项目，已完成步行街规划设计招标，并启动贴廓巷红色文化步行街市政施工。隋唐大运河国家文化公园项目，项目指挥部已成立，项目施工单位已进场施工。

## （三）积极培育业态，着力推进文旅融合发展

老城区深入挖掘老城旅游资源，彰显六大文化（古都文化、隋唐文化、运河文化、红色文化、牡丹文化、非遗文化），坚持宜融则融、能容尽融，

大力实施“旅游+互联网”“旅游+大数据”“旅游+演艺”“旅游+文创”“旅游+会展”，优化非遗展示、民宿体验、文化创意、研学旅行等多元发展体系，加快培育文旅融合新业态、新品牌、新模式。

研学旅游成行业新宠。洛邑研学项目被认定为河南省中小学专项性社会实践教育基地、洛阳市首批研学旅行基地。老城区积极发挥研学基地作用，截至2019年底，洛邑古城和天堂、明堂共开发非遗体验、洛邑探秘、考古、唐茶研学、图画汉字等课程40多项，接待研学活动710批次，开展研学活动130余场，接待人数67000余人次，让研学游成为新旧动能转化的重要路径。特色文化园区赋能新动力。天心文化创意产业园本着“保护工业遗产、延续城市文脉、发展文化产业”的原则，利用旧厂区内闲置的工业厂房，打造特色鲜明、业态丰富的大型文化产业园，成为当地年轻人打卡游玩的“网红”地和老城文化旅游的新地标。隋唐文化游初见成效，隋唐洛阳城宫城区被评为国家4A级旅游景区，天堂、明堂、应天门、九洲池四点一线格局初步形成，成为洛阳地标性文旅打卡地。智慧旅游逐步发展，洛邑古城景区运用现代科技，采用“征信+大数据”旅游管理模式，研发导游App、开放京东无人超市，为游客提供更加便捷、舒适的购物体验。

### （四）促增文旅消费，实现社会经济有效增长

2019年以来，老城区多措并举拉动旅游消费增长，实现经济高质量发展。据统计，全年接待游客约1500万人次，旅游收入约11.2亿元。一是文旅活动促消费。组织品牌文化活动进景区，提升老城旅游品质。通过在景区举办河洛文化大集、“洛阳·老城杯”河洛大鼓争霸赛、原创音乐节、青岛啤酒节、首届洛阳国风音乐季等活动，增强游客文化体验感，吸引国内外游客留在老城，促进旅游消费。二是提升设施建设。老城区建设完成城市书房3座、游园4座；提升改造集市南街、乡范北街、右安街等街巷7条；完成对洛阳十字街夜市全面改造升级。目前，洛阳十字街夜市共有商户176家，水席、不翻汤、浆面条等各类承载着老城文化的特色小吃200余种，成为不少市民和来洛游客夜晚休闲的选择，单日最大游客量突破4万人次。三是发

展夜间经济。老城以十字街夜市、天心文化创意产业园、洛邑古城及民主街为中心的三个“夜间经济”集中区已呈现蓬勃发展的态势。洛邑古城通过打造夜景观，完整的夜间运营系统、夜间灯光设计、夜间演艺节目，不断增加夜间游览人次；天心文化创意产业园入驻电影、图书、演艺、体育健身、电子竞技、文化艺术培训、餐饮、娱乐等商户40余家，丰富的业态为老城“夜经济”的发展注入了新活力。

### （五）加强文旅宣传，展示老城文化旅游形象

老城区充分利用各种媒体作用，不断加强文化旅游形象宣传。一是推进深化与中央电视台等国家主流媒体以及省内外特色媒体的合作，加强网络新媒体运用，借助央视、新华社、河南微视、洛阳电视台等平台，先后播出《老城区：“老”字做文章，“转”出新天地》《千年帝都正腾飞　厚重洛阳看老城》等，将老城经验、老城文化、旅游形象面向全国推介宣传。二是成立丽景影业有限公司，充分利用电影对城市形象传播范围广、影响力大的优势，挖掘老城特有的文化内涵，以老城记忆、老城故事为创作内容，策划具有老城特色的影视作品、创立新媒体电影节等，打造出一张老城通往世界的文化旅游名片。

## 三　老城区文化旅游发展存在的问题

2019年，老城区文化旅游产业呈现了良好的发展状态，在历史文化街区的保护和发展、文化园区的运营和创新等方面进行了有益的探索和实践，文旅融合初见成效。但是老城区文化旅游产业发展与名城建设要求的“高端化、智能化、融合化、标准化”的要求还存在一定差距。

### （一）文化旅游资源开发深度不足

老城区虽有丰富的文化、文物资源，但是因开发不足，潜力未能得到充分挖掘，部分甚至处于沉睡状态，致使古都风貌不突出。如天堂、明堂、洛

邑古城等文化旅游景区体量相对有限，历史文化街区旅游资源的档次和品位需要提升，博物馆创新运营的文旅产品和线路需要持续培育。古都文化、牡丹文化、民俗文化等文化资源存在单体资源多、分散开发多、缺少系统规划等问题，开发项目规模小、产业链短、增值服务少，导致游客停留时间短，难以形成规模和品牌效应，市场影响力有限。

### （二）文化旅游产品种类单一

老城辖区内的多数景区、园区，主要以单一类型的观光旅游为主，同质化严重，缺乏商务会展类、文化体验类、休闲度假类等高品位、有特色、多元化、综合性、高附加值的综合型文化旅游项目和特色鲜明、便携化程度高的文化旅游产品，难以适应新的市场需求，旅游购物占比较低。夜间文化旅游产品，丽景门、老城十字街、洛邑古城等虽然人气较高，但是综合效益有限，无论在吸引力、影响力还是在实际效果上都还有很大差距。

### （三）文创产业开发程度低

文化旅游产品设计整体上处于摸索阶段，缺少引领时尚的创意产品、满足个性化需求的文化产品以及文旅与科技融合的高端产品。洛阳在文创旅游产品开发设计的种类、形式、内涵、外延方面还有很大欠缺，整体上仍处于模仿和追随阶段，缺乏具有较高知名度和影响力的爆款产品。

### （四）专业人才比较匮乏

老城区随着文化、旅游、文艺等产业的快速发展，具有专业水平和工作能力的文化专业人才短缺问题日益突出。既通晓文化产业内涵和政策又具有自主创新能力的复合型人才，既懂创意研发又懂艺术创作的实用型人才更是短缺。此外，由于年轻人缺乏对传统文化的认识，不愿意承担对传统文化的传承，导致很多非遗项目长期处于后继无人、无人问津的尴尬境地。

## 四　老城区文化旅游产业发展的对策建议

2020 年 3 月，河南省委省政府召开的加快洛阳副中心城市建设工作推进会中明确指出，洛阳城市建设要在高质量发展上实现新突破。要突出城市特色，要突出文化特色，精心打造文旅核心展示区，深化文旅融合创新，加强历史文化传承创新，提升洛阳国际文化旅游名城的知名度、美誉度和吸引力，打造国际文化旅游目的地。省委省政府为未来洛阳文化发展的繁荣兴盛指明了方向。老城区作为洛阳重要的文化发展核心区，文化底蕴深厚，旅游资源禀赋突出，发展文化旅游产业潜力巨大。为加快老城区文化旅游产业的融合发展，要进一步在全域旅游上下功夫，在创意上做文章，把各种文旅资源变成可感受、可体验、可消费的产品，通过构建“全时、全民、全景、全业”旅游新格局，打造文化旅游新优势，实现产业转型发展新突破。

### （一）文化引领城区体系建设

为贯彻落实“国际文化旅游名城”建设和华夏历史文明传承创新，老城区应坚持高质量发展理念，通过历史文化创造性转化、创新性发展，推动文旅融合、供给侧改革，推动文旅产业转型升级、提质增效。通过打造“南城北镇”全域旅游规划布局，推进城南洛邑古城一期业态提升、二期规划建设、“一街游千年”“千宿百景”等项目，建设牡丹小镇田园综合体、牡丹产业园、康养小镇、智慧农耕等项目，打造牡丹文化旅游，形成新的经济增长极，不断提高文化旅游供给质量，提升洛阳文化软实力。

一是持续抓好大运河文化带洛阳段建设。以建设隋唐大运河国家文化公园、新建隋唐大运河博物馆为载体，对大运河文化带建设任务分类推进，抓好历史文化内涵挖掘、收集和保护，讲述更多能够传诵的运河故事，抓好环境景观提升和生态修复，打造滨水景观，抓好水系治理，保护好现有运河河道，抓好文创开发，将大运河文化带打造成标志性文化品牌。

二是探索大遗产保护利用和传承发展的新模式。在隋唐洛阳城国家历史文化公园、博物馆群和隋唐城国家文化公园建设等项目的规划体制、运营体制、建设体制和经营管理体制等方面积极改革创新，有序确定遗址遗迹整体发展战略、建设时序与行动计划，确定各阶段的展示布局层次、公众参与形式，注重统筹项目建设、运营维护与回报保障等问题，努力走出一条政府主导、社会参与、基础设施配套完善、文物保护利用与人民生活改善有机结合的具有洛阳特色的可复制的文物保护利用新路。

三是依托洛阳特色历史文化资源，集聚培育带动性强、有引领示范作用的文化旅游经济带，加大政策引导和资金扶持，在特色、创意、技术、体验、宣传等元素上吸纳创新，培育产业核心竞争力。通过加强对中华传统文化的挖掘，丰富文化产品和创作，将历史遗存、文化符号和城市形象有机结合，突出老特色，打造文化品牌，形成老城文化 IP。通过谋划实施重大文旅项目，推进“千宿百景计划”，打造以百家姓文化客栈为主要特征和代表的民俗业态群；谋划“一街游千年”，深化丽景门至应天门区域的提升改造，推动金元古城与隋唐宫城区的连体发展。通过深层次谋划“夜间经济圈”，提升夜间剧场、文化体验、旅游购物、休闲娱乐等项目档次，做大做强老街巷、老字号品牌，完善消费链条，带动全区夜间经济集聚发展。通过打造古城游、红色游、牡丹文化游等路线，使产业链向纵向延伸，实现资源共享、优势互补、协同并进。

### （二）创新发展培育新业态

要依托高科技，激发文化旅游创意，积极培育新型文化业态，激发文化产业发展的内生动力，尽快扭转文旅及相关产业附加值不高的局面。

一是全面对接国家“互联网 +”战略，创新网络文学、网络音乐、网络电影等新型业态，要结合隋唐国家历史文化公园和“东方博物馆之都”建设等重点项目，不断吸纳影视演艺、动漫游戏、文创设计等业态进入，带动传统项目升级。

二是在延续历史文脉中传承厚重历史文化基因，打造古都文化、牡丹文化、河洛文化等更多富含优秀传统文化基因的品牌，在城乡建设方方面面渗透展示运用。

三是大力推动文化（创意）产业发展，推进体制机制创新，完善政策资金支持，聚焦影视、演艺、动漫游戏、网络文化、艺术品交易、创意设计、文化装备等产业板块，分门别类明确产业发展的目标、规划和措施，提高文化创意产品开发水平，拓展完善文化创意产品营销体系，助力形成新的经济增长点。

四是培育文化产业园区。把握“创新驱动、融合发展”的时代特质，实施文化企业和文化产业园区建设工程，对入选企业和园区加大扶持奖励，充分利用经济、教育、科技等资源，着眼于提升文化对经济发展的影响力、渗透力和贡献率，培育大型引领性文化产业园区，将其作为汇聚多种业态企业、产业基本要素和相关优质资源的平台，作为培育新型文化业态的重要载体，加速培育新型文化业态，尽快形成文化产业新的增长点。

### （三）精细化管理提升文旅融合

一是完善公共服务体系。重点建设区内旅游交通、景区停车场、游客服务中心、自驾车停车场、房车营地、旅游厕所、旅游标识、无障碍设施等旅游公共服务设施；积极配合支持洛阳市争取增加国内主要客源城市航线、高铁班次，开辟新的境外航线和国际旅游包机，提高旅游的国际通达性。加快智慧旅游城市建设步伐，建设“集城市形象展示、旅游公共信息服务、旅游大数据应用、旅游行业监管、旅游市场秩序治理、多媒体旅游体验等于一体”的旅游综合服务平台，提升旅游信息化水平。

二是强化发展要素保障。充分发挥政府资金作用，利用好洛阳市文化旅游产业基金，提高文化旅游产业资本化运作水平；引导社会资本加大对文化旅游产业的投入，积极引进战略投资者，抓好古城保护与整治等文化旅游业PPP重点项目。建立主体多元的产业人才培养体制，有针对性地引进专业技术人才，特别是在规划设计、景区管理、文化创意、市场营销、文化旅游产品开发等方面的人才，持续为文化旅游产业提质增效注入新的活力源泉。

三是加大宣传营销力度。推动传统媒体与新兴媒体相融合，在加强与主流传统媒体合作的同时，积极开拓微博、微信、微电影、微视频等新媒体营销渠道，加强与腾讯、携程等互联网企业合作。自主宣传与区域合作相结合，积极推动全域旅游示范区建设，推动区域旅游一体化；加强与豫西北各市、沿黄城市、“一带一路”沿线城市等的交流协作，实现资源互补、共享共赢，扩大辐射带动能力。传统方式与活动营销、事件营销相结合，借助重大节会、高端会展、体育赛事、文化演艺等重大事件和活动，深度挖掘洛阳文化旅游特色，持续策划开展活动营销、事件营销，制造营销热点和宣传亮点。“引进来”与“走出去”相结合，加强与世界旅游组织等国际机构合作，借助“一带一路”旅游联盟等平台，加大合作交流，吸引国际性会议活动在本地举办；实施文化走出去工程，积极组织优秀文化作品到国外展出。

# B.15
# 瀍河回族区文化旅游发展报告

孙若玉*

**摘　要：** 瀍河回族区有着深厚的文化底蕴，拥有丰富的文化资源，本报告通过深入分析瀍河回族区现有的文化旅游资源以及梳理总结2019年该区在文化和旅游方面所做的重点工作，发现瀍河回族区在文化旅游产业发展过程中存在发展基础薄弱、开发改造不够、重视程度不足、专业人才匮乏等问题，针对问题尝试提出相应的对策建议：思想高度重视，理顺体制机制，规划及投入到位，采取“政府+市场”的运作模式，树立战略眼光、着力当下、放眼长远。

**关键词：** 瀍河回族区　文化旅游　产业发展

瀍河回族区素有洛阳“东大门”之称，曾是周、汉、魏晋、隋唐等朝代的京畿重地，是丝绸之路的发源地，曾是国家粮仓的集聚地，宋太祖赵匡胤的诞生地，道教、儒教、佛教、伊斯兰教、天主教、基督教曾在这里汇集，是一颗深藏光芒的明珠，有着深厚的文化底蕴，拥有丰富的文化资源。在党的十九大精神引领下，在贯彻习近平总书记视察河南重要讲话、党的十九届四中全会精神、谱写新时代中原更加出彩洛阳绚丽篇章进程中，瀍河回族区深入挖掘瀍河文旅资源，讲好瀍河故事，把历史活化为故事，把资源转化为优势，把文旅塑造成产业，把城市文化

---

* 孙若玉，中共洛阳市委党校讲师，硕士，研究方向为传统文化、文化建设、文旅结合。

与生态文明结合起来，把传统元素与时代气息融合起来，着力打造河南省全域旅游示范区。

## 一 瀍河回族区文化旅游产业资源概述

瀍河回族区历史文化底蕴深厚，文化遗址遗迹众多，民俗文化内容丰富，民族特色较为鲜明，具备发展文化旅游产业的资源、条件、优势，发展潜力大，发展前景好。

### （一）文化方面

瀍河回族区现有区属文化馆 1 所、图书馆 1 个，民办民族书院 1 所、民族图书馆 1 个，另有河南林业职业学院图书馆 1 个、原铁路分局图书馆 1 个。区内现有博物馆 9 家，其中国有（营）博物馆 3 家，属洛阳市文物局直管，分别是洛阳民俗博物馆、洛阳匾额博物馆、洛阳契约文书博物馆；民办博物馆 6 家，分别是洛阳河洛文化博物馆、洛阳平乐正骨博物馆、洛阳市瀍河古代艺术品博物馆、洛阳九朝刻石博物馆，洛阳星月紫砂壶博物馆、洛阳保险文化博物馆。全区现有“农家书屋”15 个，办事处文化活动中心和社区文化活动室 37 个、文化广场 7 个、青少年活动中心 1 个，组建各类文艺团队 59 个，常年从事群众文艺活动人数达 18000 余人，约占全区总人口的 10%。全区现有艺术学校（院校）1 所，即洛阳职业技术学院戏曲艺术学院，娱乐场所经营单位 1 家，互联网上网服务营业场所 13 家，出版物经营单位 17 家，包装印刷企业 10 家，文化传播公司 67 家，文化产业法人单位 123 家。全区现有国家级、省级、市级、县级非物质文化遗产 12 项，其中国家级 1 项，即平乐郭氏正骨；省级 2 项，分别是象庄秦氏妇科、洛阳铲锻造技艺；市级 4 项，分别是东关双龙、二鬼摔跤、洛阳心意六合拳、马杰山牛肉汤制作技艺；县级 5 项，分别是马丹阳十二星针和秘传方药、沈存善中医烧伤、老洛阳炒凉粉、老洛阳五碗四、东关大石桥陈记驴肉汤。

### （二）文物方面

瀍河回族区历史悠久，名胜古迹众多，历史上曾是周、汉、魏晋、隋唐等朝代的京畿重地，留下了较为丰富的历史遗迹和人文资源。全区现有不可移动文物49处，其中世界文化遗产1处，即回洛仓、含嘉仓；全国重点文物保护单位3处，分别是位于瀍河回族区西南部的隋唐洛阳城遗址、潞泽会馆（即洛阳民俗博物馆）、北窑遗址；省级文物保护单位4处，分别是北窑铸铜遗址、回洛仓遗址、孔子入周问礼碑、东关清真寺（正在申报全国重点文物保护单位）；市级文物保护单位20处，列入文物保护名录的21处。区内四教并存，有清真寺13坊、基督教堂及基督教固定处所3座、天主教堂1座（属市民族宗教局直管）、佛教寺院1座。

同时，瀍河回族区还有闻名遐迩的老子故居（位于东关办事处东通巷市24中家属院内，据史料记载，该遗址为东周时期老子在洛阳居住生活了长达半个世纪的宅邸），九龙台（三国时期曹操点将台），勒马听风街（三国时期关羽勒马听风处），瀍壑朱樱（洛阳八小景之一），铜驼暮雨（洛阳八大景之一），丝绸之路起点纪念碑（位于国龙物流园内），大福先寺（又称“古唐寺”，位于瀍河回族乡塔东社区内），双龙巷（宋太祖赵匡胤及其弟宋太宗赵光义出生地，位于东关办事处爽明街八孔窑）等历史名胜遗迹。洛阳民俗博物馆作为中原地区最大的民俗专题性博物馆和瀍河回族区唯一的旅游景点，现馆藏服饰、字画、家居等珍贵文物上万件，以此为平台和依托，洛阳市文物局主办的“河洛文化民俗庙会”，作为每年“中国洛阳牡丹文化节”期间的品牌项目，每年都吸引省内外近百艺术团队前来参观，现已成为中原地区民俗文化展示的一场盛会。洛阳匾额博物馆作为全国最大的匾额收藏展示专题博物馆，馆藏各类相关历史朝代匾额上千件，每年吸引国内外上万游客前来慕名观赏。洛阳契约文书博物馆目前已收集从明朝到新中国成立初期不同历史时期的契约文书超过3万件。隋唐时期全国最大的官方粮仓含嘉仓160号仓窖遗址和回洛仓遗址是瀍河区古代隋唐时期“漕运文化”的历史缩影，于2014年6月作为中国申报的“中国大运河”核心组成部分已经成功入选世界文化遗产名录，具有较高的文物考古和保护开发价值。

### （三）旅游方面

瀍河回族区现有旅游饭店 5 家，各类旅游酒店、宾馆 104 家，其中三星级酒店 1 家、准四星级 1 家、正在创评四星级酒店 1 家，尚没有五星级酒店。现有旅行社及其门市部 11 家，旅游商品批发零售市场 2 家（马坡古玩石刻市场、三砚居古玩市场），旅游景点 1 处（民俗博物馆，国家 3A 级旅游景区，属洛阳市文物局直管），声名远播的民族特色餐饮品牌众多，如“清真水席”“粤秀斋”“豫秀斋”“夹马营烧鸡兔肉”“麦盛斋糕点”“马坡烧烤”“杨氏连汤肉片”“马杰山牛肉汤”等。

## 二　瀍河回族区文化旅游发展现状

近几年，瀍河回族区以建设实现“河南旅游名区”为目标，以培育打造“瀍河区旅游品牌”为核心，深入挖掘瀍河区特色文化旅游资源，把历史活化为故事、把资源转化为优势，着力促进文化、文物、城建、生态和旅游深度融合发展，拉长旅游产业链条，优化旅游空间布局，提高旅游消费水平，提升瀍河区文化旅游品位，实现文化旅游产业优化升级。

### （一）认真谋划发展思路

瀍河回族区在发展文化旅游产业的过程中，坚持以规划为引领，以项目为支撑，以龙头为带动，以少数民族文化、民俗文化、历史文化、非遗文化、自然文化等诸多元素为依托，以招商引资为引擎和抓手，以政府主导、市场化运作为原则，规划并实施推进“3531”文化旅游产业的发展思路。

1. 努力打好“三大招牌”

“3”即“三大招牌”——民族风情旅游牌、民俗文化旅游牌、历史文化旅游牌。依托该区是“少数民族城区”这一独特优势，充分挖掘和大力弘扬优秀少数民族特色文化，全方位、多渠道地推介宣传优秀少数民族文化旅游形象，努力打好“民族风情旅游牌”；依托该区是“全市三大民俗文化博物馆”（民俗博物馆、匾额博物馆、契约文书博物馆）集聚地和全市一年一度“河洛文化民俗庙会”所在地这一地缘优势以及非物质文化遗产较多这一独特优势，进一步彰显民俗文化及对其进行有效传承、保护与发展，努力打好“民俗文化旅游牌”；依托该区历史文化资源丰富、底蕴厚重这一鲜明优势，积极挖掘、开发和利用，全面整合与激活辖区人文历史遗迹遗址遗产和全力推进旅游产品开发，努力打好“历史文化旅游牌”。

2. 始终坚持“五大发展”

“5”即“五大发展”——发展“民族风情游”“民俗文化游”“历史文化游”“养生康体游”“水韵景观游”。一是着力用好“少数民族城区”这一金字招牌，精心打造东关大街、启明东路、塔西、马坡、小李村等重点清真餐饮街区和蓝湾印象项目“丝绸之路风情街区”，积极培育发展“民族风情游”；二是以“全市三大民俗文化博物馆”为载体，以每年的“河洛文化民俗庙会”为平台，积极培育发展“民俗文化游”；三是深入挖掘老子故居、孔子入周问礼碑等东周历史文化遗迹和九龙台、勒马听风街、双龙巷等三国北宋历史文化遗迹，整合激活辖区人文历史遗迹，积极培育发展“历史文化游”；四是围绕洛阳正骨医院、大同养老山庄、悦华台农业生态文化休闲产业园建设，精心推动文化旅游与医疗、健康、养老、休闲等领域深度跨界融合，积极培育发展“养生康体游”；五是精心打造洛阳八小景之一“瀍壑朱樱”，深入推动沿洛河、瀍河一带景观建设，积极培育发展“水韵景观游”。

3. 奋力打造“三大胜地”，全力实现“一个目标”

“3”即三大胜地——河南省“民族风情旅游体验区”“民俗文化旅游展示区”“历史文化旅游目的地”。“1”即实现一个目标——“河南旅游名区”。通过打好“三大招牌”，坚持“五大发展”，将瀍河回族区全力建设培育打造成为河南省“民族风情旅游体验区”“民俗文化旅游展示区”“历史文化旅游目的地”三大旅游胜地，最终实现“河南旅游名区”这一总体目标。

## （二）制定具体发展路径

瀍河回族区在制定文化旅游产业发展路径时，紧紧围绕“3531”总体发展思路要求，始终坚持高起点规划、高标准建设、高品位开发、高水平运营，把培育打造独具地方特色、令人流连忘返的“瀍河区旅游品牌”作为提升文化旅游产业竞争力的有效抓手，按照“精心、精细、精致、精品”的“四精”要求，着力打造一批精品景区、精品线路，培育一批重点文化旅游企业，开发一批具有一流水准的“瀍河礼物”，持续扩大瀍河回族区文化旅游的知名度、美誉度、影响力和吸引力。

1. 着力打造好“民族风情游”精品

一是全力推进“洛阳清真餐饮街区”改造提升。以现有的东关大街、启明东路、塔西、马坡、小李村等为依托，出台优惠政策，积极动员知名民族餐饮企业和经营清真名优特色小吃商户入驻，不断丰富经营业态。同时，进一步提升档次，扩大规模，打造品牌，培育一批特色清真餐饮名吃、名店，不断提高其知名度和美誉度，扩大其影响力和吸引力，形成独具少数民族特色和浓郁少数民族风情的清真特色餐饮旅游文化街，进一步培育、打造和叫响“洛阳清真餐饮街区”品牌。

二是全力推进“丝绸之路风情街区”改造提升。以蓝湾印象项目为依托，以其8万平方米商业街区为平台，以民族餐饮、民族风情、丝路文化为重点，汇集人文、旅游、休闲、娱乐、购物等多种元素，用2～3年时间，在瀍河回族区中窑地区建成在洛阳市乃至河南省都有一定影响力的少数民族特色风情街区。

三是全力推进辖区有代表性的清真寺对外开放。瀍河回族区现有13坊清真寺，这是瀍河回族区在全洛阳市独一无二的宝贵旅游资源，计划与洛阳市旅发委与清真寺管委会洽谈对接，搞好试点，逐步扩大开放，不断拓展和丰富旅游内容，使清真寺成为该区乃至洛阳市一大独特的旅游景点。

四是全力弘扬少数民族武术文化。以创始于清朝康熙年间、发源于瀍河回族区的“回族心意六合拳”为依托，继续举办好“‘华夏杯’全国心意六合拳大赛”，并将比赛时间调整到一年一度的“中国洛阳牡丹文化节”或“洛阳河洛文化旅游节”期间举办，争取纳入洛阳市这两大节会专项活动内容的大盘子内，同时以此为平台，壮大演出队伍，提升表演档次，打造国内富有少数民族特色的武术盛会，并积极将其申报为省级非物质文化遗产，适时开发武术用品、出版武术文化书籍等，不断拓展丰富旅游内容，持续提升瀍河区优秀少数民族文化的知名度和美誉度、影响力和吸引力，使其将来能够成为洛阳市一大旅游亮点。

2. 着力打造好“民俗文化游”精品

一是全力举办好“河洛文化民俗庙会”。与洛阳市文物局加强合作，以每年的“河洛文化民俗庙会”为平台，全面展示河洛地区丰富的非物质文化遗产，发扬光大中原地区的民间艺术和民俗文化，进一步整合“二鬼摔跤”“东关双龙”“秧歌旱船”“威风锣鼓”等民俗文化资源，培育专业团队，提升演出水平，市场化运作，规模化发展，并积极挖掘内涵，提升档次，打造精品，不仅将其作为洛阳市一年一度的“中国洛阳牡丹文化节”专项活动内容，还要力争使其系列活动能够贯穿全年，实现常态化，成为瀍河回族区“民俗文化游”的品牌项目。

二是全力打造好“洛阳市博物馆文化旅游示范区”。充分利用、挖掘和发挥“洛阳市三大民俗文化博物馆”在彰显和传承民俗文化方面的龙头带动作用，以其为载体和平台，一方面以“洛阳铲”“抖空竹”“民间剪纸”“民族服饰”等为抓手，推陈出新，逐步形成和打造以博物馆展示、民俗文化节目展示、民俗文化产品购物等为主要内容的“民俗文化游”精品；另一方面，又要积极主动地乘势而为，努力把瀍河西岸培育打造成洛阳市集文物收藏、研究品鉴、学术交流、工艺展示、产品交易、休闲娱乐等为一体的“全市博物馆文化旅游示范区”，并以此持续提升瀍河区的人文气息和人文环境，为“人文瀍河”“魅力瀍河”的打造做出积极贡献。

三是全力推进“大福先寺”（又名“古唐寺”）改造提升工程。大福先寺位于瀍河回族乡塔东社区南部，处在古代丝绸之路的东方起点上，因是皇家寺院，故称为“大”，“福先”者，“福及先人”也，此乃“大福先寺”

的含义。该寺院自唐代开始就作为佛教圣地和皇家寺院，地位显赫，盛名远播。当年众多中外高僧曾云集于此译经弘法，亦是当时洛阳规模最大的译经道场。武则天皇帝曾拨巨款予以修缮，并曾亲自为该寺撰写过浮屠碑文。目前，仍有国内外不少香客每年前来参观膜拜。瀍河回族区力争用3～5年时间，通过邀请专业团队对大福先寺的整体开发进行科学论证，编制规划，谋划包装，大力招商，完成寺内改造修缮、周边环境治理、对外宣传推介等工作，努力再现昔日大唐、大周王朝时期园林式皇家寺院风貌，将大福先寺开发成洛阳市又一新的旅游景点，力争使其成为洛阳市的第二个“白马寺”。

3. 着力打造好“历史文化游”精品

一是全力推进“三国北宋人文历史文化街区”开发建设工程。依托“九龙台”“勒马听风街”“双龙巷”等历史文化资源，结合旧城、棚户区改造政策，引进专业团队，编制规划，科学策划，精心包装，强力招商，用3～5年时间，对区域人文历史遗迹整合规划、形成链条、建成街区，全力推进历史文化旅游产品开发，努力将其建设打造成为洛阳市独具特色的“历史文化游”专线，并带动沿线商贸业快速发展。

二是全力推进“老子孔子东周历史文化街区”开发建设工程。抓住洛阳市第一人民医院改扩建的契机，对“老子故居”遗迹编制规划，进行策划包装，着力招商，在瀍河东岸和“孔子入周问礼碑”处，分别开发建设具有东周王朝风貌的“老子文化广场”和“孔子文化广场”，将历史文化活化为故事，使两处景点交相辉映，相得益彰，努力将其建设打造成为洛阳市“历史文化游”的又一大亮点。

三是全力推进“铜驼巷、铜驼陌历史文化商业街区”培育打造工程。以瀍河东岸铜驼巷段洛阳市水务集团公司新建的仿古景观建筑为平台和依托，通过邀请专业团队，以招商、市场化运作方式，尽快启动该条仿古商业街，恢复古代“铜驼暮雨”美景，努力将其培育打造成为洛阳市又一新的旅游景点。

四是全力推进“东周历史文化广场”项目开发建设工程。依托和借力“铜驼巷、铜驼陌历史文化商业街区”“洛阳市三大民俗文化博物馆集聚地”

和“老城区洛邑古城街区”的人气，拟谋划建设“东周历史文化广场”项目。其开发项目主要有：东周文化及三教九流文化墙、文化长廊，周朝青铜器系列产品开发及销售，博物馆文物复制品和金石拓片开发及销售，东周历史文化仿古步行街，特色餐饮，周礼仪和周乐大典表演。该项目建成后，既能有效解决和填补瀍河回族区在洛阳市各中心城区中唯一没有大型市民休闲、娱乐、健身广场的不足与空白，又能有效促进和推动形成瀍河两岸旅游景点相互呼应、相得益彰、相映生辉，同时还能为瀍河回族区全力推动形成文化旅游产业大发展新格局发挥至关重要的带动辐射作用，为将来最终把瀍河回族区培育打造成为河南省乃至全国的周文化高地打下坚实的基础。

五是全力推进“梁庄大自然新型研学教育基地”建设。

六是全力推进“洛阳大北门文化创意产业园”项目改造建设工程。

七是主动加强与洛阳市市直相关部门的沟通与协调，积极协助其做好瀍河辖区内重点文物保护和旅游开发融合发展。主要有两项工作：（1）充分发掘“隋唐大运河”文化遗产资源，对含嘉仓、回洛仓遗址进行有效保护和利用，着力打造隋唐大运河中心品牌；（2）突出洛阳作为丝绸之路东方起点城市的辉煌历史，建设丝绸之路东方起点文化标志物，着力打造洛阳丝绸之路东方起点品牌。

4. 着力打造好“养生康体游”精品

一是全力实施好“洛阳正骨”健康产业园项目。以全国最大的中医骨科治疗中心——洛阳正骨医院为依托，充分发掘中医文化内涵、非遗品牌价值和龙头带动作用，加快洛阳正骨医院康复中心二期建设，规划建设好该项目，积极推动“正骨文化”、医疗康复与旅游产业的深度融合发展，努力将其培育打造成为全市“康旅结合”特色游精品。

二是全力实施好洛阳大同养老山庄项目。该项目位于瀍河回族区杨文办事处拦沟社区，规划占地1200亩，总投资20亿元，规划总建筑面积43万平方米，建设周期5年，拟分三期建设，准备在此创办建设一家全省集养生居住、医养结合、休闲养生、护理保健等多功能于一体的生态园林健康养老综合型社区。该项目由河南百善养老产业有限公司投资建设，已于2016年

9 月开工，目前已完成土地平整和工程招标工作，现正在等待河南省国土厅建设用地指标的批复。

三是全力实施好悦华台农业生态文化休闲产业园项目。该项目位于瀍河回族区杨文办事处马沟社区，规划占地 2210 亩，建设周期 3 年，总投资 5 亿元，将以园内生态资源为依托，打造集农业观光、生态养老、养生度假、休闲体验等多功能于一体的农业生态养老养生观光园区。该项目由洛阳物华天宝农业有限公司投资建设，目前，正在进行土地征迁、整理及相关手续的报批工作。

瀍河回族区将以上述三个项目为依托，积极促进康旅结合，精心培育打造全市健康养老示范基地，努力将其建设培育打造成为洛阳市“养生康体游”精品。

5. 着力打造好“水韵景观游”精品

瀍河回族区具有独特的生态景观，瀍河穿区而过，洛河傍区东流，依托“水”字做文章，围绕“河”字绘蓝图，借助洛河在洛阳市区东段开发和瀍河治理改造之机，一是以洛浦公园瀍河区段为依托，积极建议洛阳市水务局规划建设开辟水上餐饮及水上乐园等娱乐项目，发展“休闲游”，实现“城、水、人、绿、文”的和谐统一，推动实施建设现代风光与深厚历史文化底蕴相结合的富有瀍河区特色的风景长廊、生态长廊、文化长廊和休闲长廊，以此带动其他行业的全面发展。

二是抓住瀍河治理改造的契机，积极与洛阳市水务局对接协调，在规划建设中力争恢复“铜驼暮雨”“三井洞”等沿河人文历史景观，通过进一步加大市场化运作力度，精心打造滨河景观带和休闲游憩项目，使瀍河两岸成为具有浓厚区域地方特色的文化旅游景区。

## （三）2019年瀍河回族区文化旅游产业成果

确定了比较明确的文化旅游发展思路，2019 年瀍河回族区围绕文化旅游重点工作，持续实施文化惠民工程，开展惠民活动，建设重点旅游项目，积极做好对外宣传工作，抓好文化阵地建设，全面提升服务质量，取得了一定成效。

1. 文化：以惠民工程为载体，开展多种多样的惠民活动

其一，深入实施文化惠民工程，全面提升公共文化基础设施建设进程。

目前，总投资1000余万元、面积4000平方米的区图书馆、区文化馆已经建设完成并投入使用；全区共有8个基层文化活动中心、20个社区文化活动室，新建成的马沟社区文化广场也已投入使用；目前全区已建成11座城市书房并投入使用。

其二，文化惠民活动扎实开展，辖区文化氛围空前浓厚。

“双节”期间，瀍河回族区在民俗博物馆处为戏曲爱好者送去了三场戏曲大餐，现场约有近万名群众观看了演出，区、乡举行各类活动20余场，参与演员共200余人，辖区2万余名观众观看了演出。

“河洛欢歌·广场文化月”活动期间，瀍河回族区在周王城广场上安排了30场文化活动，参与的各行各业群众演员1000余人，每场演出吸引观众2000余人次。

实施“电影公益放映”活动，2019年全年累计放映影片178场。按照“十村百场送文化下乡”活动要求，按照每季度每村一场文艺演出的标准，完成60场文艺演出的任务。

组织新时代“红色文艺轻骑兵”暨“河洛欢歌·文化惠民演出”活动，深入宣传习近平新时代中国特色社会主义思想和党的十九大精神。从3月10日起，每周日上午在辖区各大广场开展不同形式的文艺活动，累计开展活动32场。

为庆祝新中国成立70周年，参加《庆祝新中国成立70周年“我和我的祖国”合唱比赛》以及“河洛欢歌·舞动花城”广场舞蹈比赛，其中由瀍河区文化馆选送的小璐合唱团获得了二等奖的好成绩。同时组织辖区16支文艺团队在五股路龙泉广场开展“我和我的祖国”庆祝新中国成立70周年文艺演出，现场参与演员150余人，观看群众达1000余人。

利用城市书房常年开展“创意手工坊”“公益绘本故事馆”“儿童英文原版阅读公益读书会”“周末影院”“墨韵经典诵读”等5项品牌阅读活动，

2019 年累计办理读者证1 万余张，图书流通量34.1 万册，接待读者42.2 万余人次；并且在各城市书房儿童放映室免费播放《神笔马良》《金龟子》《青蛙变变变》《小鹿杏仁儿》《草房子》等影片共计60 次，累计800 余位读者前来观看；积极组织开展阅读推广活动，现已组建“小荷绘本阅读园”“经典阅读会”“夕阳红读书会”3 支阅读推广队伍，分别负责儿童阅读推广、经典阅读推广和老年人阅读推广，共计21 人。

2. 旅游：建设重点旅游项目，积极对外宣传

其一，建设重点旅游项目——“大北门文化创意产业园”和“梁庄大自然研学教育基地”。

瀍河回族区历史文化底蕴深厚，文化遗迹遗址众多，民俗文化内容丰富，民族特色较为鲜明。2019 年重点打造了“大北门文化创意产业园”和“梁庄大自然研学教育基地”。

“大北门文化创意产业园”是瀍河回族区文旅融合发展方面的试点，取得了良好的经济、社会效益。该项目位于洛阳市环城北路与西闸口街西北角，占地面积10 万多平方米，东至西闸口街，西至机床厂家属院西界，南至环城北路，北至规划路，为瀍河区旧城改造重点区域。区域内有20 世纪五六十年代的工业、商业建筑，有从清朝、民国时期天井窑院到2010 年的民居建筑，有国有用地也有集体用地，有开放的街区又有封闭的小区，门类齐全、形式多样、成分复杂，三期下来需要改建面积16 万多平方米，其中民居占11 万多平方米，包含1060 多户居民。2015 年国家关于大力发展文化休闲产业和留住乡愁，传承发展的政策给旧城改造指出了一条新的道路，本着先行先试、摸索经验、稳步发展的想法，大北门文化产业有限公司将占地约3.3 万平方米的原洛阳军分区军械修理所和洛阳机床厂旧址院内保留的2.4 万平方米旧厂房逐步开发，本着盘活存量、修旧如旧、保护利用的原则，改造成旅游文化休闲娱乐为一体的园林式城市庭院综合体。整个园区总体空间规划为“一园三产五区”的结构，“一园”即城市庭院式园林；“三产”即文化休闲产业，旅游民宿、民俗产业，众创、共享产业；“五区”即机床厂文化休闲服务区，盐业仓库文化休闲服务区，

省三粮库文化休闲服务区，西闸口街旅游民宿、民俗服务区，机床厂家属院共享、众创服务区。该项目总投资5亿元人民币，累计完成投资近2亿元，项目一期已全部完工，现已建成曼景大酒店、金玉满堂婚庆酒楼、中影星美大北门影城、大北门游泳馆、爱尚体育健身俱乐部、小吃城、啤酒广场、城市书房等子项目。经过一年多的运营和一期项目的逐步建设提升，总体情况良好，2018年实现营业收入3300万元，入驻电影院、游泳馆等31家企业，安排就业600人次。到2020年，完成投资3亿元、实现营业收入6900万元、就业人数900人。到2022年，完成投资5亿元、实现营业收入3亿元、就业人数1500人，入驻小微企业400余家，利用民居建筑900多套（小院），包含4000间左右房源，其中3000间可用作民宿，峰值可日接待7000人次，可年接待游客200万人次。该项目全部完工后，不仅将再现昔日古都历史文明与现代文化旅游的深度跨界融合，将会给市民、游客带来与众不同、别具一格的独特体验与感受，而且还能将原来需要花费大量资金拆除的老旧城区，经过退二进三、转型升级、改造利用，实现华丽转身，最终变身为传承古都历史文明、服务广大市民游客的大型文化创意产业园。

“梁庄大自然研学教育基地”是瀍河回族区传统旅游业转型升级的成功案例。该基地位于河南省洛阳市瀍河回族区马坡村沐霖大道1号，这里人杰地灵，钟灵毓秀，隐匿于此的梁庄宛如城市中的世外桃源，相传在后梁时期，梁王朱温出巡经过此地被瑰丽的景色所吸引，遂命人于此地建立行宫，命名为梁庄。“梁庄大自然研学教育基地”整体属于古典生态园林风格，依山傍水，顺势而建，占地面积400余亩。梁庄自2017年转型为研学实践教育基地以来，以科教兴国、教育为本为理念，按照教育部等十一部委和河南省《关于推进中小学生研学旅行的实施方案》的总体要求，贯彻以劳于育、知与行、学与用、美与善、物质与精神相互贯通的思想，遵循叶圣陶先生“身教最为美，知行不可分”的教育理念，坚持教育性、实践性、安全性、公益性、协同性五大原则，打造具有中原风格、国家标准、国际视野的研学旅行“五个一”精品工程。“梁庄大自然研学教育基地”建设有民族色彩浓郁的餐饮区、荷花公园、休闲垂钓区、百果园采摘区、认植区、亲子厨房、CS 基地、儿童欢乐堡、手工陶艺坊、动物公园、农耕文化长廊、标准足球场、野外露营地等众多主题研学场所，资源齐备、交通便利、接待能力突出、管理规范，未来，瀍河回族区将依托“梁庄大自然研学教育基地”，充分发掘地方特色，凸显区域优势，传承中华优秀传统文化，坚定文化自信，将瀍河东岸打造成爱国主义教育板块、优秀历史文化板块、国情教育板块和自然生态板块于一体、功能完备的新型研学实践教育示范基地，将少数民族文化、民俗文化、历史文化、非遗文化、自然文化融合在一起，为学校教育和校外教育的衔接提供独具特色的瀍河经验。

其二，积极做好文化旅游宣传工作。

2019 年 9 月初，洛阳市开展 18 个县（市）区的一把手代言宣传活动，推介本地文旅资源，同时制作专题文旅竞演节目在洛阳电视台集中展播。瀍河回族区接到任务后，及时对辖区的文化、旅游、文物资源进行梳理，收集相关资料素材，认真筹划拍摄方案，起草各类文案文稿，加强后勤保障及节目现场的组织筹备，2019 年 10 月 4 日 20：35 分，洛阳电视台三套首播：瀍河区委副书记、区长买允健化身金牌导游，畅游诗意洛阳，让观众感受到了瀍河厚重的人文气息，知晓了众多特色的地方美食，充分领略了瀍河独具魅力的文创艺术品，积极做好瀍河回族区文化旅游的宣传工作。

## 三　瀍河回族区文化旅游发展中存在的主要问题

瀍河回族区拥有丰厚的历史文化资源，但从产业发展水平分类定位上，属于文化旅游产业发展的小区和弱区，从总体和客观上来看，其文化旅游产业的发展与洛阳市其他兄弟县区相比，基础差，历史欠账多，起步晚，发展缓慢且落后。

### （一）发展基础薄弱

瀍河回族区文化旅游产业，不论是总量还是发展规模都明显偏小，且档次低、实力弱，产业发展仍处在自发状态，基础薄弱、布局分散，旅游景点少、旅游产业要素比较少、旅游市场不发达，组织化、市场化和集约化程度不高，缺乏大的产业项目，缺乏主导领军作用的支柱产业，缺乏载体平台，缺乏带动引领。

### （二）开发改造不够

瀍河回族区文化旅游产业总体发展规划至今尚未编制，系统研究发掘区文化旅游资源不够，文化文物城建生态和旅游有机结合不够，项目谋划和包装不够，招商引资力度不够，政府主导作用发挥不够，市场化运作不够，人文古迹改造提升和宣传推介力度不够，资金投入不足，致使瀍河回族区目前文化旅游市场发展仍处于粗放状态，整个区的文化优势、文物优势、自然优势、旅游优势还未能真正转化为产业优势、竞争优势、核心优势、市场优势和发展优势，文化资源、文物资源、自然资源和旅游资源体系的生命力还未能真正被整合和激发。

### （三）重视程度不足

主要表现在三个方面。一是瀍河回族区文化旅游发展工作长期被弱化、虚化、边缘化。区委区政府长期以来一直都没有把文化旅游工作与经济、城建、稳定、创建、环保等工作一样列入区中心工作或区重点工作给予高度重视，而是使其长期处于可有可无的边缘地带，上至区委区政府主要领导及区级领导层面，下至区科级干部及一般工作人员层面，都对区域旅游工作不太重视，时间精力投入很不够，各方面支持保障也不够。

二是区行业主管部门机构设置不合理、不科学。瀍河回族区科技文化旅游局对口市直九个常委，而区局机关行政编制仅为三人，一正两副都是领导职数，全局没有一名行政和事业编制一般工作人员，区局机关现有工作人员均为抽调局属二级机构区文化馆、区文化市场综合执法大队工作人员，但在洛阳市其他城区及行业主管部门的管理模式和通行做法是科技、文化、旅游三个部门单独设置，或分成科技与文化旅游两个部门，没有一个城区像瀍河回族区这样，三个部门高度集中于一家，致使该局工作量大，人员严重不足，工作疲于应付，无法保障各项工作，尤其是文化旅游方面工作的顺利有效开展。

三是瀍河回族区财政资金投入不足。长期以来，区级财政投入只保证了群众文化活动、开展文化基础设施建设等方面的工作，对区文化旅游产业发展方面的投入几乎为零，这也是瀍河回族区文化旅游产业发展缓慢和落后的一个重要原因。

### （四）专业人才匮乏

随着大众旅游时代的到来，旅游业的竞争，归根到底是人才的竞争。瀍河回族区普遍存在文化旅游产业经营人才短缺、从业人员整体素质不高，尤其是高级经营管理人才、专业技术人才和复合型文化旅游经营创意性人才短缺这种情况；区科技文化旅游局也缺乏文化旅游产业方面的专业人才，相关领导和工作人员的业务能力素质和水平也难以适应目前实际工作需要，加上实践经验缺乏，致使策划档次、整合力度、创新能力都较欠缺，这些因素都在一定程度上制约了瀍河回族区文化旅游产业的发展。

## 四　瀍河回族区文化旅游发展的对策建议

文化与旅游融合发展已成为转变经济发展方式、实现高质量发展的强大引擎和最佳路径，如何把历史化为故事、把资源化为优势，打造高品位的文化旅游品牌是瀍河回族区在文化旅游发展中遇到的难题，在习近平新时代中国特色社会主义思想指导下，结合河南省委十届十次全会和洛阳市委十一届十一次全会精神，建议从以下五个方面来把握文化旅游发展方向、加强长效机制建设、提升城区文化软实力。

### （一）思想高度重视是加快文化旅游产业发展的根本保证

无数实践和事实证明，任何工作的突破进展与成效取得，都离不开当地

党委政府主要领导的高度重视和全力推动，都离不开当地党政一把手亲自上阵和高位推动，这在推进过程当中起着至关重要的决定性作用，文化旅游工作同样也不例外。只有把文化旅游产业发展定位为中心工作，党政一把手亲自抓并且一抓到底，将文化旅游产业发展纳入各相关部门单位年度专项责任、目标考核体系，切实把优秀人才、优势资源、优质项目向文化旅游产业倾斜和汇聚，全区上下始终保持知耻后勇、负重奋进、时不我待、只争朝夕的危机感和紧迫感，始终保持凝心聚力、真抓实做、锐意进取、开拓创新的责任感和使命感，始终保持知难而进、迎难而上、奋起直追、奋勇争先的昂扬锐气，始终保持务实重干、攻坚克难、奋力拼搏、奋发有为的良好精神状态，进一步坚定信心、振奋精神、鼓足干劲，形成文化旅游产业发展的合力，才能在县（区）域竞争日趋激烈的新形势、新态势下将瀍河回族区的文化旅游产业做大做强。

### （二）理顺体制机制、充实加强人员是加快文化旅游产业发展的重要保障

在管理体制机制和人员力量配备上，瀍河回族区应学习借鉴其他兄弟县区关于文化旅游部门的管理模式和通行做法。一是尽快充实加强区科技文化旅游局及其下属区文化馆、区图书馆、区文化市场综合执法大队的领导力量和人员力量，按照足额配置、人员优化的原则，配足配齐配优配强领导班子和专业人员队伍，从而保障文化旅游等各项工作的顺利有效开展。二是对科技文化旅游局实施职能重组，部门整合，强化力量，突出主责，单独组建区文化旅游局和区科技局，从而在组织架构和体制机制上为文化旅游产业的发展提供坚强有力的组织保障。三是组织相关人员到文化旅游产业发展先进县区参观考察，学习借鉴，邀请有关专家来实地调研，帮助培训和指导，不断提高相关工作人员的业务能力、素质和水平。

### （三）规划到位、投入到位是加快文化旅游产业发展的关键所在

瀍河回族区历史文化资源丰富，在重点保障和落实解决各类规划编制所

需经费基础上，针对具体景点、具体业态，应坚持规划引领、政府主导、市场化运作的原则，全区一盘棋，一张蓝图绘到底，坚决杜绝打乱仗，避免工作的盲目性和随意性，同时设立旅游产业发展专项基金，出台相关优惠政策，加快文化旅游产业发展。

### （四）“政府 + 市场”的运作模式是加快文化旅游产业发展的基本途径

政府主要发挥主导、引导和扶持作用，其作用主要体现在编制发展规划、大力招商引资、出台扶持政策、优化投资环境、完善基础设施等方面。市场化运作则是指把更多的开发经营自主权交给企业，充分发挥并保障企业在项目包装策划、景区建设、市场运营中的积极性与主动性，在市场竞争中检验成败。在推进和实施文化旅游产业工作过程中，始终坚持和牢牢把握“政府主导、市场化运作”这一基本原则，做好招商服务工作，支持重点项目建设和文化产品创作，鼓励社会资本对文化创意企业进行投资，鼓励金融机构加大对文化产业的信贷支持，鼓励在产业融合背景下诞生的文化旅游集团或企业最大限度地整合文化旅游资源，实现最大限度、最有效率的运用，以此来加快文化旅游产业的发展。

### （五）树立战略眼光、着力当下、放眼长远是加快文化旅游产业发展的客观规律

文化旅游产业是长线产业，投资回报周期长，辐射面广，带动作用强，其发展的最终目的是改善生态环境，提高人民生活水平，其发展任重道远，不可能在短时间内一蹴而就、立竿见影、毕其功于一役。全区各级领导干部在加快本区文化旅游产业发展方面，必须要树立战略眼光，着眼长远发展，做到“四个始终不渝”，即要始终不渝地坚持站位高远，从战略和全局高度及长远角度来谋划、来推进、来实施；始终不渝地坚持“咬定青山不放松，任尔东西南北风”的战略定力和韧劲以及信心、恒心、耐心与决心，持之以恒、坚韧不拔、坚定不移、坚持不懈；始终不渝地坚持沉下心来、扑下身

子，求真务实、真抓实干，锲而不舍、狠抓落实的工作作风；始终不渝地坚持以“功成不必在我”的精神境界和“功成必定有我”的历史担当，既谋划长远，又干在当下，多做打基础、利长远、促发展的工作，将一张蓝图、一个目标，届届描绘、任任落实，一如既往、一以贯之，锲而不舍、再接再厉。只有这样，未来才能厚积薄发，旧貌换新颜，最终才能迎来瀍河回族区文化旅游产业蓬勃发展的美好春天。

## 参考文献

[1] 政协洛阳市瀍河回族区委员会、文史资料委员会：《河洛瀍韵》，2015。

[2] 白光、毕永民、董进果、蒋涛：《关于瀍河回族区文化旅游产业发展工作的汇报》，2017。

# B.16
# 吉利区文化发展报告

王芳　李志杰　郭松丽*

**摘　要：** 吉利区公共文化基础良好，群众性文化活动蓬勃发展，历史文化资源和西霞院库区、黄河湿地国家级自然保护区等自然资源丰富。近年来，围绕深化文旅融合和现代公共文化服务体系建设，吉利区采取了多种积极有效措施，文化市场健康发展，文旅产业稳步前进，文化事业和文化产业不断发展，本报告总结了吉利区2019年文化发展现状，鉴于吉利区文化发展还存在文化主导产品不够突出、基层文化活动中心服务效能低、文化旅游品牌打造乏力等问题，提出加快少儿图书馆建设进程、开展流动服务和数字服务、贯彻实施“旅游兴区”战略，推动文化旅游产业快速发展的建议，加快吉利区文化发展。

**关键词：** 吉利区　公共文化　文化产业　文化旅游

吉利区位于洛阳市中心东北部30公里处的黄河北岸，是洛阳市“一中心六组团”的洛北组团，总面积80平方公里，常住人口7.08万。吉利古称河阳，素有“东西之腰脊，南北之咽喉”之称，是古都洛阳的北大门。1982年因建设国内最大的单系列炼油装置——洛阳炼油厂（今中石化洛阳

* 王芳，中共洛阳市吉利区委党校副校长、讲师，主要研究方向为党建、政治；李志杰，洛阳市吉利区文广新局党组书记；郭松丽，洛阳市吉利区文广新局办公室科员。

分公司)，而被国务院批准单独设区。悠久的历史和崭新的城市面貌使吉利区绽放出独特的魅力。

## 一 吉利区文化资源概况

### （一）历史文化资源及文物资源

吉利区在唐尧时为孟涂国，虞舜时，分卫水为并州，大禹导河积石又东至孟津，即此地。夏为冀州南境。殷都朝歌，为畿内地。武王伐纣时，会盟诸侯于此，谓之盟津，也曾称孟。西周时，为周都洛邑畿内地。春秋初属郑，后属晋为河阳邑。战国时属魏，秦为河雍县。武帝分天下为十三部州，此为河阳县，隶河内郡。新莽改河亭，东汉复置。东魏称“河阳三城”，为京都洛阳戍守要地。唐武宗升河阳为孟州，明代改州为县，废河阳，始名孟县，清因之。

吉利区历史悠久，境内有国家级黄河湿地自然保护区和仰韶文化遗址、龙山文化遗址、商文化遗址、周代文化遗址、古湛城遗址、营花寨遗址、万佛山石窟、张氏宗祠等各类文化遗产 43 处。其中万佛山石窟为全国重点文物保护单位，古湛城遗址为河南省文物保护单位，营花寨等 3 处遗址为洛阳市重点文物保护单位。

### （二）公共文化资源

吉利区目前设置有国家一级图书馆 1 个、二级文化馆 1 个、城市书房 7 个、24 小时自助书屋 1 个、电影院 2 个、大型文化广场 3 个、街道综合性文化服务中心 4 个、行政村（社区）文化活动中心 38 个。公共文化活动丰富多彩，每年双节期间定期开展系列文体活动、“河洛欢歌—河阳之声”主题广场文化狂欢月活动、“红色文艺轻骑兵”送文艺下基层活动、文化下乡进社区活动和公益电影放映等各项文化活动。

### （三）文化旅游资源

吉利区文化资源深厚，自然风光独特，旅游资源丰富。辖区内有龙山文化遗址、古湛城遗址、凤凰寨遗址、营花寨遗址（潘安祠转枝柏）、武王伐纣会盟台、万佛山石窟等历史人文景观；辖区内有19平方公里的万佛山生态文化公园，35平方公里的西霞院水库，25平方公里的国家级黄河湿地等自然景观。特别是黄河流经吉利区，在这里形成了水、滩、城融为一体的自然风貌，留下了黄河吉利段最温润、最饱满、最有情趣、最清澈的自然人文景观，形成了“万里黄河第一清”和“壮美黄河　秀美湿地”的文化旅游品牌。

目前，辖区有3A级旅游景区1家，星级酒店3家，旅行社分社1家，旅行社网点14家。

## 二　2019年吉利区文化发展现状

### （一）公共文化服务体系建设长效发展

#### 1. 公共文化设施更加完善

其一，推进城市书房建设。按照“倡导全民阅读，建设书香社会”要求，吉利区积极打造“15分钟阅读圈”，共建成投用7座城市书房，建成后积极开展服务提升。一是加强宣传推广。通过吉利区图书馆微信公众号和吉利区图书馆官方网站等发布城市书房相关活动预告、活动回顾等图文，张贴活动安排等阅读推广宣传页，提高城市书房活动的群众知晓度和影响力。二是提升服务水准。参加全区图书馆业务培训，不断提升书房管理员的业务水平；以“文明服务示范窗口”的标准管理书房，推行“五优”文明服务：服务态度优、服务技能优、服务效率优、服务举止优、服务环境优；提升服务设施水平，免费为居民提供图书阅览、借阅服务、电子下载等服务，实现自助办证、自助借还，一处办证、多处借还，与全市各个图书馆实现通借通还。同时，书房内配备有电脑、空调、饮水机、雨伞架、医药箱、老花镜等便民设施，让市民乐享温馨服务。三是阅读推广活动。2019 年城市书房共举办阅读推广活动 196 场次，参与群众 6000 余人次，开展了如读书讲座、绘本讲读、亲子阅读、周末故事会、幼儿绘画、快乐星期天阅读活动等。

其二，提升基层文化服务中心建设和管理。吉利区所辖 4 个街道，均建有单独综合性文化服务中心，具有完善的多功能厅、图书阅览室、培训教室、共享工程活动室和室外活动广场，面向居民免费开放。按照《河南省村（社区）综合性文化服务中心建设和服务标准》，各村（社区）查漏补缺，对照标准进行文化服务中心建设提升。38 个行政村（社区）均建成了基层文化活动中心，图书室、数字资源室、文化活动室、多功能教室设置齐全，文化器材、体育设施器材、宣传栏等设施完备；配备有公共卫生间、空调、电扇、饮用水等设备。2019 年将 8 个社区图书室提升为社区书房，相应配备了电脑、空调、书柜、扫描枪等，在社区书房服务电脑接通网络、开通统一流通平台端口、安装 UILAS 软件和扫描枪，确保社区书房和图书馆及城市书房实现通借通还，更好地为辖区居民服务。

其三，持续推进图书馆和文化馆总分馆制建设。将两馆总分馆制建设纳入经费预算，按照“政府主导、改革创新、强化基层、全面推进”的原则，在全区范围内建成以区图书馆、文化馆为总馆，各办事处综合文化站为分馆，村（社区）综合性文化服务中心为基层点的总分馆体系。文化馆总分馆制建设：以 4 个街道办事处作为分馆制重点试点单位，实行一体化建设、双重化管理、标准化服务。积极开展以“丰富群众性文化活动”和“乡村文化振兴”为主题的总分馆体系文化活动 24 次；对我区各街道、各社区的文化专干进行培训，全年发展培训文化专干 30 名；积极开展群众性文化服务工作，全年活动 168 次。图书馆总分馆制建设：一是继续保持国家一级图书馆水平，进一步完善功能，改善提升办馆条件；二是 4 个街道办事处分馆、8 个基层服务点和各村农家书屋服务点围绕“全民阅读”主题，为广大群众提供公共文化服务，全年开展各类阅读推广活动 32 次，开展公益性培训 61 期。三是加强对分馆和基层服务点的业务指导与提升，加快总分馆之间公共阅读资源的周转速度，最大限度地满足读者需求。

2. 文化活动精彩纷呈

一是双节期间，组织“2019‘欢歌劲舞喜迎春’元旦文艺汇演”、元旦音乐会、义送春联下乡、民间戏曲调演、秧歌踩街展演等文化活动 22 场。二是牡丹文化节“河洛欢歌”广场文化月活动期间，在洛阳周王城广场组织了戏曲票友大赛、洛阳牡丹诗歌朗诵大赛、吉利区专场、牡丹文化节闭幕式演出等共 6 场。三是举办“河阳之声”广场文化月活动，时间持续一个月。该活动已在吉利区连续举办 22 年，群众认可度高，并多次受到市局肯定，成为吉利区文化工作的一个亮点。四是为庆祝中华人民共和国成立 70 周年举办了一系列庆祝活动，有黄河诗朗诵、管弦乐表演 + 歌唱祖国独唱串烧、模特表演、摄影美拍、诗词采风、书画展、“我和我的祖国”合唱比赛等。五是开展文化惠民系列演出，如在群众文化服务薄弱的农村（社区）开展“红色文艺轻骑兵”送文艺下基层和“快乐星期天”等主题活动，确保每年为村（社区）提供不少于 1 场的文艺演出。以“我们的节日”为主题，在特定节日和时段，例如八一建军节、重阳节等，积极到敬老院、学校、军营等开展演出。

3. “书香吉利”建设大放异彩

吉利区以各种展览、公益讲座和阅读推广活动为抓手，紧紧围绕“倡导全民阅读、共建书香吉利”的主题，广泛推动全民阅读活动深入开展。一是加大宣传力度。依托网站、微信公众号等新媒体发布“书香吉利”相关宣传 150 余条，在 2019 年 10 月、11 月全国县级图书馆微信公众号影响力排名中连续两月位列河南省第一，制作发放宣传彩页 2200 余张、调查问卷 500 余份，增加群众知晓率。二是开展全民阅读。2019 年，吉利区图书馆及城市书房共开展形式多样的阅读推广活动 350 余场，参与群众万余人次，深受群众喜爱。三是流动图书服务。图书馆流动服务车深入部队、学校、社区、广场、工地等人员密集地方开展宣传 60 余次，推广阅读服务，推介图书资源。四是打造“书香吉利 · 声悦家园”诵读品牌。该活动每月一期，每期一个主题，已连续举办 3 年，在全社会形成了良好的阅读氛围和社会风尚。

4. 文化人才队伍不断壮大

在吉利区文化馆和图书馆（含城市书房）从事文化服务工作的有 31 人，在基层综合性文化服务中心从事文化服务工作的有 49 人。每年对基层文化管理员进行业务培训不少于一次。同时积极培养文艺人才，开设了成人二胡、视唱练耳、书法、模特培训班，少儿声乐、非洲鼓、综合音乐素养培训班，累计培训 4000 余人次。文化馆专业老师长年到中油社区老年大学进行声乐辅导，节假日除外，每周一次。

开展文化志愿者服务活动。全区有文化志愿者团队 103 支，文化志愿者 1700 余人。利用全区各项活动的开展，给志愿者提供舞台，引导有文艺专长的群众主动参与公共文化服务。

## （二）文化遗产保护工作卓有成效

1. 深入开展非物质文化遗产保护工作

吉利区有省级非遗保护项目 1 个，市级项目 1 个，区级项目 16 个；省级项目传承人 1 人，市级项目传承人 2 人，区级项目传承人 16 人。吉利区始终坚持以“保护为主、抢救第一、合理利用、传承发展”的工作方针，做好非物质文化遗产的保护、管理和合理利用工作，深入挖掘硪工号子、传统中药、泥塑、彩釉、剪纸等民间艺术，提升非遗保护的影响力。出版《行将消失的民间歌谣——硪工号子》一书，开展硪工号子展演，进行非物质文化遗产保护宣传。

2. 文物保护工作稳中推进

吉利区面积 80 平方公里，境内文物古迹众多，有各类不可移动文物 43 处，其中万佛山石窟为全国重点文物保护单位，古湛城遗址为省级文物保护单位，马洞龙山文化遗址、东寨村西商文化遗址、东寨村东周文化遗址和营花寨遗址为市级文物保护单位，其他不可移动文物点 38 处。为保证文物安全，吉利区成立组织，完善网络，积极落实文物安全责任制，完善区、街道、村三级文物保护网络系统，积极开展文物保护法宣传教育工作，完善联合防控机制，健全各项制度，消除事故隐患。与公安、消防等部门建立文物安全联合工作机制，开展文物安全消防培训和演练，定期对各个文物点巡查以及对拆迁、基建工地的文物进行安全大检查，履行周查月报制度，全年接到群众文物保护线索 2 条，政协议案 2 件，积极追踪线索，满足委员意愿，确保文物安全。

### （三）文化市场健康有序发展

1. 坚持不懈地开展“扫黄打非”工作

组织开展文化和旅游市场扫黑除恶，对农村演出市场、校园周边文化市场、元旦和春节期间的旅游市场开展集中整治等活动。通过在全区广为张贴通告，公布举报电话、设立举报信箱、悬挂横幅、张贴标语等多种有效形式，在全区上下形成了较为浓烈的专项整治氛围。文化系统累计出动执法人员 430 余人次，出动车辆 52 台次，检查网吧 135 家次，书报刊摊店 21 家次、KTV56 家次、电影院 25 家次、酒店 19 家次。

2. 加强文化旅游市场监管

落实好在“一网通办”前提下“最多跑一次”改革措施，简化事前审批，强化事中事后监管。配合党和国家重大活动，做好文化和旅游市场专项保障行动。持续开展打击“不合理低价游”等专项行动，净化市场环境，切实保护游客合法权益，避免恶性旅游投诉事件发生。增强安全应急能力，定期开展文化和旅游市场安全生产检查和专项整治行动，督促落实企业主体责任，严防发生安全生产责任事故。推进执法能力和执法队伍建设，提高综合执法人员素质。不断完善我市文化旅游市场监管长效机制，努力营造统一有序、供给有效、稳定安全的文化旅游市场环境。

### （四）文化旅游产业稳步发展

2019 年，吉利区有文化法人单位 120 余家，其中“规上”文化企业 2 家，个体户 69 家。全区文化产业企业营业收入合计 7707. 6 万元，其中“规上”2 家营业收入合计 5977. 9 万元，个体户文化 69 家营业收入合计 1729. 7 万元。

围绕打造黄河中下游最具特色的湿地生态示范区，吉利区积极推动文化与旅游等资源的深度融合，加快文化旅游产业发展。一是采取“走出去、引进来”等多种灵活有效的方式开展招商引资工作。二是围绕旅游产业发展，抓好重点旅游项目建设，目前在建的文化旅游项目有吉利在河之洲旅游度假区及港航中心项目、吉利黄河湿地生态恢复和保护工程、北魏驿镇项目、白鹤洲度假酒店项目、吉利画家村项目。三是强化旅游宣传营销，促进旅游产业要素提升。为加大宣传力度，与洛阳市融媒集团协作拍摄了文化旅游宣传片，举办了“黄河魂中国梦——不忘初心、牢记使命”黄河大合唱、吉利区首届音乐啤酒节、秋季山地自行车环游采风等活动，同时完善全区旅游交通标识、景区标识、星级酒店等系统配套服务建设。

## 三　吉利区文化发展存在的主要问题

### （一）文化产业发展单一，文化主导产品不够突出，文化产业的发展一直处在低水平阶段

目前吉利区文化法人单位少，文化企业规模小，经济效益不高，缺乏竞争力，也缺少叫得响的品牌，传统文化产业市场萎缩。而文化旅游产业刚刚起步，还未形成对外开放的成熟精品，经济效益和社会效益还未显现。

### （二）部分基层文化活动中心服务效能低

当前部分基层文化工作人员认识不到文化建设的重要性，对群众文化活动重视度不够；有的基层文化服务中心文化管理员更换较频繁，对文化工作不能深入了解，不知道如何开展工作，举办的文化活动次数和质量都有待提高；随着经济发展，西部岭区空心村现象明显，中青年都热衷于创业或外出打工或居住在城区，农村剩余人口多为老弱病残，由于留守人员文化程度较低，再加上组织管理不到位，导致群众参与文化事业的热情不高。

### （三）文化事业经费和专业人才不足

各级政府虽然对基层文化事业有一定的财政补贴，但补贴有限，满足不了群众日益增长的文化需求。另外，各街道文化服务中心工作人员，有的身兼数职，影响到文化工作的开展。基层缺少高素质、高水平的专业文化人才，不能充分起到对群众文艺活动的领导或辅导作用。

### （四）文化旅游品牌打造乏力

吉利区文化旅游市场起步晚，发展较缓慢，缺乏精品文化旅游项目，虽然有西霞院景区，但缺乏文化元素注入。“河阳之声”广场文化活动是吉利区一个文化品牌，颇受当地群众喜欢，但反映吉利区文化特色的演出节目较少，无法成为向外推介吉利区的一个品牌。此外，特色文化旅游商品欠缺，特色文化旅游街区空白，直接影响了游客逗留时间和消费量，制约了文化旅游产业经济效益和社会效益的产出。

## 四　吉利区文化发展建议

### （一）加快少儿图书馆建设进程，提升少年读者服务体验

2020 年，吉利区计划在潘安公园东南角建设吉利区少年儿童图书馆，作为吉利区图书馆的扩大和补充，建成后，将主要承担 4 ~ 16 岁读者的借阅服务、知识体验、展览展示、培训教育、文化传承与交流等服务职能，形成示范性的标准化少儿图书馆服务体系，满足社会对专业少年儿童图书馆的多元需求。应做好各项准备工作，早日将这一项目落地，加快少儿图书馆建设进程。

### （二）广泛开展流动服务和数字服务，促进公共文化服务均等化

构建网络、配置资源、推送服务是促进公共文化服务有效覆盖、实现均

等的关键环节。搞好基层公共文化服务必须坚持因地制宜，立足不同村（社区）的地理环境、人口分布特点和公共文化服务薄弱环节，坚持固定设施服务的同时，一定要做好流动服务和数字文化服务，打破地理屏障和时空限制，使公共文化资源真正延伸到基层、送到群众身边。

## （三）全面贯彻实施“旅游兴区”战略，推动文化旅游产业快速发展

1. 以旅游标准化、智慧旅游创建为手段，全区全力参与打造滨水旅游城市

以旅游标准化和智慧旅游创建为抓手，加大城市基础设施建设与改造，推动重点街道、商业区、广场按景区标准建设，全面提升“吃、住、行、游、购、娱”旅游六大基本要素公共服务水平，为游客创建优美、整洁、舒心、愉悦的旅游环境。

一是依托冶戍市场、涧西市场、中原路美食一条街、北陈步行街、吉利中心商务区等重点功能区，改造提升建设水平，美化亮化功能区，建设特色美食城、美食街和主题餐厅；在北陈、康窑、白坡等村引导发展乡村旅游特色餐饮私房菜、有机农家宴等特色地方小吃，提升吉利餐饮知名度。

二是树立行业标杆，创建辖区四星级以上酒店，并结合吉利区区位和旅游资源优势，加快开发建设五星级休闲度假酒店，温泉养生会所、主题酒店等住宿设施，适度引进和培育品牌化饭店集团和管理公司、连锁酒店成员入驻吉利区，普及标准化管理。

三是加快推进吉利区周边旅游路网建设，保障高速公路、干线公路、县乡公路、景区道路畅、洁、绿、美、安。重点实施二广高速吉利出入口道路、洛吉快速公路、济洛高速、焦—济—洛城际铁路和吉利至济源、吉利至焦作连接线等重点交通工程，构建吉利与济源、焦作的快速连接旅游路网，同时也要完善旅游导向标识牌等公共交通标识系统建设，完善城市区和景区旅游停车场建设，在重点旅游景区规划建设旅游房车、自驾车营地等。

四是充分利用网络通信技术，完善智慧旅游系统，时时推送旅游信息，

更好地为游客提供服务。积极督促、指导景区、酒店、旅行社等行业单位扎实做好 WiFi 覆盖、智能导游、电子讲解、信息推送、在线营销和预订等建设内容，建设一批智慧旅游示范单位，形成示范带动作用。建设游客集散中心、咨询中心（点），构建智慧旅游综合管理平台，健全旅游网络信息服务、旅游咨询投诉服务等智慧旅游配套服务设施。

五是全面提升旅游购物街区及商场的硬件水平，提升购物环境、智慧购物、标准化标识等服务质量。依托我区特有的黄河奇石等系列产品，如黄河奇石砚台、根雕、剪纸、秸秆画、梅花鹿系列产品、樱桃、葡萄等乡村采摘产品，黄河鲤鱼系列产品等特色旅游商品，逐步发展壮大旅游商品生产规模，同时鼓励商家和个人开发吉利特色旅游商品暨旅游纪念品，打造独树一帜的“吉利礼物”。

六是加快娱乐场所的标准化经营和多元化提升，引导娱乐会所创新发展，建设儿童、青少年、老人主题歌舞厅，主题酒吧、咖啡厅等娱乐场所，全面提升吉利区娱乐场所标准化创建。

2. 加快旅游文化宣传力度，创新营销模式，完善提升旅游市场促销体系

适应形势，创新思维，借力借势，主动出击，建立一支旅游服务志愿者队伍，倡导每个吉利人都能讲好吉利故事，人人都是旅游形象。强化与省、市主流媒体的战略合作，综合运用飞机、高铁、网络游戏、新闻媒体、微博、微信、微电影等载体开展多元化、全方位旅游宣传营销。抓好牡丹文化节、小浪底观瀑节、河洛文化旅游节等重点节会活动借势营销，把吉利的历史文化、风土人情、黄河湿地、水上运动、美食民俗等祥瑞、幸福、美丽的滨水旅游资源推广出去。

3. 持续培育壮大文化产业，促进文旅产业振兴

一是做好区内现有企业的培育工作，与统计部门结合，开展文化产业调研活动，挖掘潜力，争取将更多的文化产业纳入统计系统。二是结合北魏驿镇、画家村等项目建设，加大文化产业政策资金扶持力度，力争项目早日建成、见效。三是坚持“走出去，引进来”，学习外地文化产业园区建设经验，加大招商引资力度，做好我区产业园区建设前期工作。四是培育新型文

化业态和文化消费模式，打造一批有规模、有特色、有影响力的文化产品，以高质量文化供给增强人民群众的获得感、幸福感。

## 参考文献

［1］《2019 年洛阳市吉利年鉴》。

［2］《2019 年吉利区文化广播和旅游局年度工作总结》。

# B.17 洛阳国家高新技术产业开发区文旅融合发展报告

刘荣利*

**摘　要：** 洛阳国家高新技术产业开发区（简称高新区）有文旅基因。三次扩区给其文旅融合发展拓展了必要的载体和空间。在文旅融合发展上，高新区有着很好的基础和独特的优势，历史文化悠久厚重、文旅资源比较丰富、文旅产业亮点频出、科技研学优势独特、公共服务逐步完善、“三区叠加”迸发活力。但由于历史定位限制，发挥作用不足，在文旅融合发展方面高新区尚处于劣势。随着文旅融合进入国家战略层面、洛阳的文化旅游吸引力和洛阳副中心城市的持续发力，高新区文旅融合面临很好的机遇，可以实现后来居上、后发制人。所以，需要做好顶层设计，搭建文旅融合的组织架构；深度融合，践行文旅发展的新理念；突出优势，培育文旅融合发展的新动能。

**关键词：** 文旅融合　高新区　三区叠加　洛阳

洛阳国家高新技术产业开发区（以下简称洛阳高新区），是河南省唯一的自由贸易试验区（自贸区）、国家自主创新示范区（自创区）、国家高新技术

* 刘荣利，中共洛阳市委党校副教授，研究方向为区域经济。

产业开发区（高新区）“三区叠加”区域。在重大战略机遇叠加下，依靠“三区”融合发展，以改革开放创新打造洛阳高质量发展增长极，在洛阳以文旅融合为抓手，加快构建文化传承创新体系，打造“古今辉映、诗和远方”的历史文化名城的过程中，洛阳高新区正不断奏响文旅融合的高新乐章。

## 一 洛阳高新区的文旅基因

1992 年，洛阳国家高新技术产业开发区经国务院批准成立，是首批 53 个国家级高新技术产业开发区之一。国家级高新区选中内陆地区的洛阳，原因之一是洛阳大工业集中，科研单位集中，还有一个特别重要的原因是洛阳有着十分丰富的旅游资源、矿藏物产资源，对外经济发展迅速，利用外资项目集中。随着改革开放不断深入，在党中央、国务院决定进一步扩大对外开放背景下，这成为洛阳发展的巨大亮点。洛阳高新区的设立，是改革开放带来的巨大成就的直接结果。高新区在成立之初，就将招商引资的目光瞄准国内外高新技术项目，吸引了美国等 10 多个国家和地区的投资商，一大批高新技术企业在区内集聚，进一步推动洛阳的开放发展。洛阳高新区的开放创新背后，隐藏的是其深厚的文旅基因。

洛阳的文旅融合是从牡丹起步的，牡丹给千年帝都洛阳打开了一扇通向世界的窗口。从 1983 年开始，洛阳牡丹文化节以“以花为媒、广交朋友、宣传洛阳、发展经济”为指导思想，以“花会搭台，经贸、文化、旅游唱戏”为办会宗旨，不断提高牡丹文化节的欢乐性、效益性、国际性和创新性，逐步使牡丹文化节成为中外游客及广大市民的盛大节日和招商引资、招客引游、招才引智、招展引会的盛会。以花为媒的牡丹文化节引领并见证着洛阳的开放发展。

1983 年，洛阳以一城之力举办大型的综合性花会，超乎寻常的开放姿态使洛阳在当时走在了全省乃至全国的前列。[①] 伴随花香，牡丹文化节蜚

① 本部分数据来自《洛阳日报》历届牡丹花会资料。

声海内外。花会头两年，对外宣传的口号仅仅是“以花为媒，广交朋友”。首届牡丹花会，共接待来自 7 个国家和地区以及全国 22 个省、自治区、直辖市的游客 250 万人次，各种经济活动成交额 5802 万元。[①] 第二届牡丹花会，共接待来自 28 个省、自治区、直辖市以及 15 个国家和地区的中外游客 300 余万人次。洛阳玻璃厂出现“爆炸性新闻”即“一杯茶换来了 20 万元”的合同。此后，“花会搭台，经贸唱戏”。第三届牡丹花会，洛阳市首届中外经济技术洽谈会开幕，签订协议和合同共 86 项。经贸洽谈会成为花会的“常设”活动。1987 年，第五届牡丹花会，经济贸易成交额达 2.5 亿元，外汇 286 万美元。1988 年，第六届牡丹花会，经济活动成交额逾 12 亿元。1991 年，升格后的河南省洛阳牡丹花会，成为全省一个重要的对外开放窗口和平台。洛阳搭台，全省唱戏。花会招商引资迈进了一个全面提速的时代。

以牡丹为媒介，文化、旅游、开放、创新，1992 年，洛阳高新区应运而生。文化旅游与洛阳高新区相伴而长。[②] 1992 年，洛阳牡丹花会举办第 10 年，经济技术贸易成交额达 14.3 亿元，其中外资金额 8126 万美元。1996 年，第十四届牡丹花会期间，各类经贸洽谈活动成交额达 21.612 亿元。1998 年，第十六届牡丹花会期间，各类经贸活动成交额达 39 亿元。2001 年，第十九届牡丹花会期间，中国中原旅游交易会在洛举行，这是洛阳首次举办规模宏大的旅游交易会。之后，几乎每年花会期间，洛阳都会举办大型旅游推介、贸易活动，逐渐叫响了“千年帝都、牡丹花城”的城市名号。2003 年，第二十一届牡丹花会期间，共签订各类合同 160 个，投资总额 127 亿元（外资总额 6.5 亿美元）。2004 年，第二十二届牡丹花会期间，共签订招商引资合同 176 项，投资总额达 196 亿元。2005 年，洛阳市决定将牡丹花会会期由每年的 4 月 10 日至 25 日调整为 4 月上旬至 5 月上旬，花会期间全市共接待境内外游客 688.43 万人次。之后，洛阳接待游客

① 《牡丹添彩新时代　国色辉映洛阳城》，http：//lyrb.lyd.com.cn/html2/2019－10/01/content_214201.htm。

② 本部分数据来自《洛阳日报》历届牡丹花会资料。

人次逐年迅猛增加。2006 年达 938.82 万人次，2007 年达 1281 万人次，2009 年达 1502.27 万人次。2010 年 11 月，河南省洛阳牡丹花会升格为国家级节会的中国洛阳牡丹文化节。2015 年第 33 届中国洛阳牡丹文化节，共接待游客 2174.76 万人次。2019 年第 37 届中国洛阳牡丹文化节，共接待游客 2917.15 万人次。伴随着以花为媒的开放发展，洛阳高新区先后被确定为"国家知识产权示范园区""国家级文化和科技融合示范基地""国家硅材料及光伏高新技术产业化基地""国家首批新型工业化产业示范基地""国家低碳工业园区""国家级绿色园区""河南省军民融合产业创新示范区"等。[①] 以高新区为基础的洛阳高新技术产业集聚区是河南省"二星级产业集聚区"，并连续获评全省"十强""十快""十先进"等优秀产业集聚区称号。

## 二　洛阳高新区文旅融合发展历程

洛阳高新区 1992 年经国务院批准设立时，面积仅为 5.6 平方公里。在 20 多年的发展历程中，高新区经历了三次实质性扩区。2001 年，将原属涧西区的孙旗屯乡（2019 年 11 月撤乡设瀛洲街道办事处）托管到高新区；2006 年，将原属洛龙区的辛店镇托管到高新区；2017 年，又将分属洛龙区和涧西区的丰李镇和徐家营街道办事处托管到高新区。至此，高新区区域总面积 132 平方公里，常住人口 17.83 万，下辖两个乡镇、两个街道办事处，即辛店镇、丰李镇和徐家营街道办事处、瀛洲街道办事处。高新区的每一次扩区，都是产业转型升级的需要和结果，同时也给高新区文旅融合发展拓展了必要的载体和空间。

### （一）第一阶段：1992～2000年，高新区初步创立，潜心主业，无力他顾

1992 年春天，改革开放的总设计师邓小平同志的南方谈话，开启了中

① 洛阳国家高新技术产业开发区官网，http://lhdz.gov.cn/tzgx/gxjj.htm。

国第二轮改革大幕。大江南北“胆子再大一点、步子再快一点”呼声一片。1992 年 11 月 9 日，国务院下文批复洛阳建立国家级高新技术产业开发区。次年 2 月，高新区三山科技工业园动工。从一片荒草地起步的洛阳高新区，必须潜心主业、笃定前行，同时更需要各方面的紧密配合与大力支持。洛阳高新区作为改革开放的“产物”，和当时的其他国家高新区一样，“开门招商、办事高效、队伍精干”，凭借着土地、政策和产业资源等优势迅速崛起。1995 年，洛阳市委市政府出台文件加速洛阳高新区建设，8 月，市政府制定出台高新区优惠政策，9 月，洛阳高技术创业服务中心成立，3 年后，被认定为国家级高技术创业服务中心。1997 年 10 月，河南省政府批复建立洛阳高新区吉利科技园。2000 年，洛阳高新区被正式认定为河南省高新技术出口基地。由于高新区成立初期专注于经济发展方面，在社会事业和城市配套发展上基础相对薄弱，产城发展不同步。1991 年，洛浦公园开始建设，高新区段从西苑桥西至徐家营，成为高新区人民的休闲去处。

### （二）第二阶段：2001 ~ 2010 年，高新区迅猛发展，两次扩区，准备载体

为了解决高新区发展容量不足，并理顺与行政区域的管辖权，2001 年 7 月，孙旗屯乡委托给高新区管理。孙旗屯乡，面积 45 平方公里，人口 2.6 万，辖 17 个行政村。9 月，河南省最大的美商独资生产性高新技术企业美国卡博陶粒项目在四号工业园奠基。次年 4 月，中俄洛阳科技工业园项目签约。2004 年 6 月，高新区第一家股份有限公司洛阳轴研科技股票发行；8 月，国家科技部、河南省科技厅和洛阳市政府三方签字决定共建洛阳火炬创新创业园。次年 10 月，火炬创新创业大厦奠基。2006 年 1 月，洛龙区辛店镇委托高新区管理，辛店镇，面积 60 平方公里，人口 4.1 万，辖 22 个行政村。2 月，国家知识产权兴贸工程试点基地获批复，3 月，洛阳首家留学人员创业园奠基。2007 年 2 月，洛阳市委市政府颁布《关于进一步加快洛阳高新技术产业开发区发展的决定》。2007 年 12 月，河南省多晶硅工程技术研究中心投入使用。2010 年 6 月，科技部正式批准要求洛阳高新区建设国

家级创新型科技园区。迅猛发展的高新区，需要更大的空间，两次扩区，给高新区的二次创业、产业转型准备了空间载体。2001 年 2 月，洛阳市委市政府开始实施周山绿化工程，2002 年 6 月，周山森林公园成为省级森林公园；10 月，周山森林公园正式开园迎宾。

### （三）第三阶段：2011～2016年，高新区二次创业，产业转型，坎坷探索

洛阳高新区经过近 20 年的发展，日趋成熟，特别是在产业发展方面，从企业集中布局、产业集聚，开始向企业调整、经济转型、产业升级转变。2011 年，高新区总收入突破千亿元大关，达到 1051 亿元。根据高新技术产业的发展变化，洛阳高新区适时调整主导产业，重点发展智能制造业和新材料两个主导产业，大力扶持生物医药、信息与文化设计两个新兴产业，形成了以“2+2”产业为发展重点，先进制造业与现代服务业互动发展、“双轮”驱动的新型产业体系。高新区采取一系列举措，如“退二进三”“腾笼换鸟”，投入巨资关停并转污染企业、僵尸企业等，淘汰落后产能，推动产业升级，同时大力发展楼宇经济和现代服务业，通过生态环境、文化景观、科技创新等要素，不断完善城市机能、内涵，引导园区从宜业宜商转向宜商宜居。洛阳亚龙湾游乐园是洛阳市 2012 年重点建设工程。是由洛阳水利投资有限公司负责实施。洛阳亚泰公司投资，在洛河西段承建的一个大型水上游乐项目。2013 年，洛阳阳光水世界实业有限公司成立，主要经营范围为旅游景区开发等。同年 9 月，洛阳高新区与中央电视台新影集团、中新影文化股份有限公司正式签约建设中央新影华夏文化产业园。该项目计划由中央电视台和洛阳中新影文化股份有限公司共同出资建设，总投资 226 亿元，用地 6600 亩，建成后将成为国内最大的综合性影视文化基地。同年 10 月项目建设指挥部成立，次年 9 月控制性详细规划公示，10 月基础工程开工。然而，就在这种紧锣密鼓中，规模巨大，轰动一时的“辛店影视城”项目被搁浅了，高新区的文旅之路也处于坎坷的探索阶段。

## （四）第四阶段：2016年至今，高新区三区叠加，多策并举，全面发力

随着自创区、自贸区两项国家级战略“加持”，作为“三区叠加”的洛阳高新区，展现出昂扬的前进姿态，各项经济指标继续处于全市经济发展的第一方阵。河南省委省政府对洛阳高新区争当创新发展排头兵、自创区发展领头羊寄予厚望。然而，经过20多年的发展，高新区规划区内除已开发的面积外，剩余的5平方公里中可利用土地面积不足2平方公里，已接近枯竭，空间问题严重限制了高新区的进一步发展。省委省政府印发了《关于加快推进郑洛新国家自主创新示范区建设的若干意见》，明确提出“适时扩编核心区建设规划，扩大核心区行政管辖范围”。2016年11月，国务院办公厅在《关于对真抓实干成效明显地方加大激励支持力度的通知》中提出：“对实施创新驱动发展战略、推进自主创新和发展高新技术产业成效明显的省（区、市），优先支持其行政区域内1家符合条件的国家自主创新示范区或国家高新技术产业开发区扩区或调整区位。”2017年1月，科技部组织的专家组在考察后做出了综合评价，河南绩效评价结果为优秀。在这样的背景下，洛阳市委市政府决定扩大高新区管辖区域。2017年，又将分属洛龙区和涧西区的丰李镇和徐家营街道办事处托管到高新区。徐家营街道办事处面积2平方公里，11184人；丰李镇面积33.5平方公里，辖16个行政村，4.3万人。这里的地势南山北川，甘河、涧河由南向北汇入洛河，洛宜南渠、北渠贯穿全境，是洛阳市近郊乡镇中为数不多的兼具川区、山区、河道滩涂之美的乡镇。

近年来，高新区的城市公共服务设施不断完善，西环路通车，使高新区与各城区联系更加紧密便捷；宁洛高速公路，郑西高速铁路穿境而过，拓宽了高新区城市发展的新格局。与此同时，高新区大力推动生态环境建设，通过实施城市造林绿化美化亮化等工程，使工业园区与城市建设发展实现有机融合，城市品质不断提升，成为宜居宜业之地。“三区叠加”的洛阳高新区，秉承着“产业为基、创新为魂、环境为重、民生为本”的发展理念，

不断创新“周山洛水间，生态自贸区”，全力打造“改革创新活力源、双向开放先行区、高质量发展增长极”。形成了以先进装备制造和新材料、机器人及智能装备、清洁能源及新能源汽车和生物医药，以及现代服务业为产业基础的“23N”产业体系，成为中西部地区创新的重要增长极。洛阳高新区已成为产业兴盛、环境优美、交通快捷、产城融合的现代化工业新城。2017年3月6日，第一届洛阳五龙沟杏花文化旅游节在孙旗屯乡前五龙沟村开幕；3月26日上午，辛店镇首届百花迎春节在辛店镇张沟村隆重举行；4月27日，丰李首届芍药文化节开幕式暨第二届鹿蹄山骑行活动在丰李镇鹿蹄山举行。

## 三　洛阳高新区文旅融合发展的优、劣势分析

2019年是文旅融合战略实施的关键之年，深入分析洛阳高新区文旅融合发展所拥有的优势、存在的问题、面临的机遇，对高新区积极探索、持续深入挖掘优秀文化，创新开发文旅项目，促进文旅融合发展有极其重要的意义。

### （一）高新区文旅融合发展的优势分析

作为洛阳中心城区的重要组成部分，全市正在着力打造的功能叠加、动能强劲、活力迸发、特色彰显的开放创新发展高地，高新区在文旅融合发展方面有着很好的基础和独特的优势。

1. 历史文化悠久厚重

洛阳高新区内的历史文化遗存，属河洛文化的重要内容。仰韶和龙山及商代文化遗址、二里头文化遗址、仰韶至东周文化遗址、仰韶至夏商文化遗址、同山寨遗址、杨窑遗址等原始社会遗址为研究河洛地区远古历史文化提供了重要资料。在北部秦岭余脉的东端，分布的四座东周王陵时代明晰、保存完整，是目前我国可以认定的最早的帝王陵墓，堪称“中华第一陵”，属全国重点文物保护单位，具有极为重要的历史文化科学研究价值。辖区内的

隋唐西苑遗址也是全国重点文物保护单位，是研究隋唐历史和中国园林发展史的珍贵资源。位于孙旗屯乡东马沟村的东马沟遗址是河南省文物保护单位，与二里头文化遗存一起为探索夏商文化提供了线索。散存在境内的许多古代丘冢、河渠、石桥、庙宇和地下出土的石兽等重要的文物遗迹，则是高新区当地历史文化的直接见证。

2. 文旅资源比较丰富

洛阳高新区境内文旅资源非常丰富（不完全统计见表1）。周山森林公园，依托四座东周王陵而建，集旅游观光、科教实习、保健疗养、休闲娱乐、寻幽探奇为一体，是洛阳的“绿肺”和“制氧机”，也是洛阳市规模最大的开放性、综合性森林公园。在隋唐皇家园林——西苑的西南隅，有延秋古村。除了东周王陵和隋西苑遗址外，不可移动文物包括明万历年间的福胜寺，清初的李氏祠堂，洛阳八小景之一“龙池金鱼”的渊源之所——龙潭寺，洛阳现存最古老、保存最完好的古代桥梁——唐代黄年桥等；有金属捶锻工艺、五更太平丸制备工艺、雀金绣织绣技艺、青铜器修复及复制技艺等省市级非物质文化遗产 11 项；洛阳市已建成开放 77 家博物馆，高新区有 4 家。丰李境内有甘水河，与伊水、洛水、瀍水、涧水、瀔水（谷水）一起位列《水经注》里的洛阳六大河流。甘水河因其水甘甜而得名。东汉时期，

**表1　洛阳高新区内文旅资源**

| 种类 | 级别 | 文旅资源 |
| --- | --- | --- |
| 文物 | 全国重点文物保护单位 | 周山、西苑遗址 |
| | 省级文物保护单位 | 东马沟遗址、黄龙庙遗址、圪瘩遗址 |
| | 市级文物保护单位 | 龙潭寺（辛店）、福胜寺（丰李）、李氏祠堂（丰李）、黄年桥（辛店）、洛阳县界碑（辛店） |
| 非遗 | 省级非遗 | 金属捶锻工艺、五更太平丸制备工艺 |
| | 市级非遗 | 金银铜捶锻工艺、雀金绣织绣技艺、青铜器修复及复制技艺、传统小磨香油制作技艺（张学堂小磨香油传统工艺）、祛风湿止痛散及散剂制备技艺 |
| 博物馆 | 钟鼎青铜艺术博物馆、洛阳石画艺术博物馆、保险文化博物馆、铁军博物馆 | |

资料来源：洛阳市文物局网站。

士大夫为了煮得好茶到甘水河取水。魏晋时，竹林七贤的阮籍，慕其清幽，喜其甘甜，甚至到这里隐居。丰李境内有鹿蹄山。《山海经》上有记载："厘山之首，曰鹿蹄之山，其上多玉，其下多金。甘水出焉，而北流注于洛……"《尚书》中有篇文章名叫《甘誓》，上写着："启与有扈战于甘之野，作《甘誓》"。甘国故城，位于丰李镇河口村东南，鹿蹄山被认为是甘姓的发源地。孙旗屯有杏花节，丰李有芍药节，辛店有百花节。洛神岛以突出洛神文化为主线，是以观光旅游、文化娱乐、开心乐园、儿童游乐场以及酒店、客房、户外温泉、咖啡广场、美食广场为一体的综合性景区。

3. 文旅产业亮点频出

高新区依托现有的金属锤锻工艺、雀金绣等11个非遗项目，挖掘具有特色的冰瓷项目、牡丹真花项目、加多健普洱茶膏项目等，积极开展非遗项目保护、传承与现代科技相结合，推动一批富有特色的非遗类产品走向市场，如杨中有书画院以天然大理石为纸，将国画传统技法与石材天然纹路巧妙结合，创造出独具特色的中国石画艺术作品；洛阳钟鼎青铜艺术博物馆，将三维扫描技术引入文物复制，多项作品被故宫博物院等众多博物馆收藏；非物质文化遗产传承人王书品打造的"金银铜锤锻"工艺蜚声海内外，制作的诸多世界名人头像被外交部确定为国礼赠送给国际友人。为了传承"雀金绣"技艺，组建洛阳雀金绣文化创意研究院，对濒临失传的技艺进行研究、挖掘和记录，并对材料、技法进行创新，开展跨国界、跨领域的国际研究合作，填补了高端刺绣研究领域和相关文化产业领域的空白，推动传统艺术不断传承和创新。为了更好地传承青铜器制作技艺，筹建国内第一家以青铜器为主旨的专题性博物馆，并与洛阳职业技术学院建立培养基地，开设了省内第一个青铜器修复和复仿制专业，与洛阳博物馆建设青铜器修复和复仿制技术保护中心，积极开办青铜器文化社教课程。目前，高新区有文化产业法人单位133家，其中众智软件公司、瑞光影视公司、鸿业科技公司、尚柳生态科技公司等10家"规上"文化企业，主要集中在软件设计与开发等服务业上。截至2019年12月，"规上"文化产业营业收入近2.29亿元。

4. 科技研学优势独特

洛阳高新区汇集了全市35%的创新龙头企业、38%的“小巨人”企业、35%的高新技术企业、60%的省级技术转移示范机构和26%的国家级研发平台，拥有省级以上孵化载体19家，在孵企业1015家，占全市总量的一半以上。从2016年开始，洛阳连续四届承办中国创新创业大赛先进制造行业总决赛，在全国打出了“洛阳双创”的品牌。以办赛为契机，洛阳高新区首创“创业文化之旅”，使来自全国各地的参赛选手更多了解洛阳的产业基础、创业环境和悠久的古都文化；首创“创新创业成就展”和“创客集市”，使广大市民更近距离“尝鲜”科技创新带来的成果；首创智能交互平台，将洛阳的投资环境、人文历史、美食出行等信息直观地展现出来。2019年7月，清华大学天津高端装备研究院洛阳先进制造产业研发基地成立木艺文创与父爱产品研究室，走出了发力工业设计、助推文创产业升级的第一步。进驻企业“笨爸爸工房”团队研发设计的“先秦马车传统木作技艺”已获批高新区非物质文化遗产，其机关盒实用技术、自锁实用技术等技术获批国家实用新型专利，相关产品已在北京、香港、广州等地销售推广。12月12日，清洛基地与全福食品公司双方就共建新型研发机构签署合作协议，通过将科技创新与文化创意相结合，以本土化牡丹主题为亮点，建立食品研发中心，在食品加工设备及生产线升级改造、包装设计、品牌打造、产品开发、渠道拓展、人才培养等方面开展深入合作。[①] 清洛基地用自身在智能制造、工业设计等方面的高端资源优势，赋能企业发展。高精尖企业集中，科技文化、创意文化氛围浓厚，借助高科技创造并提升文化资源，能够产生出具有洛阳特色的文创产品，高新区研学旅游优势独特。

5. 公共服务逐步完善

洛阳高新区进行周山森林公园核心区外围扩建改造工程，在核心区以北400亩内总投资7000万元，结合原有地形地貌，因地制宜打造高低起伏、

① 《清洛基地与全福“联姻”共同打造牡丹主题创意食品》，洛阳网，http://news.lyd.com.cn/system/2019/12/13/031524967.shtml。

自然优美的绿化景观，栽植乔灌木3200株、绿篱地被植物33万株，铺种草皮4万平方米，健身步道6800平方米，打造了凉亭、花架、休闲广场、雕塑等园区景观，有效扩大周山森林公园的规模，改善周边人居环境。高新区确保基层文化服务中心达到“七个一”标准，文化广场、戏台、农家书屋等均能有效发挥作用，在完善基层公共文化设施的同时，也为发展乡村旅游奠定了基础。全区已建成8座城市书房，总投入502万元，总面积约1335平方米，座席数722个，藏书量4.89万册。各书房目前已累计办证4562张，开展活动360余场。通过公共文化资源的利用，提升旅游文化品位，拓展旅游服务的空间，为游客提供更加丰富的体验。高新区持续以“交响高新”“高新之春”等文化品牌为依托，最大化发挥广大文体骨干引领作用，充分调动辖区群众参与文化活动的热情和积极性，以健康、活泼、朝气蓬勃的文化氛围，增强旅游活力。

6. “三区叠加”迸发活力

洛阳高新区，是河南省唯一的自贸区、自创区、高新区“三区叠加”区域，同时还是国家产融合作试点城市、“中国制造2025”等重大政策试点区。该区以制度创新为核心，以可复制、可推广为基本要求，突出改革创新活力源、双向开放先行区、高质量发展增长极“三大目标”，加强改革、开放、创新“三力联动”①，在充分利用国际国内“两个市场、两种资源”基础上，在整个高新区内凝聚起创新发展的强劲动力，释放出改革开放的巨大红利，成为洛阳高质量发展的引擎。特别是自贸区，作为国家级开放平台，已经成为工业旅游和创新文化的前沿阵地，不断丰富并推进着洛阳的文旅融合发展进程。

### （二）高新区文旅融合发展的劣势分析

20多年发展的结果表明，高新区已经成为洛阳经济增长快、投资回报

① 《“三大目标”＋“三力联动”打造改革开放新高地》，http：//lyrb.lyd.com.cn/html2/2019－04/09/content_197538.htm。

率高、创新能力强、具有极大发展前景的经济增长点。高新区的创新活力已经成为洛阳产业发展、引智引资和对外展示的热点。但在洛阳全面推动文化旅游融合发展，着力打造“古今辉映、诗和远方”的进程中，高新区尚处于劣势。

1. 历史定位限制

高新区是一个以工业为主导的高新技术产业开发区，建区以来主要以发展高科技和大力培育高新技术企业为己任，工业和高新技术产业发展取得了很大成就，而包括文化旅游产业在内的服务业发展滞后，三大产业比例结构不尽合理。近年来，高新区着力改善民生工作，努力提高辖区居民的文化生活，同时也大力挖掘开发旅游资源，推进文化旅游业的发展，特别是随着高新区重点发展 2 个支柱产业，即高端制造业和现代服务业，积极培育 3 个先导产业，即金融业、科技服务业和总部经济，大力扶持 N 个机会产业，即现代物流业、数字经济、高端生活服务业等“23N”产业发展体系的初步形成，服务业在高新区被提到了前所未有的高度。但是，历史上长期的产业定位使高新区文化旅游业发展相对滞后，文化旅游资源尚未得到有效的开发。

2. 发挥作用不足

近年来，洛阳以文旅融合为抓手，在加快构建文化传承创新体系的进程中，力推“全域游”，唱响“四季歌”，不断提升“老三篇”、打造“新三篇”，着力打造“古今辉映、诗和远方”的历史文化名城。在 2018 年洛阳市推出的 10 条“东方博物馆之都”精品旅游线路中，共涉及景点累计 65 次，其中处于高新区的有 2 处，探宝寻秘文化线路含周山森林公园，非遗传统技艺线路含钟鼎青铜艺术博物馆。在 2019 年洛阳推介的 9 条精品文化旅游线路和 2 条红色旅游线路中，共涉及景点累计 115 次，其中处于高新区的有 1 处，即非遗文化之旅含雀金绣。高新区文旅融合在洛阳发展全局中分量太小，作用不足。

### （三）高新区文旅融合发展的机遇分析

虽然高新区文旅产业起步晚，发展相对比较滞后，但是高新区文旅融合有着很好的机遇，可以实现后来居上、后发制人。

1. 文旅融合进入国家战略层面

按照十三届全国人大一次会议审议确定的国务院机构改革方案，由国家旅游局和文化部合并成立的文化和旅游部，标志着文旅融合的观念和文旅运营思维已进入国家战略层面。文化和旅游部的正式挂牌，开启了文旅融合发展的大幕。同时，黄河流域生态保护和高质量发展也已作为国家重大战略之一，习近平总书记要求河南推动文化繁荣兴盛，传承、创新、发展优秀传统文化。洛阳在黄河流域生态保护和高质量发展上地位重要、作用突出、责任重大。河南省委书记王国生要求洛阳围绕贯彻落实习近平总书记河南调研重要讲话精神，在推动文化繁荣兴盛上奋勇争先。对标中央的要求，联系省委省政府赋予的重任，洛阳努力贯彻落实，找准着力点，以文旅融合为抓手，不断打造“古今辉映、诗和远方”的历史文化名城。

2. 洛阳的文化旅游吸引力

“建设国际文化旅游名城”，是河南省第十次党代会赋予洛阳的发展定位之一。作为洛阳传统优势产业，文化和旅游在洛阳加快构建的“565”现代产业体系中地位重要，其中，旅游业是主导产业，文化产业是特色产业。近年来，在“旅游+”和“全域旅游”发展理念的引领下，洛阳着力推动旅游业转型升级，旅游产业的核心竞争力和吸引力不断增强。年度接待游客人次在2015年进入亿人次时代，年度旅游总收入在2017年突破千亿元。从此，洛阳旅游迈上了更高的台阶，进入转型升级的关键时期。2019年，洛阳年度接待游客1.42亿人次，旅游总收入1321.02亿元，同比分别增长7.33%和15.03%。[①] 洛阳旅游产品体系需要更加丰富，旅游服务质量需要持续提高，旅游新业态也会不断涌现。洛阳全面推进文旅融合，让文化为旅游增内涵，旅游为文化添活力，加速从“旅游城市”向“城市旅游”的转变，不断实现高质量发展。

---

① 《去年洛阳旅游总收入1321.02亿元　今年文旅这么做》，洛阳网，http://news.lyd.com.cn/system/2020/01/14/031553264.shtml。

3. 洛阳副中心城市的持续发力

从河南省第十次党代会提出的“巩固提升洛阳中原城市群副中心城市地位，形成带动全省经济发展新的增长极”，到河南省《建立更加有效的区域协调发展新机制实施方案》“支持洛阳副中心城市建设，规划建设洛阳都市圈，引领西部转型创新发展示范区一体化发展，增强对陕东、晋南地区的带动力”，河南对洛阳副中心城市不断委以重任。特别是 2020 年 3 月 27 日召开的河南省委省政府加快洛阳副中心城市建设工作推进会，要求洛阳“加快形成辐射豫西北、联动晋东南、支撑中原城市群高质量发展新的增长极，与郑州错位发展、协调联动，共同打造引领全省发展的‘双引擎’”，并明确了洛阳“国际人文交往中心”的城市定位，提出支持洛阳申建综合保税区，设立入境游客离境退税商店；支持创建国家文化产业和旅游产业融合发展示范区、国家全域旅游示范区、国家文化和旅游消费示范城市、国家级文化生态保护区、国际艺术品保税交易和展示中心；支持洛阳争取承办世界园艺博览会，联动打造郑汴洛国际旅游目的地，等等。随着省委省政府副中心城市建设工作推进会的任务分解，各厅、局支持副中心建设的具体措施纷纷出台，这一系列部署和安排，都给洛阳发展带来了新的重大机遇。2019 年，洛阳经济呈现出“三产超二产”“消费超投资”“新兴超传统”的明显态势，生产总值突破 5000 亿元，经济社会发展继续保持稳中有进、持续向好，这为洛阳的高质量发展奠定了良好的基础。

## 四　高新区文旅融合发展对策建议

### （一）顶层设计，搭建文旅融合的组织架构

国内外的实践经验告诉我们，文旅融合不仅可以促进经济、社会、文化的全面协调发展，也可以改善城市居住环境，是提高市民生活质量的重要组成部分。这对于将突出改革创新活力源、双向开放先行区、高质量发展增长极作为“三大目标”的洛阳高新区也是非常适用的。随着中央、省、市、

县区等各级改革方案的逐步落实，根据《洛阳市机构改革方案》，洛阳整合了旅游发展委员会和文化广电新闻出版局的文化、广播电视管理等职责，组建了文化广电和旅游局。2019 年 1 月 8 日，洛阳市文化广电和旅游局挂牌成立，开启了洛阳文化和旅游融合发展的大幕。各个县（市）区文化广电和旅游局也纷纷挂牌。高新区也需要融入文旅融合的大时代，适机将旅游的管理职能赋予文化教育体育管理局，全面推进文旅融合，将文化工作、旅游工作、各部门工作，转化为全域、全业的统筹谋划和行动，以“宜融则融、能融尽融”的理念，对全局的发展、文化旅游的角色与使命予以精准的重新判断，研判文旅工作的突破口，实现以文促旅，给旅游增内涵；以旅彰文，让文化活起来。

### （二）深度融合，践行文旅发展的新理念

在信息技术渗透加速的背景下，面对消费结构升级提速，文旅融合发展更需要践行新理念，并把新理念转化为具体的行动，落实到文旅产品和项目上。洛阳高新区要围绕文旅融合、产业融合、城乡融合等，充分发挥文化旅游业的融合、催化和集成作用，形成深度融合发展。围绕“互联网＋”，抓住数字化、网络化、智能化融合发展机遇，充分发挥高新区在技术创新和先行先试上的有利条件，以游客体验为中心，以新技术在文旅领域的应用为重点，用 5G、AR、VR、人工智能等对文旅产品的内容、服务进行重构，重置文旅消费新体验，培育文旅新业态和新模式，推动文旅产业转型。

### （三）突出优势，培育文旅融合发展的新动能

洛阳高新区可以依托河南文化旅游的资源优势和空间布局，在洛阳文旅融合的发展格局中突出自身国家级开放和创新平台优势，对全区文化旅游的发展定位、战略布局进行再梳理、再聚焦、再提升，紧跟文旅消费新趋势、新特点，在研学知识游、科技体验游、工业体验游等领域培育一批文旅新业态；紧跟数字技术进步和渗透趋势，以“沉浸式互动体验”产品与传统文旅产品深度融合，加速智慧文旅新模式在传统文旅产业中的渗透。当前，高

新区可以从梳理现有资源入手，如周山葬有东周四王，是我国现存最早的王陵区；平逢山，是炎黄二帝的母族有蛟氏的生活繁衍地；魔山是著名的孝水王祥河发源地等，进行文化发掘。鼓励辖区天泉文创、雀金绣等文化机构和旅游企业对接合作，推动形成一批以文化旅游融合发展为主业的特色骨干企业。以王书品金银铜锤锻作品、笨爸爸工房手作、牡丹真花、冰瓷产品等文化创意产品为依托，推动更多的非遗项目资源转化为具有文化内涵的旅游产品。以实施文化旅游“头雁领航”计划，吸引一批具有核心竞争力的文旅战略投资者进驻高新区，并在培育壮大品牌景区运营企业、旅行社和文旅投融资平台、产业基金等方面加大力度。

## 参考文献


[1] 刘晓萍：《河南文化旅游业高质量发展的问题探析》，《当代经济》2019 年第 12 期。

[2] 胡兰、罗娜、王思臣：《千年帝都花竞放　浓浓新意满洛城——记洛阳高新区创新发展特色之路》，《中国高新区》2008 年第 4 期。

[3] 王思臣：《产业与城市的“联姻”佳话——洛阳高新区奏响产城融合进行曲》，《中国高新区》2017 年第 1 期。

# B.18

# 国家级洛阳经济技术开发区（伊滨）文旅融合发展报告

王鲁豫*

**摘　要：** 国家级洛阳经济技术开发区（伊滨）（以下简称伊滨经开区）文化资源丰富，山水资源别致，区位优势突出。2012 年启动的创建国家公共文化服务体系示范区活动，为伊滨经开区的文化旅游发展奠定了基础。本报告从分析伊滨经开区文化及旅游资源基本概况入手，在摸清家底的基础上对伊滨经开区的文旅融合进行相应的综合研究，进而指明伊滨经开区在文旅融合过程中存在的主要问题，并就如何进一步提升伊滨经开区的文旅融合提出了相应的措施建议。

**关键词：** 伊滨经开区　文化旅游　融合发展

伊滨经济技术开发区坐落于洛阳市市区的东南部，北依洛河，南临万安山山麓，是国家级经济技术开发区、国家级产城融合示范新区、郑洛新国家自主创新示范区辐射区，伊河、万安山、东汉帝陵将其环绕，大宋名相园、倒盏村、郁金香花园嵌入其中，可谓山水园林交相辉映，生态环境别样优美，文化旅游相得益彰。

---

* 王鲁豫，中共洛阳市委党校讲师，硕士，研究方向为传统法律文化、法律史。

## 一　伊滨经开区文化旅游资源概况

伊滨经开区是十三朝古都洛阳的一颗璀璨明珠，历史上长期处于政治文化经济中心，境内不仅有保存良好的古文化遗址，而且有多种多样的文化遗存，近年来伊滨经开区深挖文化内涵，以文化产业项目为载体、以“文化＋旅游＋科技”为抓手，着力打造伊滨旅游新名片。

### （一）文化资源优势突出

伊滨经开区文化底蕴深厚、文物保护单位众多，现有“汉魏故城遗址”、北魏水泉石窟、东汉帝陵、汉魏洛阳故城礼制建筑区遗址等文化保护单位，酒流沟、武屯、掘山、九贤等新石器时代文化遗址，辟雍碑、东汉刑徒墓地等文物古迹。

1. 历史文化资源优厚

伊滨经开区历史悠久，西周时期此处为成周之郊，东周及春秋战国时期则属于京郊，秦时此地被归为三川郡，西汉以后历代为洛阳县（或河南尹、河南府、金昌府）所辖；民国时期历属于河洛道洛阳县东南路，省第十行政督察专员公署，洛阳县第五区、第八区。因此，这里拥有以汉魏文化为主的多种文化传承、人文典故和历史传说。东汉太学遗址为研究我国国立大学提供了载体；灵台遗址让游客更好地认识我国最早的天文台是何种样式，并清晰地了解东汉张衡研制和使用地动仪、浑天仪的过程；司马光独乐园遗址则有利于研究我国第一部编年体通史《资治通鉴》的编撰情况。此外，大禹治水，曾在这里驻足歇脚；魏帝狩猎，曾在这里搭弓射箭并留下传说；汉灵置关，曾在这里建造大谷；女皇信佛，曾在这里登临玉泉，数不清的历史传说、道不尽的人文典故，更有利于我们透过历史的迷雾了解现在的伊滨。

2. 文化服务效能不断提升

伊滨经开区现有基层文化服务中心 10 家、城市书房 8 座、农家书房 71 座。2019 年，全区共组织开展群众文化活动 2215 场次，为 8 座城市书房及

71 座农家书屋配送图书 18442 册，开展各种阅读推广活动 134 次，参与人次达 8.8 万。此外，伊滨经开区精心组织“舞台艺术送基层”文化惠民演出活动和文化科技卫生“三下乡”活动，全年完成文化惠民演出 52 场次，放映农村公益电影 888 场，且着力打造道湛村、诸葛社区和门庄村为寻找“村宝”示范点极大地丰富了基层群众的文化生活。

3. 非遗传承保护不断加强

伊滨经开区完成了第一批 27 个非物质文化遗产代表性项目的认定工作。举办了非物质文化遗产培训班，参训人员达 50 余人；建立了非物质文化遗产档案，组织专家对其进行了评审。在此基础上，完成了第五批 15 个洛阳市市级非物质文化遗产代表性项目的申报工作，完善了项目的文字资料和影像资料，并全部通过了评审，另外公布了伊滨经开区第一批区级非物质文化遗产代表性传承人 16 人。伊滨经开区还在春季元宵节、牡丹文化节期间开展了非遗展示展演系列活动，积极推荐非遗传承人和非遗项目参与节会活动，非遗传承人王怀生成功进入第五届中国非物质文化遗产博览会决赛。

4. 文化产业发展良好

伊滨经开区不断强化为文旅企业服务，促进文化产业提升发展。2018 年，纳入统计数据库限上文化旅游企业由 2017 年底的 4 家增加至 13 家，这其中，文化旅游企业 5 家，新闻出版印刷业 4 家，文化生产企业 3 家，文化进出口贸易企业 1 家；非限上企业 73 家，其中，影视公司 2 家，新闻出版企业 4 家，出版发行单位 13 家，艺术品经营 2 家，经营性演艺企业 6 家，文化市场单位 46 家。2018 年度，规模以上文化产业总收入 14.23 亿元，同比增长 36%，实现利润总额 9607 万元，2019 年度，14 家“规上”文化企业发展势头良好，规模以上文化产业增加值 4.45 亿元，增速 262%，取得了良好的经济效益和社会效益。

5. 文化市场平稳有序

2019 年，伊滨经开区积极推进“放管服”改革，有效推进了“一网通办”工作。年审包装印刷企业 8 家，年审零售发行单位 11 家，办理了 2 个书店经营许可证、2 个文艺演出许可证、2 家网吧经营许可证及 4 场大型演出许可和2个省厅备案演出；集中开展了文化市场“闪电”专项整治行动，检查网吧、KTV、印刷企业及书店等264人次，办理案件6件，取缔“黑网吧”2家。开展了农村演出市场专项整治行动，对全区各类庙会、集市、游园会、大型群众活动和营业性演出进行检查，强化春节期间文化市场供应和监管。监管营业性演出7场，其中涉外演出3场。近两年，伊滨经开区开展了对网络文化经营单位的整治行动，出动人员32余人次，排查22家经营性互联网文化单位，取缔关停了无证互联网上网服务营业场所5家，下达责令停业法律文书1份。

## （二）文化旅游丰富多彩

2019年，伊滨经开区紧紧围绕建设“洛阳近郊最佳文化生态旅游目的地”的目标，深入推进文旅融合，抓项目、增消费、优环境、促转型，文化旅游产业保持了良好发展态势。

### 1. 依托文化优势，策划文旅项目

伊滨经开区深入挖掘历史文化遗产，实现文化旅游的产业价值，积极践行“以文促旅”和“以旅促文”双结合。

第一，借力名相文化，实施相关项目。伊滨经开区认真梳理了以吕蒙正为代表的北宋时期在洛阳工作和生活的名相个人事迹，依托李格非（李清照之父）所著《洛阳名园记》中记载的吕文穆园，复建了大宋名相园。该园将苏州园林和北方四合院巧妙结合，布局合理，设计精美。园区内院院相通，院门设计独特，圆形、椭圆形、月牙形、梅花形的院门随处可见；青砖白瓦、朱红阁楼，辅以宽阔荡漾的水面，形成楼阁台榭相连、水系建筑相映、叠石花草相抱的精美画卷。园区共划分为八个区域，分别是吕蒙正塑像区、吕蒙正寒窑故居区、吕蒙正生平事迹及其家族名人简谱展示区、吕蒙正诗词名作及传奇故事、三代五相碑廊、石刻作品展示区等。此外，园区配套了供书画名家抒怀的工作室、供书法名家进行作品展示的书画展厅、研究挖掘宋代名相身世传记文化价值的研究院等。伊滨经开区还借力一代名相寇准，开发挖掘“寇准文化”和“驿站文化”，积极推动研学教育，策划了沙

沟玉泉谷田园综合体项目，并于2019年4月10日顺利开园。

第二，借助茶文化，打造特色小镇。伊滨经开区借助“茶仙”卢仝，为更好展示“卢仝茶道”这一非物质文化遗产的价值，开发挖掘唐朝茶文化的内涵，利用玉川村这一传统村落的古朴面貌，开发了玉川古镇。该古镇现有千年古树数十株，皆为皂角树，有保存完好的明、清、民国时期建筑百余套，皆为用青石建造的房屋，现已修复了古寨门、古城墙、古院落，建设了非遗项目基地。

第三，依托资源优势，推动主题旅游。伊滨经开区凭借汉魏晋文化资源优势，突出客家文化，策划了大谷关复原工程及客家文化小镇建设项目，在第二届世界客家文化论坛期间，客家之源纪念馆在伊滨区寇店镇水泉村奠基。此外，借力洛阳铲博物馆、洛阳石刻艺术博物馆、洛阳三彩艺术博物馆、大谷乡愁博物馆、洛阳考古博物苑、马金凤戏曲艺术博物馆等，开展相关研学体验活动，激发游客对传统文化的兴趣。

第四，凭借红色文化，打造教育基地。伊滨经开区整修了中共洛阳豫西特委旧址、优化了内部环境、收集了相关文物资料，使其成为洛阳市红色革命教育基地之一。庞村镇彭店寨村修复了“彭店寨抗日英雄纪念碑”，修缮了“日寇投毒洞”，整理了地洞周边环境卫生，积极打造红色旅游教育基地。

2. 借助山水特色，发展生态旅游

伊滨经开区南部有绿色屏障万安山，中、北部有伊、洛河穿境而过，伊滨经开区充分利用“一山两河一城区”的自然资源禀赋，统筹做好城的文章、山的文章、水的文章。

首先，利用山水资源，建设相关园区。一山两河的自然风貌，是伊滨经开区旅游发展的基础条件。万安山又称“玉泉山”，是洛阳的绿色屏障，这里有漫山遍野的鲜花、飞流直下的瀑布和罕见的丹霞地貌。每至冬日大雪，万安山的积雪悠然可见，是如今为数不多的洛阳八小景之“石林雪霁”。高山牧场、舜耕智慧田园、七彩大峡谷、豪泽国际郁金香花海欢乐城、薰衣草庄园等旅游项目在万安山上星罗棋布。万安山山顶公园是万安山旅游区的核心景区，全长 14.6 公里，11 个旅游景点。该景区突出了山顶景观的特色、巧妙地利用了林荫步道和栈道曲廊将深谷幽峡、绝壁奇峰、人文胜迹、森林氧吧连为了一体。七彩大峡谷全长约 5 公里，峡谷内是独特的丹霞地貌，是一个严格按照原生态理念开发的景区，以“游水、登山、幽居、水乐”为特色，集生态旅游、休闲观光、度假娱乐等功能为一体。野生动物欢乐世界占地 3000 多亩，依据现在地形地貌，进行保护性生态开发，分为野生动物园、剧场演艺园、主题游乐园、水世界主题园四个部分。动物园以野性生态的野生动物种群放养和自驾车观赏为特色，将动、植物的繁殖、保护研究、旅游观赏、野生动物保护科普教育融于一体。除此之外，占地 5100 亩的豪泽国际郁金香花海欢乐城项目以“中原迪士尼”为规划蓝本，建有郁金香花海、桑斯安斯风车村、花仙谷、查理曼王国、鹿特丹小镇五大主题园区；而占地 6000 亩的薰衣草庄园则以“爱情”为主题，将浪漫爱情文化作为园区的设计灵魂。每年 4 ~5 月东花园和农博园的千亩牡丹雍容华贵，薰衣草庄园的薰衣草弥漫芳香，郁金香花海的郁金香娇艳欲滴，让人流连忘返。伊滨经开区内伊河、洛河蜿蜒流转，经过开发建设，配合水岸线设置了亲水平台，分别在湿地和陆地种植了各种各样的水生植物及苗木，初步显现出“三季有花、四季常绿”的观赏效果，已成为洛阳近郊美丽的湿地公园。

其次，丰富文化体验，引发游客共鸣。如今，单纯的景点观光已不能满足旅游消费者的精神文化需求，旅游需求已从“有没有”向“精不精”转变。伊滨经开区注重丰富游客的文化体验，想方设法举办园区主题互动，引发游客的文化共鸣。薰衣草庄园就连续多年举办了“国际风车节”，2015 年的第一届风车节安装了不同颜色、不同形状的风车 30 万支，成为当时世界最大风车节；而 2016 年的第二届风车节则更胜一筹，将 50 万支色彩不一的小风车设计组合成各种大型主题景观图案，再一次刷新了一次性使用风车数量最多的世界吉尼斯纪录；同时这届风车节还加入了 100 余座大型风车，场面蔚为壮观。而郁金香花海欢乐城则注重儿童体验，这里的查理曼王国是一个充满幻想与欢乐的国度：有疯狂刺激的极速卡丁车、神秘莫测的巨型迷宫、惊险刺激的恐怖城堡，景区的橙色演艺大厅则为大家准备了精妙的舞剧表演，有利于孩子走入童话世界。万安山野生动物欢乐世界在观赏区内设置互动区，在这些特定区域，游客可以下车来到动物之间，与动物亲密接触。游客可以拿食物喂养动物，可以走进笼舍参观动物的居住环境，也可以向饲养员提问，经饲养员允许，还可以与动物进行合影。万安山野生动物园建有欢乐剧场、魔兽剧场、超级剧场、猩猩剧场四大丛林剧场，幽默的演出每天不间断上演。人与动物同台献技，精彩的表演让人回味无穷。

3. 传承文化根脉，留住河洛乡愁

伊滨经开区依托非遗及民俗资源，积极促进其与旅游“联姻”，让非遗尽显魅力，为伊滨景点增添亮色。大宋名相园重点展示宋文化，园区的小道旁随处可见北宋名人器乐独奏，游客可以进行近距离观赏；湖面画舫内，园区工作人员将李清照弹奏古筝、吟诗作画进行情景再现，游客可进行同船互动。此外，园区还将八大名相在洛阳发生的一些重要事情进行场景再现，邀请游客加入其中，与名相进行互动体验。夜间，园区还有梦情大宋——水系人工湖实景演出，用精彩的演艺节目向游客讲述发生在这里的生动故事。倒盏村则用足用好“百里不同风，千里不同俗”的民俗文化，立足豫西农村特有的景色，深挖河洛民俗非遗文化，同时围绕河洛民俗体验、非遗文化展示等进行开发建设。通过巧妙设计，借助村内原有布局，精心打造洛阳水席街、汤街、回民街、特色美食街、传统作坊街等，进而使这里既有洛阳市民最熟悉的口味，又有豫西居民最难忘的回忆。倒盏村坚持民俗为“魂”，突出特色创新，以小吃街为中心，以点带面，带动其他特色民俗文化产业的展现。清末至民国年间风格的河洛民居，织布、石磨、榨油、铁匠、豆腐等古朴手工作坊，打麦场、马场、辘轳井、戏楼、茶廊等代表那个年代农耕文明及农村市井生活的真实场景①，富有特色的洛阳民间美食等在这里均有体现。倒盏村还强调传统文化元素的市场化运作，通过“非遗+旅游”“非遗+民宿”“非遗+新媒体”等多种跨界融合新模式，将传统民俗文化融入现代

① 《荒沟如何变“胜地” 探访河南省洛阳市倒盏村乡村振兴田园综合体》，《人民日报》2019年4月15日。

旅游环境中。洛阳隋唐百戏文化发展有限公司亦将主体剧场搬至伊滨区的万安山野生动物欢乐世界。他们精心打造的“隋唐百戏传奇”是一台国际性的马戏演出，将1000年前的百戏提升为以国际大马戏、杂技、滑稽等多种现代元素为主，同时融合舞蹈、乐队、小丑、风土人情等多种艺术形式为一体的综合演出，辅以360度全景舞台和灯光舞美设计，让观众穿越时空，重温古代历史传统文化。此外，2019年10月，伊滨经开区还完成了对“延续文脉”的乡愁文化地方元素的挖掘梳理，摸清了“家底”。

## （三）文旅产业初具规模

伊滨经开区目前共完成旅游项目投资30多亿元，现有4A级景区3个，3A级景区1个，全区旅游接待游客由2015年、2016年的100万人次和200万人次，增加至2019年的710万人次；旅游综合收入由2017年的4亿元增加至2019年的8亿元。旅游产业已发展壮大成为伊滨经开区的新兴产业之一，每年吸纳带动周边群众近1万人就业，带动群众致富，为乡村振兴做出了积极贡献。

### 1. 积极推动文创产品研发

伊滨经开区深入推动文化创意与旅游商品的深度融合，指导景区结合实际，面向市场，开发独具特色的旅游文创产品。无论是薰衣草庄园的薰衣草精油、纯露、香囊，还是东花园的牡丹籽油、牡丹精油都颇受好评。五龙村的牡丹石，则借鉴外地经验，融入本地元素，提升工艺水平，创新产品形态，各工作室在石上雕刻出瑞兽、花鸟、玉玺、文房四宝等图案，打造出酒具、茶具、石扇、花瓶、宝塔、龙舟、车马等适合各类游客口味的产品。位于伊滨经开区洛阳师范学院内的三彩艺，持续关注方法传统，在传统的制陶工艺基础上，将现代科技手段赋予其中，无论是独特的施釉技术还是独家的烧制技术，都令人称赞。在这里，既有玲珑剔透的小巧之作，又有朴拙豪放的大件佳构。如今，三彩艺还推出了一系列的日用品、饰品等文创产品，三彩瓷盘画、水杯、茶壶和各种小摆件颇受大众喜爱。而倒盏村非遗文化体验馆内遍布文化体验和互动项目，游客在非遗传承人的讲解下可以体验传统棕编技艺、泥塑雕刻、指画、铝编、手工织布等，这里的泥塑、剪纸、手工木雕、竹编、印染等手工艺品也赢得了很多称赞。

2. 大力开发夜消费文旅市场

伊滨经开区高度重视“夜秀”“夜展”等新兴业态，想方设法发展夜间经济，打造出独具特色的夜间文旅消费项目。2019 年，薰衣草庄园推出了主体灯展，1300 多亩花海，1500 万支 LED 星光灯，再加上大型高空秀、大型高空舞台剧，场面很是震撼。豪泽国际郁金香花海则根据园区特点举办了夏日音乐啤酒节，中华舞龙灯、传统舞狮、彝族狂欢火把节、中华民族大联欢等夜间表演，吸引了众多游客。倒盏村则利用独有的倒盏酒、特色美食、民俗美食，推出了“夜游倒盏”，为游客举家休闲提供了场所。

3. 稳妥启动旅游民宿新业态

“宿在民居、乐在乡间”，民宿经济成为乡村经济发展中的新业态。伊滨经开区对全区民宿资源进行了普查登记，筛选出适合发展民宿的玉川古寨、倒盏村、寇店镇王湾村等民宿资源，启动了民宿开发建设工作。其中，玉泉谷的民宿、酒店依托乡村原有的风貌进行改造建设，其中的沙沟老院现已达到运营条件。而倒盏村爱陌客民宿主体建筑已全部完工，进入了内部装修阶段。

4. 争相开发完善研学课程

伊滨经开区继承和发展“读万卷书，行万里路”的教育理念和人文精神，多措并举鼓励景区积极打造研学旅行基地。倒盏村则利用洛阳地区独特的建筑风格、饮食文化，开发特色研学课程，孩子们通过实地查看、分组讨论、查阅资料、结合所学知识完成研学任务单以增长见识。大宋名相园依托“穿汉服，学汉礼，赏古景”开设汉文化体验活动，让学生听老师讲解汉服规制及礼仪，进而体验穿汉服、行汉礼、写汉字。万安山则将山顶公园、高山牧场、舜耕智慧田园、亲子乐园、野生动物园、七彩大峡谷进行整合，推出了种植树木、蔬果采摘、扎帐篷、户外拓展训练等一系列研学产品，让孩子们在玩中学、学中玩。2019 年，伊滨经开区各景区共计接待研学旅行团队 738 个，人数多达 11 万余人。

## （四）旅游服务不断完善

伊滨经开区东与偃师毗邻，南部的万安山与嵩山、龙门山一脉相连，遥接“天下第一名刹”少林寺，出大谷关与伊川县相接，西接世界文化遗产龙门石窟，与4A级景区关林庙隔伊河一桥相连，北与佛教祖庭白马寺隔洛河相望，伊滨经开区是龙门、关林、少林寺等精品旅游线路的首选中转旅游站点，具有发展文化旅游业的天然区位优势。

1. 配套设施逐步完善

旅游要发展，交通必先行。近年来伊滨经开区加大规划投入，以“内通外联”为目标，全力建设科学快捷的交通网络，目前已初步形成“9纵8横”的内部交通网。龙少快速通道、高铁大道、科技大道的贯通，二广高速“伊滨站”的建成投用，基本满足了伊滨经开区对接龙门、关林、白马寺、少林寺等核心旅游市场的需要。伊滨经开区还加快推进了旅游公交全覆盖计划，协调开通了公交线路20条，其中4条可直达景区。同时，加大了停车场的建设力度，新建、扩建停车场10个，基本缓解了游客停车难的问题。此外，伊滨经开区还完善了游客服务中心和住宿、餐饮服务等基础设施，新建了功能较完备的游客服务中心5个，满足了游客咨询、休憩等需求；扎实推进了旅游厕所革命，新建景区内公厕30座，服务旅游的市政公厕35座，从细微处优化了旅游环境。

2. 宣传推介成效显著

在通过传统方式宣传推介的基础上，伊滨经开区创新方式，放宽视野，围绕“洛阳近郊最佳文化生态旅游目的地”的宣传主题，积极整合全区宣传资源和资金力量，组织各景区参与省内外各类旅游宣传推介活动。投放认购各类广告宣传平台，重点参与了洛阳市旅发委谋划的央视广告投放、高铁广告投放、事件营销及重点城市推介活动，多层次、全方位开发客源市场，拓展旅游市场占有率，提升伊滨旅游的知名度。中央电视台农业农村频道“美丽中国乡村行”栏目组对倒盏村和豪泽国际郁金香花海欢乐城进行了专题拍摄，先后播出了“倒盏村的旅游致富路”和“伊滨花香美食趣味之旅”；伊滨经开区积极配合洛阳电视台完成“晒文旅家底游河洛大地”伊滨专场录制工作，通过“书记当导游”的独特视角，对伊滨区的历史文化、旅游资源和特色美食进行了全面推介，展示了伊滨经开区旅游的独特魅力。伊滨经开区所辖各景区还主动参与了第十五届中国国际文化产业博览交易会和第二届中原文化旅游产业博览会，充分展示了伊滨经开区文化旅游产业的发展成果，使辖区的旅游宣传推介跨上了新台阶。

3. 活动载体日益丰富

为积极拓展文旅市场，伊滨经开区成立了旅游产业发展联盟，整合伊滨经开区“吃、住、行、玩”各类旅游资源，将旅游精品进行捆绑，统一宣传，整体推介，有效推动了伊滨经开区旅游的包容性、可持续性发展。伊滨经开区还大力发展节会经济，在牡丹文化节和河洛文化旅游节期间及其他重大节日，各旅游景区特色活动精彩纷呈，2019 年豪泽荷兰郁金香文化节、万安山山顶公园登山节、倒盏村农民丰收节、七彩大峡谷冰挂嘉年华等特色旅游活动，极大地繁荣了伊滨经开区的旅游市场。

4. 市场秩序日趋完善

伊滨经开区建立了旅游综合监管机制，通过专项督查、交叉检查和明察暗访等形式，大力开展旅游市场秩序的专项整治；完善了投诉案件的受理、处理及转办制度，从而依法依规及时妥善处置旅客的相关诉求，切实维护了消费者的合法权益；加强了景区安全管理，在加大景区安全宣传教育的同时，深入开展了安全生产专项整治，狠抓消防、游乐设施、建设工程、旅游节庆等重点部位和关键环节的安全管理；伊滨经开区还开展了以“活力伊滨、诚信出游”为主题的诚信知识进景区活动，大力倡导文明旅游，努力形成旅游者文明出行、旅游企业诚实守信、旅游从业人员服务至诚的文明新风尚。

## 二　伊滨经开区文旅融合存在短板

文化是旅游的灵魂，旅游是文化的载体，实施文旅融合，不仅有助于促进洛阳旅游产业的发展，而且有利于提升河洛文化的软实力和影响力。2019年，伊滨经开区文旅融合工作取得了一定的进步，但从产业发展质量和整体效益上看，仍处于发展初期，制约文旅融合发展的深层次矛盾和问题依然存在。

第一，思想认识不太到位，文旅融合竞争意识不够强。伊滨经开区对文旅融合发展重要性的认识相对不足，对旅游产业与城市化、工业化进程以及美丽乡村建设的关联性缺乏高层次的研究，对其强大的关联带动作用认识也不够充分。文旅融合发展涉及文物、林业、耕地、环保、宗教、国土资源等诸多要素，但政府对此进行了分割化管理，直接导致文旅融合过程中遇到一定的体制性掣肘。哪怕是同一问题，不同部门出于不同的部门职责及不同的部门利益，其思考角度也有所不同，因此文旅融合发展过程中遇到认知冲突便在所难免。

第二，作为新开发的城市区，伊滨经开区的文化事业、文化产业和文化市场的基本态势尚未得到根本性改变。就文化事业而言，图书馆、文化馆、非遗中心等区级文化设施及相应的二级机构相对较少。就文化市场而言，执法人员较少，经费相对不足，市场监管难度较大。就文化产业而言，产业投资形势严峻，稳增长支撑不足、压力较大；文化企业竞争力还不够强，拿得出、叫得响的文化品牌有限；文化创意和设计服务类产业薄弱，具有核心竞争力的骨干文化企业相对缺乏，这些均不利于文旅融合的进一步发展。

第三，对旅游基础设施建设投入相对不足，配套设施相对滞后。伊滨经开区“吃、住、行、游、购、娱”等配套设施与洛阳其他行政区相比均有不足。全区还没有游客集散中心，知名品牌和特色文化的餐饮住宿类酒店少，旅游特色商品和旅游购物点相对缺乏，融入新技术的旅游信息化基础设施存在不足，由于缺乏相应的配套设施，文旅融合发展受到了一定限制。

第四，项目推进缺乏“龙头”，重点区块开发建设缓慢。虽然从整体来看，经过几年的努力，伊滨经开区文旅融合得到了一定的发展。但现在的各个景区，真正能在洛阳市叫得响的景区屈指可数，在河南省乃至全国有影响力的景区更是寥寥无几，这与伊滨经开区深厚的历史文化底蕴难以匹配。伊滨经开区具有较高历史价值的水泉石窟、洛南东汉帝陵，以及汉魏洛阳故城区域的太学、灵台等国宝级文物古迹，但这些都未开始启动保护性开发工作，直接导致伊滨经开区旅游名片难以真正地叫响，同时导致了伊滨经开区旅游业未能对当地经济社会发展起到综合带动的效应。

第五，旅游产品开发不够，二次消费有待提升。旅游产品结构较为单一，目前伊滨经开区总体处于较低层次的静态观光游，区域旅游整体层次有待开发，旅游文化内涵有待挖掘和增强，整体缺少核心吸引力，可深度体验项目较少，无法满足游客多样化旅游需求。文旅融合的种类虽多，但融合深度与广度均不太足，创新意识不够强。文化创意、高科技元素在文旅融合中的应用相对较少，产业链的纵向延伸不够充分，旅游产品、工艺品、艺术表演等转化为文化产品的能力相对有限，在一定程度上缺乏具有竞争力的融合精品产品。

第六，旅游资源整合不够充分，全域旅游的格局有待提升。全域旅游是将整个行政区域作为统一的旅游景区进行开发建设，目前伊滨经开区全域旅游发展的氛围还不够浓厚，政府主导作用发挥不够，有关部门和景区对发展全域旅游重要性的认识有待增强，前期筹划工作不太扎实。各景区仍处于各自为战、单打独斗的阶段，尚未形成联盟式合作发展局面，发展不太平衡。如万安山公司开发的山顶公园、七彩大峡谷，豪泽国际公司开发的郁金香花海，洛阳紫香园农业科技开发有限公司开发的薰衣草庄园，洛阳国亿园林公司开发的大宋名相园等，这些景区有的红红火火，有的步履蹒跚。有的旅游高峰期日接待游客达 10 万人次，有的日接待游客仅有几十人次。伊滨经开区目前宏观上缺乏有效的资源整合，没有做到优势互补，抱团发展。

第七，文旅融合发展人才储备不够，短期内仍存在资金缺乏情况。伊滨经开区人才外流现象较为严重，现有的人才数量和人才结构难以满足文旅融合的现实需求。由于缺乏高端复合型创意人才、市场营销人才、产品流通性及高级管理型人才，所以文旅融合发展的内生动力不足。再加上伊滨经开区发展资金有一定短缺，投融资力度亦有待加强，目前文旅融合发展的主要资金来自政府投入，民营资本介入较少，融资渠道较为单一，这制约了文旅融合的长远发展。

## 三　伊滨经开区文旅融合发展趋势与对策

2019 年，伊滨经开区在文旅融合发展中有成绩，也有不足，因此，应积极学习借鉴国内、省内先进地区的发展经验，大力推进文化、旅游和乡村三位一体融合发展，不断提升伊滨旅游的经济社会效果和文化内涵，从而使伊滨旅游在文旅融合中转型升级。

### （一）伊滨经开区文旅融合发展趋势展望

2020 年，伊滨经开区文旅融合发展迎来了极为重要的发展形势，主要表现为以下几点。

1. 新时代要求新发展

随着通信技术的发展，5G 时代悄然而至。党的十九届四中全会的决议中也指出数据已成为生产要素之一，目前文旅发展已进入数字文旅时代。5G、4K 等技术不断改变着游客的旅游方式，改变民众对文化旅游的固有认知，休闲游、养生游、研学游此起彼伏，自动化、数字化、智能化的发展，要求各景区更为重视媒体 + 文旅融合。

2. 新业态创造新资源

在 5G 时代，数字化业态必然打破传统文化旅游的边界，不断扩大文化旅游资源的范围和形式，因此数字化资源将在原有的自然资源、地理资源、人文资源、社会资源的基础上，成为文化旅游领域内的新战略资源。5G 技术将与人工智能、大数据等紧密结合，为各地文旅融合提供数字化转型赋能，此时新业态将创造新资源，而新资源将催生新业态，从而达到文旅融合的交替上升、螺旋发展。

3. 新技术带来新体验

在 5G 时代，5G + AI 景区导览会为游客提供专属服务，包括常看的、喜欢的和推荐前往的景点信息及配套交通食宿等；5G + AR 辅助讲解为不同类型的游客推送不同的讲解材料，游客每次游览都会有不同的感受；5G +

AI 游记助手会根据不同的游客类型输出不同风格的游记素材；5G 与语音技术结合，将为不同国家的游客在游览中提供多语种在线翻译服务；5G + VR 技术将帮助游客探寻历史遗迹背后的文化底蕴，产生新的体验。此外，5G 还可以促进各景区强化无感购票、自动指引、智能监控、安全防范、智慧餐厅、文物保护、景区运营等领域，打造全面完善的智慧旅游。

## （二）伊滨经开区文旅融合发展对策建议

1. 抛弃固有认识，明确文旅融合的新理念

思想是行动的先导，因此伊滨经开区要把理念融合放在首位，要从思想上高度重视文化和旅游的融合发展。首先，要树立以文促旅的理念。要深刻认识到，文化创意是旅游提升的重要载体，文化资源是旅游开发的重要资源，文化需求是旅游提升的主要推动力。要通过文化资源的开发、文化创意的应用、文化产品的创造，丰富旅游业态、提升旅游体验、拓展旅游空间。其次，要树立以旅促文的理念。要深刻认识到，旅游是文化建设的重要途径，是文化交流的重要平台，旅游的大力发展，能有力带动文化产业的发展和文化市场的繁荣。最后，要树立融合共生的理念。要深刻认识到，文化和旅游相互支撑、优势互补，只有相辅相成、和合共生，才能起到 1 + 1 > 2 的效果，才能形成新的发展点和新的增长极。

2. 整合资源优势，明确文旅融合的契合点

“山水相依、汉风宋韵”的伊滨经开区在历史文化资源方面具有一定的优势，目前的重点是各景区要摈弃过去各自为战、粗放发展的资源开发模式，伊滨经开区管委会要站位高远，综合考量，尽快确定文旅融合发展的总体定位和发展重点，对全区的文化旅游资源进行大范围梳理、大规模挖掘、深层次研究，找到独具伊滨经开区特色的文旅融合最佳契合点，统筹伊滨经开区的文化内涵与旅游功能，使文化和旅游从两张皮变为一盘棋，从简单看风景变为感受人文历史，从浅层的观光游变为深度的体验游，从而将文旅融合从浅层次的物理组合转向深层次的化学反应。

3. 加大文化投入，夯实文旅融合的基础

伊滨经开区要继续加大对文化建设的投入，积极筹划“客家之源纪念馆”开工建设，完善基层综合性文化中心的服务水平，提升城市书房和农家书屋的服务效能，组织开展各类阅读推广活动，巩固提升“15 分钟阅读文化圈”，从而完善城市文化的服务功能，增强伊滨经开区的文化魅力。此外，要加快文化产业发展，重点规划建设文化产业园区，通过引导培育，发展壮大龙头文化企业；通过利用非遗文化资源，提升文化旅游产品的竞争力；通过深化文化体制改革，实施文化精品工程，繁荣文艺创作，立足伊滨经开区深厚的历史文化和丰富的民间艺术资源，推出一批有高度、有力度、有温度的优秀文艺产品，丰富演艺市场；通过充分运用大数据、5G 等高新技术手段，以展现汉魏文化、唐宋文化、舞狮艺术、通背拳等为内容，努力推出一批独具原创性又极具观赏性的演艺产品。

4. 加强文化创新，发展文化旅游新业态

伊滨经开区应以突出游客的参与互动与休闲娱乐性为重点，大力开发各类体验式文化旅游产品，积极发展都市和乡村文化旅游的多种业态。一是以创意为根本，大力开发文化旅游辅助产品。加强文化旅游商品的开发，提高旅游商品的文化内涵和附加值；重点做好河洛方言、豫西习俗、洛阳地方小吃和民间工艺等非物质文化遗产的整理挖掘和产品转化，除建设非遗展示馆外，还可在重要景区内安排非物质文化遗产特别展示和展演，聘请高端文化创意团队，契合伊滨各种文化主题，高质量打造大型实景演出剧目。二是以创新为重点，积极发展多种旅游业态。伊滨经开区应借助区位优势，借力区域内的生态资源和文化资源，顺应城乡消费需求，将生态乡村文化与旅游相融合，发展多种旅游业态。在古村落保护较好的地区，应借鉴其他古村落开发保护的经验，在既有村容村貌基础上，依据资源禀赋赋予其他功能，增强游客的慢体验；在生态资源较强的地区，应以乡村田园观光、乡村节庆和民俗体验为主，开发建设乡愁村韵博物馆、农产品展示交易中心，打造集农业观光、农业科普、劳作体验于一体的深度体验游。在红色文化集中的地方，应以爱国主义教育、革命文化教育为重点，建造红色文化体验式场馆，利用

不同的资源开发不同的寓教于乐的体验项目。

5. 重视人才培养,培育旅游文化产业人才队伍

基于伊滨经开区旅游文化产业高素质人才不足的现状，管委会应加强与在洛有关高校合作，建立与文旅融合发展有关的科研机构与研究平台，为伊滨经开区加快推动文旅融合发展提供强有力的智力支持。与此同时，管委会应强化对既有旅游文化产业专业人才和管理人才的业务培训，不断增强其管理理念和创新思维，为推进伊滨经开区文旅融合发展提供必要的人才保障。

# 案 例 篇

Case Reports

# B.19 隋唐洛阳城国家历史文化公园建设研究报告

苗 菱*

**摘 要：** 隋唐洛阳城国家历史文化公园建设是“大运河文化带”建设的璀璨明珠，是着力打造华夏历史文明全景展示区、“大运河文化带”与“一带一路”融合创新区、经济文化生态协同发展示范区的重要抓手。本报告从隋唐洛阳城国家历史文化公园建设的历史渊源及背景分析出发，针对其凸显“天”字轴线、勾勒古都轮廓、彰显枢纽地位、展示里坊格局、注重民生改善等基本构想，提出在隋唐洛阳城国家历史文化公园建设过程中，通过准确把握总体定位确立总体及阶段目标、坚持规划先行科学布局空间结构、加大资金投入实施重点工程、

* 苗菱，中共洛阳市委党校马克思主义基础理论教研部副教授，主要研究方向为经济学、文化。

坚持以人为本践行文旅融合、成立与组建领导机构及运营平台完善推进机制等具体举措，积极探索历史文化保护与城市建设、旅游产业、民生改善融合发展的新思路、新途径，努力走出一条符合洛阳特色的新路子。

**关键词：** 隋唐洛阳城国家历史文化公园　“大运河文化带”　融合发展

洛阳自古以来位居天下之中、地处洛河之阳，是国务院首批公布的历史文化名城及著名古都，作为国家区域性中心城市、中原城市群副中心城市，同时也是丝绸之路的东方起点和隋唐大运河的中心。最早意义上的“中国”就是以洛阳为中心的河洛地区，先后有十三个王朝在此建都，其中，二里头夏都遗址、偃师商城遗址、东周王城遗址、汉魏洛阳故城遗址、隋唐洛阳城遗址等五大都城遗址沿洛河“一”字分布，形成“五都贯洛”的历史奇观，其规模之大、时间跨度之长、内涵之丰富，世所罕见。特别是隋唐洛阳城，在7～11世纪成为全国政治、经济和文化的中心，先后作为隋、唐、五代、北宋的都城或陪都，历时530年之久，见证了中国古代最为辉煌的一段历史。[①] 这些丰富的历史文化资源是中华民族历史文化遗产的重要代表，是增强城市综合实力的重要载体，是彰显洛阳古都地位的重要标志，是洛阳市经济社会发展的永恒优势。

## 一　隋唐洛阳城国家历史文化公园建设的历史渊源及背景

历史都城的留存和延续，是中国5000年文明的实物见证，是当代人了解中国历史，传承中华文明的重要窗口。隋唐洛阳城国家历史文化公园建设

① 本报告数据来源于洛阳历史文化保护利用发展集团有限公司（洛阳文保集团）、洛阳市文物局。

有着深厚的历史渊源及建设背景，这对于做好历史文化保护利用大事，扎实推进隋唐洛阳城和大运河保护利用工作，进一步地梳理思路、准确定位、找准路径，更好地把隋唐洛阳城和大运河遗址的保护利用工作做细、做深、做实奠定了坚实的基础。

## （一）历史渊源

公元605年，隋炀帝登临洛阳北邙翠云峰，向南遥指伊阙，下令将作大匠宇文恺主持营建东都，并以洛阳为中心开凿大运河。城址占地47平方公里，前直伊阙，背倚邙山，左瀍右涧，洛水贯穿其中，完美地结合了洛阳盆地的山川形胜。隋唐洛阳城主要由宫城、皇城、东城、含嘉仓城、郭城和城西的西苑组成。

1. 宫城与皇城

宫城与皇城位于都城西北处高亢之地，象征着天上北斗，尽显皇家威严。宫城是隋唐两代的东都皇宫，因象征天帝居所紫薇宫而得别名紫薇城，是皇帝布政、举行大典、接见外国使节和皇族宴饮起居之所在；皇城居宫城正南，北与宫城相接，平面呈东西向长方形，为文武百官处理政务的中央机关所在之地。

2. 东城与含嘉仓城

东城与含嘉仓城位于宫城和皇城之东，东城居南，含嘉仓城居北。含嘉仓城内由街道分为四个区：东北部和西南部为仓窖区，东南部为漕运码头，西北部为管理生活区。城内粮窖布列整齐，东西成排、南北成行，总数约400个，单窖储粮量大约25万公斤，仓窖内出土了大量窖藏粮食以及记载粮仓入仓数量、位置、管理官员等基本情况的铭文砖，见证了隋唐大运河曾经的繁盛和发展。

3. 郭城

郭城位于邙山南麓与伊河之间，约占城址面积的3/4，四面皆有城垣，外郭城有9门，隋代郭城周回52里，唐代郭城周回69里，洛河穿城而过将其分为洛北里坊、洛南里坊两个部分。据有关历史文献记载，隋代有3市

103 坊，唐代有 3 市 120 坊，象征天上星辰拱卫北斗，三市是贸易繁荣的商业区。各坊东西、南北大约 500 米，坊墙四面居中开门，坊内开十字街，分布着居民及官宦住宅、地方衙署、寺庙道观等，坊间道路纵横有序，形成棋盘式布局。

4. 西苑

据历史资料记载，隋西苑北依邙山，位于隋东都洛阳宫城之西，东北隅与东周王城为界，周一百二十余里。西苑周回十多里聚石为山、凿地为湖海，苑中有海曰“大海”，海内有蓬莱、方丈、瀛洲等诸山，高百余尺，山上分布有台观殿阁，山上的建筑均装有相关机械，能升降、起灭。海的北边建有龙鳞渠，渠面宽达二十步，屈曲周绕后入海，沿着龙鳞渠建有十六组建筑庭园，各庭院中都栽植名花异草及杨柳修竹，秋冬季节则装饰剪彩缀绫，院子内造有鱼池、亭台以及种植瓜果蔬菜、饲养家畜的园圃，每个庭院皆临渠开门，并在渠上架飞桥相通，非常壮丽。

## （二）建设背景

洛阳是国务院首批公布的历史文化名城和著名古都，自公元 605 年隋朝营建洛阳城，并以其为中心开凿大运河，在此后 500 多年的时间里，隋唐洛阳城一度成为全国政治、经济和文化的中心。历史延续到今天，作为我国现存隋唐时期保留最重要的帝国都城、最为完整的大型古代城市遗址，其城市规划、城市文明和文化影响力在世界同期文明发展史上具有非常突出的地位。

1. 国家的逐步重视

随着经济的发展，我国对文物工作进一步重视，特别是党的十八大以来，党中央、国务院高度重视历史文化保护利用工作，习近平总书记做出了一系列重要指示和批示。2014 年 3 月 27 日在巴黎联合国教科文组织总部，习近平主席做了演讲发言，他指出：“让收藏在博物馆里的文物、陈列在广阔大地上的遗产、书写在古籍里的文字都活起来，让中华文明同世界各国人民创造的丰富多彩的文明一道，为人类提供正确的精神指引和强大的精神动力。”[①] 2017 年 10 月 18 日，习近平总书记在党的十九大报告中指出：“推动文化事业和文化产业发展。……加强文物保护利用和文化遗产保护传承。”[②] 党的十九大之后，习近平总书记又多次专门就文物保护工作和“大运河文化带”建设工作做出重要指示，要求运河沿线的七个重要节点、枢纽城市，包括洛阳在内，要积极围绕着文化运河、生态运河、经济运河、社会运河等内容，不断推进大运河文化遗产的保护及利用。这些重要指示为我们历史文化保护利用事业指明了方向，提供了遵循。

2. 河南的文化高地构筑

河南历史悠久，文物众多，人文底蕴深厚，而洛阳是河南一张靓丽的文化名片。经过几十年的发展及积累，河南省第十次党代会明确提出了“加快构筑全国重要的文化高地”，支持洛阳建设“国际文化旅游名城”的目标任务。2017 年 2 月，国家《大运河文化保护传承利用规划纲要》正式印发，2017 年 5 月，时任河南省委书记谢伏瞻、省长陈润儿前来洛阳进行调研，提出要将 47 平方公里的隋唐洛阳城遗址规划建设为国家历史文化公园，实施整体保护。省委、省政府为此专门设立了大遗址保护展示专项资金，以重点支持隋唐洛阳城遗址的保护及利用。国家文物局的刘玉珠局长也表示，今后将进一步加大对隋唐洛阳城遗址保护的支持力度。隋唐洛阳城的保护与利用迎来了重大发展机遇。

3. 洛阳的持续努力

1987 年，洛阳编制了《洛阳历史文化名城保护规划》；1988 年，隋唐洛阳城成为全国重点文物保护单位；2006 年，洛阳编制了《隋唐洛阳城遗址保护总体规划》；2010 年，隋唐洛阳城成为首批国家考古遗址公园；2014 年，洛阳成为全国唯一的双申遗成功城市，其中，定鼎门遗址正式作为“丝绸之路：长安 天山廊道路网”的一部分被列入《世界文化遗产名录》，

① 习近平：《出席第三届核安全峰会并访问欧洲四国和联合国教科文组织总部、欧盟总部时的演讲》，人民出版社，2014，第 17 页。

② 习近平：《决胜全面建成小康社会　夺取新时代中国特色社会主义伟大时代——在中国共产党第十九次全国代表大会上的报告》，人民出版社，2017，第 43 ~ 44 页。

回洛仓及含嘉仓遗址作为中国大运河项目的组成部分被列入《世界文化遗产名录》；2017 年，开始规划建设隋唐洛阳城国家历史文化公园。近年来，在国家及河南省委、省政府的支持下，在洛阳的持续努力和多方配合下，隋唐洛阳城国家历史文化公园建设扎实推进。

## 二　隋唐洛阳城国家历史文化公园建设的基本构想

加快隋唐洛阳城国家历史文化公园规划建设，着力打造华夏历史文明全景展示区、大运河文化带与“一带一路”融合创新区、经济文化生态协同发展示范区，使其成为“大运河文化带”建设的一颗璀璨明珠，是进一步深入贯彻落实习近平总书记“大运河文化带”建设重要指示精神和党的十九大精神的具体行动，是洛阳打造带动全省发展新的增长极、加快建设中原城市群副中心城市的强有力支撑，更是洛阳厚植文化优势、打造国际文化旅游名城的重要抓手以及传承中华文脉、坚定文化自信的历史担当。

洛阳抢抓机遇、积极规划建设隋唐洛阳城国家历史文化公园，明确了规划建设的总体思路：准确把握“国家历史文化公园”总体定位，始终本着“统一规划、重在保护、适度利用、以人为本、彰显特色、统筹融合”的基本原则，着力将隋唐洛阳城打造成古代文明和现代文化交相辉映、历史文化特色鲜明的国际级文化矩阵，真正形成“历史隋唐、品质隋唐、生态隋唐、国际隋唐”。“统一规划”就是坚持全域梳理、全域规划、全域保护、全域利用，突出海上丝绸之路、陆上丝绸之路、大运河、万里茶道在洛阳交汇这一内容，对洛南洛北、城内城外进行统一规划，确保历史文化公园建设定位准、起点高、方向明确；“重在保护”就是坚持保护第一，将天堂、明堂、应天门、天街、定鼎门等一些应保必保的文物遗址保护好，最大限度地还原历史风貌；“适度利用”就是基于“遗址公园”的这一理念，适度开发、合理利用，避免功能单一以致形成纯展示性质的景区；“以人为本”就是按照“宜留则留、宜搬则搬、就近就便”的原则，对必保项目、恢复性工程和历史主路网区域的原住民予以搬迁，对留下的原住民进行有序整合、集中居住，并配套基础设施，更多地造福人民群众；“彰显特色”就是着眼于“唯一性”，在文化内涵、融合发展、展示方式上形成自身的特色，开创出一条大遗址保护的新路子；“统筹融合”就是将遗址保护利用、城市提质升级、居民生活改善、文旅产业发展等统筹安排、有机融合。通过科学谋划，实现“划城郭、明边界、分好类、定好位”的目标，隋唐洛阳城国家历史文化公园基本构想初步形成。

## （一）凸显“天”字轴线

隋唐洛阳城的规划选址，融合了周边山形水系，自“邙山上清宫—洛河—伊阙龙门”，依次排列共同构成了华丽大气、清晰开阔的都城轴线，隋唐洛阳城内，定鼎门、天街、天津桥、天枢、应天门、明堂、天堂、玄武门、龙光门南北纵贯，彰显了中国古代天人合一的城市规划理念。

目前，定鼎门、明堂、天堂和九洲池遗址（一期）保护展示工程已经建成开放，玄武门保护展示工程工作已启动（2020 年 3 月启动考古，9 月编制方案）。应天门（隋称则天门，宋称五凤楼）为宫城正门，一门三道，系以城门楼为主体，两侧辅以垛楼，向外伸出阙楼，其间以廊庑相连的巨大建筑群，是中国“天子三出阙”最高礼制文化的典型物证，遗址保护展示工程已经建成开放；天枢为武则天时期重要的标志建筑，北接端门，南通天津桥，计划修建以天枢为主题的文化广场，成为洛河北岸皇城区与南部里坊区的重要节点；天津桥遗址保护展示工程，拟进行原址保护，真实保存历史信息，再现“天津晓月”景观，凸显其历史价值，以期活化利用；天街一期保护展示工程将再现“天街小雨润如酥，草色遥看近却无”的美景，拟建设可供马车或电瓶车通行的林荫道，以划分和烘托天街的尺度感与壮阔的景观氛围，拟运用全息投影，再现天街往昔的恢宏格局与商贸繁荣。

## （二）勾勒古都轮廓

宫城、皇城、各处夹城、东城之城角、城门处，以及城墙、轴线与现代城市道路交叉处设立标志物，提示现代城市与隋唐洛阳城的位置关系。

局部保护展示外郭城北城墙；结合文博体育公园规划建设，局部保护展示外郭城西城墙；外郭城南城墙全长7.2公里，厚载门、定鼎门、长夏门南望伊阙，运用覆罩展示、地表标识、模拟展示等多种方式展示城墙、城门、护城河；外郭城东城墙全长7.3公里，永通门、建春门东眺嵩岳，净土寺位于建春门内，少年玄奘在此出家，并学法长达6年之久，这里是这位杰出的大唐高僧西天取经、开展中外文化交流的源头。登上王城大道快速路、古城快速路以及东环路，可将隋唐洛阳城外郭城城墙、城门、护城河尽收眼底，通过延续古都历史文脉来提升洛阳的城市品质和文化内涵。

### （三）彰显枢纽地位

洛阳不仅是隋唐大运河的中心，也是丝绸之路的东方起点。大运河和丝绸之路这两条闻名于世的文化廊道，勾连中国古代不同时期政治、经济以及文化的核心区域，是连南贯北、承东启西的交通大动脉，对中国历史和世界历史都产生了巨大和深远的影响。

汉唐时期的都城所在洛阳，在当时的丝绸之路开辟、发展和繁荣方面起到了至关重要的作用，洛阳也因此而确立了具有世界影响力的国际大都市的历史地位；隋唐大运河是支撑隋唐王朝命脉的超大规模水运工程，作为兴建起点和运河中心，隋唐洛阳城的“洛水贯都”模式在城市规划中首次将城市布局与国家漕运系统密切结合，成为中国古代城市发展史上城市格局与物流能力充分有机结合的范例；金在隋唐洛阳城的基址上修建中京，成为今天洛阳老城的前身；元、明、清三朝，洛阳皆为河南府治所在；300年前，“万里茶道”从中国的武夷山，途经武汉、洛阳、太原，向北一直到俄罗斯的圣彼得堡，纵贯中蒙俄三国，见证了中俄茶叶贸易的发展繁荣。洛阳将结合伊、洛、瀍、涧“四河同治”，谋划建设隋唐大运河主题文化公园，公园西起天津桥遗址，东至瀍河入洛口以东，以洛河为轴线，北至回洛仓遗址，南含南市遗址，突出洛阳大运河、海上丝绸之路、陆上丝绸之路、万里茶道四条文化走廊交汇的重要历史地位。

## （四）展示里坊格局

洛河南岸现存22平方公里的里坊遗址，是我国唯一具备成规模进行考古研究的大型里坊遗址，这也是我国目前为止保存最为完整、规模最大的里坊制遗址区，在中国古代都城考古领域具有不可替代的特殊地位，保护是首要任务，同时也为其历史文化的继续传承提供了重要前提。

依据总体保护规划和地下遗迹分布情况分坊谋划，确定里坊属于保护展示、村民安置和开发建设的不同类型。通过整体保护和综合整治，实现定鼎门、长夏门、厚载门、建春门、永通门五条大街格局清晰通畅；以明义坊为试点，结合聂泰路打通工程和聂湾美丽乡村建设，实施聂湾村整体征迁整治，集中安置聂湾村拆迁群众，展示里坊格局；以宁人坊、明教坊、南市、履道坊为重点保护展示里坊，将以地面模拟、局部复原等方式展示里坊内部格局。考虑到宁人坊、明教坊为丝绸之路世界文化遗产地的特殊性，坚持保护第一、最小干预原则，实施遗址的地面模拟和植被标识方式展示；结合“大运河文化带”建设，规划建设南市遗址公园；遵照保护规划，依据占补平衡、拆多建少的原则，搬迁龙门大道西侧的汽车市场，开发建设龙门大道东侧的正平坊，同时适当开发建设原师范学院地块的恭安坊等，发展文化旅游产业，完善基础设施，激活及优化业态，提升文化品位。

## （五）注重民生改善

自2003年起，洛阳城市建设跨过洛河向南发展，选择避开洛南里坊区，在遗址南部规划建设洛南新区。开放的隋唐遗址植物园、中国国花园、洛浦公园已经成为市民在绿色海洋中慢生活的空间，也是牡丹文化节期间的旅游热点。

在隋唐洛阳城国家历史文化公园建设规划中，宁人坊、明教坊和天街南段保护展示工程将清晰展示南北500米长的天街，街、坊、城墙、城门的空间关系，将进一步完善定鼎门遗址片区文化旅游、休闲游憩等功能设施，成为市民休闲的示范性公共文化空间；洛南里坊遗址区涉及安乐镇、李楼镇等共24个行政村、20995户居民。计划原地改造18个、整村改造6个，以实现村民安置点的合理布局和基础设施的全面改善。面积广阔的重要遗址保护区，将为发展都市休闲农业、打造美丽乡村注入新的生机，洛南里坊在展示方式、融合发展、文化内涵上必将形成自身特色，开辟出一条大遗址保护和民生改善融合发展的新路。

近年来，应天门遗址和“两坊一街”（即明教坊、宁人坊和天街南段）以及含嘉仓和回洛仓一期保护工程等3个项目率先建设完成；龙光门、贞观殿、玄武门、天津桥、天枢、天街、南城墙、北城墙局部、东城墙、西城墙局部、新潭码头、通济渠及隋唐运河公园、南市、净土寺及怀仁坊、白居易故居及履道坊、正平坊、明义坊、建春门大街、永通门大街、回洛仓二期及古运河示范段、隋唐大运河博物馆、隋唐洛阳城遗址博物馆、丝绸之路文化交流中心等27个项目陆续规划实施；同时，对龙门大道两侧、定鼎门和建春门周边等三个区域集中连片保护和建设，以实现规模效应。通过近期目标和远景规划的全面实施，以点带面，点面结合，实现隋唐洛阳城遗址的整体保护和全域利用。

## 三　洛阳在隋唐洛阳城国家历史文化公园建设过程中的探索与实践

长期以来，洛阳市委、市政府高度重视历史文化的保护以及利用工作，在隋唐洛阳城国家历史文化公园的规划与建设过程中，积极探索历史文化保护与城市建设、旅游产业、民生改善融合发展的新思路、新途径，努力走出一条符合洛阳特色的新路子。

### （一）准确把握总体定位，确立总体及阶段目标

洛阳准确把握“国家历史文化公园”的总体定位，按照“统一规划、重在保护、适度利用、以人为本、彰显特色、统筹融合”的基本原则，坚持“全域梳理、全域规划、全域保护、全域利用”，确保历史文化公园建设

起点高、定位准、方向明确，在文化内涵、展示方式、融合发展上走出一条历史文化保护的新路子，通过5～8年的时间，着力将隋唐洛阳城国家历史文化公园打造成古韵今风相得益彰的国际级文化项目，真正形成“历史隋唐、品质隋唐、生态隋唐、国际隋唐”。同时，在考古研究、保护传承、创新发展、传播交流等方面协同推进并取得重要成果，使具有洛阳特色、华夏气派、国际水准的文化产品更加丰富，国际文化旅游名城建设更为坚实，洛阳的国际影响力明显提升。

1. 谋划启动阶段

2017年底，完成项目前期工作，组织专项课题研究，坚持全域梳理，对47平方公里进行全域统一规划，谋划实施项目，开展课题研究，实施考古调查，编制具体项目规划方案。在启动阶段，河南省文物局、洛阳市人民政府于2017年10月12日高规格举办了隋唐洛阳城和大运河遗产保护利用规划座谈会，此次会议广泛邀请了国内文物保护、城市规划、建筑设计、旅游发展、文化产业等领域的知名专家24位，围绕建设“文化运河、生态运河、经济运河、社会运河”和“历史隋唐、品质隋唐、生态隋唐、国际隋唐”的定位，就大运河遗产保护利用以及科学编制隋唐洛阳城国家历史文化公园建设规划出谋划策、建言献策。

2. 推进实施阶段

计划用3～5年时间，按照“划城郭、明边界、分好类、定好位”的要求，规划建设一批重点保护展示项目。实施搬迁整治、路网改造、基础设施建设和重点保护展示工程。到2022年前，一批重大工程项目建成开放，隋唐洛阳城国家历史文化公园初具规模，主要建筑设施建成投入使用。

3. 完善提升阶段

隋唐洛阳城国家历史文化公园在全面建设时期，要在文化内涵、展示方式以及融合发展上形成自身独有特色，走出大遗址保护新路子。在完成重点保护展示项目的基础上，再用3年左右时间实现整体项目的完善提升。到2025年，最终实现遗址保护利用、居民生活改善、文旅产业发展、城市提质升级等融合发展。

### （二）坚持规划先行，科学布局空间结构

规划一直以来既是历史文化保护的先导，也是城乡建设的龙头。为了有效解决城市发展空间和历史文化保护的矛盾，洛阳始终坚持“规划先行”的理念，先后就“五大都城遗址”和“邙山陵墓群整体保护规划”进行了系统编制，从而形成了洛阳独有的城市规划布局和形态。20 世纪 90 年代以来，城市空间已经不能适应洛阳的经济社会发展需要，在东有汉魏故城遗址、北有邙山陵墓群的情况下，在洛阳的三期城市总体规划中选择了跨过洛河、跳出隋唐洛阳城遗址向南发展的新思路，这一思路是将隋唐城里坊区 23 平方公里遗址建成遗址公园保护起来，开创了在城市中心区黄金地段保有超大面积古遗址的范例，形成了以洛河为轴线南北对称发展的城市建设新格局。洛阳在第四期城市总体规划设计时，充分考虑汉魏故城遗址、东汉帝陵南兆域的保护，进一步提出跨过伊河，在城市东南方向探求发展空间的思路。经过历次城市总体规划修编，洛阳目前已经形成了自北部邙山—隋唐洛阳城宫城核心区—两坊一街—定鼎门遗址—龙门为主、纵贯南北的城市历史景观轴线和以洛河—伊河为主的东西拓展、南北对称的现代城市发展轴线。

2017 年，河南提出要规划建设国家历史文化公园，对隋唐洛阳城 47 平方公里遗址实施整体保护，河南省委、省政府专门设立了大遗址保护展示专项资金，强力支持对隋唐洛阳城遗址的保护和利用。随后，洛阳市委、市政府抢抓机遇，积极落实省委、省政府指示精神，成立了以市委主要领导任政委、市政府主要领导任指挥长的隋唐洛阳城国家历史文化公园建设及大运河遗产保护指挥部，统筹协调，积极推进隋唐洛阳城国家历史文化公园规划建设工作。通过一系列科学谋划、规划，隋唐洛阳城国家历史文化公园的空间结构初步规划形成，即“一区、一轴、一带、两片、三环”。

1. “一区”即宫城区

宫城是隋唐洛阳城的中枢地带，用地范围南北宽 1065 米，东西长 1055 米，面积约 1. 12 平方公里。现已恢复建设天堂、明堂、九洲池等部分遗迹。规划形成宫城遗址展示区和宫城环城公园两大功能体系，完整展示宫城遗

址，以城墙、城门系统重现展示还原宫城的完整格局。以宫城城墙遗址为界形成10～15米宽的步行环城公园大道，周边遗址保护绿地控制在20～50米宽，打造环宫城绿色廊道开敞空间。形成具有国际示范意义的独具特色的宫城考古遗址公园，同时作为隋唐文心与城市绿心服务于全城。

2. “一轴”即隋唐洛阳城的南北轴线区

该轴线南起伊阙，北抵邙山，全长19公里，其中都城段自城南定鼎门，贯穿里坊区、皇城及宫城区直抵城北龙光门，总长约7200米，是古代中国都城史上最为显赫的一条都城轴线。规划围绕文物保护与利用形成定鼎门、应天门、天堂和明堂三大功能节点，全面展现4000米长的天街，建设天街景观轴。恢复建设天津桥、天枢、应天门、贞观殿、玄武门等，在天街两侧建设隋唐洛阳城遗址博物馆等主体建筑，再现“邙山上清宫—宫城—天街—伊阙龙门”这一南北纵贯的隋唐都城轴线。

3. “一带”即隋唐大运河洛阳段历史文化景观带

隋唐大运河是以洛阳为枢纽的重要水运通道，隋唐洛阳城是大运河的兴建起点与中心。目前洛阳正在实施“四河同治、三渠联动”生态修复计划，其中，洛河、瀍河已完成部分治理任务，景观风貌显著提升。规划治理大运河水系，修复古代仓窖遗址，再现古代码头、漕运设施、天津桥等景观，打造滨水公共空间历史景观系统。沿洛河两岸建设中国隋唐大运河博物馆、运河公园、洛阳国际会展中心等重要公共设施，以洛河为展示带形成大运河文化核心示范区，进一步凸显洛阳在国家“一带一路”以及“大运河文化带”中的重要地位。

4. “两片”即洛北与洛南里坊片区

洛北片区主要包括隋唐皇城、宫城、里坊区和金元故城等，涉及老城、瀍河、西工三个城区，面积约21.86平方公里，人口30.28万；洛南里坊片区是中国目前格局最为完整、规模最大的里坊遗址区域，面积约27.44平方公里，包括了83座里坊遗址，现有村庄23个，人口5.95万。规划在洛北片区重点强化隋唐宫城格局整体保护与展示，形成宫城遗址公园；强化金元故城格局保护与展示，依托东、西南隅历史文化街区及其周边地带形成中心服务区；强化水系整治及隋唐里坊路网的空间展示，深化整体景观的历史文化内涵。洛南里坊片区以考古发掘成果为依据，全面展现隋唐里坊空间分布格局，将原有乡村纳入里坊系统，开展村庄整治与改造。深入挖掘里坊故事，延续里坊文脉，改善村庄环境，促进现代农业的发展，提高村民生活水平，使该区域成为新型里坊片区，突出展现隋唐文化，开展文化交流，拓展现代文化服务功能。

5. “三环”即隋唐洛阳城宫城、郭城和金元故城城墙环城公园

结合遗址保护分别建设宫城、郭城和金元故城三个城墙环城公园，完整展现隋唐洛阳城的空间格局，并体现隋唐洛阳城之后千余年来洛阳城市的变迁过程及历史景观特征。以环城公园强化隋唐洛阳城国家历史文化公园公共服务功能，实现历史文化价值的提升，促进以文化为导向的历史文化名城发展。

### （三）加大资金投入，实施重点工程

为修复城市区的历史环境风貌，洛阳积极推进大遗址保护利用项目，近年共计投资30多亿元，先后建成隋唐城遗址植物园、定鼎门遗址博物馆、明堂天堂景区、两坊一街、南城墙和西南角楼、九洲池景区（一期）等。一大批湮没于地下的遗址形象地展示在世人面前，缓解了古都洛阳“有说头、没看头”的问题，提高了城市的文化品位，大大增加了城市的人文景观，带动了洛阳旅游业的快速发展。目前，我市已出台了《隋唐洛阳城国家历史文化公园规划建设工作实施方案》，按照规划、保护、建设同步推进的理念，重点实施了“保护传承、活化利用、基础配套、民生融合、文史研究和规划提升”等六大重点工程，谋划实施重大项目40项。

1. 保护传承工程6项

保护传承工程包括应天门遗址保护展示项目、两坊一街保护展示项目、南城墙遗址保护展示项目、东城墙及建春门遗址保护展示项目、回洛仓和含嘉仓遗址保护展示提升项目、新潭遗址保护展示项目，概算总投资20亿元，主要由国家文物局及各级政府投资建设。其中，应天门、两坊一街、南城墙

等项目已陆续建成开放。应天门项目总投资6.5亿元，2016年10月启动施工，2019年9月13日已建成正式对外开放，同年成功申报国家4A级旅游景区。两坊一街项目总投资0.4亿元，2017年底开工建设，目前已经基本完工。南城墙项目总投资4亿元，西南角楼率先建设，城墙本体分段建设。

2. 活化利用工程16项

活化利用工程包括九洲池保护利用、应天门周边环境整治、宫城区征迁、宫城区南侧环境整治提升、天津桥遗址保护展示、履道坊白居易故居展示、天街北延、里坊区环境整治、隋唐大运河遗址博物馆、隋唐洛阳城遗址博物馆、博物馆研学旅游营地、三彩博物馆及三彩文创园区、市中心图书馆南侧文创园区、隋唐大运河文化带博物馆群落、滨河四坊、正平坊文化产业园等项目，概算投资180.3亿元，主要由洛阳文保集团和社会资本投资建设。其中，九洲池保护利用项目分为两期，总投资约9.8亿元。一期占地288亩，包含瑶光殿、九洲池体、金亭、银亭、管理用房等建设内容，目前已建成开放。二期项目占地近200亩，规划有寝宫酒店、望景台和商业街区等建筑和业态，2019年5月开工建设，目前正在配合完成土地置换后的移交，完成二期环境整治，同步谋划文物保护方案调整。应天门周边环境整治项目，主要围绕实现明堂、天堂、九洲池、应天门“四点一区”联通，由景点向景区转化，投资近10亿元对周边三个重要区域进行了征迁和绿化。里坊区环境整治项目总投资约20亿元，通过对北至洛南南岸，南至“两坊一街”北沿、西至天街东沿、东至龙门大道的洛南里坊遗址区域进行环境整治，修复天街周边环境风貌。目前已投入4.5亿元对宜人坊遗址区域的建筑物进行了拆除，区域占地462亩，征迁面积30万平方米，涉迁企业27家、村民142户。隋唐大运河文化博物馆项目总投资约5亿元，天津桥项目总投资2.5亿元，正平坊文化产业园项目总投资30亿元，相关工作均在有序推进。

3. 基础配套工程2项

基础配套工程包括隋唐洛阳城路网改造提升、运河历史景观修复项目，主要由市财政和文保集团投资建设。

4. 民生融合工程3项

民生融合工程包括村民安置和民生改善项目、城市风貌改造提升项目、城市历史景观轴线强化项目，主要由文保集团投资建设。洛南里坊安置方案已经成形，正在加快深化完善。

5. 文史研究工程5项

文史研究工程主要包括编制《洛阳隋唐大观》、举办世界古都论坛及丝绸之路文化交流中心等项目，对洛阳古都历史包括隋唐历史文化等的深度挖掘工作正在进行。

6. 规划提升工程8项

规划提升工程主要包括《隋唐洛阳城国家历史文化公园总体规划》、系统专项规划、基础配套规划等项目，为项目整体实施提供建设依据。其中《洛阳隋唐大观》已经成稿，《隋唐洛阳城国家历史文化公园总体规划》《隋唐洛阳城国家考古遗址公园规划》以及宫城区专项规划等已完成，并按照相关专题会要求正在深化完善。

总之，目前隋唐洛阳城国家历史文化公园建设正在加快实施，其目标就是在隋唐洛阳城国家历史文化公园建设中，以强化大遗址保护利用、探索保护开发新模式、创新遗址保护科技展示方式、实施一批文旅综合体项目为抓手，筑牢国家文物保护利用示范区创建基础。

## （四）坚持以人为本，践行文旅融合

随着经济社会的高速发展，历史文化名城在城镇化进程中或多或少都出现了诸如城市建设与文物保护发生矛盾，古城规划与业态规划不相匹配、文旅融合不足等问题。解决好保护与建设、利用与发展的相互关系，既要全力保护古城的格局及风貌，古建筑和遗址的原真，为后人留下宝贵的历史文化资源，又要保证古城持续稳定的发展，不断改善市民的生活环境，赋予古城新的生命力，实现历史文化、旅游休闲、特色产业、民生改善的深度融合。

城市的每一处历史文化资源都是要让人民群众共享的公共资源。遵循着这一理念，洛阳坚持把改善居民生活条件与历史文化保护结合起来，让大遗址保护的一系列成果惠及洛阳全体市民。在隋唐城宫城核心区的拆迁过程中，洛阳市委、市政府始终坚持把增加当地居民收入、扩大当地居民就业、改善他们的生产生活条件摆在首要位置。结合企事业单位改制，洛阳实施了隋唐城宫城核心区、隋唐城定鼎门遗址及里坊区的和谐拆迁整治，搬迁市国安集团、公交公司、印刷厂等34家企事业单位，拆迁面积累计20余万平方米，居民动迁1400余户，实现了全部妥善安置，拆迁户真正成了历史文化保护的受益者。

洛阳在让深埋洛阳地下的丰富历史文化资源活起来、动起来、用起来等方面进行了长期的努力与探索，在肯定成绩的同时，也清楚地认识到，在历史文化保护利用方面，还存在展示手段单一、业态植入不够、利用程度不足等问题，必须通过文旅深度融合的方式予以解决。近年来，省市出台了大量利好政策，为洛阳市国际文化旅游名城建设指引了方向，提供了遵循。2016年10月，河南省十次党代会明确提出"文化强省战略"，提出建设全国重要的文化高地，打造一批文化精品、文化品牌战略工程。同时确定洛阳发展的战略定位——"巩固洛阳中原城市群副中心城市地位，建设全国重要的国际文化旅游名城，形成带动全省经济发展新的增长极"。2017年9月24日，李亚书记在市委十一届四次全会第一次会议上强调，必须要推动文旅融合，走好融合发展之路，文化才更有生命力，旅游才更具竞争力。洛阳的历史文化资源要充分挖掘利用，文化旅游产业转型发展要加快推动，打造洛阳旅游"升级版"。要加快实现"旅游城市"向"城市旅游"的转变、"老三篇"向"新三篇"的转变、"门票经济"向"产业经济"的转变。其中，"新三篇"是洛阳文旅融合"三个转变"中最重要的抓手和最好解题点，是洛阳市建设国际文化旅游名城的最大助力。多年来，洛阳市旅游业一直靠龙门、关林、白马寺"老三篇"支撑门面，"有说头、没看头、有人头、没赚头"，"白天看庙、晚上睡觉"等发展困局依然存在，在推进国际文化旅游名城建设，特别是文旅融合过程中，还存在一些诸如文旅融合度不够、产品供给水平不高、综合效益不强等亟待解决的突出问题。基于当前存在问题，为了更好地促进文旅融合，加快推进洛阳"新三篇"，特别是隋唐洛阳城国家历史文化公园的规划建设，经河南省政府认可，洛阳市于2018年7月12日正式成立洛阳历史文化保护利用发展集团有限公司，注册资金100亿元，主要从事历史文化保护利用，重点是文旅融合工作。文保集团成立后，立即按照市委、市政府工作部署要求，克服了融资难、报批难、建设难等多重困难，加快推进项目，实施重大工程，积极投身历史文化保护利用和国际文化旅游名城建设事业。作为隋唐洛阳城国家历史文化公园的项目主体单位——洛阳文保集团积极对接国家文化科技创新服务联盟、北京大地风景、光大金控（中青旅股东）等国内一线的业态策划团队和运营团队，在项目规划初期统筹谋划文旅业态布局，尤其注重用现代科技手段对历史文化的展示和阐释，促进文旅深度融合。

### （五）成立与组建领导机构及运营平台，完善推进机制

为早日将隋唐洛阳城国家历史文化公园打造成为世界一流的大遗址保护范例和国际级的文旅融合示范区，为河南省加快构筑全国重要的文化高地、洛阳市建设华夏历史文明传承创新示范区和国际文化旅游名城做出应有的贡献，按照市委、市政府的工作部署和有关要求，洛阳实施了全方位的保障措施。

1. 成立领导机构

洛阳成立“大运河遗产保护和隋唐洛阳城国家历史文化公园建设指挥部”，市委主要领导任政委、指挥长和常务副指挥长，相关市领导任副指挥长，全面负责项目协调推进。指挥部下设“一办五组”，即指挥部办公室和规划设计、保护利用、征迁安置、史料课题、专家顾问等五个工作组。分管市领导兼任办公室主任，市政府分管副秘书长任办公室副主任，负责指挥部日常工作。规划设计组负责总体规划编制、规划审批工作。保护利用组负责文物保护、展示利用项目的策划和申报，文物保护、展示利用方案的编制，组织文物保护的实施。征迁安置组负责项目建设涉及区域的征迁安置工作。史料课题组负责项目有关历史文化资料的挖掘整理、开发利用。专家顾问组负责对项目规划建设提出意见建议和咨询服务。

2. 组建运营平台

组建隋唐洛阳城（洛阳历史文化遗址）保护展示利用投融资公司。以发扬和传承历史传统文化为核心，对隋唐洛阳城大遗址（洛阳历史文化遗址）全域及大运河、丝绸之路相关节点等进行保护、建设、管理和运营。公司性质为国有独资。投入资本 100 亿元。其中，争取中央专项资金 10 亿元，省财政划拨 15 亿元，市、区两级政府配套 5 亿元，共计约 30 亿元现金资产。剩余 70 亿元由市政府划入其他资产。首期认缴出资 3 亿元，其他资产自 2018 年起分 5 年注入到位。

3. 完善推进机制

建立工作例会、项目推进、督导考核等工作制度，推动重大项目加快实施。一是工作例会制度。原则上指挥部每月、指挥部办公室每周召开一次工作例会，听取各工作组工作汇报，讨论研究需要指挥部确定或指挥部办公室协调解决的有关事项。五个工作组根据工作需要召开会议，研究解决工作推进中的具体事项。指挥部办公室每周向市领导、有关部门和城市区印发一期工作推进情况和重大事项动态信息。二是项目推进制度。实行市级领导分包项目制度，各分包项目的市级领导要定期、不定期通过召开工作例会、组织现场办公等形式，及时协调处理项目建设中存在的各种问题。指挥部办公室负责及时将工作推进中遇到的大事要事、急事难事向指挥部报告，确保项目建设有序推进。同时，建立工作台账，明确每个项目的责任单位、责任人、开工日期、竣工时限等重要事项。三是督导考核制度。指挥部根据工作台账，对各工作组任务及分包项目推进情况进行督导考核，考核结果通过信息专报进行通报。重点工作、重大项目推进情况纳入责任单位年度考核目标。

“行看洛阳陌，光景丽天中。”隋唐洛阳城国家历史文化公园建设通过显轴线、圈城墙、理路网、安民居、兴产业等举措，让老祖宗留下的宝贵遗产重见天日，成为千年帝都的城市记忆、世界级的大遗址保护利用品牌；将划出隋唐洛阳城保护利用的底线，列出鼓励进入的产业清单，保护固态、传承活态、发展业态，为洛阳建设国际文化旅游名城、为河南构筑全国文化高地做出新的贡献！

# B.20
# 洛阳二里头夏都遗址博物馆建设研究报告

苏珊影*

**摘　要：** 二里头夏都遗址博物馆因开馆时间较短，尚处于起步阶段，还有许多需要提升的空间：配套设施有待完善，互动体验有待提升，文化传播能力有限，文化消费有待挖掘。本报告建议深入挖掘馆藏内涵，讲好二里头故事；提升观众参观体验，改进服务质量；充分利用高科技手段，推动智慧博物馆建设；选优配强人才队伍，建设专业文化团队；建设文脉传承新地标，实现文化惠民；研发优质文创产品，打造文创品牌。

**关键词：** 二里头夏都遗址博物馆　二里头文化　文化传承　文化惠民

1959年5月16日，中国科学院考古研究所研究员徐旭生先生以历史文献为线索率队寻找“夏墟”，在踏查河南登封、禹州、巩义、偃师等地后，最终在河南偃师一带发现二里头遗址，由此拉开了探索夏文化的序幕。60多年来，在几代考古人持续、艰苦的发掘研究工作基础上，形成了我们今天对于二里头遗址的全面认识——迄今为止可确认的中国最早的王国都城遗址。它的发现对研究中华文明的渊源、国家的兴起、城市的起源、王都建设、王宫定制等重大问题都具有重要的参考价值。为了进一步保护和传承二

* 苏珊影，中共洛阳市委党校科研处助教，硕士，研究方向为河洛文化、中国传统文化。

里头遗址，科学有效地展示“华夏第一王都”的丰富内涵，国家建设投资约6.3亿元人民币，建设二里头夏都遗址博物馆。2019年10月19日建成开放，受到了社会各界的广泛关注。

## 一　二里头夏都遗址博物馆的价值意义

二里头遗址地处洛阳盆地东部，背依邙山，南望嵩岳，沿古洛河北岸呈西北至东南方向分布，其中心区位于遗址东南部高地。遗址范围包括偃师市翟镇镇二里头、圪垱头、四角楼和北许四个村，东西最长约2400米，南北最宽约1900米，现存面积约300万平方米。[①] 遗址上最为丰富的文化遗存属二里头文化，其年代距今3800～3500年，是经考古学与历史文献学考证的最早王朝——夏朝的都城遗存，是同时期规模最大的都城遗址。目前，考古工作已持续60多年，累计发掘面积达4万多平方米，取得了一系列重要考古成果。

1963年、1988年，二里头遗址先后被公布为河南省第一批文物保护单位和全国第三批重点文物保护单位，2006年、2011年、2016年，二里头遗址分别被列入国家大遗址保护“十一五”“十二五”“十三五”专项规划，是中华文明探源工程首批重点六大都邑之一。

### （一）二里头遗址的历史价值

作为二里头文化的核心载体，二里头遗址被学术界誉为“最早的中国”，在研究中国早期国家和文明形态方面，具有无可替代的重大学术价值。在二里头遗址中，学者发现了众多中国乃至东亚之“最”：最早的城市主干道网——“井”字形大道，最早的双轮车车辙，最早的中轴线布局的宫室建筑群，最早的宫城——“紫禁城”，最早的官营手工作坊区，最早的

① 《二里头遗址的规模》，洛阳市文物局网站，http：//www.lywwj.gov.cn/bencandy.php？fid＝125&id＝13929。

铸铜作坊和绿松石器制造作坊，最早的青铜礼器群，等等，充分显示了二里头文化的“王朝气象”，成为探索中国早期文明和国家起源、夏文化、夏商王朝纪年及分界的关键性证据。60余年的发现和研究向世人揭示了二里头遗址以大型夯土建筑为代表的、有着明确规划且发达成熟的宫室制度，以中国最早的青铜礼器群、玉质礼器群和绿松石龙形器等遗物为代表的器用制度，以贵族墓葬为代表的墓葬制度，以专门祭祀区域和祭祀遗存为代表的祭祀制度。这些王朝礼仪制度，共同揭示了王朝国家的诞生过程，展现了中国古代政治文明的发达程度。众多的研究成果表明，二里头所在的中原腹地在与周边文化长期交流互动中相互促进、取长补短、兼收并蓄，最终凝聚出成熟的文明形态，率先进入王朝文明阶段。“史无前例的都城规划性、庞大化与大范围的文化辐射构成其最重要的特征。”[①] 从二里头开始，中国历史由“多元化”的邦国时代进入到“一体化”的王国时代。以二里头遗址为代表的二里头文化，是距今3800～3500年中国乃至东亚地区最早的“核心文化”、最早的广域王权国家。2018年5月28日，历时15年的“中华文明探源工程”在国务院新闻办举办“中华文明起源与早期发展综合研究”成果发布会[②]，会上指出，距今3800年前后，中原地区形成了更为成熟的文明形态（即二里头文化），并向四方辐射文化影响力，成为中华文明总进程的核心与引领者。二里头时代以二里头文化为核心的社会整合与制度建设，通过商周王朝扩展与分封达到制度化，奠定了古代“中国”的基础。[③]

### （二）二里头夏都遗址博物馆的建设意义

考古遗址是探寻历史真实、传承文化记忆的重要载体。然而，从大众的角度来看，遗址中墓葬、灰坑等考古遗迹遗物的解读专业性较强，文化地

---

① 赵海涛、许宏：《中华文明总进程的核心与引领者：二里头文化的历史位置》，《南方文物》2019年第2期。

② 《考古实证：中华文明五千年!》，《人民日报》2018年5月29日。

③ 赵海涛、许宏：《中华文明总进程的核心与引领者：二里头文化的历史位置》，《南方文物》2019年第2期。

层、文化堆积等考古名词过于抽象，对于普通民众而言，晦涩而难懂。保护文化遗址的目的在于传承，如果一项重大的考古发掘，不能通过恰当的研究展示传达给民众，那么它的历史意义和文化价值将大打折扣。1959 年，徐旭生先生在河南偃师一带发现了二里头遗址，经过 60 多年的发掘与研究，学者们在中华文明的起源、王国的兴起等与中华文明发展有关的重大学术问题上取得了丰硕的研究成果，确认了二里头遗址的重大价值。然而，学术上的丰碑与民众间的陌生形成了鲜明的对比，二里头考古遗址可视效果一般，在广大民众心里，二里头文化的价值意义还是一个较为遥远而模糊的概念。

习近平总书记指出："要系统梳理传统文化资源，让收藏在禁宫里的文物、陈列在广阔大地上的遗产、书写在古籍里的文字都活起来。"① 博物馆为公众提供了近距离接触第一手材料的机会和各具特色的学习资源，是重要的社会文化教育资产。考古遗址博物馆是传播和展示考古遗址的主要方式，也是让二里头文化在民众心中活起来的重要推手。建设二里头夏都遗址博物馆，充分利用和展示二里头遗址的重大价值，一方面能够推动二里头遗址考古发掘、整理、研究和展示工作，促进国内外文明与国家起源领域的学术交流，另一方面能够教育鼓舞群众，使文物保护成果造福民众，弘扬优秀传统文化，增强国家文化影响力。建立二里头夏都遗址博物馆，展示二里头遗址中发现的重要文物，可以让民众直观地领略二里头遗址出土文物的精美；带领民众走进二里头考古遗址现场，可以让民众知晓文物背后的故事；对二里头遗址中各个专业而深奥的历史遗迹进行专业的解读，可以将 3800 年前祖先绚丽的生活图景展现在民众眼前，让民众理解二里头文化在中华文明起源中的重要意义，提升民族文化自信心，激发爱国主义情怀。正如国家文物局党组书记、局长刘玉珠所言："二里头夏都遗址博物馆的建立，有利于阐释早期中国形成历程，让公众更好地认知了解中华文明悠久历史，是向世界展示中国源远流长、绵延不断历史的力证。"②

---

① 《习近平谈治国理政》，外文出版社，2014，第 161 页。

② 《二里头夏都遗址博物馆开馆》，《人民日报》2019 年 10 月 20 日。

## 二　二里头夏都遗址博物馆的基本情况

二里头夏都遗址博物馆是国家“十三五”重大文化工程项目，是由中国社会科学院考古研究所与洛阳市政府共建、共管的专题遗址类博物馆，集中展示夏文化、二里头遗址考古成果、夏文化探索历程、夏商周断代工程和中华文明探源工程成果。馆址位于河南省洛阳市偃师市翟镇镇二里头村，二里头遗址以南300米处，占地面积约16.4万平方米（246亩），总建筑面积3.2万平方米。整体设计上，博物馆分为地上三层和地下一层，地上层分为展陈区、办公研究区（包括早期中国研究中心）、库房技术区和文教区4个部分，地下层主要是设备用房等。

2001年4月，时任河南省省长李克强专程到二里头遗址调研，并指出：“二里头遗址是河南的名牌，是中国的名牌，要充分利用这个名牌，来提高河南乃至中国的知名度。”他指示有关部门要高度重视二里头遗址的保护、展示、利用工作。[①] 2016年3月，二里头遗址博物馆被列入国家“十三五”规划纲要中的重大文化建设项目，2017年6月11日，二里头遗址博物馆奠基，李克强总理再次批示：“希望进一步加强大遗址和文物保护工作，认真做好二里头遗址科学规划和馆藏设施建设，依托现代科技和信息技术，更好地发挥博物馆的典藏、保护、研究、教育等功能，让珍贵的文化遗产世代传承，以更好弘扬中华民族优秀传统文化，促进社会进步和文明发展。”[②] 2017年9月2日，二里头遗址博物馆正式动工建设，2019年10月19日，建成开放。此外，距离博物馆不足2公里的二里头考古遗址公园也同期建设完成，占地1045.8亩，园内对二里头时期的古洛河景观模拟复原，并拔高复原展示宫城城墙、宫殿建筑基址群、绿松石作坊遗址、铸铜作坊遗址、祭

---

① 《“最早的中国”二里头遗址博物馆奠基　李克强总理专门批示》，环球网，https://www.sohu.com/a/147963064_162522。

② 《“最早的中国”二里头遗址博物馆奠基　李克强总理专门批示》，环球网，https://www.sohu.com/a/147963064_162522。

祀遗址等考古遗址，现与二里头夏都遗址博物馆一同开放。

二里头夏都遗址博物馆整体建筑为钢框架结构，总高度22.9米。外观设计以“华夏之源最早中国”为基本理念，融入“钥匙”“盘龙”“铜爵”“玉璋”等多种二里头元素。博物馆的整体设计以二里头所处的洛河台地为灵感，中央高、四周低，中央隆起的台地象征中心王国，博物馆犹如台地上的宫殿。博物馆屋顶平面从高空俯瞰，形似一把“钥匙”，象征着二里头文明是开启中华文明的一把钥匙。整个博物馆的建筑外形宛如一条盘旋的龙，中央大厅位于最高处，隐喻了方形的龙头，体现了二里头在早期中国研究中的独特地位。主入口庭院的形制与遗址一号宫殿相同，位于建筑南端。中央大厅的铜屋顶呈喇叭状，自下向上张开，设计仿照出土的“青铜爵”造型。博物馆的中上部包括整个屋面为做旧的紫铜，外立面采用22983块铜板覆盖，整个建筑如同一座“破土”而出的宫殿，寓意“最早的中国”诞生。外围下部及内部局部的装修工艺采用全手工夯土墙，是目前世界上最大的单体夯土建筑，共使用夯土4000立方米。室外广场以“农业文明的国家”为主题，设计大面积草坪，结合起伏地形，运用路面铺设的表面凹凸不平的小砖和青砖，以及适量的灌木、乔木和模仿麦浪效果的芒草，呈现出像水稻田、麦田一样的“井字格”田垄效果，象征农耕文明。①

二里头夏都遗址博物馆依托二里头遗址而建，汇集了二里头遗址自1959年发现以来考古发掘研究成果的精华。博物馆共展出文物2000多件，主要包括60余年来二里头遗址考古发掘出土的文物、二里头文化区内重要遗址出土文物，以及在夏商周断代、中华文明探源两大学术研究工程开展过程中留下的文字、图像资料等。② 藏品类型涵盖青铜器、陶器、玉器、绿松石器、骨角牙器、石器、蚌器、高等级贵族墓葬套箱、动物骨骼标本、植物种子碳化标本等，在数量和质量上都形成规模和体系。

目前设置五个基本陈列展厅，陈展面积约6206平方米，以实物展示为

---

① 赵晓军等：《华夏第一王都——二里头夏都遗址博物馆基本陈列巡礼》，《中国文物报》2020年3月27日。

② 《二里头夏都遗址博物馆开馆》，《人民日报》2019年10月20日。

主要陈展方式，辅以图版、沙盘、浮雕、互动游戏、VR体验、模拟展示、视频播放等多种展陈形式，内容包括“第一王朝”“赫赫夏都”“世纪探索”三部分，系统展示了夏代历史、二里头遗址考古成果、夏文化探索历程、夏商周断代工程和中华文明探源工程的研究成果。①

### （一）“第一王朝”（含序厅）

序厅以“光辉肇始、王朝开端、拨云见日、宏基华夏”主题雕塑为起始，追求史诗般的宏大氛围，着重表现二里头遗址在夏王朝考古探索历程中的重要地位。顶部设计巨耒造型，构成空间的发散性和向心性，暗喻二里头文化的吸收与辐射，同时营造序厅王朝气象的仪式空间。

“第一王朝”位于第一展厅，为二里头夏都遗址博物馆基本陈列的第一部分，分别由“茫茫禹迹，九州攸同”“赐土命氏，祚以天下”“夷夏东西，夏道兴衰”三个单元组成。这一展厅选取了王城岗遗址、禹会村遗址、肖家屋脊遗址、新砦遗址、灰嘴遗址、王湾遗址、瓦店遗址、偃师商城遗址和二里头遗址等一系列与探索夏文化密切相关的遗址，并节选《史记》《竹书纪年》等历史文献，运用“二重证据法”，使地下文物和地上文献相结合，科学、系统地揭示了夏王朝的发展脉络及历史意义，强调了夏王朝在中国历史上的地位。

### （二）“赫赫夏都”

“赫赫夏都”由“国之大事”“建中立极”“回望大都”“厥土生民”“巍巍华夏”五个单元组成，位于第二、三、四展厅，为二里头夏都遗址博物馆基本陈列的第二部分。

“国之大事”单元采用正副两条展线的方式展示。《左传·成公十三年》云“国之大事，在祀与戎”，此单元正线围绕着二里头文化时期祭祀与战争这两件大事，集中展现了夏代的祭祀文化、酒文化、乐文化、鼎文化、玉文

① 《二里头夏都遗址博物馆开馆》，《人民日报》2019年10月20日。

化、墓葬制度和兵器制度，陈列上则使用了二里头遗址历年出土的青铜、玉、绿松石、陶、石等精品器物。国宝级文物乳钉纹青铜爵、网格纹青铜鼎、镶嵌绿松石兽面铜牌饰、青玉牙璋、七孔玉刀、被誉为“中国第一龙”的绿松石龙形器均在此展出。副线则以考古大事记的方式，展现了二里头遗址科学发掘60余年来的主要成就。

“建中立极”单元主要以二里头文化的自然动植物遗存、城市遗迹和手工业为主体，全面展示夏王朝晚期都城的环境、地理、城市布局、国家结构与生产风貌。

“回望大都”单元以城市考古和聚落考古为知识背景，充分运用大屏多媒体数字技术演示二里头遗址的兴废与功能分区，使观众对二里头遗址及其时代背景有一个全面而深刻的认知。

“厥土生民”单元从二里头遗址出土的骨角牙蚌陶器出发，结合围绕二里头遗址的各等级聚落遗存，较为全面地展现了夏代都城地区人民生产生活的图景。

“巍巍华夏”单元讲述了以二里头遗址为代表的二里头文化在极短时间内吸收各区域的文明元素，以中原文化为依托，首次突破了地理单元的制约，向四方强力扩张、辐射文化影响力，成为中华文明总进程的核心与引领者。

### （三）世纪探索

“世纪探索”位于第五展厅，为二里头夏都遗址博物馆基本陈列的第三部分，由两个单元“学术殿堂”和“断代探源”组成。该厅采用雕像、多媒体、采访视频播放、图文介绍等多种形式，主要介绍了夏文化探索历程中六位先驱顾颉刚、徐旭生、赵芝荃、夏鼐、安金槐、邹衡的简要生平及其关于夏文化的重要学术观点。同时，以夏商周断代工程和中华文明探源工程两大国家学术工程为主线，向观众详细讲述了两大工程的成果及其中有关夏文化研究的内容，这也是国内首次对两大工程概况与成果的集中展示。

2019年12月9日，二里头夏都遗址博物馆基本陈列入选“2009～2019博苑撷英——全国博物馆陈列艺术成果交流展”；2020年4月，入选2019

年度河南省优秀陈列展览精品推介活动，成功参与申报全国博物馆十大陈列展览精品推介活动。“华夏第一王都——二里头夏都遗址博物馆基本陈列”已成为研究展示夏文化、传播中华文明的重要阵地与窗口。

## （四）特展

开馆之际，除基本陈列展外，二里头夏都遗址博物馆还举办了两个特展“鼎盛中华——中国鼎文化特展”“璋显中国——中华牙璋文物特展”，取得了较好的社会反响。

“鼎盛中华——中国鼎文化特展”汇集了来自故宫博物院、中国社会科学院考古研究所、北京大学赛克勒考古与艺术博物馆等 19 家单位的共 118 件（套）珍贵文物。突出展现了集唯一性、代表性、历史性、艺术性于一身的器物——“鼎”的历史发展轨迹，彰显了鼎在中国历史发展进程中形成的深厚的文化和时代内涵。

“璋显中国——中华牙璋文物特展”汇聚了来自四川、辽宁、山东、湖北、陕西和河南 6 个省份 9 家单位的 60 余件珍贵文物。牙璋，是中国古代玉器在整个东亚分布最为广泛的器类之一，也是二里头文化对外传播的重要媒介。该展览向公众充分展示了牙璋文化在中国不同历史时期的作用、发展、分布、传播历程及意义，展现了牙璋作为玉礼器重要的文化符号作用和广泛的影响辐射力，见证了新石器时代至青铜时代地域间和国家间的重要文化交流。

二里头夏都遗址博物馆现为全国大遗址保护、展示和利用示范区，中国早期国家形成和发展研究展示中心，夏商周断代工程和中华文明探源工程研究与展示基地。① 目前，河南省文物局将推进二里头遗址申遗工作的前期工作列为 2020 年重点工作，洛阳市文物局正在与中国社会科学院考古研究所二里头工作队、偃师市等单位开展合作，收集筛选相关基础考古材料、二里

① 赵晓军等：《华夏第一王都——二里头夏都遗址博物馆基本陈列巡礼》，《中国文物报》2020 年 3 月 27 日。

头地形图及测绘图等资料，为编制申遗文本奠定基础。争取尽快编制好申遗文本，早日列入《中国世界遗产预备名单》，进而向联合国教科文组织申报世界遗产。①

## 三　二里头夏都遗址博物馆建设中存在的问题

在各级政府机构、干部群众、国内外专家和民众的关注与支持下，二里头夏都遗址博物馆顺利开馆，成为河洛大地上一处新的文化地标。关注二里头夏都遗址博物馆建设与发展中存在的问题，有利于我们了解博物馆的现状与不足，针对问题改进服务质量，提升服务品质，助推洛阳市“东方博物馆之都”建设。

### （一）配套设施有待完善

由于二里头夏都遗址博物馆开馆时间不长，尚处于起步阶段，在讲解服务、交通、餐饮等配套设施以及周边环境上尚有待进一步协调和完善。例如，从讲解服务来看，目前博物馆设置了传统文字讲解、每日两场讲解员定时免费讲解、人工收费中英文讲解、语音讲解器（E 导览智慧导览系统），但因客流量过大，讲解员日均讲解 40 批次，仍未能全面满足观众需求。从交通条件来看，二里头夏都遗址博物馆位于偃师市翟镇镇古城快速路北，远离洛阳市区，公共交通条件亟待改善。洛阳市区龙门站方向仅有 910 路公交车可直达二里头夏都遗址博物馆，偃师方向 7 路和 11 路公交车可到达二里头夏都遗址博物馆附近，但距博物馆还有一定距离，给市民和外地游客的参观带来不便。从配套设施来看，博物馆位于偃师翟镇镇，远离洛阳市、偃师市核心地带，周边缺乏餐饮等配套设施，博物馆内只有一家“夏博茶咖”提供饮品、糕点等简易食品，观众参观时无法就近找到合适的餐

① 《二里头遗址启动申遗前期工作》，国家文物局网站，http：//www.ncha.gov.cn/art/2020/2/29/art_1027_158980.html。

饮场所，直接限制了观众在博物馆的参观时间，往往不会超过半天，影响了观众参观之余舒适、愉悦的休闲体验，也给同步参观二里头遗址公园的游客造成不便。

## （二）互动体验有待提升

目前，二里头夏都遗址博物馆在陈列布展时，虽然已有意识地采用图版、沙盘、浮雕、互动游戏、VR 体验、模拟展示、视频播放等多种展陈形式，但传统朴实的展台展览、文字展板所占比重较大，文物介绍集中于物品的名称、年代、出土信息等，学术性较强。二里头文化意义重大，但年代相隔较远，文物信息较为晦涩难懂，缺乏相关知识背景的观众在参观时容易与展品产生距离感，如果没有专业的讲解，人们参观时往往只能走马观花，匆匆浏览，无法深入理解和感受文物的价值内涵。通过声音、光影、电子、数字技术使观众身临其境地体验历史文化的发展进程，更容易对历史发展和文化价值有深刻的领悟。随着科技的发展，观众在参观过程中对互动体验的需求逐渐升高，更好地利用现代科技进一步增加互动环节，用接地气的语言传达二里头的价值，提升博物馆参观的趣味性，使观众更直观地参与体验夏代先民的日常生活和国家大事，是二里头夏都遗址博物馆目前仍须探索的课题。

## （三）文化传播能力有限

二里头夏都遗址博物馆起点高，平台好，然而远离市中心的地理位置和公共交通状况在一定程度上限制了二里头夏都遗址博物馆的文化辐射范围。目前，博物馆主要以陈列展示的形式与观众进行文化交流，受博物馆场地和开放时间的限制较大，文化传播能力和受众都十分有限，影响了二里头文化的传播效果和辐射范围，不能更好地实现博物馆建设的初衷。同时，交通状况也限制了二里头夏都遗址博物馆与洛阳市博物馆、洛阳民俗博物馆、洛阳古代艺术博物馆的交流合作，不易形成合力、共同助推洛阳市文旅事业的发展。

### （四）文化消费有待挖掘

二里头夏都遗址博物馆作为国家级博物馆，承担着传承二里头文化的社会职能，在国家推行博物馆免费开放政策的环境下，面临着诸多机遇与挑战。二里头夏都遗址博物馆为正县级全供事业单位，资金主要依靠财政拨款，虽然短期内不存在资金问题，但如果不能挖掘文化消费市场，实现经济效益与社会效益的统一，易出现公立博物馆普遍面临的资金问题，阻碍其融入洛阳市经济社会的发展。目前，二里头夏都遗址博物馆内的消费场所，仅有两家，一家为提供下午茶餐点的“夏博茶咖”，一家为“洛阳礼物·二里头夏都遗址博物馆文创商店”，盈利空间有限。在文创产品的开发方面，与洛阳旅发集团下的洛阳礼物研究院合作，取得初步成果。围绕二里头文化元素设计研发相关系列产品300多款，主要有镶嵌绿松石铜牌饰、绿松石龙形器等6大系列。“绿松石系列文创产品”，从二里头出土绿松石铜器中汲取灵感，产品形式多样，涉及绿松石首饰、绿松石真皮女包、绿松石香囊、绿松石书签、绿松石香囊、绿松石系列钥匙扣等，在2018年首届中原文创精品大赛中获得金奖，取得了较好的社会评价。截至12月底，产品销售额达50多万元，创造了一定的经济收益。但从总体来看，文创产品品种仍有较大的开发空间，尚处于起步阶段，销量有限，文化消费市场有待进一步开拓。

## 四　推进二里头夏都遗址博物馆建设的对策建议

二里头夏都遗址博物馆以二里头遗址近4000年的文化积淀，成为展示华夏第一王都的平台，持续推进二里头夏都遗址博物馆建设，讲好二里头故事，对于彰显中华文化自信、传播河洛文化、增辉华夏历史文明传承创新区均具有重要意义。

### （一）深入挖掘馆藏内涵，讲好二里头故事

二里头夏都遗址博物馆的建设，不仅仅是为了保护二里头遗址出土的文

物，更是要萃取文物身上承载的文明精华，讲述早期中国的历史，传递祖先的精神与文化。因而，深挖博物馆自身的文化底蕴，始终是博物馆建设工作的第一要务。

陈列展览的科学性直接影响到二里头文化的有效输出和人们对博物馆的参观兴趣。要利用馆藏优势，进一步做好遗址和文物的整理、研究和梳理等基础工作，不断挖掘藏品内涵，完善展陈内容，丰富展陈手段，通过高水平策展将二里头文化精髓传递给民众，激发民众共情，提高博物馆的核心竞争力。积极采取多种形式、多种途径，与专家学者深入合作，推动对二里头遗址的综合性和专题性研究。2019 年恰逢二里头遗址发现 60 年，在二里头夏都遗址博物馆开馆之际，同期举办了第二届世界古都论坛暨纪念二里头遗址科学发掘 60 周年国际学术研讨会。大会共汇聚了全球 20 多个国家及中国港台地区的专家学者，为古都建设建言献策，并围绕二里头遗址及相关问题研究，展开了深入交流和探讨，取得了良好的学术效果。[①] 在充分展示二里头遗址价值的基础上，进一步联合中国社会科学院考古研究所二里头工作队，进行遗址的保护与研究，助推二里头遗址考古工作，深入挖掘新的内涵和价值。及时更新二里头遗址的最新考古发现和科研成果，制作宣传栏、宣传板，调整更新基本陈列，使公众可以及时了解二里头遗址发掘工作的最新进展和成果。深入挖掘二里头文化蕴含的重大历史、文化和科学等价值，将二里头遗址的内涵、价值、意义以普通民众喜闻乐见的形式传播出去。传统的文物知识介绍学术性较强，晦涩难懂，要主动挖掘博物馆严肃文化中内在的娱乐性，用通俗化的传播语言和平民化的风格使博物馆更加“接地气”，例如采用历史故事、历史动画、历史影像等灵活多样、趣味性强的方式输出知识点，引起观众的兴趣，使二里头文化更易被大众接受和吸收。开发易读性强、生动性好的读物和影像作品，讲好二里头故事，真正让历史会说话，让文物活起来，让优秀传统文化融入当代社会。深化多学科、全方位合作，建

① 《第二届世界古都论坛暨纪念二里头遗址科学发掘 60 周年国际学术研讨会在洛阳开幕》，国家文物局网站，http：//www. ncha. gov. cn/art/2019/10/20/art_ 722_ 157114. html。

立系统、科学的文物保护、展示、利用和价值传播方案，与国内外的博物馆、文化馆、高校等同类单位互动合作，例如举办高质量特展，联合更广泛的社会力量向公众提供公益文化服务。强化博物馆管理，提升策展水平，改进观展体验，充分发挥二里头夏都遗址博物馆的公共文化服务和社会教育功能，为公众提供具有历史文化魅力的精神食粮。

## （二）提升观众参观体验，改进服务质量

博物馆承担着丰富民众精神文化生活的社会功能，是社会文化和教育事业的重要组成部分。因而，现代博物馆不能仅以藏品为中心，更要以观众为中心，始终以提升观众参观体验为目标，提升服务水平。

完善配套设施，提供多样讲解服务。二里头夏都遗址博物馆开馆以来，观众结构和参观目的更加多元化，对于讲解的需求较大。建议未来细分观众需求，开发 App、微信语音导览，综合运用文字、声音、图像，提供更加多样化的讲解服务，方便观众进行深度、个性化的参观。完善公共交通设施。建议开辟高铁站、机场直达二里头夏都遗址博物馆的交通专线，并根据客流量及时调整班次，专线上配备博物馆介绍视频或讲解员，满足自由行游客的多样化需求。完善休闲、娱乐场所，开发包含文化信息的饮品、简餐，在提升观众休闲体验的同时，输出文化信息。

注重观众意见反馈。除了传统的留言簿外，开展观众问卷调查、访谈、跟踪式调查，利用官方微博、微信进行公众调查、互动问答。建设智慧博物馆，进行大数据分析，始终将观众的参观体验放在第一位。

## （三）充分利用高科技手段，推动智慧博物馆建设

信息化时代的到来正改变着人类生活的各个领域。高新技术的发展为博物馆的信息化和智慧化提供了技术支撑，也为博物馆的发展与创新带来新的机遇与挑战。以服务为导向，积极运用最新的信息化技术成果，建立以观众服务为核心的智慧服务系统，将人工智能（AI）、物联网、云计算等技术运用到文物的保护与展示方面，打造数字博物馆、智慧博物馆，更好地完善博

物馆服务系统，发挥社会公共服务作用，提升民众的参观体验。

建立数据采集系统，收集二里头夏都遗址博物馆的观众流量数据、参观喜好数据、馆内外环境数据、文物属性指标数据等，对数据进行采集、处理、分析与应用，直观地了解博物馆的优势与不足，有针对性地调整服务、管理模式，实现博物馆的智能化管理。例如，利用官方网站、微信公众号互联网平台，进一步推动参观预约制，实时更新博物馆接待人数，避免观众集聚，影响参观体验。疫情期间恢复开馆后，二里头夏都遗址博物馆通过官网、微信公众号、官方微博实行限额预约参观，积累了宝贵的实践经验。为观众提供个性化服务，利用大数据分析观众的游览习惯、偏好，为观众规划参观线路，提供参观前指导服务，参观过程中关注观众体验，主动收集观众的反馈与诉求，改进服务质量。

在现有的展陈形式基础上，进一步利用现代科技手段增加互动环节，采用更加生动、便于理解的形式讲解文物信息，提升博物馆陈列展览的艺术性和趣味性。例如利用三维动画及虚拟现实（VR）技术，展示二里头夏都遗址博物馆及馆藏文物的历史，使参观者身临其境，实现沉浸式互动体验。在展厅中设置同主题的多媒体查询系统，方面民众自由查询展览中涉及的历史知识。设置趣味知识问答系统、3D 投影系统、虚拟复原系统，给参观者视觉、听觉、触觉的多种互动体验。传统及高科技手段交融，视觉与体验交织，科学、立体、全面地呈现内涵丰厚而宏大的二里头文化。

依托互联网平台，拓宽宣传渠道，精心建设二里头夏都遗址博物馆官方网站、微信公众号、官方微博，积极与抖音、快手等新媒体平台合作，将馆藏重要文物数字化，在官方网站、社交平台、社交软件、智能终端等网络工具上展示，打破线上线下的限制，拓展二里头夏都遗址博物馆的文化传播范围和传播对象，使更多的民众足不出户便能享受到二里头夏都遗址博物馆提供的文化服务，更高效更广泛地实现博物馆的文化传播职能。

目前，二里头夏都遗址博物馆积极推动智慧化博物馆建设，已完成了智慧语音导览和智慧门禁系统。为了增强博物馆文化传播的广度和深度，扩大文化影响力，二里头夏都遗址博物馆正在加快数字化工程，博物馆的数字化建设已被列入洛阳市重点项目，下一步将着重开发建设。采用VR技术对展馆场景及展馆内文物进行数字化展示，使未到现场的网络用户，可如身临其境般虚拟游览。2020年疫情防控期间，二里头夏都遗址博物馆制作了网上展厅，基本展览第一部分《第一王朝》及两个临展《鼎盛中华——中国鼎文化特展》《璋显中国——中华牙璋文物特展》网上展厅上线，方便文博爱好者足不出户“云游”博物馆。在抖音、一直播、沃视频、斗鱼、快手以及虎牙App等媒体平台上开展5G直播活动，弥补观众不能亲临博物馆参观的遗憾。此外，博物馆还推出了网上社教课、线上公益直播课等活动，以数字化建设这种最前沿的科技技术、最丰富多彩的表现形式来讲好二里头故事，助推“东方博物馆之都”的建设，为日后由传统展览逐渐步入智慧化展览积累了经验，为洛阳市博物馆数字化平台的搭建开辟了崭新路径。未来，建议二里头夏都遗址博物馆继续建设数字展厅，对标数字化，利用5G技术、虚拟技术、全息影像技术等先进技术手段，充分展现华夏第一王都的辉煌气象和文物价值。

### （四）选优配强人才队伍，建设专业文化团队

习近平总书记强调，人才是第一资源。专业化的管理者和技术人才是博物馆事业发展的核心。文物研究、策展需要专家型人才，博物馆管理需要管理型人才，文创产品开发需要创新型人才，新时代建设好二里头夏都遗址博物馆需要构建高层次、系统化、现代化的博物馆人才管理体系，建设高素质、专业化的文化团队。

建立完善的经营机制，完善人事制度、薪酬制度、职称评定制度、创新奖励制度、展厅管理制度、仓库管理制度，通过体制机制引进高素养人才，培养专业化队伍，创新调动文化服务团队的工作热情。制定标准，执行标准化的服务程序、服务承诺、服务言行，增强服务意识，改进服务作风，提升服务能力，提高服务效能。完善绩效考评制度，将绩效与服务质量、文化创新挂钩，调动人才的积极性与创新意识。重视人才培养，针对不同岗位人员分别开展有关现代管理能力、组织策划能力、科研能力、公共服务能力、创

新能力等核心职业素养的培训，引入人才、留住人才。建立人才培养的长效机制，打造一支专业、敬业的文化服务团队，为观众提供高质量的文化服务。

优秀的博物馆志愿者是博物馆服务的重要组成部分。深入宣传和普及志愿服务的理念和精神，吸引更多的公众踊跃成为志愿者。加强志愿者的服务技能培训，打造高素养、专业性强的志愿者服务队伍。扎实开展专业水平高、趣味性强的志愿服务活动。

### （五）建设文脉传承新地标，深入文化惠民

“人民对美好生活的向往，就是我们的奋斗目标。”坚持以人民为中心的发展理念，始终把社会效益放在首位，发挥二里头夏都遗址博物馆深厚的文物资源优势，把文物资源优势转化为社会服务优势，为民众提供多样化、多层次的文化服务。目前，二里头夏都遗址博物馆积极组织开展研学、社会教育、志愿者活动。开辟夏博学堂，邀请专家学者在“博物馆讲堂”进行多次免费讲座。组织宣教人员参加“河南省公益研学课程培训”，策划各类研学课程，开发了面向中小学生设计的“二里头贵族小夏的一天”“华夏第一王朝”等一系列优质研学课程，文物填色、陶泥制作等形式多样的趣味体验活动，形成了系统的研学方案，每日接待研学学生近千人次，已成功举办“根在河洛——探寻最早的中国”公益研学行、“大黄河研（游）学旅行”启动仪式等。春节期间，举办“豫见夏埙——二里头新年古埙音乐会”，开展“我在夏博过大年春节系列活动”，得到了民众的一致认可。疫情期间，联合洛阳市多家博物馆共同推出“云游东方博物馆之都”系列线上公益直播课程。下一步，应继续发挥馆藏优势，宣传二里头文化，增强民众众对家乡历史文化的自豪感及保护文物古迹的意识。利用二里头遗址的价值和二里头夏都遗址博物馆的文化输出，打造洛阳文脉传承的新地标。多手段促进文旅融合，扩大二里头文化影响力、拓宽博物馆发展空间，形成特色教育、旅游品牌。加强馆际之间的联系，加大与洛阳市博物馆、龙门石窟等重要文化资源的合作。由上级部门牵头，挖掘、整理洛阳市历史文化教育资

源，编制推介古都一体化研学、旅游、互动考古体验旅游线路，形成整体包装策划方案，统一对外宣传推广，打造一批能够体现河洛文化特色，融教育性、趣味性于一体，符合新时代教育、文化需求的研学、旅游产品，提升二里头夏都遗址博物馆的社会影响力，打造国际文化旅游名城。激发二里头夏都遗址博物馆的发展动力，统筹处理好文物保护、文化传承与旅游业、文化产业、服务业发展的关系，把文物保护与经济发展、人民生活改善结合在一起，真正实现文化惠民。

### （六）研发优质文创产品，打造文创品牌

2016 年文化部、国家发展和改革委员会、财政部、国家文物局联合发布的《关于推动文化文物单位文化创意产品开发的若干意见的通知》提出，要充分调动文化文物单位积极性，发挥各类市场主体作用，加强文化资源梳理与共享，提升文化创意产品开发水平，完善文化创意产品营销体系，加强文化创意品牌建设和保护，促进文化创意产品开发的跨界融合。[①]

找准创新方向与应用模式，利用二里头夏都遗址博物馆藏品的造型、工艺、知名度开发相关文创产品。突出创新思维，坚持原创，避免同质化，开发能够突出体现二里头文化特色的文创产品。深挖二里头文化内涵，在文创产品中注入历史文化信息，讲出每件产品背后的故事与寓意，在实现商业收益的同时向消费者传达更多正确的历史文化知识。将文化元素与人们的实际生活对接，注重文创产品的实用性。通过市场调研了解市场需求，区分产品线，开发不同类型和价位的文创产品。运用现代营销手段和先进的互联网络，线上线下并重，拓宽销售渠道，扩大销售规模。打破地域和行业界限，与图书出版、影视制作等多种传媒手段跨界合作，打造二里头文创品牌。通过增强博物馆自身的造血能力，为博物馆带来流量和收益，让二里头夏都遗址博物馆走向良性发展，实现社会效益与经济效益的统一。

---

① 国务院办公厅转发文化部等部门《关于推动文化文物单位文化创意产品开发若干意见的通知》，http：//www. gov. cn/zhengce/content/2016 -05/16/content_ 5073722. htm。

## 结 语

二里头夏都遗址博物馆的建设能否很好地展示遗址的内涵和价值，能否持续良好运营、开放，能否融入当地经济、社会发展，促进人民生活水平的提高，对于二里头夏都遗址博物馆和古都洛阳的传播和发展都具有非常重大的意义。在文旅融合的大背景下，如何盘活历史文化遗存，通过二里头夏都遗址博物馆的影响力和辐射力提升洛阳整个城市的文化品质和旅游品质，如何充分利用古都洛阳现有的旅游平台拓展二里头夏都遗址博物馆的文化影响力和辐射力，打造文旅核心展示区，推动洛阳副中心城市建设，是未来很长一段时间，我们必须深入思考的课题。

### 参考文献

［1］赵光付、杨全：《博物馆建设项目前期工作的若干思考——以二里头遗址博物馆筹建为中心》，《洛阳考古》2019 年第 1 期。

［2］赵海涛、许宏、王振祥、孙慧男、卜莹莹：《二里头遗址发现 60 年的回顾、反思与展望》，《中原文物》2019 年第 4 期。

［3］许宏：《二里头遗址发掘和研究的回顾与思考》，《考古》2004 年第 11 期。

# 大　事　记

**Memorabilia**

## B.21
## 2019年洛阳文化大事记

余　洁*

### 1月

**1月5日**　2019年《己亥年》特种邮票洛阳发行仪式暨“洛阳集邮文化高校行”活动在河南科技大学举行，本轮邮票由著名艺术家韩美林大师设计创作。

**1月6日**　第五届中国诗歌春晚·书香洛阳专场诗歌朗诵会在洛阳理工学院举行。

**1月8日**　洛阳市文化广电和旅游局正式挂牌成立。

**1月9日**　洛阳市教育局公布省、市“李芳式的好老师”名单，洛阳共有63名教师获此称号。

---

* 余洁，中共洛阳市委党校教师，硕士，研究方向为城市社会学。

**1 月 11 日**　2018 年“河南好人榜”发布仪式在郑州举行，洛阳 5 人榜上有名，至此，洛阳共有 38 人入选“河南好人榜”。

**1 月 12 日**　“春满中原·老家河南”主题系列活动在郑州启动，以洛阳博物馆镇馆之宝为依托研发的“东方博物馆之都”系列文创产品收获好评。

**1 月 13 日**　第三届“杰出工程师”颁奖典礼在北京人民大会堂举行，中钢集团洛阳耐火材料研究院有限公司党委书记、院长李红霞被授予“杰出工程师奖”，洛阳中硅高科技有限公司总经理万烨被授予“杰出工程师青年奖”。

**1 月 16 日**　2018 年度全国十大考古新发现评选初评活动正式启动，全国共有 34 个项目参加角逐，洛阳 3 个项目入围，分别是：隋唐洛阳城宁人坊与定鼎门街遗址、西工区纱厂路西汉大墓、栾川龙泉 2 号洞旧石器时代遗址。

**1 月 17 日**　2018 年全国“扫黄打非”先进集体和先进个人名单公布，洛阳“扫黄打非”工作领导小组办公室获先进集体称号。

**1 月 19 日**　2018 年度中国石油和化工行业十大新闻暨影响力人物发布盛典在北京举行，中国工程院院士、黎明化工研究院（位于洛阳市王城大道）原院长李俊贤获评“2018 年度全行业影响力人物”。

**1 月 28 日**　2018 年洛阳市重点民生实事完成情况文化体育专场新闻发布会召开，会议公布：2018 年全市共组织惠民演出 535 场，完成率 101%；放映公益电影 38548 场，完成率 110%；中心城区小游园项目建设共完成 50 处；建成河洛书苑城市书房 106 座，超出原定计划 76 座。

**1 月**　河南省文化和旅游厅认定 30 家景区为全省智慧景区建设先进单位，洛阳龙门石窟、老君山、白云山、鸡冠洞、重渡沟、黛眉山、龙潭大峡谷、天河大峡谷等 8 家景区入选。

**1 月**　中国生态文化协会在海南为全国 128 个村授予“全国生态文化村”荣誉称号，河南省共有 6 个村获此殊荣，洛阳市新安县龙潭沟村榜上有名。

**1 月** 洛阳作家唐益舟创作的长篇小说《火烧红椿寺》由团结出版社出版，这是他继《凤凰鸟》《伊水秋声》之后的第三部长篇小说力作。

**1 月** 洛阳作家赵宏欣创作的反映社会非法集资问题的现实主义长篇小说《救赎》由河南人民出版社出版，全书分 38 章，共 34 万余字。

**1 月** 河南省政府公布第三届河南省重点文化产业园区和重点文化企业名单，洛阳日报报业集团荣获“河南省重点文化企业”称号，成为全省地市报社（报业集团）和洛阳文化企业中唯一连续三届获此殊荣的单位。

## 2月

**2 月 15 日** 2018 年学雷锋志愿服务“四个 100”先进典型名单公示，洛阳市 3 个集体榜上有名，分别是：汝阳县人民法院“法官村长”志愿服务队、河南科技大学第一附属医院博士志愿服务队和洛龙区开元路街道定鼎门社区。

**2 月 26 日** 河南省首部结核病防治公益微电影《三剑客“核”心行动》在河南科技大学开机拍摄。

**2 月 27 日** 河南省总工会第十五届委员会第二次全体会议召开，洛阳市总工会获得“省工会工作先进集体”“省劳模助力脱贫攻坚工作先进单位”“省城市困难职工解困脱困工作先进单位”“省基层工会组织建设先进单位”等多项荣誉。

**2 月 28 日** 全国爱国卫生运动委员会发布《关于 2018 年国家卫生城市（区）和国家卫生县城（乡镇）复审结果的通报》，洛阳获得“国家卫生城市”称号，这是洛阳自 2007 年获得“国家卫生城市”称号以来，连续 3 次顺利通过“国家卫生城市”复审。

**2 月** 2019 年春节假期，洛阳共接待市民和境内外来洛游客 292.62 万人次，同比增长 11.56%；旅游总收入约 18.62 亿元，同比增长 17.33%。

**2 月** 《中国志愿》杂志以《弘扬志愿精神　传播古都文明——记活跃在河南省洛阳博物馆里的志愿者们》为题，报道洛阳博物馆志愿者团队的故事，这是洛阳的优秀志愿者第二次登上《中国志愿》杂志。

**2 月** 河南当代歌曲创作精品工程“听见中国听见你”2018 年度优秀歌曲推选活动结果揭晓，洛阳报送的《跨越百年》《再唱编花篮》《美丽中国》3 首歌曲榜上有名。

## 3月

**3 月 1 日** 2018 年度河南考古新发现论坛在郑州举行，洛阳市栾川龙泉洞旧石器时代遗址和汉魏洛阳城北魏宫城及其周边附属建筑遗址两个项目入选 2018 年度河南五大考古新发现。

**3 月 1 日** 洛阳市委书记李亚带队调研大运河文化带保护利用及城建重点项目建设工作，与有关部门负责同志探讨遗产保护与活化展示相关问题。

**3 月 1 日** 全国妇联发布关于表彰全国城乡妇女岗位建功先进集体、先进个人的决定，洛阳市公安局治安和出入境管理支队出入境管理大队等 7 个集体获评全国巾帼文明岗，李红霞等 3 人获评全国巾帼建功标兵，洛阳市妇联婚姻家庭指导服务中心获评全国巾帼建功先进集体。

**3 月 7 日** “脱贫路上的巾帼追梦人”风采展在洛阳广播电视台举办，来自洛阳各行各业的优秀妇女代表及先进集体受到表彰。

**3 月 8 日** 第 20 届宜阳灵山文化庙会隆重开幕，本届庙会以“千年古刹·文化传承”为主题，为游客奉上为期 10 天的文化盛宴。

**3 月 15 日** 国家文物局副局长胡冰一行来洛调研、指导文物保护、大遗址保护展示利用和中国—中东欧国家文化遗产论坛筹备工作，河南省文物局局长田凯、副局长郑小玲，洛阳市副市长魏险峰等参加调研。

**3 月 18 日** 中央宣传部、财政部、文化和旅游部、国家文物局联合发布《革命文物保护利用片区分县名单（第一批）》，全国共计 15 个片区、645 个县入选，洛阳市新安县和孟津县入选。

**3 月 23 日** 由洛阳博物馆、呼伦贝尔民族博物院和大同市博物馆共同策划的“融合之路——拓跋鲜卑与华夏文明的交融”文物展在洛阳博物馆开展，展出近400件陶器、瓷器、骨器、石器等珍贵文物。

**3月26日**　阿里巴巴天天正能量发布《2018天天正能量年度公益报告》，洛阳榜上有名，获评省级正能量城市。

**3月26日**　2019“大美中国、走进洛阳”中部地区交通广播记者采风活动正式启动，来自河北、湖北等9省的40家交通媒体齐聚洛阳，共同助力第37届中国洛阳牡丹文化节。

**3月26日**　伊川县表彰2018年度伊川县“新时代好少年”，为史宇轩等10名“新时代好少年”颁发荣誉证书和奖品。

**3月29日**　2018“感动中原”十大年度人物揭晓，中国工程院院士、黎明化工研究院原院长、总工程师李俊贤榜上有名。

**3月31日**　洛阳市图书馆新馆开馆，新馆占地面积71亩，总建筑面积近3.2万平方米，设计藏书容量200余万册，阅览座席2400个。

**3月31日**　截至3月31日20时，在抖音，“跟着抖音逛洛阳”话题发布视频总数1300余条，总播放量超过4300万次，点赞和评论数超过400万，洛邑古城、上阳宫等具有古风特色的景点备受网友追捧。

**3月**　吕九卿主编的《洛阳民国碑刻》（第四卷）由线装书局出版发行，全书共分为六卷，内容包括洛阳市范围内民国时期的各类碑刻，填补了河南省民国时期碑刻类图书空白。

## 4月

**4月1日**　第37届中国洛阳牡丹文化节赏花启动仪式在中国国花园举行，全市赏花游园活动拉开帷幕。

**4月2日**　第37届中国洛阳牡丹文化节“国色天香·河洛欢歌”广场文化狂欢月活动在周王城广场开幕。

**4月2日**　国家文物局副局长关强一行来洛，调研二里头遗址博物馆等项目进展及第二届世界古都论坛暨纪念二里头遗址科学发掘60周年学术研讨会筹备情况。

**4 月 2 日**　第 37 届中国洛阳牡丹文化节新闻发布会在郑州举行，河南省人民政府副秘书长黄东升致发布词，洛阳市市长刘宛康介绍了洛阳市情况和本届牡丹文化节重点活动。

**4 月 2 日**　由深圳少年儿童图书馆、洛阳市少年儿童图书馆等 39 家省市图书馆共同举办的 2019 华润怡宝杯“我最喜爱的童书”阅读推广活动在洛阳启动，“我最喜爱的童书”30 强提名榜单产生。

**4 月 3 日**　牡丹宴之约·2019 中国洛阳首届牡丹诗词艺术节启动，本次活动以“牡丹花城　诗意洛阳”为主题，展示洛阳“书香花香辉映、诗和远方同行”的独特魅力。

**4 月 4 日**　《人民日报》专版刊发《花开新时代　出彩新征程》一文，充分肯定洛阳以花为媒，借助牡丹文化节舞台，使经济、社会、文化等各领域取得长足发展的“洛阳经验”。

**4 月 5 日**　“邮票上的新中国”——庆祝中华人民共和国成立 70 周年专题图片展在八路军驻洛办事处纪念馆开展。

**4 月 5 日**　庆祝新中国成立 70 周年——第 37 届中国洛阳牡丹文化节“国色天香”书画展在洛阳市文化馆开展。

**4 月 8 日**　“丝路花语——2019 全国书画名家作品邀请展”在洛阳师范学院开展。

**4 月 9 日**　国家文物局局长刘玉珠带领调研组来洛，就洛阳文物保护及大遗址保护展示利用工作进行调研。

**4 月 9 日**　《新洛阳报》旧址纪念馆暨洛阳新闻博物馆建成开馆。

**4 月 10 日**　由河南省政府主办，省文化和旅游厅、洛阳市政府承办的第 37 届中国洛阳牡丹文化节在隋唐洛阳城定鼎门遗址广场隆重开幕，本届牡丹文化节以“国色天香　献礼华诞”为主题，热烈庆祝新中国成立 70 周年。

**4 月 10 日**　第二届中国—中东欧国家文化遗产论坛，在隋唐洛阳城国家考古遗址公园天堂明堂举行。来自中东欧 11 个国家及中国的文化遗产保护利用领域的专家齐聚洛阳，分享文化遗产保护与城市发展互促共荣经验。

**4 月 10 日**　“牡丹之约”——2019 第十一届全国牡丹画精品展在洛阳

美术馆开展。

**4月11日** 2019洛阳烟云涧青铜文化节在伊川县葛寨镇青铜文化小镇隆重开幕。

**4月12日** 《光明日报》刊发文章《河南洛阳：书房满城　花香飘远》。

**4月12日** 首届“洛阳牡丹飞花大会”在隋唐洛阳城国家遗址公园天堂明堂景区举行。

**4月12日** 第37届中国洛阳牡丹文化节文化惠民系列主体活动之一——第三届河洛文化大集开集仪式在洛邑古城举行，大集汇聚国内外的150多家文创企业，展示新时代文化旅游产业成果。

**4月13日** 二程理学思想当代价值高峰论坛在洛阳市嵩县举行，国内50多位儒学专家云集嵩县，研讨二程理学思想当代价值。

**4月13日** “牡丹杯”2019年河南省集邮展览在洛阳博物馆举行，该展览是2019年牡丹文化节文化惠民系列活动中的一项，也是中国2009世界邮展十周年纪念活动。

**4月15日** 第五届魏碑圣地·全国魏碑、隶书临创书法大赛（含在校大中学生）颁奖暨作品展览开幕式在偃师市张海书法艺术馆举行。

**4月16日** 历时5天的第三届河洛文化大集在洛邑古城落幕，本届大集共吸引中外游客近15万人次，直接拉动文化旅游消费800万元。

**4月18日** “2018全民阅读”系列活动总结表彰暨“2019全民阅读”系列活动启动仪式在河南省少年儿童图书馆举行，洛阳市图书馆获得四项表彰。

**4月18日** 由中国国家画院、河南省美术家协会、河南省中国画学会主办，洛阳市文联、洛阳美术馆等单位承办的2019中国国家画院美术作品展在洛阳美术馆开展。

**4月19日** 第五届国际牡丹产业博览会在洛阳会展中心开幕。

**4月20日** 第37届中国洛阳牡丹文化节活动之一——大运河文化论坛在洛阳师范学院伊滨校区举行。

**4月20日** 中国邮政集团公司发行的《中国古典文学名著——西游记（三）》［简称《西游记（三）》］特种邮票原地首发式在宜阳县花果山风景区举行。

**4月22日** 河南省文化和旅游厅资源开发处处长千利民带领专家组到嵩县验收评审国家全域旅游示范区创建工作。

**4月23日** 2019年庆祝“五一”国际劳动节暨全国五一劳动奖和全国工人先锋号表彰大会在北京人民大会堂举行，洛阳市两人获得全国五一劳动奖章，三个集体获得全国工人先锋号荣誉称号。

**4月28日** 2019年第一批“全国名特优新农产品”名录公布，洛阳市新安县申报的“新安石榴”榜上有名，这是该县继“新安樱桃”入选农产品地理标志后的又一个国字号农产品品牌。

**4月29日** 2019年中国北京世界园艺博览会在北京市延庆区开园，百余种洛阳牡丹精彩亮相，并参与牡丹芍药国际竞赛的角逐。洛阳牡丹斩获各类奖项221个，金奖、银奖、铜奖等数量均列参赛团体第一，创洛阳牡丹参与国内外展赛最好成绩，再次擦亮“洛阳牡丹甲天下”的美誉。

**4月29日** 由洛阳市委宣传部、市文明办主办，洛阳广播电视台承办的2018年度“最美洛阳人”十佳人物颁奖典礼举行。

**4月29日** 嵩县举办纪念五四运动100周年暨第三届嵩县好青年表彰大会，对20名第三届嵩县好青年进行颁奖，并对2018年度共青团工作先进单位和先进个人进行了表彰。

**4月30日** 第37届中国洛阳牡丹文化节“国色天香·河洛欢歌”广场文化狂欢月活动在主会场周王城广场落幕，多个会场共举行演出89场，近万人次参与表演。

## 5月

**5月1～4日** 五一假期，洛阳市文化旅游消费旺盛，洛阳共接待游客320.55万人次，实现旅游收入31.57亿元。

**5月5日** 第37届中国洛阳牡丹文化节圆满落幕，本届牡丹文化节期间，洛阳共接待游客2917.15万人次，同比增长10.19%；旅游总收入274.28亿元，同比增长13.36%。

**5月5日** 洛阳日报报业集团与团市委联合编纂的《洛阳日报》短新闻作品集《泥土与露珠》由河南大学出版社正式出版发行。

**5月7日** 洛阳首届网络文学作家创研座谈会在洛阳文学院召开，“会说话的肘子”、王麦顶、上官凌月等近20位洛阳网络文学作家参加本次创研座谈会。

**5月8日** 首届大运河文化旅游博览会在扬州落幕，洛阳市荣获文化旅游精品展最佳展示奖、优秀组织奖，洛阳三彩艺陶瓷有限公司、洛阳巨爱皮雕等企业荣获优秀参展企业奖。

**5月8日** 洛阳理工学院2019“跨界·融合”设计艺术节在九都校区开幕，活动以“跨界·融合”为主题，作品共计1500余件。

**5月14日** 中信重工焦裕禄事迹展览馆被命名为河南省中共党史教育基地。

**5月14日** 汝阳县融媒体中心挂牌成立。

**5月15日** 全国妇联在北京召开“家家幸福安康工程”启动部署暨2019年度全国最美家庭揭晓会，洛阳2户家庭获全国最美家庭荣誉。

**5月15日** “大美亚细亚——亚洲文明展”在中国国家博物馆开展，唐三彩白釉嘶鸣骆驼等多件洛阳文物珍品受到热捧。

**5月16日** 第六次全国自强模范暨助残先进表彰大会在北京举行，洛阳盲人郭洁被表彰为“全国自强模范”，启航幼儿园（洛阳市听力语言康复中心）被表彰为“残疾人之家”，涧西区郑州路街道洛耐社区残疾人专职委员孟繁智被表彰为“全国残联系统先进工作者”。

**5月16日** 第十五届中国（深圳）国际文化产业博览交易会在深圳会展中心开幕，洛阳参展的唐三彩、牡丹瓷、三彩艺等文创产品和龙门石窟等特色文化元素吸引众多客商关注。

**5月16日** 新安县第七届餐饮文化节在县体育馆东西两侧广场拉开

帷幕。

**5月17日** 2019中国·洛阳（国际）创意产业博览会暨第七届“三彩杯”创意设计大赛在洛阳会展中心举行，本届创博会以“博物中国 智荟洛阳”为主题，共有来自美国、日本、印度、伊朗、韩国等12个国家和港澳台地区及北京、上海等部分省（市）的210家企业、高校、组织参展。

**5月19日** “2018中国县域旅游竞争力百强县市”名单公布，洛阳市栾川县作为河南省三个入选县（市）之一，榜上有名。

**5月22日** 河南省委宣传部对河南省第十二届精神文明建设“五个一工程”入选作品进行公示，全省共有47部（首）作品入选，由洛阳市委宣传部选报的曲剧《芳草》、歌曲《美丽中国》榜上有名。

**5月28日** 洛阳市政府与郑州大学在洛阳博物馆举行签约仪式，共建郑州大学文物考古研究院、郑州大学博物馆研究院、郑州大学龙门石窟文化遗产研究院，河南省委常委、洛阳市委书记李亚，河南省政协副主席、郑州大学校长刘炯天参加签约仪式，并为三个研究院揭牌。

**5月28日** 中国报业第三届融合创新大会在河北邯郸举行，洛阳日报报业集团揽获2018年度“中国报业深度融合创新发展奖”、2018年度“中国报业最具影响力创新性平台奖”和“中国报业深度融合发展微电影十佳奖”三项大奖。

**5月29日** “出彩好少年 增辉新时代”——2019年河南省“新时代好少年”先进事迹发布活动在郑州举行，洛阳市第五十五中学初二学生邓雅文获称“诗词好少年”。

**5月29日** 伊川县唯一官方网上宣传平台——“云上伊川”App正式上线，标志着该县新闻资讯及政务服务平台进入“云时代”。

## 6月

**6月2日** 第十二届中国艺术节在上海落幕，以洛阳市栾川县潭头镇原副镇长马海明真实事迹创作、由河南豫剧院三团精心打造的豫剧现代戏

《重渡沟》喜获第十六届中国文化艺术政府奖“文华大奖”。

**6月6日** 住房和城乡建设部等部门公布第五批列入中国传统村落名录的村落名单，洛阳8个村落入选，其中，嵩县5个，孟津县2个，新安县1个。

**6月6日** 牡丹宴之约·2019中国洛阳首届牡丹诗词艺术节颁奖典礼在上阳宫文化园观风殿举行，本届艺术节共评选出一等奖4名、二等奖5名、三等奖10名，同时还评选出十佳诵读奖和4个突出贡献奖。

**6月8日** 2019年“文化和自然遗产日”河南主题活动在八路军驻洛办事处纪念馆正式启动。

**6月11日** 全省第五届导游大赛在郑州举行，洛阳市参赛选手荣获二等奖一名、三等奖六名。

**6月13日** “墨象栾川”山水画展在洛阳美术馆三楼展厅开展，这是栾川山水画家群体创作成就的一次集中展示，共计展出100幅山水画作品。

**6月13日** 宜阳县首届青岛啤酒节在滨河公园李贺广场成功举办。

**6月15日** 加拿大安大略省奥沙瓦市第15届牡丹节开幕，产自洛阳的20多个品种的800枝牡丹鲜切花与300多种牡丹争奇斗艳，这是洛阳首次向加拿大出口牡丹鲜切花。

**6月19日** 洛阳市文物考古研究院、西北大学文化遗产学院、陕西省考古研究院、河南省文物考古研究院、郑州大学历史学院、中国科学院古脊椎动物与古人类研究所、南京大学地理与海洋科学学院等7家单位共同签订秦岭地区古人类旧石器考古研究合作项目。

**6月20日** “梦回布哈拉——唐定远将军安菩夫妇墓出土文物特展”在乌兹别克斯坦国家历史博物馆开幕，河南省委常委、洛阳市委书记李亚，中国驻乌兹别克斯坦大使姜岩，乌兹别克斯坦文化部副部长阿济洛娃、国家旅游发展委员会副主席阿卡巴罗夫及乌国家历史博物馆、乌国家科学院相关领导等出席开幕式。

**6月23日** 2019中国（孟津）黄河小浪底文化旅游节在小浪底景区承大山庄开幕，本届文化旅游节以“行绿道，丈量黄河；知古今，品味孟津”

为主题，推出一系列“旅游+研学”等活动。

**6月26日** 人民网总网首页头条刊发专题报道《河南洛阳探索文旅融合：让文化“活”起来》，报道洛阳市探索文旅融合的做法和成效。

**6月27日** 2019年亚太材料科学院理事会与院士代表大会在新加坡南洋理工大学召开，会议选举出新院士32名，中钢集团洛阳耐火材料研究院院长李红霞名列其中，系河南省唯一入选的院士。

**6月28日** 第二届红十字会好故事宣讲暨颁奖典礼在郑州举行，洛阳市选送的伊川县女孩张向利捐遗体的故事入选，洛阳市红十字会获得最佳组织奖，《洛阳日报》记者根据此事采写的报道获得全省红十字好故事宣讲活动好作品一等奖。

**6月29日** 由汉堡“德中交流协会”和德国《时代周报》共同发起的“2019汉堡——上海文化使者跨越欧亚新丝路”活动走进古都洛阳，来自德国的文化使者纷纷为丝绸之路东方起点之一的洛阳点赞。

**6月29日** “初心·传承——寇北辰、孙伯翔及弟子书法作品展”在洛阳美术馆开展，共展出寇北辰、孙伯翔等名家作品140余幅。

**6月** 洛阳市文物考古研究院研究员、洛阳苏秦研究会会长蔡运章新作《苏子辑校注释》由上海古籍出版社出版发行，该书填补了《苏子》辑佚研究的空白，是战国纵横家研究的重大突破。

## 7月

**7月1日** 2019年度列入中央财政支持范围的中国传统村落名单公布，河南省有19个传统村落入选，洛阳市新安县仓头镇孙都村等7个村庄入选，数量位居全省第一。

**7月1日** 国家知识产权局公布新一批18个国家知识产权强县工程示范县（区）名单，河南省2个县（区）入选，洛阳市涧西区名列其中。

**7月1日** 第十八届“滨河之声”广场文化活动开幕式暨宜阳县庆“七一”文艺晚会在滨河文化广场精彩上演。“滨河之声”活动自2002年至今已成功举办17届，成为宜阳享誉省内外的响亮文化品牌。

**7月3日** 第36届河南新闻奖评选结果揭晓，洛阳日报报业集团旗下的《洛阳日报》《洛阳晚报》和洛阳网等共有19件作品获奖，其中一等奖3件、二等奖7件、三等奖7件、新闻论文奖2件。

**7月3日** 庆祝建党98周年暨中国东方歌舞团《美丽中国》全国巡演在洛上演，这是中国东方歌舞团首次在洛阳演出。

**7月8日** 为纪念《中日文化交流协定》签署40周年，“三国志”特别展在日本东京国立博物馆开展，来自洛阳市文物考古研究院的曹休铜印章等6件文物大放异彩。

**7月9日** 由工信部工业文化发展中心等13家单位联合发起的全国工业旅游联盟成立大会在上海举行，并推出10条工业旅游特色线路，其中包括“洛阳东方红之旅”，这是河南省唯一入选的工业旅游特色线路。

**7月10日** 河南省政协副主席张震宇带领省政协调研组来洛，围绕“推动河南省文化产业高质量发展”开展专题调研。

**7月15日** 河南省生态示范创建暨“绿水青山就是金山银山”实践创新工作现场会在洛阳市栾川县召开。

**7月15日** 中国花卉协会发布《征求牡丹为我国国花意见的通知》（中花协字〔2019〕16号），推荐牡丹为中国国花。

**7月15日** 甘肃省文旅厅、甘肃省图书馆以及兰州市图书馆考察组来洛，考察交流洛阳市图书馆总分馆建设及中心馆建设等方面经验。

**7月17日** 中国作家协会2019年新会员名单公布，洛阳市6名作家入会，这是洛阳历史上新增中国作家协会会员人数最多的一次。

**7月18日** 中外城市竞争力研究院等机构联合发布2019中国最具特色旅游城市排行榜，洛阳市以92.34的高分排名第2。

**7月18日** 2019年首批洛阳市研学旅行基地授牌仪式在洛邑古城成功举行，龙门石窟研学旅行基地等17家单位被授予首批“洛阳市研学旅行基地”。

**7月18日** 2019年“中国天然氧吧”创建活动发布会在北京召开，洛阳市嵩县被授予“中国天然氧吧”称号。

**7月25日** 央视新闻频道《壮丽70年奋斗新时代：共和国发展成就巡礼——河南篇》，以直播的形式报道洛阳市栾川县重渡沟守护青山绿水、致富一方百姓的故事。

**7月27日** 百城建设提质工程暨文明城市创建工作集中采访报道活动走进洛阳，来自新华社、经济日报社、河南电视台等10余家中央、省级主流媒体的记者，对洛阳百城建设提质工程暨文明城市创建工作取得的成果和巨大变化进行深入报道。

**7月27日** 中国北京管乐交响乐团亮相洛阳会议中心，以一台《施特劳斯之夜》世界经典名曲大型交响音乐会让1500余名现场观众大饱耳福。

**7月28日** 全国乡村旅游（民宿）工作现场会召开，对首批全国乡村旅游重点村进行授牌，河南省10个乡村入选，洛阳市栾川县重渡沟管委会重渡村成功入选。

**7月30日** “出彩河南人”之首届最美退役军人宣传推介活动结果揭晓，25位退役军人获此殊荣，洛阳市洛宁县“金果”产业带头人李应贤榜上有名。

## 8月

**8月5日** 河南省社会科学界联合会下发《河南省社科联关于命名第六批河南省社会科学普及基地和首批河南省社会科学普及示范基地的通知》，洛阳民俗博物馆获评河南省社会科学普及示范基地，八路军驻洛办事处纪念馆、洛阳席殊书屋获评河南省社会科学普及基地。

**8月6日** “金葵花”杯2019牡丹绘画艺术作品大赛圆满落幕，征集作品2300余幅，成人组164幅作品获奖，少年组780幅作品获奖。

**8月8日** 央视国际频道《走遍中国》栏目播出“城市书房”专题节目，聚焦洛阳市城市书房建设，突出展示书香洛阳发展成就。

**8月13日** 孟津县融媒体中心挂牌成立。

**8 月 14 日** 洛阳市农村精神文明建设暨扶贫扶志工作推进会在栾川县召开，市委、市政府授予偃师市大口镇等 284 个村镇 2018 年度洛阳市文明村镇荣誉称号。

**8 月 15 日** 洛阳市文物考古研究院、南京市文物考古研究院、成都市文物考古研究院等国内 11 家文物考古单位在洛阳召开城市考古联盟预备会，共商缔结城市考古联盟事宜。

**8 月 16 日** 龙门石窟世界文化遗产园区管理委员会和中国移动河南公司洛阳分公司在龙门石窟举行发布会，宣布龙门石窟景区实现移动 5G 网络全覆盖。这是河南省首个 5G 网络全覆盖的 5A 级景区，同时也标志着洛阳市全面拉开 5G 建设大幕。

**8 月 27 日** “我和我的祖国”全省微型党课比赛在洛阳举行，该活动由河南省委宣传部联合省委组织部、省委直属机关工委、省委高校工委、省政府国资委、“学习强国”河南学习平台等单位主办，武婷婷等 10 名选手获评全省微型党课 2019 年度“十佳宣讲员”。

**8 月 27 日** “追迹文明——新中国河南考古七十年展”大型主题展览在郑州博物馆开展，洛阳博物馆、洛阳市文物考古研究院等单位的 200 余件洛阳文物亮相，充分展示了洛阳在新中国成立 70 年来的考古成果。

**8 月 28 日** 第二十一届河南省摄影艺术展在洛阳会展中心城市会客厅开展。

**8 月** 洛阳市宜阳县报送的《孔文卿：扎根深山育桃李》《扶贫路上的“铿锵玫瑰”》《80 后“羊倌”的创业梦》3 篇文章成功入选中央网信办“共和国追梦人”征文并获奖，已在央广网《共和国追梦人》专题中展播，并由中央广播电视总台播音员录制成音频节目，全网推送。

## 9月

**9 月 3 日** 洛阳市委书记李亚实地调研龙门园区建设和龙门石窟保护工作，强调要深入学习贯彻习近平总书记在甘肃敦煌考察了解莫高窟历史沿革和文物保护研究情况时的重要讲话指示精神，努力打造诗和远方的龙门样板。

**9月3日** 2019牡丹奖·全球文化创意设计大赛（洛阳）新闻发布会在隋唐洛阳城国家历史文化公园明堂景区举行。

**9月3日** 全市文物安全工作会议召开，会议深入贯彻习近平总书记关于文物工作的重要论述，市长刘宛康主持会议并讲话。

**9月5日** “壮丽70年·奋斗新时代”系列主题新闻发布会洛阳专场在省政府新闻办公室新闻发布厅举行，洛阳以“在中原更加出彩中‘画’上浓墨重彩的一笔”为主题，展现新中国成立70年来洛阳经济社会发展取得的巨大成就。

**9月5日** 偃师市融媒体中心正式揭牌。

**9月6日** 第十届《洛阳日报》县（市）区好新闻评选会在栾川县举行，会议共评出一等奖作品9篇、二等奖作品13篇、三等奖作品21篇。

**9月8日** 洛阳市5个非遗项目亮相第十一届全国少数民族传统体育运动会，分别是：国家级非遗项目洛阳唐三彩烧制技艺、洛阳宫灯，省级非遗项目曹屯排鼓、黄河澄泥砚、洛宁竹编。

**9月10日** 2019中原精品文化旅游线路发布会暨旅行商大会在洛阳成功召开，洛阳市发布九条精品文化旅游线路。

**9月11日** 由豫晋陕三省的三门峡、平顶山、运城、南阳、洛阳、临汾、济源、晋城、商洛、焦作、渭南等十一市文旅部门共同组建的“华夏文明之源城市文化旅游推广联盟”在洛阳宣告成立。

**9月12日** 第二届中原文化旅游产业博览会暨2019洛阳河洛文化旅游节开幕式在洛阳会展中心隆重举行，本届博览会以“文旅河南，出彩中原”为主题，来自国内外的1000多家文化旅游企业参展。

**9月13日** 央视综合频道、央视中文国际频道向全球直播的《传奇中国节·中秋》节目，聚焦洛阳市迎佳节、庆中秋系列文化活动，洛阳成为2019年中秋节目河南省唯一入选城市。

**9月13日** 在第31届德国维尔茨堡城市节上，来自中国洛阳“文化交流团”的戏曲、器乐、舞蹈表演，以及牡丹画和非遗项目剪纸展示等受到了国外友人的热烈欢迎。

**9月15日** 第二届中原文化旅游产业博览会圆满落幕，博览会共接待观展市民和游客5.3万人次，现场交易总额达6200万元。

**9月15日** 2019中国·洛阳（国际）“三彩杯”第七届创意设计大赛评选结果出炉，特等奖1名、金奖1名、银奖5名、铜奖25名。

**9月16日** 中宣部新命名39个全国爱国主义教育示范基地，八路军驻洛办事处纪念馆成功入选，成为洛阳市首个国家级爱国主义教育示范基地。

**9月17日** 由文化和旅游部、国家文物局共同主办的“回归之路——新中国成立70周年流失文物回归成果展”在国家博物馆开展，洛阳龙门石窟8件文物亮相。

**9月17日** 第二届根在河洛客家文化大会在洛阳举办，来自30多个国家和地区的百余名客家社团领袖、客家文化研究专家学者、新生代客家代表等参加交流活动。

**9月18日** 第二届“京能杯”微电影微视频创作大赛优秀作品揭晓，由国网洛阳供电公司原创的《深山“长征”路》在400余部参选的微电影中脱颖而出，斩获特等奖，是全省唯一。

**9月25日** “最美奋斗者”表彰大会在北京举行，中科院院士、中石化洛阳工程有限公司技术委员会名誉主任陈俊武等获“最美奋斗者”称号。

**9月27日** 全国民族团结进步表彰大会在北京举行，洛阳市瀍河区中窑社区荣获“全国民族团结进步模范集体”称号。

**9月27日** “初心与梦想”庆祝新中国成立70周年大会暨“花儿”美术馆开馆首展在洛阳市实验小学凯东校区举行，这是全省首家设立在小学校内的美术馆，也是全国为数不多的学校美术馆中面积最大的美术馆，

**9月28日** “出彩河南人”庆祝新中国成立70周年优秀群众文艺精品展演活动在洛阳举行。

## 10月

**10月7日** 中央宣传部向全社会宣传发布中国科学院院士、中国石化

集团有限公司科技委顾问、中石化洛阳工程有限公司技术委员会名誉主任陈俊武的先进事迹，并授予他“时代楷模”荣誉称号。

**10 月 14 日**　由国务院扶贫办全国扶贫宣传教育中心举办的“脱贫攻坚精彩瞬间”网络微视频优秀作品展播活动在北京会议中心举办，洛阳日报社选送的 4 部作品参加展播，与中国扶贫基金会、中国日报社等 16 家单位获颁优秀组织单位奖。

**10 月 16 日**　第八批全国重点文物保护单位名单公布，全国共 762 处，洛阳 9 处，居全省第一。目前，洛阳市全国重点文物保护单位总数达 51 处（54 项）（其中东汉石像并入之前的邙山陵墓群），总数位居全省前列。

**10 月 17 日**　2019 年度河南省脱贫攻坚奖表彰大会暨先进事迹报告会在郑州举行，全省 60 位脱贫攻坚战线上的先进个人获此殊荣，其中洛阳市有 6 人入选。

**10 月 19 日**　作为国家“十三五”重大文化工程项目，洛阳二里头夏都遗址博物馆正式开馆，第二届世界古都论坛、纪念二里头遗址科学发掘 60 周年国际学术研讨会同步开幕。国家文物局党组书记、局长刘玉珠，河南省委常委、洛阳市委书记李亚，河南省副省长戴柏华，国际博物馆协会副主席艾尔贝托·格兰蒂尼，国家文物局党组成员、副局长关强，中国历史研究院副院长钟君等嘉宾共同为二里头夏都遗址博物馆揭牌。

**10 月 19 日**　新华社刊发题为《二里头夏都遗址博物馆开馆“最早的王朝”揭开神秘面纱》的报道，介绍二里头夏都遗址博物馆里的青铜器等 2000 余件藏品，集中展示了二里头遗址作为“华夏第一王都”的丰富内涵。

**10 月 19 日**　《光明日报》以《在这里，致敬中华文明的根与魂》为题，详细介绍二里头遗址的发掘、二里头夏都遗址博物馆的建设历程及重大价值。

**10 月 19 日**　中央广播电视总台新闻频道《新闻直播间》栏目、财经频道《经济信息联播》栏目、中文国际频道《中国新闻》《今日环球》栏目等播出二里头夏都遗址博物馆开馆的消息。

**10 月 20 日**　《人民日报》在要闻版刊发二里头夏都遗址博物馆开馆的

消息。

**10 月 20 日** 由中国博物馆协会、中国文物报社与洛阳市共同主办的“曲高亦和众”文化遗产大众化传播论坛在上阳宫文化园举行，论坛以“文化遗产大众化传播”为主题，国家文物局等多家单位和媒体参会。

**10 月 21 日** 中国建筑学会建筑创作大奖（2009～2019）的评审会议在浙江嘉兴举行，共产生获奖项目 100 项，洛阳博物馆入选。

**10 月 21 日** 《人民日报》以《位于中原腹地的二里头遗址发掘正逢一甲子——揭示古老文明的无字天书》为题，在文化版刊发长篇通讯，详细解读二里头 60 年来的考古发掘。

**10 月 29 日** “丝路之约”2019 连云港丝路音乐节成功举办，洛阳海神乐作为河南省非物质文化遗产代表性项目，惊艳亮相，向当地群众展示了河洛文化的无限魅力。

**10 月 30 日** 洛阳市少年儿童图书馆新馆在洛阳会展中心正式开馆，新馆建筑面积达 9100 平方米，藏书 35 万余册、报刊 300 多种。

**10 月 31 日** “学习强国”河南省百万学员万场答题挑战赛总决赛暨颁奖仪式在郑州圆满落幕，洛阳市洛龙区科技园街道办事处西霍屯村党支部的王帅林获得全省总决赛一等奖的好成绩。

**10 月** 在第五届“花样少年”全国青少年语言艺术展演暨社会艺术水平朗诵考级教学成果展上，北京第二实验小学洛阳分校 10 岁的学生关智宸，凭借原创作品《牡丹美名天下传》，获得全国总展演小学 B 组金奖第一名。

## 11月

**11 月 8 日** 全国基层理论宣讲先进评选活动结果公布，洛阳市宜阳高村农民剧团被中央宣传部授予“基层理论宣讲先进集体”称号。

**11 月 11 日** 水利部办公厅发布《关于开展示范河湖建设的通知》，公布全国第一批 17 个示范河湖建设名单，洛阳市伊洛河入选，也是河南省唯一入选的河湖。

**11 月 11 日**　国家文物局 2019 年度田野考古实践训练班学员、北京大学考古专业师生一行人，在北京大学博士生导师秦岭的带领下，调研参观二里头夏都遗址博物馆。

**11 月 12 日**　2019 河洛文化传承创新研讨会在洛阳师范学院开幕，此次研讨会由中华炎黄文化研究会、河南省社科联、洛阳市政协、洛阳市委宣传部主办，主题是“保护传承弘扬黄河文化·传承创新发展河洛文化”，旨在持续推动黄河文化、河洛文化创造性转化和创新性发展。

**11 月 12 日**　在 2019 年洛阳市传统技艺保护工程培训班开班仪式上，洛阳烟云涧青铜工艺博物馆被确定为“河南省非物质文化遗产示范展示馆”。

**11 月 13 日**　中华诗词学会正式发文授予宜阳县“中华诗词之乡”称号，授予该县文联、三乡镇中心小学、香鹿山镇甘棠村、洛阳莲岳文化传播有限公司、河南前进化工科技集团股份有限公司“中华诗教先进单位”称号。

**11 月 15 日**　由河南省扶贫开发办公室、河南广播电视台等主办的“乡村振兴　出彩中原——全国融媒体看河南”采访采风团走进新安，来自全国 20 多个省、自治区、直辖市的 70 余家媒体记者来到新安，进行采访采风。

**11 月 18 日**　黄河小浪底旅游区高质量发展座谈会在洛阳召开，河南省文化和旅游厅党组副书记、厅长姜继鼎，洛阳副市长魏险峰等参加相关活动。

**11 月 19 日**　二里头夏都遗址博物馆开馆整整一个月，接待游客 27 万人次，讲解员日均讲解 40 批次。

**11 月 19 日**　第二届河南省文明家庭表彰名单公示，洛阳 4 个家庭获评省文明家庭。

**11 月 20 日**　河南省委宣传部、省科协等联合发布 2019 年河南“最美科技工作者”名单，受表彰者共有 10 人，其中 3 人来自洛阳，分别是中航工业空空导弹研究院副院长兼总设计刘代军、中国科学院院士陈俊武和中国工程院院士李俊贤。

**11 月 22 日**　第二届海峡两岸文化创意成果展在洛阳博物馆开幕。

**11 月 22 日** “放大我的网世界 · 圆梦中国牡丹奖”百城联袂中国洛阳第 38 届中国洛阳牡丹文化节暨首届“牡丹奖世界网红大赛”新闻发布会在洛阳举行。

**11 月 25 日** 洛阳市首家有声党建图书馆在洛阳日报社党建馆上线运行。

**11 月 27 日** 人民日报社“2019 行走黄河”采访组抵洛，聚焦黄河洛阳段湿地生态修复和保护等内容展开深入采访。

**11 月 30 日** 住建部副部长黄艳、国家文物局副局长宋新潮率联合调研组来洛，就洛阳市历史文化名城保护工作进行专题调研。

**11 月** 河南省委、省政府发布《关于命名表彰第十批河南省优秀专家的决定》，全省共产生第十批河南省优秀专家人选 119 名，洛阳市樊会涛等 12 名优秀人才被授予第十批河南省优秀专家称号。

**11 月 30 日** “2019 年度中国散文年会”在北京举行，年会评选出年度十佳散文集、十佳散文、单篇散文、年度精锐奖 4 个奖项，洛阳市作者芷兰（岳令团）的散文集《今夜有风》荣获“十佳散文集奖”。

**11 月** 河南省委统战部印发《关于推动第二批省级新的社会阶层人士统战工作实践创新基地建设的通知》，在全省选取 30 家基地作为第二批省级新的社会阶层人士统战工作实践创新基地，洛阳市洛邑古城、中国牡丹画创意产业园区、863 创智广场、悦心汇、新安窑 5 家基地入选。

## 12月

**12 月 2 日** 文化和旅游部和中共河南省委、河南省人民政府在洛阳召开学习贯彻习近平总书记关于保护传承弘扬黄河文化重要论述精神座谈会，文化和旅游部党组书记、部长雒树刚，河南省委常委、洛阳市委书记李亚出席会议并讲话，河南省副省长戴柏华等出席会议。

**12 月 2 日** 河南省文明委公布《关于表彰第七届河南省道德模范的决定》，来自洛阳的中国工程院院士李俊贤被授予第七届河南省道德模范荣誉称号。

**12 月 3 日** “致敬百年建筑经典——第四批中国 20 世纪建筑遗产项目公布暨新中国 70 年建筑遗产传承创新研讨会”在北京举行，洛阳西工兵营入选第四批中国 20 世纪建筑遗产名录。

**12 月 5 日** 河南省第六届“好记者讲好故事”巡讲活动走进洛阳，来自省内新闻战线的 11 名优秀记者深情讲述河南好故事。

**12 月 9 日** “博苑撷英——全国博物馆陈列艺术成果交流展（2009～2019 年）”在北京开幕，该展览从全国 5000 余家文博单位遴选了 50 个优秀陈列展览作品进行集中展示，偃师二里头夏都遗址博物馆基本陈列和洛阳博物馆原创性展览两个作品入选。

**12 月 16 日** 农业农村部公布 2019 年“中国美丽休闲乡村”名单，洛阳市栾川县陶湾镇协心村榜上有名。

**12 月 16 日** 全国离退休干部先进集体和先进个人表彰大会在北京举行，洛阳市公安局离退休干部党总支入选全国离退休干部先进集体，连续两次获此殊荣。

**12 月 17 日** “德耀中原”第七届河南省道德模范颁奖仪式在郑州举行，中国工程院院士、黎明化工研究院原院长李俊贤获评“敬业奉献模范”。

**12 月 18 日** 河南日报报业集团洛阳分社揭牌仪式举行，洛阳市委书记李亚等为河南日报报业集团洛阳分社揭牌。

**12 月 21 日** “出彩河南人”楷模发布厅首期发布活动在郑州举行，中国科学院院士陈俊武、中铁隧道股份有限公司总工程师胡新朋、中国铁路郑州局集团有限公司洛阳机务段首席技师李向前等三位在洛工作者当选首届“出彩河南人”先进典型人物。

**12 月 21 日** 河南民宿发展座谈会在鹤壁淇县召开，全省 40 家民宿获得首批“河南省精品民宿”称号，其中洛阳市栾川县拾光二十度民宿等 5 家民宿榜上有名。

**12 月 23 日** 《人民日报》刊发《洛阳建成游园 200 处》一稿，报道洛阳市连续 4 年将小游园建设列入全市重点民生实事，打造 15 分钟生态休闲圈，使群众的幸福感、获得感不断增强的经验和成效。

**12 月 23 日** “致敬母亲河——石窟文化黄河行”行进式采风活动“走进青海”新闻发布会在西宁召开，向青海人民宣传洛阳在黄河流域的重要地位、河洛文化在黄河文化中的主干地位。

**12 月 31 日** 河南省首个县级政协文史馆在洛阳市孟津县建成开馆。

**12 月 31 日** 2020 洛阳新年音乐会在洛阳歌剧院举行。

**12 月** 洛阳被定为央视 2020 年戏曲春晚的分会场。

**12 月** 作为洛阳五大都城遗址之一的偃师商城遗址又有考古新发现——在该遗址小城的西北部，考古人员发现了 8 列 23 个排列有序的较大的圆形建筑基址，初步推断为商代的“国家粮仓”——囷仓遗址。

# Abstract

*Annual Report on Development of Luoyang's Culture* (*2020*) is compiled by the Party School of Luoyang Municipal Committee. The book consists of General Report, Reports on Subjects, Reports on Regional Culture, Case Reports and Memorabilia. It is a collection of research results of experts and scholars from Party School of Luoyang Municipal Committee, higher education institutions in Luoyang and Luoyang municipal government departments. From the perspective of the construction of an internationally recognized historical and cultural tourist attraction city, this book comprehensively summarizes the development stage, main achievements, challenges and further improvement ideas; at the same time, it shows the basic situation, development ideas, main results, existing problems of and solutions for Luoyang's cultural development in 2019 and provides theoretical foundation for making Luoyang a famous international cultural tourism city. This book is an important scientific research achievement in the field of Luoyang's culture.

According to the Annual Report, the construction of Luoyang as an internationally recognized historical and cultural tourist attraction city has undergone four stages of development, namely incubation, proposal, full implementation and further improvement. It has achieved great results in cultural undertakings, cultural industries, cultural tourism, cultural tourism brand innovation capabilities, cultural tourism ecological environment, integral model of culture and tourism and other works. But at the same time, there are problems such as insufficient traditional historical and cultural studies, weak discipline leadership, low degree internationalization, and inadequate openness. Moreover, the cultural and tourism service system needs to be improved; the cultural and tourism integration industry chain needs to be enhanced; the economic benefits of cultural and tourism integration are not obvious enough; the city is not sufficiently well known, so the promotion and marketing efforts need to be increased. To ensure further development of construction of Luoyang as an internationally recognized historical and cultural tourist attraction city, we should make plan in the following aspects: to learn from other cities' experience and strengths; to improve forward-looking top-level design; to import and cultivate simultaneously; to build a cultural and tourism think tank that combines professionalism and amateurism; to excavate and utilize cultural relics; to exploit the use of exhibition sites; to consolidate the cultural carrier of Heluo classics; to innovate slogan channels; to create a precise, three-dimensional, multi-faceted publicity system; to deepen integration of cultural and tourism; to enhance the service-oriented and complete power carrier; to promote the cultural and tourism brand; to further enhance the international fame of Luoyang's impression and flair.

Looking forward to 2020, Luoyang City will thoroughly study the spirit of General Secretary Xi Jinping's speech at the Symposium on Ecological Protection and High-quality Development of the Yellow River, and with the guidance of Xi Jinping's Thoughts on Socialism with Chinese Characteristics for a New Era, dig deeper into the value of the Yellow River culture, and tell well the "Yellow River story". We will also adhere to the people-centered philosophy; focus on providing excellent cultural products and services; comprehensively improve the innovation system of cultural inheritance; deeply excavate historical and cultural resources; make in-depth study of Heluo culture; actively promote the development of cultural and tourism integration; continue the urban cultural heritage; highlight the characteristics of the ancient capital and promote the high-quality development of Luoyang culture.

**Keywords**: Internationally Recognized Cultural Tourist Attraction City; Integration of Culture and Tourism; Cultural Brand

# Contents

## Ⅰ General Report



**Abstract**: The construction of Luoyang as an internationally recognized cultural tourist attraction city has undergone four stages of development, namely incubation, proposal, full implementation and further improvement. It has achieved great results in cultural tourism, cultural undertakings, cultural industries, cultural tourism brand innovation capabilities, cultural tourism ecological environment, integral model of culture and tourism and other works. But at the same time, there are problems such as insufficient traditional historical and cultural studies, weak discipline leadership, low degree internationalization, and inadequate openness. Moreover, the cultural and tourism service system needs to be improved; the cultural and tourism integration industry chain needs to be enhanced; the economic benefits of cultural and tourism integration are not obvious enough; the city is not sufficiently well known, so the promotion and marketing efforts need to be increased. Therefore, this article explores the development direction for further development of construction of Luoyang as an internationally recognized cultural tourist attraction city in the following aspects: to learn from other cities' experience and strengths; to improve forward-looking top-level design; to import and cultivate simultaneously; to build a cultural and tourism think tank that combines professionalism and amateurism; to excavate and utilize cultural relics; to exploit the use of exhibition sites; to consolidate the cultural carrier of Heluo classics; to innovate slogan channels; to create a precise, three-dimensional, multi-faceted publicity system; to deepen integration of cultural and tourism; to enhance the service-oriented and complete power carrier; to promote the cultural and tourism brand; to further enhance the international fame of Luoyang's impression and flair.

**Keywords**: Internationally Recognized Cultural Tourist Attraction City; Construction of Urban Culture; In-depth Integration of Culture and Tourism

# Ⅱ Reports on Subjects



**Abstract**: Since the "13th Five-Year Plan" is implemented, Luoyang City has established itself as an internationally recognized cultural and tourist attraction city. By insisting on using "culture" to shape "travel" and use "travel" to highlight "culture", the city has achieved remarkable results in vigorously implementing integrated development of culture and tourism and accelerating the construction of cultural heritage and innovation system. But at the same time, it is also facing problems and shortcomings such as low degree integration of culture and tourism and short industrial chain. To effectively solve these problems and realize the "three transformations" of cultural tourism so the city can strive for the first place in promoting cultural prosperity, we should actively join the construction of the Yellow River Cultural Belt and the Grand Canal Cultural Belt and adhere to the policy of opening-up. We should also use cultural concepts to develop tourism and use tourism to disseminate culture in turn. It is necessary to excavate rich cultural relics and ecological environment resources, to build brand of integration of culture and tourism; to enhance integrated service of culture and tourism and to perfect system of integrated products of culture and tourism.

**Keywords**: Cultural Tourism; Integrated Development; Inheritance and Innovation

## B. 3 Studies of Integrated Development of Culture and Tourism in Luoyang and Jiyuan

*Liu Junyue* / 057

**Abstract**: Economic integration is a strategic choice for building Luoyang metropolitan area, and the integration of economy, culture and tourism is an important entry point. There are ideal accessibility, cultural connection and complementary advantages in tourism between Luoyang and Jiyuan, let alone a good attempt of cultural and tourism integration has already been made. However, both cities lack sufficient understanding of the importance of integration. Moreover, there are some administrative obstacles to be overcome and a more complete coordinated development system to be built. This article provides analysis and solutions for these problems.

**Keywords**: Metropolitan Area; Integration of Culture and Tourism; "New Engine" for Economic Development

## B. 4 Promoting Construction of Luoyang as an Internationally Recognized Cultural Tourist Attraction City with the Development of Peony Characteristic Industry

*Development Center of Luoyang Peony Research Group* / 075

**Abstract**: Peony culture is an important element of Chinese culture.

make Luoyang an influential international museum tourism city and international cultural exchange center.

**Keywords**: Modern Museum; Luoyang as Capital of Museum; Development of Cultural Tourism

## B.6 Studies on Inheritance and Innovation of Heluo Culture in the Construction of Grassroots Public Culture in Luoyang

*Zhou Xianfeng* / 102

**Abstract**: By combining the construction of grassroots public culture and the Inheritance and Innovation of Heluo Culture, the city has achieved more success in building Luoyang as an internationally recognized tourist attraction city with less work. The key point and main difficulty here are to cultivate research and promotion talents of Heluo culture, to excavate and protect Heluo culture, to select suitable Heluo cultural resources for promotion with the help of construction of grassroots public culture, to use the construction of public cultural venue to build base of inheritance and innovation of Heluo culture, to decide the role of the government in inheritance and innovation of Heluo culture, and to implement long-term mechanism conducive to the inheritance and innovation of Heluo culture.

**Keywords**: Luoyang City; Public Culture; Heluo Culture

## B.7 Studies on Protection and Development of Luoyang's Historical and Cultural Celebrity Resources

*Niu Weidong* / 120

**Abstract**: Luoyang has rich historical and cultural celebrity resources, but the research and publicity efforts are overall insufficient. The protection of these resources is not enough; the form of development and utilization is relatively simple. It is still far behind compared with other cities at home and abroad. In order to improve the city's economic and cultural competitiveness, Luoyang should pay attention to the protection and development historical celebrity resources in the region. On the basis of encouraging the participation of all sectors of society, integrated and in-depth research of resources and enlarged network and new media publicity should be carried out. Luoyang should also develop theme routes and fine gardens to further establish the city as a "Humanity City", as well as improve the level of urban cultural soft power.

**Keywords**: Luoyang; Historical and Cultural Celebrity; "Humanity City"



**Abstract**: Historically, Luoyang and other cities in northwestern Henan province have been closely connected in terms of politics, economy, culture, and society, and have the advantages of geographical connection, affinity, and cultural integration. With consideration of the current cultural development status of cities in northwestern Henan, the relationship between humanistic advantages and regional history, as well as the internal connection of historical and cultural resources, this article points out outstanding problems in the coordinated development of regional culture, and proposes solutions and suggestions for promoting the joint development: to seize strategic opportunities and coordinate regional cultural development strategies; to explore the use of Luoyang's sub-central cities in order to promote regional high-quality development; to promote regional cultural integration and coordinated cultural development; to use coordinated cultural development to help regional joint development; to use scientific and technological power to achieve innovation-driven development.

**Keywords**: Northwestern Henan; Regional Culture; Joint Development

## B. 9 Studies on the Spread of Luoyang Sui & Tang Grand Canal Culture from the Perspective of New Media

*Liu Fanjin* / 165

**Abstract**: In recent years, Luoyang has made many achievements in the protection, inheritance and utilization of the Sui & Tang Grand Canal culture, but there are also several issues that need attention, such as abundant resources but no in-depth exploration; low publicity efforts; insufficient creativity, inadequate digital protection and so on. Therefore, it is possible to use modern imaging technology and big data technology short video to expand its communication channels; to explore the new media's advantages of strong timeliness, strong interaction, diversified forms and use film, television works and artificial intelligence technology to show the cultural style of the Grand Canal in Luoyang. We should further advance the construction of the Sui & Tang Grand Canal Relic Museum and Relic Park, and present it to the public in a youthful and fashionable way. This will not only enhance the communication power of the Sui & Tang Grand Canal culture with Luoyang characteristics, but also make the Central Plains culture in the new era more colorful.

**Keywords**: Grand Canal Culture; Communication Technology; Brand Building; Multi-dimensional Activity; Luoyang

## B. 10 Studies on the Current Situation and Development Strategies of Heluo Folk Songs

*Li Wanchen* / 184

**Abstract**: Heluo folk songs are a special presentation of Heluo culture, which reflects the thoughts, feelings and customs of Heluo people in real life. However, with the development of multicultural values and the advancement of modern technology, the conditions of folk songs have received constant impacts. The problems in the development of Heluo folk songs have become more prominent. After thorough investigation of the current situation of the folk songs in Heluo area, this article points out the problems existing in the development of Heluo folk songs and their causes; it also puts forward solutions and suggestions for the future development of Heluo folk songs.

**Keywords**: Heluo Area; Folk Songs; Folk Music

## Ⅲ Reports on Regional Culture



**Abstract**: Taking the creation of a high-quality pioneering area as guidance to explore the potential of tourism culture, Jianxi District focuses on promoting industrial cultural heritage protection projects; plans and builds cultural creativity industrial parks; constructs red education bases and develops study trip projects; and coordinately promotes the construction of a public cultural service system. Jianxi District is striving to achieve the integrated development of industrialization, culture, and tourism, and jointly promote the high-quality development of cultural tourism industry.

**Keywords**: Integration of Culture and Tourism; Tourism Industry; Soviet Style Architecture; Luoyang; Jianxi



**Abstract**: Xigong District has convenient transportation and rich cultural resources. In recent years, the integration of culture and tourism has been greatly developed, comprehensive ability has been steadily strengthened, project

construction has accelerated and the public cultural service system has been improved in Xigong District. However, there are still shortcomings in the integration and development of culture and tourism, such as insufficient integration and lack of accurate recommendation. The issues of small scale and structural problems of cultural industry are still prominent; the momentum for transformation and the cross-border integration are inadequate; the institutional setting is not complete and the process of team building is slow. This article proposes to focus on strengthening various guarantees for the development of cultural tourism, to improve investment service levels, to integrate regional advantages of resource, to continue strengthening project construction, to utilize tourism elements and stimulate the vitality of cultural tourism consumption. This article also puts forward solutions and suggestions to promote the development of cultural tourism in Xigong District.

**Keywords**: Xigong District; Cultural Tourism; Integrated Development



**Abstract**: Luolong District has rich cultural resources and numerous cultural heritages. In recent years, Luolong District has attached great importance to the development of cultural undertakings, incorporated cultural work into the district's overall national economic and social development plan, and regarded the cultural industry as an important growth point for Luolong District's economic transformation and development. Cultural industry has been included in the district's "323" key industrial layout development list during the "13th Five-Year Plan". Based on this, the district has launched various cultural activities to benefit the people. The cultural market has been developed in a healthy and orderly manner. The cultural heritage has been effectively inherited and protected. The network of public cultural facilities has been gradually improved and the construction of advanced cultural district has been orderly carried out. However, there are still some problems in cultural development. We need to further strengthen our ability to fully explore the advantages of cultural resources and improve the quality of cultural services. By establishing a complete cultural development system, we will promote the cultural development of Luolong District to a new level.

**Keywords**: Luolong District; Cultural Industry; Cultural Heritage



**Abstract**: Based on the integration of cultural tourism resources in Laocheng District, this article analyzes the status of cultural tourism development of Laocheng District in 2019. Aiming at the shortcomings in the development, it provides solutions and suggestions in the perspectives of system construction, new business cultivation and refined management, such as to create new cultural tourism advantages and deepen the integration of cultural and tourism development.

**Keywords**: Laocheng District; Cultural Development; Integration of Culture and Tourism



**Abstract**: The Chanhe Hui People District has a profound cultural heritage, as well as rich cultural resources. Through an in-depth analysis of the existing cultural tourism resources in Chanhe Hui People District and a summary of the key work of culture and tourism done in this district in 2019, this article points out the following shortcomings of Chanhe Hui People District: a weak foundation in the development of cultural tourism industry, insufficient development and transformation, inadequate attention, lack of professional talents and so on. Aiming at these problems, this article puts forward the following suggestions: to attach great importance to the problem, straighten out the system and mechanism, make sure plan and invest are in place, adopt the "government + market" operation mode, establish a strategic vision and focus on the present with a long-term view.

**Keywords**: Chanhe Hui People District; Cultural Tourism; Industrial Development

## B. 16 Report on Jili District's Cultural Development

*Wang Fang, Li Zhijie and Guo Songli* / 281

**Abstract**: The public cultural foundation of Jili District is sound. Mass cultural activities are flourishing here. There are also rich historical and cultural resources and natural resources such as Xixiayuan Reservoir Area and Yellow River Wetland National Nature Reserve. In recent years, Jili District has taken a variety of active and effective measures to deepen the integration of cultural and tourism and the construction of a modern public cultural service system. The cultural market is developing healthily. The cultural and tourism industry is advancing steadily and cultural undertakings and cultural industries are improved. This article summarizes Jili District's situation of cultural development in 2019. In view of the lack of outstanding cultural leading products, the low service efficiency of grassroots cultural activity centers, and the lack of ability in building cultural tourism brands in the cultural development of Jili District, we propose to speed up the construction of children's libraries and develop mobile services and digital services, to implement the strategy of "Tourism make district flourishing", to promote the rapid development of the cultural tourism industry, and to accelerate the cultural development of Jili District.

**Keywords**: Jili District; Public Culture; Cultural Industry; Cultural Tourism

**Abstract**: Luoyang National New & High Tech Industry Development Zone has good cultural tourism genes. The three expansions of the zone have expanded the necessary carriers and space for the integrated development of culture and tourism. In terms of integration of culture and tourism, the high-tech zone has a very good foundation and unique advantages. It has a long history and rich culture, relatively rich cultural and tourism resources, various highlights in the cultural and tourism industry, unique advantages in scientific and technological research, gradual improvements in public services, and the vitality brought out by the "3 in 1" zone model. However, due to the constraints of historical positioning and insufficient function, the high-tech zone is still at a disadvantage in integration of culture and tourism. And with integration becoming a national strategy, the attraction of Luoyang's cultural tourism sub-central cities is increasing, and the high-tech zone is facing a good opportunity of achieving cultural and tourism integration and catch up with other districts. Therefore, good top-level design and organizational structure for cultural and tourism integration are needed. We need to deepen integration and practice the new concept of cultural and tourism development; we also need to highlight our advantages and cultivate new momentum for cultural and tourism integration.

**Keywords**: Integration of Culture and Tourism; High-tech Industrial Development Zone; "3 in 1" Zone; Luoyang

**Abstract**: The National-level Luoyang Economic and Technological Development Zone (Yibin) is rich in cultural resources and unique mountains and water resources. It also has outstanding location advantages. The "creating demonstration zone for national public cultural service system activity" launched in 2012 had laid the foundation for cultural tourism in Yibin Economic and Technological Development Zone. This article first analyzes the basic situation of the cultural and tourism resources of Yibin Economic and Technological Development Zone; then it conducts a comprehensive study on the cultural and tourism integration of Yibin Economic and Technological Development Zone; finally, it points out the main problems existed in the integration process, and provides solutions and suggestions on how to further enhance the integration of cultural and tourism in the Yibin Economic and Technological Development Zone.

**Keywords**: Yibin Economic and Technological Development Zone; Cultural Yourism; Integrated Development

## Ⅳ Case Reports



**Abstract**: The construction of Luoyang City of Sui and Tang Dynasties National Historical and Cultural Park is a shining pearl in the construction of the "Grand Canal Cultural Belt". It is an important focus on creating a panoramic display area of Chinese historical civilization, an innovation zone for the integration of the Grand Canal Cultural Belt and the "Belt and Road", and a demonstration area for coordinated economic, cultural and ecological development. This article starts from the analysis of the historical origin and background of the construction of the park, and focuses on the basic ideas such as highlighting an axis in the shape of the Chinese character "天" (sky), reconstructing the outline of the ancient capital, stressing the city's status as a hub, showing the layout of separated residential and commercial area, and focusing on improving people's livelihood. It proposes that during the construction of the park, we should establish the overall position and stage goals accurately, and insist on planning first and arranging the spatial structure scientifically, as well as increase investment in the implementation of key projects, adhere to the people-oriented philosophy while practicing integration of culture and tourism. We should also establish and set up governing body and operating platforms to improve the promotion mechanism, and actively explore new ideas and new ways for the integration and development of protection for historical and cultural resources, urban construction, tourism industry, and people's livelihood improvement.

**Keywords**: Luoyang City of Sui and Tang Dynasties National Historical and Cultural Park; "Grand Canal Cultural Belt"; Integration of Culture and Tourism



**Abstract**: Due to the short opening time, Erlitou Site Museum of the Xia Capital is still in initial stage and there is still plenty room for improvement, such as to improve supporting facilities and interactive experience, to expand cultural communication abilities, and to further explore cultural consumption needs. This article proposes the following solutions: to dig deeper into the connotation of the museum's collection and tell well the story of Erlitou; to enhance the visitor experience and improve the quality of service; to make full use of high-tech means

and promote the construction of smart museums; to select and allocate strong talent teams and build professional cultural teams; to build new cultural inheritance landmarks; to carry out public-interest cultural programs; to develop high-quality cultural and creative products and build cultural and creative brand.

**Keywords**: Erlitou Site Museum of the Xia Capital; Erlitou Culture; Cultural inheritance; Public-interest Cultural Programs

## V Memorabilia

**权威报告·一手数据·特色资源**

# 皮书数据库

## ANNUAL REPORT(YEARBOOK) DATABASE

### 分析解读当下中国发展变迁的高端智库平台

**所获荣誉**

- 2019年，入围国家新闻出版署数字出版精品遴选推荐计划项目
- 2016年，入选“‘十三五’国家重点电子出版物出版规划骨干工程”
- 2015年，荣获“搜索中国正能量 点赞2015”“创新中国科技创新奖”
- 2013年，荣获“中国出版政府奖·网络出版物奖”提名奖
- 连续多年荣获中国数字出版博览会“数字出版·优秀品牌”奖

**成为会员**

通过网址www.pishu.com.cn访问皮书数据库网站或下载皮书数据库APP，进行手机号码验证或邮箱验证即可成为皮书数据库会员。

**会员福利**

- 已注册用户购书后可免费获赠100元皮书数据库充值卡。刮开充值卡涂层获取充值密码，登录并进入“会员中心”—“在线充值”—“充值卡充值”，充值成功即可购买和查看数据库内容。
- 会员福利最终解释权归社会科学文献出版社所有。

数据库服务热线：400-008-6695
数据库服务QQ：2475522410
数据库服务邮箱：database@ssap.cn
图书销售热线：010-59367070/7028
图书服务QQ：1265056568
图书服务邮箱：duzhe@ssap.cn

社会科学文献出版社 SOCIAL SCIENCES ACADEMIC PRESS (CHINA) 皮书系列
卡号：537388382841
密码：

## 中国社会发展数据库（下设 12 个子库）

整合国内外中国社会发展研究成果，汇聚独家统计数据、深度分析报告，涉及社会、人口、政治、教育、法律等 12 个领域，为了解中国社会发展动态、跟踪社会核心热点、分析社会发展趋势提供一站式资源搜索和数据服务。

## 中国经济发展数据库（下设 12 个子库）

围绕国内外中国经济发展主题研究报告、学术资讯、基础数据等资料构建，内容涵盖宏观经济、农业经济、工业经济、产业经济等 12 个重点经济领域，为实时掌控经济运行态势、把握经济发展规律、洞察经济形势、进行经济决策提供参考和依据。

## 中国行业发展数据库（下设 17 个子库）

以中国国民经济行业分类为依据，覆盖金融业、旅游、医疗卫生、交通运输、能源矿产等 100 多个行业，跟踪分析国民经济相关行业市场运行状况和政策导向，汇集行业发展前沿资讯，为投资、从业及各种经济决策提供理论基础和实践指导。

## 中国区域发展数据库（下设 6 个子库）

对中国特定区域内的经济、社会、文化等领域现状与发展情况进行深度分析和预测，研究层级至县及县以下行政区，涉及地区、区域经济体、城市、农村等不同维度，为地方经济社会宏观态势研究、发展经验研究、案例分析提供数据服务。

## 中国文化传媒数据库（下设 18 个子库）

汇聚文化传媒领域专家观点、热点资讯，梳理国内外中国文化发展相关学术研究成果、一手统计数据，涵盖文化产业、新闻传播、电影娱乐、文学艺术、群众文化等 18 个重点研究领域。为文化传媒研究提供相关数据、研究报告和综合分析服务。

## 世界经济与国际关系数据库（下设 6 个子库）

立足“皮书系列”世界经济、国际关系相关学术资源，整合世界经济、国际政治、世界文化与科技、全球性问题、国际组织与国际法、区域研究 6 大领域研究成果，为世界经济与国际关系研究提供全方位数据分析，为决策和形势研判提供参考。

# 法律声明